DEUTSCHE LANDESKUNDE
ABTEILUNG WESTDEUTSCHLAND
NIEDERRHEIN
BAND I

NIEDERRHEIN

Von der Nordeifel über die Aachener Landschaft zur Niederrheinischen Börde

Landschaft
Geschichte
Gegenwart
Kultur
Kunst
Volkstum

von Manfred Veit M.A.

GLOCK UND LUTZ HEROLDSBERG

Dieser Band ist der 1. Teilband der Dritten Abteilung der »Rheinland-Trilogie«. Vorausgegangen sind in der Ersten Abteilung der »Mittelrhein« [Wilhelm Avenarius] und in der Zweiten Abteilung »Köln/Bonn« [Bernd Brinken] und »Düsseldorf und Bergisches Land« [Wilhelm Avenarius und Bernd Brinken].

DEUTSCHE LANDESKUNDE

ABTEILUNG WESTDEUTSCHLAND

Dieses Werk erschien Herbst 1984 im Glock und Lutz Verlag, 8501 Heroldsberg bei Nbg, Gelbes Schloß. Die Fotovorlagen zur Bebilderung stellte der Autor aus seinem Archiv. An der Herstellung waren beteiligt Otto Wirth, Amberg (Opf.) für den Druck und Georg Gebhardt, Ansbach (Mfr.) für den Einband

ISBN 3-7738-1060-8

VORWORT

Dieser Band, einem etwas zufällig zugeschnittenen, übriggebliebenen »Betrachtungsgebiet« geltend, darf den Schlußstein eines einmaligen, vielbändigen Werkes, der **Deutschen Landeskunde** bilden. Freilich gehört alles dies dem »Rheinland« zu, doch Teile davon finden sich schon anderweitig in dieser Reihe, so daß weder ein historischer, noch geographischer, noch natürlicher Zuschnitt der territorialen *Zirkumskription* gegeben ist.

Fast vollständig wird diese Monographie in einem noch folgenden zweiten Halbband das Niederrheinische Tiefland in seinem natur- und kulturräumlichen Sinne enthalten. Westliche Teile der Köln-Aachener Bucht sind die Börden und der Aachener Kessel, welche die Köln-Bonner Niederrheinebene (siehe Band ›Kölner Bucht‹) mit einigen Randgebieten ausnehmen. Obwohl der Raum Düsseldorf eindeutig zum Niederrheinischen Tiefland zählt, ist er dem Band ›Düsseldorf und Bergisches Land‹ zugeschlagen. So bleiben die Köln-Bonner Niederrheinebene und der Raum Düsseldorf in den beiden ›Niederrheinbänden‹ ausgegrenzt. Die ›Nordeifel‹ hingegen blieb des Verlaufs der Landesgrenze wegen vom Band ›Eifel‹ ihrerseits ausgeschlossen und soll daher in diesem *1. Halbband* zusammen mit den Börden und dem Aachener Kessel gebührend in Betracht gezogen werden. Mithin dürfte dieser Band die erste und einzige umfassendere Schau der urlaubsträchtigen Nordeifel in sich vereinen.

Der *Schwerpunkt* liegt, den Wünschen des Verlags und der Reihe konform, auf den lokalen Belangen der Landeskunde, besonders auf der Territorialgeschichte, sehenswerten Bauten, den Kulturschätzen; aber auch die Natur hat daran gebührenden Anteil.

Eine *allgemeine Gesamtschau* der Niederrheinlande in den speziellen Disziplinen der Länderkunde von der Geologie übers Klima, die Ökologie, die Geschichte, Bevölkerung, Siedlungsweise, Hausformen, Bräuche und Sitten, Konfessionen und Kirchenorganisationen, Geistesgeschichte, Wirtschaftsgeschichte, Wirtschaft und Verkehrsträger, bis hin zur Rheinschiffahrt usw. stünde noch aus. Es konnten unter Wahrung des Platzangebots nur teilweise im Rahmen lokalregionaler Betrachtung entsprechende Querverbindungen zum übergeordneten Beziehungsgefüge hergestellt werden. Direkte *Quellenangaben* sollen als Belege und Literaturhinweise vertiefend weiterführen. Zusätzlich gibt es ein umfassendes, exaktes *Literaturverzeichnis,* das auch die kurzen Quellenangaben präzisiert.

Das Betrachtungsgebiet bietet eine Fülle landeskundlicher Fakten, die es sich zu erreisen und erwandern lohnt. Da ist die herb-schöne Landschaft der teilweise als Naturpark ausgewiesenen Nordeifel mit ihren Stauseen, Felsentälern und heckenreichen Hochflächen. Alte Herrschaften konnten sich hier zwischen den Machtblöcken von Kurköln und Jülich-Kleve einerseits, und Kurtrier und Luxemburg andererseits erhalten: Blankenheim, Kronenburg, Reifferscheid mit ihren Burgruinen. Frühes Gewerbe: Eisenindustrie des Schleidener Tals, Stolberger Kupferöfen. Die Karlsmetropole Aachen markiert die Landschaftsnaht zu den offenen, fruchtbaren Limburger-Jülich-Zülpicher Börden mit römischer Vergangenheit.

Die Börden: sie sind die Weizen- und Zuckerrübenanbaugebiete im Gunstklima mit den großen Höfen, das Land der ›Buuren‹, des ›Korns‹. Randlich zwar von Stein-, mehr von flächenausladenden Braunkohlentagebauen bedrängt, handelt es sich überraschenderweise um altes, sehenswertes Land. Von Kaiser Karls kleinstem Dom, der Peterskirche in Palenberg, über die alte Herzogsfeste Jülich, das vorzügliche Renaissanceschloß Binsfeld bis zur Frauwüllersheimer Kapelle reicht der Querschnitt. Kurköln und Jülich hatten sich hier hauptsächlich verzahnt und gegenseitig durch ihre Landesburgen abgesichert, ob Erkelenz, der Euskirchener Burgenkranz, man spricht geradezu von einer Burgenlandschaft zwischen Köln und Aachen: deutschen Landen sei es (nicht zuletzt hierdurch) kundgetan!

Harsewinkel,
Sommer 1984

MANFRED VEIT M.A.

Beziehern dieser Bibliothek wird die Mitgliedschaft in der »Deutschen Burgenvereinigung« empfohlen. (Organ »Burgen und Schlösser«) Anschrift: 5423 Marksburg über Braubach.

NIEDERRHEIN – II erscheint in gleicher Ausführung im Lauf des nächsten Jahres (Glock und Lutz, Heroldsberg).

Vom Manfred Veit M.A. erschien in unserem Verlag »Luxemburg« im Rahmen der Bibliothek »Kultur und Nationen«. Mit diesem Werk (bebildert) erschien die erste Luxemburg-Enzykläpdie in Deutscher Sprache. Näheres unmittelbar beim Verlag

DER INHALT DES BUCHES

Dem Leser sei die Südskription auf die 37-bändige [in der Bundesrepublik einmalige] Bibliothek »Deutsche Landeskunde« empfohlen. Auskünfte bei Verlag und Buchhandel.

VOM VENN BIS ZUR BÖRDE: AACHEN UND DIE AACHENER LANDSCHAFT

Die besondere Lage

Belgien und mit ihrem Maastrichter Zipfel die Niederlande sind die unmittelbaren westlichen Nachbarn jener Stadt von großem »Europaformat«. Vaalser Land, Aachener Wald und die Vennfußfläche mit dem Münsterländchen umrahmen den zur Limburger und vor allem zur Jülicher Börde nach NO hin offenen Kessel (mit der Metropole Karls des Großen) im Westen, Süden und Osten. Sie sind teils bewaldet und teils aber auch agrarisch genutzte Hochflächen mit Höhen von 230 bis 450 m über dem Normalnull des Pegels von Amsterdam. Alle diese genannten landschaftlichen Einheiten ragen ins Stadtgebiet hinein und setzen sich auch, mit Ausnahme des Kessels, im die »Kreisfreie« nordöstlich bis südöstlich umschließenden Kreis Aachen fort. Der höchste Punkt des Stadtgebiets liegt im SO nahe der belgischen Vennbahn, wo die Stadt noch ein wenig Anteil am Hohen Venn hat. Man darf es vielleicht schon als eine besondere Lage bezeichnen, wenn eine Stadt gleich an zwei Nachbarstaaten grenzt und auf der Landschaftsnaht der Niederrheinbucht zu den Gebirgen von Venn/Ardennen und Eifel liegt. So erklärt auch die Lage gewiß schon ein Ganzteil der früheren Bedeutung der Stadt. Hinzu kommt aber noch ein weiteres großes Plus ihrer Lagegunst: die deren Untergrund entsprudelnden Thermen haben sich darüberhinaus auch als ihr besonderer Lebenssaft erwiesen.

Vom Quellengott Apollo Granus . . .

Seit Keltenzeiten bereits sollen die Aachener Heilquellen ein Begriff sein. Ihrem Quellengott Granus (auch Granus geschrieben) hätten sie das wertvolle Naß gewidmet (Historische Stätten; Menian, Aachen; Rhein. Städtebuch); das den Siedlungskern ausmachende Heiligtum habe man jedoch noch nicht gefunden. So deuten es die »Historischen Stätten Nordrhein-Westfalen« auf jeden Fall. Andere Werke verschweigen indes die »Rückführung« Aachens auf ein keltisches Quellenheiligtum, und vielleicht tun sie gut daran.

Eckhard Thiel vermutet (im Goldstadt-Reiseführer 308, Eifel) in Aquis Grani einen römisch-gallischen Heilgott. Wolfgang Richter bemerkt schließlich klugerweise im Merian-Heft Aachen (30, 1977, 1; S. 20): die Herleitung des alten Stadtnamens vom keltischen Quellengott (den er unterschwellig voraussetzt) sei umstritten. Mehr Klarheit herrscht indessen dann schon über das »Aquis Granum« (auch Aquis Grani, Aquae Granis oder Aquae Granni sind grassierende Namensformen) der Römer, benannt nach jenem Quellengott, in welchem manche Bücher und Schriften auch flugs einen römischen Gott sehen wollen. So haben wir nun ziemlich die ganze Skala der Vermutungen ausgereizt. Fazit: Die wohltuenden Quellen waren wahrscheinlich schon in prärömischer Zeit bekannt, die Römer nicht unbedingt ihre ersten Entdecker. Es ist ein Quellengott Apollo Granus (oder so ähnlich) bekannt, dessen völkische Identität nicht mehr klar feststellbar ist. Römische Legionen ließen die sprudelnd heißen Schwefelquellen zum zentralen Militärbad ihrer Provinz Niedergermanien werden und »bauten ihre Thermen«, Kultstätten und Siedlungen (gestreute Einzelfunde); auch die Zülpicher Thermalquellen nutzten sie übrigens in einem noch erhaltenen Badehaus. Zentren umfangreicher Kuranlagen in Aachen waren die im 1. Jahrhundert gefaßten vier Quellen: das Burtscheider Schwertbad, die Münsterquelle (unter dem Dom), die Bücheltherme (in der heutigen Buchkremerstraße, unter dem Kaiser- und Ungarnbad) und das Quellenheiligtum am »Hof« an der Quirinusquelle. An der Unterseite des »Hofs« (am klassizistischen Quirinusbad, 1824, und auf dem Gelände des einstigen Blasiusspitals aus dem 12. Jahrhundert) wurden 1967/68 erneut Teile einer Badeanlage des römischen Aachen freigelegt. Zwischen den beiden großen Thermen stellte man Fundamente und Stufen zweier gallorömischer Umgangstempel fest, die Bestandteile eines größeren und von einer Wandelhalle (Funde von Säulen und Bogenteilen) umstellten Bezirks einer *römishen Quellenkultstätte* waren. Von oben her betritt man nun den »Hof« durch einen dreibogigen *römischen Portikus* (Bogenstellung eines Säulenumgangs, der als Nachbildung unmittelbar über seiner Fundstätte als einziges größeres römisches Monument in Aachen entstand. Das Original wurde ins Rheinische Landesmuseum nach Bonn verbracht (Aachen – abc/Aachen und benachbarte Gebiete, Geograph. Institut der RWTH, 1976). Außer dem niedergermanischen Heer standen die Heilbäder auch Zivilisten zur Verfügung. Die Römer erschlossen den versumpften Aachener Kessel lediglich durch eine über Weiden und Aachen geführte Nebenstraße Jülich-Lüttich. Diese in Nordost-Südwest-Richtung verlaufende Römerstraße wurde durch eine andere solche von Heerlen nach Kornelimünster rechtwinklig gekreuzt. Geblieben davon sind bis heute diese beiden Richtungen, die noch häufig das Altstadt-Straßennetz neben der fränkisch-karlischen Nordsüd-Ostwest-Orientierung erkennen läßt. Beide Systeme »verschneiden« sich.

. . ., der »Badewanne« Karls des Großen . . .

Die Völkerwanderungszeit brachte die Frankenkönige in den Besitz des römischen Fiskalgutes, und auch sie bedienten sich der heilkräftigen Quellen. Zu Weihnachten 765 und zu Ostern 766 hielt sich König *Pippin* badenderweise in »Aquis villa« auf, so berichteten die Reichsannalen (Historische Stätten); ja wenn man Notker, dem St. Gallser Mönch, glauben darf, dann hat Pippin laut Notkers Aufzeichnungen von 833 sogar den Teufel als den schlechten, den Quellen-Ungeist, erdolcht. Dies muß sich in oder nahe den »römischen Quellen« abgespielt haben (I. und F. Monheim, Die Aachener Innenstadt; 1976); vielleicht hat er im Schwefeldampf seinen »Gestank« hinterlassen. Derart mystisch entzaubert wird das von den westwärts vorgestoßenen Franken begründete Pippinische Hofgut, die Pfalz, 1769 erstmals genannt, durch *Karl den Großen* zur wichtigsten Karolingerpfalz, Aachen zum dauernden Winterwohnsitz und zum Zentrum des Fränkischen Reichs. »Oft und mit besonderer Lust hat er die warmen Wasser geliebt und sie gebraucht, sich denn in Aachen gern niedergelassen und des warmen Bades wegen dort seine Hofhaltung gehabt«, berichtet sein Schreiber Einhard von Karl dem Großen. Wirtschaftliche Vorraussetzung der ständigen Hofhaltung boten die zahlreichen Königsgüter im Maas-Mosel-Raum. Die Naturgunst, in diesem Fall der unterirdische, hydrologisch-balneologische Schatz, ließen *Aachen zum Machtzentrum dieser Region* werden. Ohne Karl und ohne seine Quellen wäre Aachen auch nicht das, was es später war und was es heute ist. Am Ende des 8. Jahrhunderts bestand der Aachener Kern aus der Pfalz mit Palasthalle, Kapelle (Oktogon und Westbau des Doms), Königsbad, ihnen vorgelagert waren Abtei und Siedlung. Ein fränkisches Dorf dürfte zum weiteren Pfalzbereich gehört haben, es hieß *Ahha* (der Name Ahha erinnert stark an das heutige mundartliche »Oche«, aber auch die niederländische Form Aken steht ihm *etymologisch* nahe. Aus Ahaa (972) wurde Ache (1211), Auhe (1302), Aach (1549; Rheinisches Städtebuch: Stuttgart, Kohlhammer, 1956). Ach, Aach, Aache bedeuten soviel wie Wasser, Quelle). Aachen wurde allerdings erst 972 urkundlich erwähnt. Noch heute residiert die Obrigkeit auf der Stelle der Pfalz. Das Rathaus dieses »Roms des Nordens« steht just auf deren Fundamenten. Mit dem seit dem 13. Jahrhundert belegten Königs- und späteren Kaiserbad (seit 1540) steht, auch archäologisch belegt, die Lokalität von Karls Badefreuden fest.

... und dem Gesellschaftsbad zum modernen Heilbad unserer Zeit

Aachen verlor seine Vorzugsstellung als Krönungsort deutscher Könige 1562 an Frankfurt am Main, der Konfessionsstreit tobte, und ein Stadtbrand vernichtete 1656 achtzig Prozent aller Häuser. Die Bäder, ursprünglich Königsgut, waren zeitweilig an den Dom (das Münster) gekommen, um dann im 14. Jh. in den städtischen Besitz überzugehen. Das ganze Mittelalter hindurch bis zum Beginn der Renaissancezeit diente der Aachener Badebetrieb wesentlich dem Vergnügen und lediglich in seiner nebensächlichen Begleiterscheinung auch dem Wohlbefinden. Männer und Frauen belustigten sich im Gemeinschaftsbad als Gesellschaftsbad; Kolonnaden und Trinkbrunnen, bei den Aachenern heute noch beliebt, ließen die Straße zur guten Stube der Stadt, zur Promenade und zum gesellschaftlichen Begegnungsterrain werden.

Anfangs des 16. Jahrhunderts wurde das Aachener Badewesen erstmals organisiert, und um die Mitte dieses Zentenariums erschienen auch die ersten medizinischen Schriften über die Bäder von Aachen und Burtscheid. Die Tätigkeit in der Blei- und Glasindustrie im Aachen-Stolberger Raum verursachte bei den Arbeitgebern schwere Berufskrankheiten durch Bleivergiftungen. Nun bemerkte man aber bei den aus Aachen und Burtscheid stammenden eine teils schwächere bis stärkere Immunität gegenüber den Vergiftungserscheinungen. Einzige Erklärung konnte der regelmäßige Genuß der schützenden und entgiftenden Heilwässer sein, hatte man auch früher bereits Aachener Trinkkuren zur Linderung gegen Quecksilbervergiftungen angewandt. Jene wiederum stellten seinerzeit eine Roßkur gegen die tückische Syphilis dar (siehe auch weiter unten unter »Chemismus und Therapie«). Der Weg zur *medizinischen Anwendung* von Bädern war geebnet, der Wandel vom Gesellschafts- zum Heilbad vorgezeichnet.

Nach 1656 gab vor allem eine wirtschaftsprognostische Studie des Arztes F. Blondel über die Thermen einen wesentlichen Impuls zur Entwicklung des internationalen Kurbetriebs, 1670/82 entstand das neue Kurviertel des Komphausbads, übrig geblieben ist jedoch nur das 1782-86 erbaute *Alte Kurhaus*. Mehrere Internationale politische Kongresse (1668 Frieden zwischen Frankreich und Spanien, 1748 österreichischer Erbfolgefrieden, Aachener Monarchenkongreß der Hl. Allianz 1818) trugen zur Internationalität des Bades bei. Seit 1815 mit den Rheinlanden preußisch, erfuhr Aachen als erstes preußisches Staatsbad eine großzügige Neugestaltung seiner Bade-Etablissements. In jenen Jahren (1822-27) entstand das Wahrzeichen Bad Aachens, der *Elisen-Brunnen*, ein klassizistischer Säulenbau, nach Plänen des Geheimen Oberbaurats Karl Friedrich Schinkel und unter Leitung des Landbauinspektors Peter Cremer. Der nach der Kronprinzessin Elisabeth und Gemahlin des nachmaligen Königs Friedrich Wilhelm IV. benannte Bau war Zentrum des eleganten Kurlebens; 1953 erstand das kriegszerstörte Bauwerk in alter Schönheit wieder; auch das Stadttheater ist ein Bauwerk Schinkels aus jener Ära. In der Rotunde des Elisenbrunnens stehen die bedeutenden Persönlichkeiten auf Marmor aufgelistet, die Bad Aachen ihre Aufwartung machten. Einige seien erwähnt: Candidinus Gaius Sevir (um 150 n. Chr.), König Pippin (753), Karl der Große (789-814), Kaiser Heinrich IV. (1064), Landgraf Ludwig von Hessen (1431), E. S. Piccolomini (Pius II.) 1435, Friedrich III. von Sachsen (1531), Ottaviano Piccolomini (1639), Peter der Große (1717), Wilhelm IV. von Oranien (1730, 1751), G. F. Händel (1742), Kurfürst Clemens August von Köln (1749), J. G. Herder (1792, 1802), Fürst Blücher (1817) u. v. a. m (Aachen-abc, 1972), unerwähnt blieben Cagliostro und Casanova. – 1853 gestaltete Peter Josef Lenné den Kurpark Monheimsallee, in welchem 1914-16 das *Neue Kurhaus* (heute *Spielcasino*) entstand, hier liegt das Kurhotel Quellenhof und finden die Kurkonzerte statt.

Im Winterhalbjahr 1978/79 verzeichnete Bad Aachen 192 800 Übernachtungen, im Somerhalbjahr 1979 – 242 800, davon waren 23 800 bzw. 44 800 übernachtende Ausländer (Statist. Jb. 1980 f. die Bundesrep. Dtl.). Dies sind lediglich mittlere Quoten, gemessen an anderen bundesdeutschen Heilbädern und auch an einigen Großstädten, wohl zu Unrecht, was die Qualität seiner Quellen angeht. Nicht mit in Betracht gezogen ist damit freilich der sehr rege kleine Grenzverkehr.

Chemismus der Quellen und Therapien in Bad Aachen

Bad Aachens Thermen, dem Eifelvulkanismus nahe, aus einer Tiefe von über 2 km in der Erdkruste entstammend, sind die *heißesten Europas.* Ihre Austrittstemperatur bewegt sich zwischen 45,4 und 73,9° C. Chemisch handelt es sich um Natriumchlorid-Hydrogencarbonat-Wässer, populärer gesagt: alkalische schwefelhaltige Kochsalzthermen. Man unterscheidet zwei Quellenareale, das der Aachener Innenstadt und jenes von Burtscheid. Die *Aachener Quellen* sind stärker geschwefelt und weniger kochsalzhaltig als die *Burtscheider* (Bad Aachen, Leitfaden für den Kurgast). Im Stadtzentrum entsprangen bis zur *Sanierung* 1961 elf Quellen, ihre Zahl wurde hierbei auf zwei reduziert, ebenso wie jene von einst

21 Burtscheider auf nunmehr sechs Quellen. Die Quellfassungen stammten teilweise noch aus napoleonischer Zeit; die Bereinigung erneuerte die Voraussetzungen zur Speisung der Aachener Bäder mit einer *täglichen Schüttung* von nahezu 40 Millionen Liter heilkräftigen Wassers. Eine jetzt zentrale Versorgung öffentlicher wie privater Bäder erlaubt eine optimale Nutzung der Thermen, obgleich man sich auch wiederum den Luxus gestattet, das Wasser des 100 cbm fassenden Beckens des sehenswerten *Quellenhof-Schwimmbades* (36° C) im Kurpark Monheimsallee täglich zu erneuern (H. Görne in: Merian/Aachen-abc); gespeist wird es aus der Rosenquelle (unter dem Kaufhaus Horten in der Komphausbadstraße). Dem Parkhotel Quellenhof ist ein Kurmittelhaus angeschlossen. Ärztliche Bäderkalender nennen die *vier wichtigsten* Thermen. Es sind dies die mit einer Temperatur von 51,9° C im Zentrum Aachens (in der Buchkremerstraße 2-4) entspringende *Kaiserquelle* (mit modernem Thermalbade-/Kurmittelhaus und Thermalschwimmbad von 36° C für ambulante Behandlung: Über römischen Thermen errichtet), die *Rosenquelle* in Burtscheid (Kurbrunnenstraße 5). Sie hat eine Temperatur von nur 45,4° C (ihr angeschlossen ist eine Kurklinik des Landes Nordrhein-Westfalen, die »Versorgungskuranstalt Aachen« mit eigener Kurmittelabteilung), die *Schwertbadquelle* in Burtscheid als heißeste Aachener Therme mit 73,9° C zutage tretend (Sanatorium, Kurhotel und eigene Kurmittelabteilung) und schließlich die schwefelwasserstoffreie *Landesbadquelle* in Burtscheid, Burtscheider Markt 2-4 (Temperatur 68,1° C, angeschlossen die Rheumaklinik »Landesbad Aachen« mit eigener Kurmittelabteilung der LVA Rheinprovinz und Rheumaforschungsinstitut), 1912 eröffnet. Das Landesbad mit seinen Kassenpatienten trug wesentlich zur Entwicklung von Burtscheid bei. Die pH-Werte (in diesem Fall der basische Gehalt) liegen zwischen 6,8 (Kaiserquelle) und 8,1 (Landesbadquelle). »Aachener Kaiserbrunnen« wird als staatlich anerkannte Heilquelle (natürliches Mineralwasser) unter stadtaachener Kontrolle abgefüllt und versandt. Darüberhinaus verfügt das *Römerbad* (Buchkremerstraße 1) ebenfalls über ein modernes Kurmittelhaus und ein Thermalhallenbad (bis 32° C). Das Sanatorium Goldmühlen-Prinzenbad in Burtscheid (Burtscheider Markt 14-20) verfügt über zwei eigene Kurmittelabteilungen. Quellen zu Ihrer Information sind: Heilkuren in Nordrhein-

Westfalen, ein Ratgeber für den Arzt, erschienen in 4. Auflage 1976 im Flöttmann-Verlag, Gütersloh wie der ebenfalls dort 1979 neuerschienene »Deutsche Bäderkalender«, hg. vom Deutschen Bäderverband, das Reise- & Bäderbuch Deutschland, in 3. Auflage 1980 bei »Drei Kronen«, Hamburg, herausgekommen sowie »bad aachen, Leitfaden für den Kurgast«, diese auch für Fragen der Indikationen (Heilanzeigen), der Kurmittel, Therapie, Quellenanalyse.

Nichtakute rheumatische Erkrankungen stehen an der Spitze der *Indikationen*, es bestehen hierfür die Rheumaklinik und das Rheumaforschungsinstitut des Landesbades (s. oben), degenerative Erkrankungen des Bewegungsapparates, Bewegungseinschränkungen durch Unfälle, Nachsorge bei Lähmungen und nachoperative Rehabilitation, Gelenkveränderungen durch Gicht, Hautkrankheiten (Dermatosen) und verschiedene Stoffwechselstörungen. In unserem zunehmend umweltgeschädigten Milieu kommt inskünftig auch besonders der entgiftenden Wirkung der schwefelhaltigen Aachener Wässer Bedeutung zu (bei Blei, Quecksilber und Cadmium). Der in gasförmigem Aggregatzustand in den Aachener Wässern enthaltene Schwefelwasserstoff vermag den menschlichen Körper zur Ausscheidung der Schwermetalle zu aktivieren. Spuren des Elements Selen können im Organismus das Vitamin E ersetzen und die Leberfunktion anregen; nach neuesten Erkenntnissen soll es auch vor Herzinfarkt, Arterienverkalkung und Darmkrebs schützen. Auch Produktion und Funktion der Magensäfte werden durch die Aachener Heilwässer angeregt. Noch ist nicht erforscht, ob diese Eigenschaft der Borsäure als Ingredienzium des Quellwassers zuzuschreiben ist (H. Görne in: Merian). Die *Therapie* besteht in Trinkkuren, Inhalationen, Badekuren und Bewegungsbädern. Als weitere Kurmittel kommen außer den Thermen mit bekanntem Chemismus (siehe oben), Eifelschlamm (für Fangopackungen), Moor (aus dem Hohen Venn) zur Anwendung; Gymnastik, Sauna, Kneippbäder, Duschmassagen, Elektrobehandlungen stellen ergänzende Therapien in Bad Aachen dar.

Der Rekonvaleszent des staatlich anerkannten Heilbads kann *bioklimatisch* an einer hohen jährlichen Sonnenscheindauer von durchschnittlich 1605 Stunden partizipieren, läuft mit einer Jahresmenge von 840 mm ein relativ geringes Regenrisiko und erfreut sich im Aachener Kessel milder Winter, wie er auch weitgehend in den Genuß eines reizschwachen bis schonenden, im Extrem leicht belastenden Klimas gelangt, wie es das Tiefland im Gegensatz zu den nahen Gebirgen grundsätzlich bietet (Das Bioklima in Nordrhein-Westfalen, Bad Salzuflen 1979).

Die karolingische Hauptstadt: die Karlsstadt Aachen

Nach dem Typus der Sequenzen des Adam von St. Victor (Paris) entstand (vermutlich zur Fertigstellung des Karlsschreins 1215), in einem Graduale des Domschatzes festgehalten, eine Messe zum Fest Karls des Großen am 28. Januar, aus welcher einleitend eine Sequenz wiedergegeben sei.

AACHENER KARLSHYMNE (nach Aachen – ABC):

Urbs aquensis, urbs regalis,	Aachen, Kaiserstadt, du hehre,
regni sedes principalis,	aller Städte Kron und Ehre
prima regum curia	Königshof voll Glanz und Ruhm
Regi regum pange laudes	Sing dem Himmelskönig Lieder,
quae de magni regis gaudes	Festesfreuden füllet wieder
Caroli praesentia	Karls des Großen Heiligtum

Es war Karls des Großen Vater, König Pippin, der über dem heidnischen Quellenheiligtum eine Kapelle errichten ließ. rundum erwarben die Karolinger große Ländereien. Nach mehrmaligen Besuchen Aachens ließ sich der fünfzigjährige Karl 794/95 auf Dauer hier nieder. Nun errichtete er eilends eine einmalig prächtige und zentrale Pfalz nach römischen und byzantinischen Vorbildern. Nach Karls römischer Krönung im Jahre 800 konnte der Einzug in die vollendete ständige Pfalz vollzogen werden, bislang hatte Karl an immer anderen Pfalzen (allenfalls alle vier Jahre an derselben) geweilt. Immer größere Schätze entstanden in Aachen oder wurden hierher verbracht, u. a. der fernöstliche Awarenschatz; Miniaturen in Evangeliaren entstehen, für Goldschmiede, Bronzegießer, Musikinstrumentenbauer, Holz- und Elfenbeinschnitzer und so manch andere Kunsthandwerker, Künstler, aber auch für Gelehrte, Theologen und Dichter ist in Aachen zu jener Zeit Hochkonjunktur. Wiederholt fanden in Aachen Reichstage und Kirchenversammlungen statt: Heeresaufgebot gegen Sachsen 799, Synode von 800, Reichsversammlung 802, Besuch des Papstes Leo III. 805, Normannenfeldzug 810, Krönung Ludwigs 813 und Lothars 817. Auch Kaiser Ludwig, die Ottonen, Salier und Hohenstaufen weilten häufig in Aachen, 1332 wurde der Fürstenkongreß hier abgehalten (Rheinisches Städtebuch).

Ende des 8. Jahrhunderts bestand die *Pfalz* aus dem Oktogon (Pfalzkapelle) mit zwei rechteckigen Seitenkapellen, einem Atrium; dieser Komplex war über einen senkrecht dazu angelegten gewölbten Verbindungsgang mit der Palasthalle (dem Atrium, aulia regia) verbunden. Dazu kamen das Königsbad, die vorgelagerte Abtei und Siedlung sowie das bereits erwähnte Dorf Ahha. Otto I. erhob Aachen zur Krönungsstadt, die sie bis zur Ablösung durch Frankfurt 1531 blieb. Drei *Relikte aus karolingischer Zeit* überdauerten die Zeitläufte und sind uns überliefert: es sind dies die *Pfalzkapelle* (heute zentrales Oktogon des Doms), die südlichen *Fundamente des Palastes* (sie finden sich heute wieder im Rathaus) und der mit diesem verbundene *Granusturm*, der Karl als Schlafstätte gedient haben soll; der Turm ist vollständig aus karolingischer Zeit erhalten. Die hauptsächliche Zerstörung der Pfalz geht auf die »Normannen-Einfälle« im Jahre 881 zurück.

Das nachkarlische Aachen: Krönungsort, Reichsstadt, neuere Zeit

Auch unter Ludwig dem Frommen, Karls Nachfolger, blieb Aachen Mittelpunkt des Fränkischen Reichs. Wenn auch Ludwig die Pfalz zu Aachen schon gleich einige Jahre nach Antritt seiner Kaiserschaft nicht immer mehr als Dauerresidenz in Anspruch nehmen konnte, so weilten die deutschen Könige doch bis Anfang des 13. Jahrhunderts immer regelmäßig in Aachen. Im 9. Jahrhundert war bei der Pfalzkapelle ein Kanonikerstift entstanden, die Pfalz jedoch beim Normanneneinfall 881. Beginnend mit Otto I. war Aachen von

936-1531 *Krönungsort* von 30 deutschen Königen. Ort des Aktes war das »Hochmünster«. Die Besitzergreifung vom Thron Karls des Großen legitimierte das gekrönte Oberhaupt, gab ihm die Rechte am Reich. 1365 legte die Goldene Bulle Aachen auch rechtlich als Königsort fest. Nach Otto III. Tod 1002 (und seiner Beisetzung ebenfalls im Dom) sah sich besonders *Friedrich Barbarossa* der Tradition Karls verpflichtet. Er darf neben Karl daher auch als der größte Förderer Aachens angesehen werden. Im Jahre 1165 ließ er in seinem Beisein Karl den Großen heilig sprechen. Im Jahr darauf, 1166, nimmt Kaiser Barbarossa die Bewohner der Stadt Aachen »als *Haupt und Sitz des Reiches*« in seinen Schutz, verleiht Marktrechte und Münzprivileg. Eine Mauer zu bauen machte er zur Auflage. Die Barbarossamauer (ein erhaltener Rest am Templergraben ist in die Bauten der Philosophischen und Mathematisch-Naturwissenschaftlichen Fakultät einbezogen) entstand 1171-75. Bei den von Barbarossa gewährten Rechten handelt es sich teilweise um die Bestätigung bereits von Karl dem Großen gewährter oder später erworbener Privilegien. Die dergestalt geförderte Reichstadt erlebte ihren *ersten Ausbau:* 1257-1357 entstand die *äußere Stadtbefestigung*, sie umgibt ein ungefähr regelmäßiges Sechseck mit einem Radius von 0,8 km, was einer Fläche von knapp 2 km^2 entspricht und einer Grabenlänge von ca. 5 km; hiervon erhalten sind von den einst 11 Toren und 22 Türmen noch: Pfaffenturm und Langer Turm (beide im W), Ponttor im NW, Marienburg (Turm) im N, Adalbertstor im O, Marschiertor im S und Lauenstein im SW. Die Mauern zerfielen im Lauf der Zeit und wurden überbaut (Aachen – abc). Hauptsächlicher Wirtschaftszweig war die *Weberei* (1136), später das *Metallgewerbe* (im 15. Jahrhundert; siehe unten).

Seit 1349 sind die nun alle sieben Jahre stattfindenden *Heiligtumsfahrten* (Wallfahrten) nachgewiesen. Ziel waren und sind: das Karlsgrab (seit 1215 im Karlsschrein verschlossen), die von Karl dem Großen hierher gebrachten Reliquien (Kleid der Maria, Windeln und Lendentuch Jesu und Tuch des Johannes).

Trotz häuslicher Expansion als Folge wirtschaftlichen Wachstums und Versuchen, die Rolle der »Pfalz« wiederzubeleben kam es in den folgenden Jahrhunderten zu einer *Verlagerung der Reichsgewalt* nach Süddeutschland (Staufer), in Aachen waltete seit Mitte des 12. Jahrhunderts ein Vogt, Aachen war noch Verwaltungsmittelpunkt eines Territoriums, umfassend die Orte: Vaals, Berg, Orsbach, Würselen und Weiden, als *Aachener Reich* bezeichnet, 1336 von Ludwig dem Bayern bestätigt. Schließlich wurde auch das Pfalzgut teilweise dem Aachener Marien (Dom-)stift übertragen; einen nördlichen Bereich mit den Bädern und der Aula erhielt die Stadt. Es verwaltete in enger Bindung ans Königs-/Kaisertum die Reichskleinodien und das Gut als Kirchenterritorium. Schließlich wurden gar die Baulichkeiten der Pfalz aufgegeben, der Krönungssaal ins neue Aachener Rathaus verlegt. Die königlichen Ämter mußten mehrfach verpfändet werden und gingen letztlich als Vogtmeierei an die Grafen von Jülich. Aachen selbst konnte sich als freie Reichsstadt jedoch behaupten. Den in der Gertrudisnacht 1278 nach Aachen eingedrungenen Grafen Wilhelm IV. von Jülich mit seinen Reitern sollen Aachener Bürger (ob von einem Fleischer oder wehrhaften Schmied mit dem Hammer ist unsicher) kurzerhand erschlagen haben. Dem deutschen König Rudolf von Habsburg mochte diese Tat freilich wenig gefallen, hatte ihm doch Wilhelm von Jülich große Kredite zur Verfügung gestellt, die überhaupt seine Krönung in Aachen erst ermöglichten (H. A. Crous. In: Merian). Schlichtungsversuche Rudolfs freilich waren 1277 gescheitert. Vermutlich betrafen schon die »Statuten« von 1250 die Einrichtung eines *Rates*. Nach 1450 gewannen Gewerbetreibende im Rat die Herrschaft, »11 Gaffeln« ersetzten die bislang durch Patrizier beherrschten und vererbbaren Ratspostitionen. Zwei Bürgermeister standen dem Rat vor. Dieser Rat wurde nun in jährlichem Turnus neu gewählt (Histor. Stätten). Durch frühes *Gewerbe* (Weberei und seit dem 15. Jahrhundert Spezialisierung auf Nadelmacherei) gelangte Aachen zu Reichtum und Wohlstand. Der Zuzug *calvinistischer niederländischer Glaubensflüchtlinge* begünstigte die reformatorische Durchschlagskraft. 1581 siegte die *Reformation*, dies führte zum *Aachener Streit* der evang. Stadtherrschaft mit Kaiser Rudolf II. In Acht und Bann getan wurde die Stadt Aachen 1598 rekatholisiert und auch ihre Besetzung durch die Truppen des spanischen Obersten Marquis de Spinola 1614-32 war dazu ersehen, die verfassungsmäßige Ordnung wiederherzustellen und die angestammte Konfession zu festigen (Brockhaus –

Enzyklopädie, Aachen – abc, Histor. Stätten). Freizügigere Herrschaften in Burtscheid, selbst die Abtei Kornelimünster, und Stolberg nahmen nun aus Aachen abwandernde Gewerbetreibende bereitwillig auf.

Nach dem großen *Stadtbrand* von 1656 – innerhalb von 20 Stunden brannten 4664 Häuser nieder – war die Zeit der Barockmeister gekommen (die beiden Couven und Mefferdatis), welche der Stadt zu einer Reihe hervorragender Bauten des Aachen-Lütticher *Barock* verhalfen. 1668 wurde hier im *Ersten Aachener Frieden* der »Devolutionskrieg« zwischen Spanien und Frankreich beendet. Von 1794 bis 1814 war Aachen mit dem gesamten Rheinland *französisch:* Es war Hauptstadt des Rurdepartements/Département de la Roer (1798-1814), 1748 beendete der *Zweite Aachener Friede* den österreichischen Erbfolgekrieg. Im Wiener Kongreß wurde das Rheinland und mithin Aachen *preußisch* und Sitz eines preußischen Regierungsbezirks. Das im Zweiten Weltkrieg arg getroffene Aachen, auf das 77 Luftangriffe herniedergingen, war die einzige evakuierte Großstadt. Hier fanden Erdkämpfe statt: Große Schlachten tobten im Herbst 1944 in ihren Mauern und im Hürtgenwald. Nach der Zwangsevakuierung waren nur noch 6000 Menschen zurückgeblieben, 43 % der Wohnhäuser zerstört, 40 % beschädigt, 2,7 Mio. m^3 an Trümmerschutt war zu beseitigen. Bis 1966 war der Wiederaufbau im wesentlichen vollzogen.

Erst die neuerliche *Kommunalreform* hat zum 1. 1. 1975 Aachen der Funktion der Bezirkshauptstadt beraubt und den Bezirk dem Kölner zugeschlagen. Einigen Vorteil brachte lediglich das *Aachen-Gesetz* durch Eingliederung von Brand, Eilendorf, Haaren, des Stadtteils Kornelimünster, Laurensberg, Teilen von Richterich und Walheim 1972.

Aachener Juwelen: Dom und Rathaus

Kernstück des Doms, eines der erhabensten Denkmäler des Abendlandes, ist das als Pfalzkapelle vom vermutlich aus Metz stammenden Meister Odo nach Karls des Großen Ideen zwischen 794 und 804 für diesen, über einem älteren Bau aus

Pippins Zeit, errichtete *Oktogon* (Merian/Knaur/Rhein. Städtebuch). Der achteckige Kuppelbau des im Durchmesser ca. 30 m messenden Oktogons entsteigt der Ummantelung eines regelmäßigen Sechzehnecks. In spätromanischer Zeit wurde die Kuppel aufgestockt. Mit einer Höhe von 31,5 m war sie lange Zeit die höchste Kuppel nördlich der Alpen. Als Vorbilder dienten offensichtlich zwei ravennische Baudenkmäler: San Vitale (Hofkirche Justinians I.) und das zweigeschossige Grabmal des Ostgotenkönigs Theoderich (Knaurs Kulturführer in Farbe: Deutschland). Dies sollte möglicherweise Karls römische Nachfolge dokumentieren. Von 798-800 wurden hierhin in den Achteckbau aus Konstantinopel und Jerusalem wertvolle Reliquien überführt. Am 28. 1. 814 verstorben, fand Karl hier seine letzte Ruhe.

Der im Hochmünster genannten Teil des Oktogons/oberen Westwerk plazierte sechsstufige *Kaiserstuhl* war jene Stätte, an welcher die dreißig gekrönten deutschen Könige und Kaiser inthronisiert wurden und die fürstliche Huldigung entgegennahmen (Aachen-abc). Früher glaubte man, beim Kaiserstuhl handle es sich um Karls des Großen Thron. Doch aus dem hinter marmorner Verkleidung steckenden »deutschen« Eichenholz läßt sich des Throns Alter mithilfe der Dendrochronologie (Baumringe) auf das Jahr 935 datieren. Es ist die Zeit der Regentschaft Ottos I., des ersten zum deutschen König in Aachen gekrönten Oberhauptes (Merian, Aachen-abc). Interessant dürfte auch die Tatsache sein, daß der Thron, ein Kastensitz, sogar heizbar war (Journal 3 des WDF, 22. 12. 1978). Gurtbögen, mächtige Pfeiler, zierliche antike Säulen (möglicherweise aus Ravenna und Rom) und romanische Bronzegitter kennzeichnen den zweigeschossigen Umgang der nach byzantinischem und griechischem Vorbild erbauten Kuppel. Die Bausteine im Innern sind hellbraun gemasert, in den Bögen stehen sie im Wechsel mit dunkelbraunen Steinen. Noch karolingischen Ursprungs sind die um 800 entstandene Gruft der Bischöfe, die *Allerheiligenkapelle* und der erhaltene Kreuzgang (Tonnengewölbe) des einst Pfalzkapelle und Palast verbindenden Baues, dem heutigen Domizil des Dommuseums. Im Pflaster des Domplatzes findet sich der Grundriß der Bibliothek der kaiserlichen Schule angedeutet.

Zum 600. Todesjahr Karls des Großen entstand von 1355-1414 nach dem Vorbild des Sainte-Chapelle des Königspalastes von Paris das »Glashaus Aachens«, mit 27 m hohen, prachtvollen Fenstern ausgestattet, der architektonisch von einer großen Leichtigkeit und Eleganz charakterisierte gotische *Chor.* Zu den gotischen Zutaten zählen auch der 1350 fertiggestellte Turm und die im Grundriß knospenartig angeordneten *Seitenkapellen* (13./14. Jahrhundert). Die Matthiaskapelle (im Südosten) wurde vor 1414 erbaut, die anschließende Annakapelle 1449, Nikolaus- und (oben) die Michaelskapelle (im Nordwesten, 1487, mit dem ursprünglichen Proserpinasarkophag Karls des Großen (um 160; das römische Meisterwerk wurde von Karl beschafft und wurde seine ursprüngliche Ruhestätte), Karls- und Hubertuskapelle (im Nordosten, 1465-74). Lediglich die ursprünglich 1358 als Stiftung des Ungarnkönigs Ludwig des Großen erbaute Ungarnkapelle (Ungarn gehörten damals zu den häufigen Aachenbesuchern) wurde 1756-67 von G. Moretti im Barockstil neu erbaut. Die gotischen Teile des Doms erstellte ein unbekannter Aachener Meister zwischen 1355 und 1414 (Wegweiser durch den Aachener Dom). Das Baumaterial stammt aus vielen europäischen Ländern, insbesondere aus Italien, worüber auch Albrecht Dürer Bericht gab.

Macht auch die Gotik die um den romanischen Kern gescharte bauliche Hauptmasse des Doms aus, so sind an ihm doch auch andere Baustile und Epochen vertreten: so wurden Kuppel- und Chordach nach dem Stadtbrand von 1656 in den Jahren 1663/64 erneuert und der Turm erhielt 1884 seinen heutigen Aufbau sowie die bereits erwähnte barocke Ungarnkapelle. Über tausend Jahre Dogmengeschichte zeichnen eine baugeschichtliche Entwicklung nach, die weniger aus einer architektonischen Einheit heraus lebt, als vielmehr aus dem Gegensatz, besonders aus jenem der schweren romanisch bis staufischen Teile und der leichter zierlichen gotischen Bausubstanz.

Sein Hauptportal hat der Dom an der Westseite; an die doppelflügelige *Wolfstür,* die um 800 in der karolingishen Gießhütte in Aachen entstand, und die ursprünglich zum Oktogon gehörte, knüpft sich eine Sage. Der Teufel habe sich für seine Dombauspende ausbedungen, daß ihm die erste Seele gehöre, die den neuen Dom betrete; die listigen Aachener schickten als ersten einen Wolf und der Teufel entwich aus dem Gotteshaus. Als er die Tür zuschlug und diese einen Sprung bekam, habe ihm der Türlöwe den Daumen gequetscht. Unklar bleibt, ob der Löwe vielleicht im Volksmund allmählich zum Wolf geriet, wie im Beispiel der Stauferlöwen des Esslinger Wolfstors. Die Wolfsfigur taucht jedoch sogleich wieder beim Betreten der karolingischen Vorhalle auf.

Wohl stammt der *Pinienzapfen* aus der Zeit um 400 (andere Quellen 900-1000), doch soll die sogenannte, angeblich spätrömische *Wölfin* (Bärin?) erst um 1140 entstanden sein; beide, Zapfen und Wölfin, waren Teil eines einstigen Paradiesbrunnens aus dem früheren Atrium des Westbaues. Links, wie auch der Zapfen, steht eine beachtenswerte spätgotische *Alabastermadonna* aus der Zeit um 1400.

Der untere Umgang des im Erdgeschoß sechzehneckigen »Oktogons« (siehe auch oben) ist im Innern durch acht große Bogen gekennzeichnet und trägt die Säulenarkaden des lediglich dem Herrscher zugänglich gewesenen Hochoktogons. Dunkel gehaltene *Mosaiken* entstanden teilweise 1879-81. Die ursprünglichen karolingischen Mosaiken waren so stark verwittert, daß sie 1719 durch eine Stuckdekoration des Italieners G. B. Artario, diese inzwischen durch die genannten neuen Mosaiken ersetzt wurden. Mit deren Vollendung im Oktogon 1913 erhielt dieses auch seine marmorne Ausstattung (Merian-Brevier/Wegweiser durch den Aachener Dom).

Kaiser Friedrich I. stiftete um 1165 den besonders kostbaren, an 27 m langer schmiedeeiserner Kette aufgehängten fünfzehnhäusigen *Bronze-Radleuchter* zu Ehren der Muttergottes. Als Mauerkranz mit 16 Zinnen ausgeformt, symbolisiert er das himmlische Jerusalem. Mit goldgetriebenen Altartafeln (Passionsszenen und Symbolen der Evangelisten) aus den Jahren 1010/20 fand 1968 hier der *Goldaltar* als Hauptaltar seine Aufstellung. Am rechtsseitigen Chorbeginn fand die *Goldene Evangelienkanzel* (Ambo), vor 1014 von Heinrich I. gestiftet, ihren Platz.

Inmitten des *Chores* pendelt eine *Strahlenkranz-Doppelmadonna;* es handelt sich um zwei spätgotische Marienfiguren (Vorderseite 1524 von Jan Bieldesnider), die 1556 zweiseitig zusammengefügt wurden. Wertvoll sind auch ein adlerverziertes, im 15. Jahrhundert umgearbeitetes *Lesepult,* der *Bischofsstuhl,* (1742) und das Chorgestühl sowie die *Grabplatte Ottos III.* Spätgotische *Steinplastiken* der Maria, Karls des Großen und der Apostel (aus der Zeit von 1414 bis 30) zieren die Chorwände. 1951 erhielt der Chor seine neuen, von Professor Wendling und Walter Benner geschaffenen Chorfenster; 27 m hoch, sind sie die dritten in der Geschichte des Domes. Nach Osten hin beherbergt eine Ausbuchtung des mittleren Chores ein besonders wertvolles Stück, den *Karlsschrein,* ein Hauptwerk der Rhein-Maas-Schule. In ihm wurden 1215 von Friedrich II. aus Anlaß seiner Krönung die Gebeine Karls des Großen verschlossen. Die hervorragende Goldschmiedearbeit wird in Arkaden von 16 Königsreliefs umgeben, Karl an der Stirnseite thronend, zwischen Papst Leo III. und dem Reimser Erzbischof.

Hinter dem Kreuzgang des ehemaligen Marienstifts (romanische Bögen aus der Zeit als Pfalz und spätgotische Teile) birgt die *Domschatzkammer* Einmaliges aus der mittelalterlichen Sakralkunst nördlich der Alpen. Byzantinische Stoffe und antikes Elfenbein gehören ebenso zu der künstlerisch und kulturell hochkarätigen Sammlung monarchisch-sakraler Objekte, wie ein karolingisches Evangeliar (goldener Buchdeckel) der Zeit um 1000 aus Karls des Großen Palastschule. Dieser Zeit zuzuschreiben ist auch das irrtümlich so bezeichnete elfenbeinerne Jagdhorn (Olifant aus der Rolandssage) Karls des Großen, ein unteritalienisches (sizilianisches) Prunkstück. Eine Goldschaufel (Pala d'oro), Ottos III. Evangeliar, ein achteckiges, elfenbeinernes Weihwassergefäß, wie auch das Lotharkreuz, das schönste mittelalterliche Kaiserkreuz mit antiker Augustuskamee (um 1000) zählen weiter zu den sakralen Zeugen der ottonischen Ära. Bedeutende Werke hochmittelalterlicher Goldschmiedekunst sind: der Marienschrein in Form einer Kirche. In dieser 1220-40 entstandenen Silber-Kupfer-Einlegearbeit werden die Aachener Heiligtümer verwahrt, die berühmte Karlsbüste (das Büstenreliquiar von 1349 ist ein Geschenk Karls des IV., die Simeonslade mit Maria und den beiden Opfertauben u. a. Gegenstände.

Auch das dem Dom an der Nordseite (am Katschhof; von Kax = Pranger) benachbarte *Rathaus* ist dem karolingischen Pfalzbau entwachsen (siehe weiter oben). Um 800 ward die an höchster Stelle des Pfalzbezirks erbaute Königshalle fertiggestellt. Karolingisches Gemäuer findet sich noch in der Südwand (zum Katschhof hin), wie im unteren Teil des die Westseite flankierenden Marktturms. Ganz aus karolingischer Zeit überkommen ist der *Granusturm* auf der Ostseite, einst Wohnbau Karls des Großen. Auf den Grundmauern und aus diesen Restbauteilen entstand dann erstmals bis 1349 das in seinen Dimensionen völlig der karolingischen Aula entsprechende heutige gotische Rathaus. War die Aula mit der Rückseite zum heutigen Markt hin orientiert, so entstand hier die Vorder- und Schauseite des Rathauses.

Die figurenreiche *Vorderfront* dieses, eines der schönsten Rathäuser Deutschlands, erinnert an die flandrischen Tuchhallen, denen das Rathaus Pate stand. Über dem Haupteingang sind die Majestas Domini, rechts daneben Karl der Große (mit dem Oktogonmodell), links Papst Leo III. skulpturiert; des Weiteren finden sich die Statuen von 50 deutschen Herrschern an der Rathaus-Vorderseite, von vier weiteren an dessen Ostseite. Die Vorderfassaden-Ornamentik symbolisiert die sieben freien Künste, die Hochschulfakultäten, stellt sieben kurfürstliche Wappen und sechs der Landesherren dar, unter deren Schutz Aachen gestanden hatte. Auch die Wappen der verbündeten Reichsstädte, wie Frankfurt, Köln, Nürnberg und Worms fanden Aufnahme (das Aachener Wappen zeigt übrigens auch den Reichsadler in Schwarz und auf gelbem Grund). Die doppelläufige Freitreppe stammt aus dem 19. Jahrhundert, die Bronzetür entwarf 1975 der Aachener Künstler Ewald Mataré. Rechts an der Marktfront (Vorderfassade) findet sich die *Dreikönigspforte*, ihr Treppenhaus, die *Kaiserstiege*, führt direkt in den Reichssaal. Ewald Mataré gestaltete 1965 das rechts daneben liegende Bronzeportal zum *Marktturm*. Der Turm selbst steht auf der Basis der karolingischen Westapsis, seine Unterhälfte stammt aus den Jahren um 1200, die obere ist neueren Datums: 19. Jahrhundert; wie ebenso der Treppenturm der *Südseite* (von 1846) und Galerien. Die Fenster des Oberstocks der Südseite stammen jedoch noch aus dem 14. Jahrhundert.

Nach den Großbränden in den Jahren 1656 und 1883 konnte das Rathaus jeweils wieder erneuert werden. Bei Bombenangriffen 1943/44 litt das Rathaus starken Schaden. Bis 1951 hatte man damit zu tun, denn Bauzustand zu sichern, erst danach konnte der Wiederaufbau bewerkstelligt werden.

Seit Herbst 1979 ist Aachen um eine Attraktion reicher. Mit 49 Glocken über vier Oktaven hinweg, ist das neue *Rathaus-Glockenspiel* nach flämischem Vorbild vermutlich das größte in unserer Bundesrepublik. Seine größte Glocke wiegt 8 Zentner, die kleinste eben 12 Kilopond. Der Preis, der aus Spenden erbracht wurde, wird auf knapp 200 000 DM beziffert. Die Auswahl des riesigen Klangkörpers reicht vom hohen C für ca. 950 DM bis zum tiefen B mit über 32 000 DM. Eine niederländische Glockengießerei aus Asten lieferte das Spiel und baute es in den einen der beiden Türme ein, die derzeit in ihrem ursprünglich gotischen Stil rekonstruiert werden. Im Repertoire des Spiels finden sich die lateinische Urbs Aquensis aus dem 12. Jahrhundert ebenso, wie das Mundartlied des »Öcher Jonge«, je nach Jahreszeit Karnevalsschlager, am 1. Mai gar die »Internationale« oder bei Staatsbesuchen die Nationalhymne.

Die *Eingangshalle* (einfaches Kreuzgewölbe) zieren links das Bildnis Karls des Großen eines niederländischen Meisters aus dem 16. Jahrhundert und das Wappen des Domkapitels (Lilie und Reichsadler). Als einzige unzerstört waren die Gewölbe links im *Sitzungssaal* geblieben. 1975 wurden die Deckengemälde freigelegt: die vier Kardinaltugenden nach Platon (Renaissance, 1628), antike Sagenwelt (um 1730); auch die Holzvertäfelungen des Jacob de Reux aus Lüttich stammen aus der Zeit um 1730. Das Karlsbildnis an der östlichen Stirnseite ist eine Imitation des Dürerschen Gemäldes; an der Südseite Bildnisse von Kaiser Franz II., Karl II., Maria Theresia und ihres Gatten, Franz I., an der Westseite Napoleon I. und seine Gemahlin Josephine (Aachen gehörte bekanntlich als Hauptstadt des Rurdepartements zu Frankreich). Rechts der Eingangshalle stellt der *Weiße Saal* einen Repräsentationsraum für Empfänge dar. Reiche allegorische Figuren von 1727 schmücken die Gewölbe und teils auch die Wände; die Gemälde sind Bildnisse der Gesandten des Aachener Friedenskongresses von 1748.

Unter dem Signum Karls des Großen über dem Eingang betritt man den im Obergeschoß liegenden *Reichssaal.* Bei Übernahme des Königsgutes verpflichtete sich die Stadt, den großen Saal für die Krönungsfeierlichkeiten im Rathaus stets zur Verfügung zu stellen; seit 1349 tagte hier der Rat (Aachen u. benachbarte Gebiete). Die zweischiffige Halle mit zehn Gewölbejochen entstand als neue Königshalle im Jahre 1330. Das Glasfenster der Nordwand schuf wieder Ewald Mataré. Die *Karlsfresken* in den Wandnischen sind romantische Historiemalereien des Aacheners Alfred Rethel (*Diepenbenden 1816, † Düsseldorf 1859) und seines Schülers Joseph Kehren und entstanden 1840-61. Sie zeigen den Sturz der Irminsul, Otto III. in der Gruft Karls (als Otto um 1000 die Karlsgruft öffnet), die Schlacht von Cordoba (über dem Haupteingang), den Einzug in Pavia (die Befreiung des Papstes vor den drohenden Langobarden). Die Krönung Ludwigs des Frommen (in der Pfalzkapelle zu Aachen), die Taufe Widukinds, die Kaiserkrönung in Rom, Kaiser Karl als Bauherr der Pfalzkirche wurden noch von Rethel entworfen, nach dessen Erkrankung dann von J. Kehren ausgeführt. Nach schweren Kriegsschäden restaurierte der Kunstmaler Franz Stiewi auf neuem Putzgrund und mit besonderer Technik die wertvollen Monumentalgemälde. Neben dem Erker der Ostseite fand eine 2,11 m hohe *Bronzestatue* Karls des Großen (Dinant 1611) Aufstellung (die Brunnenstatue vor dem Rathaus ist ein Abbild dieser Figur). Im Erker fanden Nachbildungen der *Reichskleinodien* als Exponate ihren Platz: die Reichskrone (wohl 962 zu Ottos Krönung verfertigt), das ursprünglich der Verwahrung der Reichsreliquien (heilige Lanze und Christi Kreuzpartikel) dienende Reichskreuz, das Reichsevangeliar (eine Handschrift aus der Schreibschule Karls des Großen, Ende 8. Jahrhundert, Golddeckel des Hans von Reutlingen aus Aachen, um 1500), die Stephansburse (Taschenreliquiar aus Goldblech), der Reichsapfel (kaiserliches Machtsymbol aus der Stauferzeit), das Reichsschwert (11. Jahrhundert), der so bezeichnete Säbel Karls des Großen (9./10. Jahrhundert, vermutlich eine osteuropäische Arbeit), die heilige Lanze (mit einem Nagel aus Christi Kreuz), das Zepter und Aspersorium (ein Weihwasserwedel) sowie das Zeremonienschwert (Krönungsstück Friedrichs II., Rom 1220). Die drei Aachener Stücke (Reichsevangeliar, Stephansburse, Säbel) wurden 1794 vor den Franzosen nach Paderborn ausgelagert und an eine kaiserliche Delegation übergeben. 1800/1801 wurden sie nach Wien verbracht, 1938-46 nach Nürnberg, um von den Besatzungsmächten nach Ende des Zweiten Weltkriegs wieder nach Wien in die Weltliche Schatzkammer in der Hofburg zurückzukehren (Das Rathaus zu Aachen, hg. vom Presse- u. Verkehrsamt der Stadt Aachen; aachen-abc).

Bummel durch Aachen

Ein Trip durch die »Karlsstadt« beginnt nun am Rathaus. Einer der zahlreichen Brunnen, welche die Bäderstadt kennzeichnen, fällt hier ins Auge: der *Marktbrunnen.* Seine 6 Tonnen schwere Bronzeschale ist die Arbeit der Aachener Meister Franz und Peter von Trier, 1620 hier gegossen; gleich alt ist die Karlsfigur (Bronze, Dinant) der Brunnensäule. Das Original findet sich allerdings im Reichssaal, während hier eine Nachbildung Aufstellung fand. Des unteren, steinernen Brunnenbeckens beschwingte Barockeinfassung besorgte 1735 J. J. Couven. Im Norden des Marktplatzes fällt der Fachwerkbau des Verkehrsamtes auf. Ecke Markt- und Pontstraße gelegen, stammt dieses unter dem Namen *Haus Löwenstein* bekannte Gebäude, 1971-73 in gelungener Weise restauriert, aus der Mitte des 14. Jahrhunderts. Weitere Bauten am Markt präsentieren sich im Look von Renaissance und Barock: Zum Einhorn mit Fassade aus der Zeit um 1700, die Karlsapotheke im Barockstil von 1792 (wie die gesamten Häuser Markt 14-22) und der klassizistische Stuck des »Goldenen Schwanen« datiert um 1840, so daß rund um den Markt alle wichtigen Stilepochen von der Gotik an vertreten sind. Hinter dem Rathaus gelangt man an der Westseite von Katschhof (einem der bedeutsamsten deutschen Binnenhöfe) und Dom zum Klosterplatz. Einst Kloster, sind die Bauten heute Domizil der Domgeistlichkeit, der Neubau beherbergt das *Generalvikariat.* Dahinter am Fischmarkt und in der Schmiedstraße findet sich der älteste Teil der Stadt: das *Grashaus* (Schmiedstraße 3, ziemlich am Fischmarkt), seit 1890 Stadtarchiv, ist das älteste Rathaus Aachens. »Der burger huys«, Baujahr 1267, beherbergte einst in den unteren Verließen das Ratsgefängnis. Die frühere Ratskammer wurde zum Urkundensaal (er ist an Werktagen vormittags für anderthalb Stunden kostenlos zugängig) umfunktioniert (Umbau 1890).

Standbilder der sieben Kurfürsten, wie sie am Rathaus wiederkehren, zieren die Fassade (Eifelführer, 35. Aufl., Düren 1973/74). Am Fischmarkt selbst ist der *Fischpuddelchenbrunnen* mit dem Knaben und den wasserspeienden Fischen in den Armen seine Beachtung wert. 1911 hatte ihn der Berliner Plastiker Hugo Lederer gestiftet (Aachen war preußische Bezirkshauptstadt). H.-C. Dick rekonstruierte ihn 1954 nach alten Fotos. Das Original war im Kriege eingeschmolzen worden.

Ecke Anna- und Michaelstraße gelangt man wenig südwestlich zur *Kirche St. Anna:* 1511 als Benediktinerinnen-Klosterkirche erstanden, verlieh ihr 1748/49 der berühmte Aachener Barockbaumeister ihr neues Gesicht. Ecke Jakobstraße/Klappergasse objektivierte der von Hubert Lönekes geschaffene *Türelüre-Lißje-Brunnen* seit 1967 ein im Lied schon lange besungenes kleines Aachener Mädchen, das, von Kindern umgeben, sein Bedürfnis verrichtet, und in Bronze gestaltet ist. Von hier ist es nicht mehr weit zu *St. Paul* in der Jakobstraße. Um 1400 wurde der Bau der gotischen Hallenkirche des ehemaligen Dominikanerklosters begonnen; beachtenswert an seinem Äußeren ist das Rosenkranzportal. Das Gewölbe jedoch fiel dem Krieg zum Opfer. Die Heiligenfiguren des flämischen Barock zierten einst die Beichtstühle (Quelle: Merian). Die Jakobstraße führt zu *St. Jakob.* Mit 87 m Höhe besitzt das 1877-81 als Ersatz für eine romanische Kirche (1886 abgebrochen) entstandene Gotteshaus den höchsten der Aachener Kirchtürme. Erst 1973/74 konnten die Kriegsschäden behoben werden. Die Verblendsteine der Außenfassade haben so ihre Geschichte, stammen sie doch aus der zweiten Stadtummauerung. Den *wehrhaften Schmied,* der den Grafen von Jülich erschlug, stellte K. Bürger als relativ harmlose Brunnenfigur dar, nahe St. Jakob. Einige Schritte die Jakobstraße zurück, in die Sturm- und Ros-Straße: das barocke *Roskapellchen* von 1758, eine Marienkapelle, ist Mittelpunkt der alljährlichen sommerlichen »Kermes open Rues« (zu deutsch: Straßenkimes), mit dem Umzug des Streuengelchens. Ende Juli stattfindend, blickt das »Streuengelchen« auf eine 250jährige Tradition zurück. Mechanisch gesteuert, streut die im Zickzackkurs über die Straßen geführte Engelsfigur Süßigkeiten unter das »begeistert fangende« Jungvolk von Aachen. Einen Vorgeschmack bietet bereits am Vorabend ein leibhaftiges Streuengelchen, das auch am letzten Kirmestag wieder in Erscheinung tritt. Seine Zuschauer bezieht das Volksfest aus einem weiten Umkreis (aachen-abc). Nun ist es nicht mehr weit zum *Lavenstein* (über den Straßenzug von Ros-Straße – Mühlenberg und Gerlachstraße führend. Er ist ein Turm des ehemaligen äußeren Mauerrings (siehe Kapitel »über das nachkarolingische Aachen). Dem äußeren, südlichen Mauerverlauf entlang führt der Boxgraben zum *Maschiertor.* Allein 25 m Breite nimmt die massige, um 1300 erbaute Torburg ein, und gilt damit als eine der mächtigsten ihrer Art in West- und Westmitteleuropa. Die zwei Rundturmflanken mit Kegeldachansatz verbindet ein rechteckiger Mittelbau mit gleich hohem Satteldach und aufgesetztem Dachreiter. Ursprünglich gehörte gar noch eine Vorburg zum Bestand dieser Bastion. Nordwestlich des Marschiertors erhebt sich zwischen Wall- und Aureliusstraße St. Marien. Über die Aurelius- und Theaterstraße ist das *Stadttheater* am Theaterplatz zu erreichen. Landesbauinspektor J. P. Cremer entwarf 1823-25 den klassizistischen Bau. Im Giebel ist der die Musen beschützende Apollo dargestellt. Nach weiteren Plänen von K. F. Schinkel gestaltete 1901 W. J. Imhof den Bau um, der dann 1951 wiederaufgebaut und im Inneren modernen theatertechnischen Erfordernissen angepaßt wurde. Der berühmte Dirigent Herbert von Karajan hatte hier in den dreißiger Jahren als Generalmusikdirektor seine Premiere; schon von 1818-26 wirkte hier Albert Lortzing als berühmt gewordener Vorgänger Karajans. Der früheste Bau war 1748-51 aus Anlaß des Aachener Kongresses von 1748 eröffnet worden und wich 1823 einem Neubau.

Die östliche Innenstadt

Am inneren Ring entlang, liegt am Friedrich-Wilhelm-Platz der *Elisenbrunnen* (siehe: . . . und dem Gesellschaftsbad zum neuen Heilbad unserer Zeit), linkerhand geht es über die Hartmannstraße zur Fußgängerzone mit der gotischen Kirche *St. Foillan.* Ursprünglich romanisch, wurde sie 1480-82 durch den gotischen »Neubau« ersetzt. Erst im 19. Jahrhundert wurden bei der Erneuerung letzte Schäden des Brandes von 1656 voll behoben, die Kirche erhielt einen neugotischen Turm. Beim Wiederaufbau nach dem Zweiten Weltkrieg wurde Altes, mäßig Altes und Neues am Bau integriert, so daß das Südschiff und der neogotische Turm mit modernen Bauteilen (Betonkonstruktion im Innern) kombiniert wurde. (Aachen und benachbarte Gebiete, 1967; Merian). Die »schöne Madonna« von 1420 tritt so in Konkurrenz mit den modernen Glasfenstern von W. Bauschulte. Nach dem Dom ist St. Foillan die älteste Aachener Pfarrkirche (1320 Hauptpfarre). Auch das *Heiliggeisthaus* neben St. Foillan, Spendhaus der Heiligabend-Bruderschaft (1304, Kapelle 1327) brannte beim Stadtbrand von 1656 nieder. Es entstand als Steinfachwerkhaus mit Kreuzstockfenstern, Treppenturm und Renaissancegiebelchen im 17. Jahrhundert neu. Am Beginn der Krämerstraße, zum Hof hin, verleitet der *Puppenbrunnen* von Bonifatius Stirnberg durch die beweglichen Gliedmaßen seiner Bronzefiguren Jung und Alt zum Spielen (in Straelen finden wir ein weiteres derartiges Objekt). Die Aachener Figuren versinnbildlichen Vertreter des örtlichen Lebens am Platze: Kanoniker, Marktfrau, Reiter und Professor. Das Haus an jener Ecke ist durch hohe Blausteinpilaster, Volutenkapitelle und Giebelrundfenster gekennzeichnet und ist eines der wenigen Beispiele holländischen Kolossalstils (vom Ende des 17. Jahrhunderts). Der Hof (früher auch Eppelhof), ein üblicher Dreiecksplatz, kann als charakteristisch für das *Krämviertel* gelten. Seine römische Vergangenheit und sein quellender Grund (Quirinusbad, 1864) wurden sinnvollerweise bereits eingangs ausführlich geschildert. Als ältestes Aachener Geschäftsviertel ist das Krämviertel aus dem Pfalzbezirk entstanden. Schmucke alte Häuser (allerdings nach hierher versetzt) bilden mit ihren Schaufassaden die Gaststätte »Unterm Apfelbaum« (Krämerstraße 1), davor am Hühnermarkt der reizvolle *Hühnerdiebbrunnen*, 1913 vom Berliner H. J. Pagels erstellt und 1953 neu gegossen, und das Haus Ecke Hof/Krämerstraße. Zwischen Rathaus und Granusturm steht ein kleines, einer Postkutsche in der Form ähnliches, 1675 erbautes Gebäude, zusammen mit dem erhalten gebliebenen steinernen Haus Eulenspiegel beherbergt der *Postwagen*, nach dem Zweiten Weltkrieg originalgetreu wieder aufgebaut, eine der gemütlichen Alt-Aachener Gaststätten. Der Postwagen ist ein spielerisch anmutender Barockbau mit Fachwerk-Obergeschoß. Überhaupt lädt die Altstadt zum Bummel und zum Besuch ihrer zahlreichen Lokale mit Atmosphäre ein. Für seine wohnbaren, als Ensembles gestalteten Plätze wurde Aachen

Sieger des besten Denkmalschutzes (WDF, Journal 3, 22. 12. 1978).
Über den Hof hinweg findet sich die *Körbergasse,* eine historische Korbmacherstraße, welche – original wiederhergestellt – seit Jahrhunderten der Standort dieses Gewerbes ist. Hierzu darf auf die einst stärker verbreitete Korbweidenwirtschaft in der Rur-Wurm-Niederung um Heinsberg hingewiesen werden. Die Korbmacher bieten in dieser malerischen Gasse heute noch ihre Waren an. Das Gäßchen führt zur Straße des *Büchel.* Der *Bakhauvbrunnen* wurde nach Kriegszerstörung 1967 vom Bildhauer Wolf von Borries geschaffen. Mit dem Schwefelgestank der Quellen soll das Bachkalb (Bakhauv) der Sage nach den »Spätheimkehrern« Respekt eingeflößt haben. Am Knick des Büchel setzt die Buchkremerstraße ein; in römischer Zeit verliefen quer zu ihr die *Thermen,* deren Wasserleitungen und Hypocausten (Fußbodenheizungen) sich über mindestens 25 ar Fläche hinweg erstreckten. Die Schieferwand des neuen *Kaiserbades* (siehe weiter vorn) gestaltete 1963 der Aachener Künstler Ewald Mataré. Das Römerbad findet sich auf der Seite des Büchel.

Vom Büchel oder über Buchkremer-/Ursulinenstraße ist der innere Ring (Friedrich-Wilhelm-Platz/Peterstraße) zu erreichen. Hier, wie am Stadtgraben und Theaterplatz konzentrieren sich Bank-und Versicherungspaläste als »kleine Aachener City«. Der Bau der *ehemaligen Bezirkssregierung* entstand 1828. Der Regierungsbezirk Aachen wurde bekanntlich mit Wirkung vom 1. 8. 1972 aufgelöst und dem Bezirk Köln in Form von 3 »Großkreisen« zugeschlagen. Die 400-500 Bediensteten wurden teilweise von Köln übernommen, ein Teil wird auch an Aachener Hochschulen beschäftigt. Wie immer witterte man auch hier in Aachen eine Vernachlässigung des Grenzraums, liegt Köln immerhin 70 km entfernt, und unternehmen immerhin die Niederländer erhöhte Anstrengungen zur Förderung ihres Grenzgebiets zur Bundesrepublik (Dt. Welle und WDR 1. 8. 1972).

Die nördliche Innenstadt Aachens

Stift-, Blondel- und Kurhausstraße eingeschlagen, gelangt man weiter zum *Alten,* von der *Neuen Galerie* eingenommen

Kurhaus. Als damals Neue Redoute erbaute sie der Sohn des bekannten Aachener Barockbaumeisters Johann Joseph Couven, Jakob Couven in den Jahren 1782-86. Die Redoute beherbergte das Spielcasino und war früher Schauplatz des Aachener Gesellschaftslebens. Ihr berühmter Ballsaal mit Stuckarbeiten von Pietro Gagini wurde 1968 wiederhergestellt. Nebst einem Neubau mit der Neuen Galerie (Kunst des 20. Jahrhunderts) beherbergt das Alte Kurhaus die damit verbundene Sammlung des Mäzens Ludwig, der seine Kunstwerke u. a. auch der Stadt Köln zur Verfügung stellt. Auch dort kennt man eine solche Sammlung Ludwig (Weiteres siehe auch Aachen-kulturell). Nordöstlich, an St. Peter vorbei (Couven-, Maria-Hilf-Straße), ist jenseits von Monheims Allee das *neue Kurviertel* zu erreichen.

Im Neuen Kurhaus, das 1914-16 erbaut wurde, sitzt heute das *Internationale Spielcasino* Bad Aachen. Eröffnet wurde die attraktive Spielstätte am 2. Juli 1976. Bis zur Eröffnung des Casinos von Bad Oeynhausen 1980 war es das einzige Spielcasino von Nordrhein-Westfalen. Nun soll gar Dortmund mit einem weiteren Etablissement folgen. Bestückt ist das Aachener Casino mit 20 Roulette-, 3 Black Jack- und 2 Bakkarat-Tischen. Eine Besonderheit ist die computergesteuerte Anzeige, welche 21 vorangehende Nummern indiziert. Künstlerisch beachtenswert mag das Lichtwerk (Lichtregen) von Heinz Mack im Weiß (Kassettendecke) und dunkelrot (Teppich) gehaltene Foyer sein, wie überhaupt auf eine Plüschatmosphäre verzichtet wurde und stilvoll dunkelrote Töne vorherrschen.

Schon bis Juni 1979 konnte die staatliche »Stiftung Wohlfahrtspflege« des Landes Nordrhein-Westfalen am Aachener Roulettetisch 60 Mio. DM »abkassieren« und sie zur Finanzierung von Pflegeheimen, Rehazentren, heilpädagogischen Einrichtungen, Behindertenwerkstätten, Seniorenheimen und für andere soziale Maßnahmen verwenden.

Der Kurbetrieb vollzieht sich indes auch im Kurhotel *Quellenhof,* einem repräsentativen 200-Betten-Bau mit Kurmittelhaus und Thermalbad. Der *Kurpark,* in welchem Spielcasino und Quellenhof, ferner Observatorium liegen, wurde 1853 von Peter-Joseph Lenné angelegt, und weist einen schönen und relativ alten Baumbestand auf; im Kurpark finden üblicherweise auch die Kurkonzerte statt. Hinter dem Quellenhof entstand in den letzten Jahren das *Eurogress*, ein bedeutendes Kongreßzentrum. Allgemein bekannt wurde es schon innerhalb kurzer Zeit durch die alljährliche Veranstaltung der Verleihung des Ordens wider den tierischen Ernst und seine Übertragung im Fernsehen. Westnordwestlich davon liegen *Salvator-* und *Lousberg* (263 m). Ludwig der Fromme ließ 814-18 auf dem Salvatorberg eine Totenkapelle bauen, die von Heinrich III. 1040 umgebaut wurde: Allerdings entstand dann hier 1883-85 eine neue, die heutige *Salvatorkirche*. In französischer Zeit war das romanische Bauwerk zerfallen. Altes blieb lediglich im Grundriß und als Westturm erhalten. Hatte seit etwa 1197 bis 1221 ein Zisterzienserinnenkloster bestanden, so knüpfte in neuerer Zeit (mit Wiederherstellung 1949) erneut ein Kloster (der Oblaten) daran an. Auf dem benachbarten Lousberg wurden übrigens urzeitliche Besiedlungsspuren gefunden: mittelsteinzeitliche Schlag- und Arbeitsplätze auf der Ostkuppe, ferner jungsteinzeitliche Fundstücke (Werkstücke, Hirschhornhacken, Großgeräte). Der Sage nach wollte sich der Teufel für die im Dom überlassene Wolfsseele rächen und Aachen mit einem Sack voll Meersand (am Lousberg werden marine Fossilien im Erdreich gefunden) überschütten. Als eine Bäurin ihm den Rosenkranz an den Kopf warf, habe Satan den Sandsack fallen gelassen. Im Jahre 1807 ließ der französische Geodät J. J. Tranchot am Berg, zwischen Lous- und Salvatorberg auf der Höhe von 263,8 m einen *Obelisken* für Vermessungszwecke errichten. Den *Pavillon*, ein Rokoko-Kleinod, baute 1740 J. J. Couven als Gartenhaus der Villa Mantels. In neuer Zeit besteht auf dem Lousberg ein zylinderförmiger, 33 m hoher *Wasserturm* mit Drehrestaurant Belvedere und Aussichtsplattform (weiter Rundblick in die Eifel, ins Dreiländereck von Vaals und nach Limburg hin). Die beiden Berge, beliebtes Ausflugsziel, sind mit Kur- und Stadtgarten Bestandteil des *Kurgebiets Monheimsallee*.

Zu Füßen der Höhe liegt der äußere Zug der ehemaligen Stadtmauer, markiert von der erhaltenen Bastion des Marienturms (an der Ludwigsallee), heute *Ehrenmal* (siehe unter Geschichte) und die Torburg des *Pontors* mit Vor- und Haupttor, beide um 1320 erbaut. Mit seiner Brücke ist es neben dem Klever Tor zu Xanten die einzige erhaltene Torburg des Rheinlands (im W des äußeren Rings ist schließlich noch der halbzylindrische *Lange Turm* auf dem mit 202 m höchsten Punkt der Befestigung zu erkennen; er dient als Aussichtsturm. Den Nordwesten der Innenstadt nehmen die Komplexe der *Rheinisch-Westfälischen Technischen Hochschule* (RWTH) ein, darunter der Gründungsbau aus dem Jahre 1870 am Templergraben. Quer zu diesem verläuft die Pontstraße mit der barocken *Theresienkirche*, 1739-48 vom zweiten, neben Couven sehr bekannten Aachener Barockbaumeister L. Mefferdatis gebaut. Die Eilfschornsteinstraße war einst der Hort der Aachener Kupferöfen. Das Eckhaus (Ecke Temmplergraben/Eilfschornsteinstr.) ist ein bemerkenswertes Zeugnis der Industriearchitektur, 1865 im Materialstil (heller Bau, roter Backstein) als Tuchfabrik aufgeführt; heute beherbergt es das Institut für Kraftfahrwesen. Gebäude der Philosophischen und Mathematisch-Naturwissenschaftlichen Fakultät der RWTH lassen Mauerreste der sog. *Barbarossamauer* erkennen. In die Fassade des nahen *Kaiser-Karls-Gymnasiums* wurden Teile des von J. J. Couven einst für Bürgermeister Wespien erbauten barocken Herrenhauses, eines der schönsten des Rheinlandes, eingefügt.

Der Stadtteil Burtscheid: Bad, Abtei, Burg Frankenberg

Das Marschiertor gibt den geraden Weg frei nach Burtscheid, am Südrand des Aachener Kessels, am Talhang und auf dem Felsengrund des Johannisbergs, eines Ausläufers des Aachener Waldes, gelegen. Über eine Treppe gelangt man direkt zur Abtei. Das eindrucksvolle, aus verschiedenem Stein im Materialstil gefügte *Abteitor* datiert aus dem Jahre 1644 und ist mehrstockig. Unter Äbtissin Henrika Raitz von Frentz errichtet, gilt das Tor als bedeutendes, wenn nicht gar wichtigstes Bauwerk der Maas-Renaissance. Es war im Zweiten Weltkrieg ausgebrannt und ist wiederhergestellt. Auf der Höhe des Talrandes erhebt sich auf dem Abteiplatz der nach Plänen von J. J. Couven und unter Mitwirkung von J. C. Schlaun im Stil des maasländischen (Aachen-Lütticher) Barock von 1730 bis 54 erstellte Kuppelbau der *Abteikirche St. Johann-Baptist.* Süddeutsche Barockkirchen mögen hierbei Pate gestanden haben. Das Kloster bestand bis zur Säkularisierung 1794/1802, St.-Johann-Baptist wurde 1806 Pfarrkirche. Im Zweiten Weltkrieg brannte die Kirche aus; die Kuppel entstand neu, und das Innere erfuhr eine relativ schmucklose Restaurierung. Die nach 1617 erbauten *Klostergebäude* dienen heute verschiedenen Zwecken: in einem Großteil der Bauten fand Mitte des vorigen Jahrhunderts (1853) das inzwischen stark erweiterte Marienhospital sein Domizil, ein anderer Flügel blieb, seit 1890 als *Rathaus* genutzt, ebenfalls erhalten. In einem Teil der Abteibauten findet sich der nach dem Domschatz bedeutendste Aachener *Klosterschatz* mit u. a. einem doppelten Vortragekreuz (13. Jahrhundert), einem Büstenreliquiar des hl. Johann-Baptist (14. Jahrhundert) und einer byzantinischen Mosaik-Ikone des Nikolaus von Myra.

Nordöstlich schließt sich an die Abtei die alte Pfarrkirche *St. Michael* an. J. J. Couvens Pläne wurden stark verändert, als 1748-51 die Kirche anstelle älterer Bauten aufgeführt wurde; 1891 erhielt sie, im Rahmen einer Erweiterung auch einen neuen Turm. Ebenfalls kriegszerstört, wie St. Johann-Baptist, wurde sie wiederaufgebaut, der von J. J. Couven entworfene Hochaltar rekonstruiert. Vor der Kirche steht die moderne, von B. Stirnberg geschaffene *Bronzeplastik des Gründerabtes,* Gregor von Kalabrien. Eine Treppe führt von der Michaelsbergstraße zum Kurgarten hinunter.

Zu Füßen von Michaels- und Johannisberg bietet der Kurgarten einen reizvollen Blick hinauf zu den beiden Kirchen. Am Rande findet sich das *alte,* 1823 in klassizistischem Stil mit großen Pilastern erbaute *Burtscheider Rathaus* (1890 zog die Verwaltung in den genannten Abteiflügel). Die Stützmauer hat man im Materialstil neugestaltet. Mittelpunkt des Kurgartens ist die von großen Glasflächen gekennzeichnete *Trink- und Wandelhalle.* Als Kostbarkeit wurde der *fürstliche Baderaum* des alten Aachener Kaiserbades mit Wand- und Deckenmosaiken von 1864 nach hierher versetzt. Die Motive zeigen, in dezenten Farbtönen gehalten, und sich im Wasser spiegelnd, Vögel und Pflanzen. Über die Badeeinrichtungen von Burtscheid siehe weiter vorn. Burtscheid verzeichnet mit 93 % der Aachener Kurgäste den Löwenanteil von Bad Aachen.

Die Dammstraße, die westlich den Kurgarten begrenzt, verbindet seit 1830 die Aachener und die Burtscheider Kurbezirke. Der Damm trennte vor deren Verdolung den kalten (die Wurm) vom warmen Bach (dem Abfluß der Thermen), sie schufen den Burtscheider Talgrund. Nach dem Zweiten Weltkrieg konnte der Kurgarten zum *Markt* hin ausgedehnt werden, er ist als Grünfläche mit Blumenbeeten und Fußwegen ausgestaltet.

Ecke Burtscheider Markt und Hauptstraße wurde nach dem Kriege der *Burtscheider Thermallaufbrunnen* errichtet. Das 74° heiße Thermalwasser mit seinem Mineralgehalt, früher als Kochbrunnen bezeichnet, wird gelegentlich noch für Haushaltszwecke in Anspruch genommen – und natürlich als Trinkbrunnen benutzt. Burtscheider Figuren zieren seine Rechtecksäule. Das *Kurgebiet Burtscheid* umfaßt größtenteils den Kern der 1896/97 nach Aachen eingemeindeten, ehemaligen Stadt.

Im Jahre 977 gründete Otto III. hier eine Benediktinerabtei. Heinrich II. begüterte das Kloster mit Landbesitz. 1200 erfolgte dessen Übertragung an die Zisterzienserinnen vom Salvatorberg in Aachen; seitdem ist die Kirche dem hl. Johann-Baptist geweiht. Das Immunitätsgebiet erstreckte sich auf den östlichen Teil des Bergs; am Westhang und zu den Quellen nach Norden (Richtung Aachen) hin entstand ein bürgerliches Dorf. Die Hauptstraße war mit Ober- und Untertor bestückt (in der ersten Hälfte des 19. Jahrhunderts abgerissen). In die Zeile der schönen alten Häuser dieses Straßenzugs riß leider der Zweite Weltkrieg eine schmerzliche Lükke. Der weitere Schutz bestand damals in einem Dorfgraben mit festen Zufluchtshäusern. Die Dorfvogtei Burtscheid war im Besitz der Herren von Merode auf Burg Frankenberg. Die kluge Politik der Äbtissinnen (nach einigen von ihnen sind Burtscheider Straßen benannt) indes gestattete der Abtei eine, im Vergleich zur Reichsstadt Aachen, friedvolle Entwicklung; insbesondere förderten sie im 17./18. Jahrhundert auch durch ihre Toleranz gegenüber den Reformierten unter den Gewerbetreibenden das hiesige Gewerbe, allen voran die Tuchmacherei und das Nadlerhandwerk. Von 1794-1814 war Burtscheid als *Borcette* Kantonsitz im seit 1802 Frankreich angegliederten Rurdepartement (Rhein. Städtebuch/Histor. Stätten NRW/aachen-abc).

Nordöstlich von Burtscheid und südöstlich des Aachener Stadtkerns findet sich im Rund der Rehmannstraße (von einem Park umgeben) besagte *Burg Frankenberg.* 1280 ist Johann von Frankenberg erwähnt, im Zusammenhang mit seiner Stiftung der Kapelle in Haan; er war Burtscheider Vogt. Sein Vater, Arnold I. soll, der Überlieferung nach, die Burg erbaut haben, die 1352 als Jülicher Lehen erstmals genannt ist. 1579 besetzten die Spanier die teilweise zerstörte Burg; 1583 erhielt Johann von Merode-Houffalize die Burg pro forma zum Lehen und baute sie wieder auf; 1637-61 wurden die Arbeiten an der Wasserburg ausgeführt und 1655 die Herren von Merode-Houffalize offiziell ihre Lehensherren. Nach Aussterben von deren Linie erhielt die verwandte Dechantin des Neusser Quirinsstiftes, ein Reichsfräulein von Merode-Houffalize, auf Schloß Frenz residierend, die während der Franzosenzeit stark zerfallenen Baulichkeiten. Sie veräußerte diese bereits wieder 1825 an den Landrat von Coels. Dieser ließ das Anwesen dann durch den Landbauinspektor Johann Peter Cremer 1834-38 zum Rittergut ausbauen und avancierte daraufhin auch 1851 zum Freiherren. Der Quader des Wohnhauses und die zwei nahezu zylindrischen Mauertürme (Belfriede) wurden 1961 zum *Aachener Heimatmuseum* ausgebaut, das 1973 erweitert wurde. Es enthält keltische und römische Grabungsfunde, heimatkundlich-stadtgeschichtliche Exponante, wie in der Sammlung auch kunstgewerbliche Gegenstände, Skizzen A. Rethels und Keramik gezeigt werden (Von Burg zu Burg zw. Köln und Aachen, Duisburg 1979/aachen-abc/Eifelführer). Um die Burg herum schart sich das alte Frankenberger Viertel.

Kornelimünster: Reichsabtei und das Münsterländchen

Auch der Wallfahrts- und Fremdenverkehrsort, Kornelimünster, seit 1974 Aachener Stadtteil, wird, ähnlich wie Burtscheid von der Anlage der ehemaligen Reichsabtei beherrscht. Jedoch abweichend davon zeigt der Grundriß eine strahlenförmige Planung der Straßen, welche alle auf die Abtei hinführen, den zentralen Gebäudekomplex. Man betritt die Anlage durch das von 2 Seiten-Rundtürmchen flankierte Außentor von 1682. Das eigentliche dreistöckige gotische *Abteitor* (Innentor) ist um Einiges älter (ein Bruchsteinbau um 1500); von der alten Ummauerung besteht ferner noch ein Türmchen in der Dorffer Straße. Die alte Abteil und jetzige *Propsteikirche St. Salvator* ist gotischen Stils. Als dreischiffige (gotische) Basilika wurde sie anstelle älterer Bauten nach dem Brand von 1310 hochgeführt. Die Normannen hatten 881 das erste, 814 vom hl. Benedikt von Aniane, dem Erzkaplan Ludwigs, an der Inde gegründete Benediktinerkloster namens Inden zerstört. Auf den alten Fundamenten (Reste in der Westwand des Kirchenschiffs) entstand nun das frühromanische Bauwerk; im heutigen Westwerk ist dessen dreiteilige Vorhalle noch erhalten geblieben. Nunmehr wurde auch das Gotteshaus dem hl. Cornelius geweiht (1082; dessen Gebeine hier seit dem 9. Jahrhundert ruhen). Von ihm haben die Abtei und der Ort ihren Namen. Zum dreischiffigen Bau der Gotik (erhalten: das Mittelschiff) kamen im 14./15. Jahrhundert die Seitenschiffe als Prozessionskirchen hinzu, so die Südschiffe 1470 unter Abt Heribert von Lülsdorf und die beiden Nordschiffe 1520 unter Abt Heinrich von Binsfeld. Ergänzt wurde der fünfschiffige Bau 1706 durch die von Rüttger Stephan von Neuhoff-Ley erstellte achteckige barocke Korneliuskapelle an der Ostseite. Die Außenmauern und Fenster mußten 1865 weitgehend erneuert werden.

Als bedeutendes Werk der rheinischen Baukunst birgt das Innere neben spätgotischen Deckenfresken, einem Schnitzschrein, eine wertvolle Korneliusstatue aus dem Jahre 1470, lebensgroße niederrheinische Standplastiken des 16. Jahrhunderts von Jesu und Maria; der Barockaltar von G. Douffet sowie die Barockorgel (1763), beide im Stil J. J. Couvens. Zu den wertvollen Reliquien des Abteischatzes zählen das Büstenreliquiar von Papst Cornelius (um 1370; eine Schenkung Karls des Kahlen), das Corneliushorn (aus dem 15. Jahrhundert), das Schürz-, Grab- und Schweißtuch Christi. Parallel zu den Aachener *Heiligtumsfahrten* finden solche nach Kornelimünster ebenfalls alle sieben Jahre im Juli statt. Der Stumpf des ehemals als Wach- und gleichzeitig als Kirchturm genutzten Turms der spätgotischen jetzigen Friedhofskirche St. Stephan (15. Jahrhundert, ein Backsteinbau, mit karolingischem Westbau) fungiert heute für St. Salvator als Glockenturm. Die *Abtsresidenz*, besterhalten, als prunkvolles Barockschloß angelegt, ist Sitz der Zentralnachweisstelle des Bundesarchivs für Wehrmachtsforschung. Sein Hauptbau entstand 1721-28; die beiden Seitentrakte des dreiflügeligen Baus kamen Mitte des 18. Jahrhunderts hinzu. Nach Süden hin umschließen zwei weitere Flügel, wahrscheinlich zusammen mit der Restaurierung von 1876 ergänzt, einen Hof zum Westwerk der Kirche hin (Dehio Rheinland). In den Prunkräumen des Hauptgebäudes bestehen wertvolle Stukkaturen, Wand- und Deckengemälde (18. Jahrhundert): der Engelsturz im Treppenhaus, Ansicht des Ortes mit Abtei im Jagdzimmer, Deckengemälde des Kapitelsaals und dessen Rokokostuck; die Gemälde stehen der Brühler Hofkunst nahe (Dehio, Rheinland/Merian-Brevier Aachen/Histor. Stätter NRW). Nordöstlich des Ortskernes von Kornelimünster liegt ein alter Klosterhof der Abtei, der Viereckbau des *Fronhofs*.

In der ehemals selbständigen Stadt stößt man auf eine ziemlich einheitliche, bodenständige *Bauweise;* giebelständige mehrstöckige Häuser, teils in Fachwerkmanier (so am Markt, unmittelbar im Abteibereich) und teils, im Wechsel miteinander in braunem Bruchstein und blaugrauem Kohlenkalkstein (Blaustein); die Dächer sind weitgehend noch schiefergedeckt. Viele Häuser besitzen auch noch einen Weinkeller (denn früher wurde hier Wein angebaut) oder einen Giebelkran (Speicherräume), häufig finden sich auch Erker. Mit seinen spätgotischen und barocken Bürgerhäusern gilt der Markt als einer der schönsten des Rheinlandes.

Das Gebiet der Abtei umfaßte einst eine Fläche von rund 100 km^2 und reichte bis an die Grenze der Gemeinde Roetgen im Süden und bis an die Stelle der heutigen Bahnlinie Köln – Aachen im Norden heran. Im Westen grenzte das Territorium des *Münsterländchens,* in Jahrhunderten zur historischen Landschaft gewachsen, bis an die alte Aachener Stadtgrenze und im Osten bis zur Vicht; ihm gehörten die Orte Walheim, Brand, Eilendorf, Breinig-Breinigerberg, Dorff u. a. in insgesamt 5 »Hunschaften« an. Handel, Gewerbe, Pilgerschaft prägten das Abtei- und Residenzstädtchen über Jahrhunderte hinweg. Große Bedeutung erlangte die Tuchmacherei, oder das Steinbruchgewerbe (Kalksteinabbau), und besonders die Ausbeutung von Galmeivorkommen und Bleierzen im Bereich der Orte Breinig und Breinigerberg. Diese Gewerbe, wie auch Messinghütten, Bleischmelzen und Mühlenbetriebe stellten die wirtschaftliche Grundlage des schon früh reichsunmittelbaren Kleinstaates dar, der erst 1802 mit der Säkularisation sein Ende fand (Aachen u. benachbarte Gebiete). Danach bildeten mehrere Orte die französische Mairie Cornely-Munster. Doch nicht nur wirtschaftliches Wohlergehen kennzeichnet die Vergangenheit des Münsterländchens (Münsterländchen, siehe auch unter Stolberg). Im Zuge der kriegerischen Handlungen des 17. Jahrhunderts war es allgemein in rheinischen Landen zur Armut gekommen. In Korrelimünster brachten die verarmten Untertanen sogar 1699 ihren Abt Bertram Goswin von Geverzhagen um. Die Barockanlage steht übrigens an jedem ersten Sonntagnachmittag des Monats Besuchern zur Besichtung offen. Zwar wurde 1956 die *Benediktinerabtei* Kornelimünster wiedergegründet, hat aber ihr Domizil in der Oberforstbacher Straße.

Bemerkenswertes über die nördlich bis östlichen stadtaachener Vororte

Annähernd im Nordwesten Aachens liegt der Stadtteil *Horbach.* Der zuerst zum Erzbistum Köln, dann später zum Herzogtum Jülich gehörende Ort war, seit 1361 unter dem Namen Steinstraß im Verbund mit den Ortschaften Bank, Berensberg und Teilen von Eygelshohoven und Richterich eine jülische Unterherrschaft bildend, mit dieser an die Bongart von Haus Heyden verpfändet. Aus den Quartieren dieser Herrschaft wurden in der Franzosenzeit die Mairien Richterich und Pannesheide (später zu Kohlscheid; Histor. Stätten NRW). Bis zur Eingemeindung nach Aachen gehörte Horbach zu Richterich. Die katholische *Pfarrkirche St. Heinrich* stammt aus dem 15. Jahrhundert und ist ein einschiffiger Kreuzrippengewölbebau mit Dachreiter, 1632 unter Heinrich von Bongart wiederaufgebaut und erweitert. Der Vorbau entstand 1690, Querschiff und Chor sind von 1846. Das reichverzierte Sandsteinwappenportal (frühes 17. Jahrhundert) stammt von Haus Heyden und entstand unter Carl Lothar Melchior Adolf von Bongart (1674-94). Toskanische Säulen tragen die Orgelempore (ebenfalls 17. Jahrhundert). Erwähnenswert sind auch die aus dem 16./17. Jahrhundert stammenden *Fronrather Höfe* in Horbach, ähnlich die 3 Ursfelder Höfe (18. Jahrhundert) in Richterich. Hof

Oberfronrath ist 1112 in den Annalen Rodenses erwähnt, Mittelfronrath kam 1382 als Mitgift an Christina von Merode-Rimburg und Unterfronrath fiel 1397 durch Kauf an Heinrich von Gronsfeld. Erwähnenswert ist auch der stattliche *Brückerhof*, Lehen der Erzbischöfe von Köln, Besitz derer von Gronsfeld und Pleyers, ferner die Höfe Steinstraß, Rosenberg, Pannhaus, Münchhof und der Geuchter Hof (AVZ 15. 9. 1976). Von *Haus Heyden*, inmitten der alten Unter-Herrschaft nördlich von Horbach gelegen, bestehen noch die beiden Vorburgen des 17., der Hauptbau ist seit dem 16. Jahrhundert zerfallen.

In *Richterich* beanspruchen zwei weitere Bauten die Aufmerksamkeit: die katholische Pfarrkirche *St. Martin* und Schloß Schönau. Die Kirche ist ein fünfseitiger Backsteinsaal mit flacher Stuckdecke; der Altar entstammt dem späten Rokoko, die Orgel datiert von 1833-36. Der Kirchturm geht auf das 15. Jahrhundert zurück.

Bereits 1552 ist das Geschlecht der *Schönau* bezeugt. Auf Burg Schönau handelten nach 1278 Erzbischof Siegfried von Westerburg sowie Johann I. von Brabant zwischen der Stadt Aachen und den Hinterbliebenen des von den Aachenern erschlagenen Grafen von Jülich, der Gräfin Ricarda von Jülich im Auftrag König Rudolfs ein Sühneabkommen aus (siehe Aachen, Geschichte). Die Stadt bezahlte die damals ungeheure Summe von 15 000 Mark und ließ vier Sühnealtäre errichten und unterhalten. Hiermit wird auch die Reichsunmittelbarkeit der Herrschaft Schönau bestätigt; eine weitere Nennung als reichsunmittelbares Gebiet erfolgte 1302. Bis zur Unterwerfung durch den Kurfürsten 1764 dauerte die Unabhängigkeit Schönaus an. Doch zwischenzeitlich ereignete sich noch Einiges auf der Burg. Im 14. Jahrhundert kam der Schwiegersohn Gerhard von Uodorp, Johann II. von Mirlar-Myllendonk (damals Mylendunck) in den Besitz der Burg; 1488 wurde ein Burgturm erbaut, 1566 entstand ein neues Haus. Doch 1720 endete eine Erbauseinandersetzung zwischen dem eingeheirateten Wilhelm von Blanche und Craft von Mylendunck mit starken Zerstörungen der Baulichkeiten. Auf den Fundamenten der spätmittelalterlichen Wasseranlage baut 1731/32 der Aachener Barockbaumeister Laurenz Mefferdatis eine zweistöckige barocke Vierflügelanlage mit runden Ecktürmchen in Backsteinmanier mit Hausteinrahmen kombiniert. Zum Park hin fügte 1830 der damalige Besitzer Freiherr von Broich zwei Flügel hinzu und ließ auch die ebenfalls zweiflügelige Vorburg erbauen, die im Zweiten Weltkrieg teilweise zerstört worden war (Dehio, Rheinland / Von Burg zu Burg zwischen Achen und Köln / Histor. Stätten NRW). Das Schönauer Territorium wurde von der französischen Ära mit dem jülischen Teil von Richterich vereinigt.

Laurensberg ist nahezu mit Richterich zusammengewachsen und Standort von RWTH-Instituten, wie des seiner Kosten wegen berühmt-berüchtigten Klinikums, liegt südlich der Autobahn A 4 und auch nur wenig von der niederländischen Grenze entfernt. In diesem alten Quartier des Aachener Reiches, das aus einem Hof Kamp entstanden sein soll, gibt es zahlreiche Adelssitze. Drei davon sind gut erhalten und der Nennung wert. Bei einem spätmittelalterlichen Wachturm der Reichsstadt war wohl um 1684 an seiner Südseite der Wohnflügel *Haus Hirsch*, auch Haus Türmchen genannt, aus älteren Bruchsteinen aufgebaut worden. Im 19. Jahrhundert wurde der Bau aufgestockt.

Der massige turmartige Wohnbau von *Haus Linde*, von vier Flügeln umgeben, ist noch relativ jungen Datums: er entstand im späten 18. Jahrhundert; das Pyramidendach stammt gar aus dem 19. Jahrhundert. In der ersten Hälfte des 19. Jahrhunderts war der Bau im Besitz des Freiherrn Hubert von Frisenne.

Das Paradestück von Laurensberg ist das *Schloß Rahe* in Soers, nordwestlich des Lousbergs und östlich der Roermonder Straße. Schon 1274 soll hier ein Hof der Aachener Patrizierfamilie de Rohde entstanden sein, 1550 im Besitz der Herren von Meven (und Mevenrade genannt). 1787 ließ sein Besitzer, der Aachener Kaufmann Gerhard Reusch ein stattliches vierflügeliges Prunkschloß mit turmartig überhöhtem Wohnteil erbauen, das in der Folge einige nicht unberühmte Besucher und Bewohner haben sollte. Im Jahre 1818 diente es der russischen Zarenschwester und ihrem Prinzgemahl von Oranien als Quartier. Von 1843-64 lebte hier die »Witwe« des niederländischen Königs Wilhelms I. und belgische Gräfin Henriette d'Oultremont-Nassau, mit der er nach seiner Abdankung in »wilder Ehe« zusammenlebte. Die neuerliche Nutzung des Schlosses als Hotelrestaurant sicherte seine Restaurierung und Erhaltung, von einem herrlichen, von der Soers durchflossenen Park umgeben.

Die weiteren ehemaligen Adelssitze befinden sich in einem meist desolaten Zustand, darunter der karolingische Pfalzhof Seffent und Alt-Schurzelt, 896 von König Zwentibold an die Äbtissin von Nivelles geschenkt, ferner Haus Soers, die Häuser Berger- und Soerser-Hochkirchen, der Niersteiner (Vetschauer) Hof, u. a. Von Interesse ist gewiß auch das Grenz- und Zollhaus *Zur Barrière* von 1779. In der katholischen *Laurentius-Pfarrkirche* ist der gotische Turm von 1482 mit barocker Haube erhalten, ein römischer Viergötterstein aus dem 3. nachchristlichen Jahrhundert kam beim Kirchenneubau 1916 zum Vorschein.

Schon am Rand der Kernstadt Aachen, zwischen Autobahn A 544 und Jülicher Straße liegt das *Gut Kalkofen.* Es wurde von J. J. Couven 1750-53 für den Aachener Bürgermeister Wespien als schloßartiges Gebäude erstellt. Nach Zerstörung im letzten Kriege wurden Teile: so der Torbau und der asymmetrische Seitenflügel wiederhergestellt.

Im nordöstlichen Stadtteil *Haaren* besteht noch ein alter Zehnthof und etwa östlich des Stadtkerns liegt der Stadtteil *Eilendorf:* Die Herrschaft Eilendorf war spätestens ab 1238 Teil des Abteiterritoriums Kornelimünster. Die Pfarrkirche St. Severin ist 1292 erstgenannt. Im 14. Jahrhundert war der Galmeiabbau hier von Bedeutung. In französischer Zeit bildeten Eilendorf und *Forst* eine gemeinsame Mairie. Forst war langezeit jülisches (jülichsches) Unteramt. Von einer geschleiften Burg aus vorjülichscher Zeit (Reichslehen) besteht lediglich noch der Graben im Schonforstwinkel.

Der Aachener Süden und Südosten

Im Aachener Süden finden sich im Ehrenfriedhof an der Monschauer Straße der *Bismarckturm,* unweit davon *Gut Waldhausen* und die *Stauanlage Kupferbach* sowie weiter westlich jene von *Diepenbenden,* deren Ausmaße freilich klein sind, Ziele, die sich für Spaziergänger, Erholungssuchende und Petrijünger besonders anbieten.

Das *Linzenzhäuschen* links an der Eupener Straße (von Aachen her), bereits im Aachener Stadtwald, ist noch einer jener 8 Wachttürme des mittelalterlichen Aachener Reichs, die aus dem 15. Jahrhundert stammen und mit einem 70 km langen Graben das Gebiet an den Ausfallstraßen sichern halfen (siehe auch oben: Haus Hirsch/Türmchen), westliche Teile des Landgrabens stimmen sogar mit der heutigen Bundesgrenze überein (aachen-abc/Merian/Von Burg zu Burg). Gerade auch im Aachener Süden gibt es noch eine ganze Reihe erhaltener ehemaliger Adelssitze, so Gut Chorusberg, der Colynshof, der als Jugendherberge eine gute Funktion erfüllt (er liegt in der Maria-Theresia-Allee 260), ferner Tönnesrath, Weyern, Bodenhof, Blockhaus, Hanbruch.

Der Walheimer Ortsteil *Friesenrath* war bereits in der Römerzeit Standort eines größeren römischen Landhauses; über Walheim verlief die Römerstraße Aachen-Eifel. In fränkischer Zeit wurde sie als Verbindung zwischen den Königshöfen Aachen (Pfalz), Nütheim und Konzen (Monschau) benutzt. *Walheim,* 1257 erstgenannt, umfaßte als Hunschaft der Abtei Kornelimünster auch die Orte *Hahn* (1461 erwähnt); Friesenrath und *Schmithof* (beide im 16. Jahrhundert durch ihren Erzabbau und -verhüttung bekannt). Von 814 an schon gehörte Walheim knapp tausend Jahre lang zum Territorium der Abtei. Als Vertreter des Abtes (als dem Landesherren) fungierte der Hunschaftsleiter. Walheim erhielt 1754 eine Kapelle. Neben der Land- und Forstwirtschaft war die Kalkgewinnung von Bedeutung Der Gemeindewald ist mit rund 10 km^2 von beachtlicher Größe. Zur Industrie zählen Betriebe des Maschinenbaus, der Kunstoff- und Textilerzeugung, Sägewerke, Steinbrüche und ein Makadamwerk. Am Rand des Gemeindewalds liegend, war *Relais Königsberg* (von Aachen her links) an der (heutigen) Bundesstraße 258 Etappenstation für den Pferdewechsel der preußischen Post (heute Gaststätte). Von da aus blickt man die Treppung des Venns zum Monschauer Land hinauf, man nennt sie *Himmelsleiter.*

Aachen-Lütticher Kunststil europäischer Bedeutung

Eng mit seinem Namen verknüpfte abendländische, wie deutsche Reichsgeschichte, in Bauten und unermeßlichen wertvollen Kunstschätzen dokumentiert, wie die kulturellen Leistungen seiner Geschichte bilden die Grundlage von Aachens Berühmtheit; sie verleihen seinem Namen eigenen Klang. Begegnung und Durchdringung aller Zeitepochen auf engem Terrain, ein »stetes sich Vermählen von schicksalsumwitterter Vergangenheit mit lebendiger, krafterfüllter Gegenwart« hat das Bild der Stadt geprägt und ihr eine typische und reizvolle Atmosphäre verliehen (Bad Aachen, Leitfaden für den Kurgast).

Zu einer besonderen Ausprägung des Baustils im Raum Aachen-Lüttich kam es im sogenannten Materialstil und in der Fortsetzung dann im Aachen-Lütticher / oder Maasländischen Barock. Bereits in der Renaissance fand der *Materialstil* Anwendung. Man sieht ihn als Nachfolger der Holzfachwerkbauweise nach dem großen Stadtbrand, der am 2. 5. 1615 in Hause eines Bäckers in der Jakobstraße ausgebrochen war, als Steinfachwerk. Sockel, Hauskanten, Querbänder, Giebelrahmen, Fensterumrahmungen sind hier meist aus Natursteinen (Hausteinen; Blaustein) gefertigt, die übrigen Fassadenfelder aus Backstein (Ziegeln). Als Beispiele sind anzuführen: das »Große Haus« (Pontstraße 13; 1495; 1660), das Burtscheider Abteitor, das 1657 im Materialstil erneuerte giebelständige Haus Am Hof 1 (1658) und Zum Heiligen Geist, Zum Mark (Fischmarkt 17. Allmählich löste sich dieser Stil jedoch von seiner Fachwerkhaftigkeit und bestand allein noch in der Rahmung von Kanten, Fenstern und Türen aus Blaustein (Aachen und benachbarte Gebiete).

Das Zeitalter des *Barock* fällt auch zusammen mit der Ära des Modebades Aachen. Zwar waren 1656 innert 20 Stunden 4664 Häuser vernichtet und manche danach wohl auch wiederaufgebaut worden, doch der eigentliche »Bauboom« ließ noch bis zum Frieden von Rijswijk 1697 auf sich warten, als der Pfälzische Erbfolgekrieg sein Ende fand. Allerdings, und auch glücklicherweise, gab es in Aachen keine totale, fürstlich gesteuerte »Barocksanierung«. Das Aachener Barock entwuchs dem Bürgertum. Vater der Aachener Prägung des

Barock war der Barockbaumeister *A. Laurenz Mefferdatis d. Ä.* (1677-1748), 1710-44 als Baumeister tätig. Zu seinen Werken zählt an vorderer Stelle die 1739-48 wiederaufgebaute *Theresienkirche* mit Barockgiebel, wie wahrscheinlich auch der Barockbau von 1738 neben Heilig Kreuz in der Pontstraße; auch im benachbarten Ostbelgien (Eupen) finden sich Mefferdatis' Spuren in Bauten.

Ende der Zwanziger Jahre tritt neben dem Senior des Aachener Barock, Mefferdatis, der junge *Johann Josef Couven* (1701-63) auf, und verleiht, seit 1739 Stadtbaumeister, mit Mefferdatis zusammen, dem, nach dem großen Brand von 1656 im Wiederaufbau befindlichen Aachen sein neues architektonisches Gesicht; ihn kann man auch den »Schlaun« des Aachen-Lütticher Raumes nennen. Eines von Couvens Hauptwerken war die Barockisierung des *Rathauses.* Die Entwürfe der Barockfassade lieferte er 1727 im Alter von sechsundzwanzig Jahren. Doch die barocken Umgestaltungen des gotischen Bauwerks: Turmhauben über den beiden Türmen und die barocke Nordfassade verschwanden schon 1840-81 im Zuge der Regotisierung durch Friedrich Ark und im Wiederaufbau nach dem Zweiten Weltkrieg wieder vollständig zugunsten der Purifizierung der alten Formen. Geblieben sind lediglich die schwungvolle doppelläufige Freitreppe und die untere, steinerne Brunnenschale. Zu seinen weiteren Oeuvres zählt die von Wespien gestiftete, 1754 ff. entstandene Innenausstattung der von Mefferdatis wiederaufgebauten *Theresienkirche*, besonders das *Wespienhaus* selbst. Übrig blieb lediglich ein in die Fassade des Kaiser-Karls-Gymnasiums eingefügter Frontteil des 1734 für den damaligen Bürgermeister Wespien gebauten Stadtpalais. In diesem Bau erwies sich in einmalig totaler Ausstattung das Genie des Künstlers: Stukkaturen, Vertäfelung, Kamine, Möbel gehörten ebenso zum reinen und einheitlichen Guß dieses Bauwerks wie seine Architektur. Das kostbarste und zierlichste Haus von Aachen bezeichnete man das Palais, dessen Ausstattungen sowohl zugleich Züge des süddeutschen Barock, wie französischen Einschlag verraten und deutliche Parallelen zum Lütticher Régence-Stil aufweisen. Sein Werk ist auch die Ungarnkapelle des Doms. Vom umgebauten mittelalterlichen *Gut Kalkofen*, das Couven im Régence-Stil gestaltete, stehen leider nur noch Torbau und Seitentrakt und von den weiteren Bauten des Meisters bestehen die Gartenpavillons auf dem Lousberg (siehe dort; Gartenhaus Mantels) und der *Nuellensche Pavillon* im Burtscheider Kurpark, besonders aber die *Abteikirche St.-Johann-Baptist* in Burtscheid (siehe weiter oben), 1730-54 errichtet, wie die dortige katholische *Pfarrkirche St. Michael* sowie der Anbau mit Torbogen des Hauses »Zum Horn« (Jakobstraße 24 von 1757). Außerhalb Aachens darf das Düsseldorfer Schloß *Jägerhof*, für Kurfürst Karl Theodor, 1752 nach Couvens Plänen erbaut, angeführt werden, ein zweigeschossiger Putzbau. Vernichtet ist auch Couvens Rokokoaltar der Düsseldorfer Andreaskirche.

Sohn *Jakob Couven* wuchs in die Aufgaben hinein und setzte nach Johann Jakobs Tod seines Vaters Tätigkeit fort. Jakobs Baustil entwickelte sich vom Rokoko hin zum Klassizismus. Das Alte Kurhaus (1782-86) und besonders *Haus Monheim*, heute *Couven-Museum*, überstanden die Unbilden des Krieges. »Seine Formen« gerieten jedoch nüchterner, und die Zeit des Barock und Rokoko klang damit aus. Haus Monheim (am Hühnermarkt 27) war 1786 für den Apotheker Andreas Monheim als nobles Aachener Bürgerhaus im Rokokostil entstanden. Das alte Rokokomuseum von 1929 im Haus Fey war im Zweiten Weltkrieg untergegangen; 1958/59 richtete man mutig das neue Couven-Museum ein: ein Stuckkamin aus Haus Trimborn, Teile aus Gartenpavillon Mantels bildeten den Grundstock dazu.

Als das Barock die Spätrenaissance ablöste, erreichte die rheinisch-maasländische Kunstschreinerei ihren Höhepunkt. Aachen und Lüttich galten im beginnenden 18. Jahrhundert als gestalterischer Mittelpunkt für Eichenmöbel und ihre typische Reliefornamentik. Zum Begriff geworden sind längst die *Aachener Schränke.* Im Régence-Stil geht der schwere Louis-XIV-Stil in reiches, ornamentales Schnitzwerk der Möbelflächen über und wird mit Abschlußkronen (Gesimse) versehen. Hingegen betonen Aachener Rokokoschränke die Möbelflächen mit Rocaillen, das gebürstete Holz verleiht eine herbe Wirkung. Johann Jakob Couven, Meister gerade auch der kleinen Formen, gilt als Schöpfer eines unverwechselbaren, nämlich des *Couven-Stils.* Heute zeigt das Couven-Museum das gesamte Umfeld Couven'scher Arbeiten, und von Beispielen damaliger, von den beiden Couven beeinflußter Wohnkultur des 18. Jahrhunderts, wie Möbeln und Einrichtungsgegenständen des Aachen-Lütticher Raums begleitet, einschließlich einer Sammlung niederländischer Kacheln.

Aachens Kultur zwischen Tradition und Fortschritt

Schon unter Karl dem Großen der Nabel des fränkischen Abendlandes, hat Aachens kulturelle Tradition tiefe Wurzeln. So wird seit 1950 der *Internationale Karlspreis der Stadt Aachen* verliehen für Verdienste um die europäische Einigung. Kaum einen bedeutenden Staatsmann Europas jener Ära ab 1950 findet man, der nicht Träger dieses Preises wurde. Coudenhove-Kalergi als Gründer der Paneuropa-Idee eröffnete den Reigen, De Gasperi, Monnet, Adenauer, Churchill, Schumann, der Luxemburgische (Diekircher) Staatsminister Joseph Bech zählte dazu, aber auch Hallstein, Heath, Segni, Karamanlis gehören zu ihnen. 1981 war seine Trägerin die nun abgetretene Präsidentin des Europaparlaments, Simone Veil und 1982 hat man sich als Träger des nach dem großen europäischen Monarchen benannten Ordens erstmals auch einen Monarchen ausgesucht, den spanischen König, Juan Carlos (ARD-Nachr./WDF 7. 1. 82).

Allgemein befassen sich die *Aachener Museen* mit neuzeitlichen Objekten. Ausgenommen bleiben das *Museum Burg Frankenberg* (siehe auch dort) mit vielen archäologischen Exponaten (antike und Kleinkunst), das aber auch eine große Aquensiensammlung (Aachener Ansichten), Aachener Münzen und Medaillen, Printenformen, Raerener und Westerwälder Keramik, diverses Mobiliar, Bestecke und eine Feuerwaffensammlung enthält, wie das nicht städtische *Dommuseum* (siehe unter Dom), wie das *Rathaus* mit dem Reichssaal.

Eine Schenkung der großen Gemäldegalerie des Aachener Kunstsammlers Barthold Suermondt von 1882 an die Stadt sowie des Ehepaares Prof. Dr. Peter und Irene Ludwig, geb. Monheim von 1977 an die Stadt Aachen, umfaßt das *Suermondt-Ludwig-Museum* (Wilhelmstraße 18) eine bedeutende Kollektion mittelalterlicher Skulpturen aller deutscher

Provenienzen sowie Gemälde der flämischen und niederländischen Schule, Handzeichnungen, Graphiken und moderne Kunst.

Aachens »gute Stube«, das *Couven-Museum* (Hühnermarkt 7) hat die Wohnkultur des 18. Jahrhunderts zum Thema (siehe unter Aachen-Lütticher Kunststil). Auch das *Internationale Zeitungsmuseum* in der Pontstraße 13, 1854 von Oskar Forckenbeck begründet, geht auf das Jahr 1854 zurück. Rund 120 000 Zeitungen zählen zu seinem einmaligen Inventar und sind eine Fundgrube für jeden publizistisch Forschenden, wie Kommunikationswissenschaftlern und Medienexperten. Ein kostbares Stück ist das großformatige US-amerikanische Blatt »The Constellation« von 1859, aber auch viele frühe handgeschriebene Stücke sind von bedeutendem Wert.

Im Alten Kurhaus in der Komphausbadstraße ist die *Neue Galerie-Sammlung Ludwig*, domiziliert. Man zählt sie zu den bedeutendsten Einrichtungen der modernen Kunst in Europa. Eine Stiftung des Sammlerehepaares Prof. Dr. Peter und Irene Ludwig zeigt sie Wechselausstellungen von Kunstwerken des 20. Jahrhunderts, u. a. von Andy Warhol, Robert Rauschenberg, Roy Lichtenstein, Duane Hanson, Gerhard Richter (Aachener Museums- und Kunstalmanach); gefüllt hauptsächlich mit amerikanischer und europäischer Popart.

Etwas sei hier auch zur Person des Mäzens Peter Ludwigs gesagt. Von Beruf Vorsitzender einer der größten europäischen Schokoladenfabriken (Marken, wie van Houten, Trumpf, Mauxion, Lindt, Zentis gehören zur Monheim-Gruppe) ist er zugleich Honorarprofessor für Kunstgeschichte der Universität Köln (daher wohl auch in Köln, wie übrigens anderswo ein Museum Ludwig). Über Picasso hat er promoviert und ist einer der größten Kunstsammler und -mäzene der Welt. Seine Sammlungen erfassen eine universale Vielfalt von Kunst (griechische Antiken, Romanik, mittelalterliche Plastiken ebenso wie Popart; E. Plunien in: Merian, Aachen).
Aachens Kultur von heute zeigt sich aber nicht nur in seiner Kunst-, und nicht zu vergessen, Theaterszene, sondern auch in der europäischen Begegnung. Hierzu gehört die Kurstadt,

die fremde Rekonvaleszenten und Erholungssuchende anlockt, ebenso wie die Heiligtumsfahrten, die Pilgerscharen hereinströmen lassen, wie der Karneval mit seiner alljährlichen Verleihung des *Ordens wider den tierischen Ernst.*

Über 30 karnevalistische Gesellschaften und Corps beteiligen sich daran. In der Mitte des 19. Jahrhunderts aufgekommen, machen sie die Stadt und den *Öcher Karneval* weit über die Grenzen der Heimat hinaus bekannt, und nicht wenigen Prominenten (Hans Sachs, K.-G. von Hase, Josef Ertl, Helmut Schmidt, H.-D. Genscher) wurde dieses Ehrenzeichen verliehen, 1981 war gar der Dompropst Ketzer der Ordensträger.

Will man *den Aachener* charakterisieren, so ist sein Selbstbewußtsein geschichtlich geprägt. Ein wenig Karl der Große, gepaart mit Liebenswürdigkeit, Offenheit, Herzlichkeit, gesellig, heiter und trinkfreudig wird er genannt, aber auch kritsch. Alt, ein Obergäriges, trinkt er in anheimelnden Kneipen.

Nicht zu unterschätzen ist Aachens magnetische *Einkaufskraft.* Ein Bummel entlang geschmackvoll dekorierten Läden und Boutiquen von internationaler Eleganz zieht auch die grenznahe niederländische und belgische Bevölkerung an, wie andererseits manche von ihnen ihren Arbeitsplatz in Aachen und 8000 Aachener jenseits der Grenze ihren Wohnplatz gefunden haben. Eine überregionale Planung wird gar in der *Euregio* angestrebt und die *Grenzstadt* hat man hier satt; den 33 Milionen, die aus dem Ausland jährlich nach Aachen strömen, würde man gern die 4 Straßen-, den Autobahn- und die Eisenbahnübergänge von Belgien sowie die zwei Straßen-, den Autobahn- und den Eisenbahnübergang von den Niederlanden in ihre gastliche Stadt ersparen.

Die mondäne, die snobistische, die sportliche, die modische Welt trifft sich einmal jährlich »in der Soers«, das *Turnier* ist fällig; CHIO heißt es. Dies ist die offizielle Abkürzung für modern französisch: Concours Hippique International Officiel; das Internationale Reit- und Springturnier. Das Reiterstadion des Aachen-Laurensberger Rennvereins ist seit mehr als drei Jahrzehnten traditioneller Schauplatz der großen reitsportlichen Ereignisse, wie des Preises der Nationen, des Großen Preises von Europa und der Welt- und Europameisterschaften der Spring- und Dressurreiter. Eine der schwersten Prüfungen ist die Bewerbung um den Großen Preis von Aachen. Glanzvolle gesellschaftliche Ereignisse eskortieren selbstverständlich die Reitveranstaltungen, so der große Ball im Rathaus, wie der Diplomatenempfang des Bundesaußenministers in der Stadt. Zu den sportlichen Ereignissen gehört auch sonst noch allerlei Drum und Dran: Reiterdekorationen in Schaufenstern, Pressekegeln, interessante Leute, wie Prominenz von Ministern, Klerus, Kunst, Wissenschaft und Sport, bis hin zum Manager, Filmstar, Playboy und dem Pressetross. Rund 50 000 Zuschauer geben dem »Ereignis der Superlative« die Ehre.

Für permanente internationale Begegnung sorgt die bunt gemischte Studentenschaft der *Rheinisch-Westfälischen Technischen Hochschule* (RWTH). Gegründet im Oktober 1870 als Polytechnikum, war sie die erste preußische Anstalt mit dieser Bezeichnung. Wesentliche finanzielle Unterstützung kam von der Aachener und Münchener Feuerversicherungsgesellschaft. Die Statuten von 1870 standen Pate bei weiteren TH-Gründungen in Deutschland; ihre Untergliederung in »Schulen« war maßgebend für die späteren Fakultäten (seit 1922) für Mathematik und Naturwissenschaften, Bauwesen, Maschinenwesen, Bergbau und Hüttenkunde. 1899 erhielt die Hochschule Promotionsrecht. Nach dem Zweiten Weltkrieg erfolgte ihr Ausbau durch Hinzufügung einer Fakultät für Elektrotechnik, 1965 einer philosophisch-wirtschaftswissenschaftlichen, und 1966 einer Medizinischen Fakultät. Berühmt-berüchtigt wurde schon das riesenhafte Aachener Klinikum in Seffent-Melaten, 3 km von der niederländischen Grenze entfernt, das allen Finanzplanungen Hohn sprach: ein zinnenartiger 2-Milliarden-Komplex, eine 1500-Betten-Burg. Als erste erhielt die Aachener TH Fakultäten für Geisteswissenschaften und Medizin. Einhundertunddreizehn Studiengänge bietet die RWTH an, allein 59 für das Lehramt. Zwölf Prozent der Studenten sind Ausländer, mehr als der studentische Bundesdurchschnitt. Glatt zweihundert Institute mit rund 10 000 Beschäftigten zählt die Mammut-Institution. Zahlreiche internationale Kongresse zeugen von ihrer Leistungsfähigkeit. Mit den Erweiterungen in Seffent-Melaten stehen für die mit 20 500 Studierenden größte der bundesrepublikanischen THs allein 13 ha an Nutzfläche zur Verfügung (RWTH. Hg. von der Presse- und Informationsstelle der RWTH Aachen).

Zur RWTH gesellen sich noch weitere Bildungsanstalten, so eine Fachhochschule mit den Fachbereichen Maschinenbau, Elektrotechnik, Verfahrenstechnik, Physikalische Technik und Chemie, Bautechnik, Kunst und Gestaltung, Wirtschaft und Textilwesen, eine katholische Fachhochschule für Sozialpädagogik und Sozialarbeit, die Staatliche Hochschule für Musik, Verwaltungs- und Wirtschaftsakademien, bislang eine Pädagogische Hochschule, ein Priesterseminar und eine Bergschule.

Eine soziale Verbindung in alle Welt genießt Aachen auch als Sitz der *katholischen Hilfswerke.* Das Kinderhilfswerk geht letzten Endes auf das Wirken Luise Hensels zurück, die 1827-32 an der Töchterschule St. Leonhard unterrichtete. Drei ihrer Schülerinnen: Pauline von Mallinckrodt, Klara Fey und Franziska Schervier (Nadelfabrikantentochter, 1974 seliggesprochen) stifteten mehrere Orden, wie auch Filialen, die sich in aller Welt als Hilfswerke verstehen, ähnlich der von Auguste von Sartorius 1864 hier gegründete Zweig des Kindermissionswerks. 1842 folgt, vom Arzt Dr. Heinrich Hahn gegründet, das Internationale Missionswerk »Missio« und 1959 kam »Misereor« noch hinzu.

Frühes Gewerbe in Aachen und Umgebung

Messinggewerbe im Raume Aachen läßt sich bis in die Zeit der Römer zurückverfolgen. Ob es allerdings kontinuierlich betrieben wurde, ist nicht so ganz klar. Zu einer Belebung dieses Handwerks kam es, als 1466 eine Reihe von Kupferherren (Meister, vielfach calvinistische Flüchtlinge) aus dem damals noch niederländischen Dinant hinzustießen. Erinnern wir uns, daß auch die Karlsstatue und die Brunnenschale des Marktbrunnens Arbeiten aus Dinant sind, so wird die Verbindung nach dorthin erst voll deutlich. Zinkerz fand man in der Umgebung und zwar als *Galmei,* die Zinkverbindung Zinkspat (chemisch $ZNCO_3$). Mit Bleiglanz, Mangan und Markasit (Schwefelkies) vergesellschaftet, wurde das Erz entlang einer Verwerfung am Rand der Vennfußfläche, zur Vennabdachung im Gebiet des heutigen südlichen Stolberg (zwischen Rockenhaus und Venwegen) abgebaut; eingestürzte Stollen, Hohlwege und eine betimmte Vegetation (Galmeitrift) kennzeichnen das Gebiet noch heute (Aachen und benachbarte Gebiete). Das teilstandortorientierte Gewerbe basierte auf diesen Galmeivorkommen, wie auf jenen von Altenberg-Moresnet (heute Belgien), ferner auf reichlich vorhandener Wasserkraft, während Kupfer aus weit entfernten Gebieten herangeholt werden mußte (so u. a. aus dem Harzvorland).

Als 1858 im unglücklichen Ende des Aachener Streits die zwangsweise Rekatholisierung Aachens einsetzte, war der Niedergang der Aachener Industrie vorgezeichnet. Mit Verlegung der Königskrönungen nach Franfurt und mit dem Abflauen der Wallfahrten fiel auch ein wirtschaftlicher Anreiz aus, und 1614 wurden vollends, unter Erneuerung der Reichsacht gegen Aachen, die »evangelisch-ketzerischen« Tuchmacher und Kupferschmiede vertrieben, der Handel mit den Nachbarterritorien gar unterbunden. Andererorts empfing man die Gewerbetreibenden mit offenen Armen. Sie ließen sich in Stolberg nieder, später bedeutendstes deutsches Produktionszentrum für Messing, aber auch ebenso in Eupen, Monschau und Barmen (Rhein. Städtebuch) und bildeten für Aachen ernsthafte Konkurrenz.

Der Grundstein zu einigen Gewerben indes war in Aachen doch gelegt. Als Nachfolgegewerbe der Messinghütten fand eine Spezialisierung auf die *Nadlerei* statt; Nadeln stellte man zunächst aus Messing her, dann aus Eisendraht, und noch später aus Stahl. Zunächst stellte man auch Stecknadeln her. 1584 wurde die Aachener Nadelmeisterzunft gegründet, 1615 kam aus den Spanischen Niederlanden die »Mode« der Stahl-Nähnadeln auf. Wurde früher auch das Öhr mit einem Drillbohrer gebohrt, so ließ der Stahl als Material es zu, das Öhr mit einem Feinmeißel, der Punze, einzuschlagen.

Positiv wirkte sich im Auf und Ab der Politik für Aachens Gewerbe die Kontinentalsperre aus, da Großbritannien für den Kontinent als Konkurrenz ausfiel. Auch die Aufhebung des Zunftzwangs (1798) wirkte sich günstig aus. Fördernd waren letztlich auch die Erfindung der Nähmaschine (erste Maschine 1790 vom Engländer Thomas Saint, erste moderne Nähmaschine eine Erfindung des US-Amerikaners Elias Howe 1845; Guiness Lexikon der Superlative). Dies war mit Aufträgen der Amerikaner verbunden.

Die *Weberei* ist in Aachen bereits 812 in Herstellungsvorschriften (Kapitularien) Karls des Großen bezeugt, Tuchmacher waren bereits in der Pfalzanlage angesehene Handwerker gewesen; Lohnweber gibt es 1136. Seit Anfang des 15. Jahrhunderts waren Aachener Tuche ein Begriff. Wie auch im Messinggewerbe, so führte die »Aachener Gegenreformation« von 1614 zum Exodus der Weber und Tuchmacher. Sie fanden Aufnahme in Eupen, Vaals, Burtscheid, und später auch in Monschau. Zum gewerblichen Niedergang trug ferner noch der äußerliche Umstand des großen Stadtbrandes von 1656 bei.

Standortvoraussetzungen für die Schafzucht (damit für die Wollgewinnung waren in den Aachener Weidegründen, aber auch jenen der Eifel gegeben, ebenfalls war genügend Wasser, und sogar warmes in den Quellen vorhanden.

Neben der Ponell und dem Johannisbach wurde besonders auch der wasserreiche Paubach (die Pau), der mit mehreren Quellen am Waldrand entspringt, genutzt. Des »Aachener Reiches Strom« trieb acht Wassermühlen, vereinigt sich mit den beiden vorgenannten Wasserläufen und mündet am Rehmplatz in die aus Burtscheid kommende Wurm. Nadel- und Tuchfabriken »ersetzten« allmählich die Wassermühlen (Aachen-abc). Stärkster unter den Aachener Bächen freilich ist die Wurm (Wurmbach), die beim Linzenshäuschen entspringt, Würmel, Kupfer-, Prediger- und Goldbach aufnehmend. Auch der Wurmbach trieb zahlreiche Mühlen und Hammerwerke. Gillesbach und Bever fließen ihr aus dem Bereich der Burg Frankenberg zu und weiter nördlich der Haarbach (bei Haaren), und Wildbach (Soerstal). Tief eingeschnitten tritt die Wurm in die Wolfsfurt aus dem Aachener Kessel heraus.

Aachener Tuche waren über Flandern, Brabant und die übrigen Niederlande bis nach Venedig, Riga und Nowgorod verbreitet. Neuen Aufschwung brachten seit Anfang des 19. Jahrhunderts sowohl die Maschinisierung, als auch die Gewerbefreiheit der napoleonischen Ära seit 1815.

Aachen im Zeichen der Industrialisierung

Bereits 1807 standen in Aachen die ersten Spinnmaschinen, 1812 der erste mechanische Webstuhl und 1817 die erste Dampfmaschine. 1798 gründete der englische Emigrant William Cockerill in Lüttich seine Fabrik für Dampf- und Textilmaschinen. Sein zweiter Sohn James, mit der Aachener Tuch- und Nadelfabrikantentochter Karoline Pastor verehelicht, übersiedelte nach Aachen und mechanisierte die Tuchindustrie. Bis zum Ersten Weltkrieg nahm die *Textilindustrie* in Aachen die erste Stelle ein, sie beschäftigte in Spitzenzeiten 25 000 Arbeitnehmer, heute nur noch knapp ein Zehntel davon. In der Nadelindustrie gab es eine starke Konzentration und ein Teil der Firmen lagerten nach dem Zweiten Weltkrieg ins Umland aus, während die Texitlindustrie innerhalb der Wirtschaftsregion Aachen immerhin noch rund 60 Firmen umfaßt. Aus ihrer Beschäftigungszahl von derzeit ca. 6500 ergibt sich eine durchschnittliche mittlere »Betriebsgrößenstruktur« von 108 Personen je Firma.

Als Folgeindustriezweig von Textilindustrie und Bergbau entwickelte sich die *Maschinenindustrie* mit rund 15 % der Industriebeschäftigten. Bereits seit 1938 wurden in Aachen die *Eisenbahnwaggons* gebaut, welche auf der ersten rheinischen Bahnstrecke Köln – Aachen (– Lüttich) zum Einsatz kamen. Die Firma Talbot ist die älteste deutsche Firma zur Herstellung von Schienenfahrzeugen. Die *Eisenbahn* zog weitere Industrie an: 1846 wurde das Hüttenwerk »Rothe Erde« gegründet, inzwischen erinnern auch lediglich ein Stadtviertel und ein Bahnhof gleichen Namens daran. Das Roheisen, das hier zu Walzerzeugnissen, Blech (Thomas- und Martin-) Stahl in Halb- und Fertigfabrikaten verarbeitet wurde, kam zunächst aus Lüttich und dem nahen Eschweiler. In der Ära der deutschfreundlichen Luxemburger Dynastie Nassau – Weilburg kam es seit 1892 zur Belieferung der »Aachener Rothen Erde« mit luxemburgischem Roheisen, bis 1922, des preußisch-deutschen Übergriffs auf Luxemburg wegen die Zollunion Luxemburg – Deutschland aufgekündigt wurde. Schließlich kam es 1926 zur Schließung des Werkes, das noch 1910 7000 Beschäftigte gezählt hatte. Kohle und Koks kamen nicht aus dem nahen Wurmrevier, sondern aus dem Ruhrgebiet und aus Belgien. Das freigwordene Industrieareal gab ab 1929 der Zweigfirma von Uniroyal-*Reifen* Platz für ihre Entwicklung. Philips, seit 1934 in Aachen vertreten, errichtete 1948 ebenfalls neue Fertigungsstätten in (oder auf) Rothe(r) Erde. Heute nimmt die *Elektroindustrie* (außer Glühlampen werden auch Fernsehröhren produziert), der Zahl der Industriebeschäftigten nach, den zweiten Platz in Aachen ein. Seit den Dreißiger Jahren entstanden mehrere Industrieviertel, besonders Rothe Erde im Ostsüdosten der Altstadt, aber auch die Industriegelände um den Westbahnhof (nordwestlich des Kerns) und beim Nordbahnhof/Jülicher Straße im Nordosten, alle mit Bahnverbindung, sind zu benennen. Die Nahrungsmittel- und Süßwarenindustrie führt gar den Kanon der vielfältigen Industriezweige an. Zu den weiteren Zweigen gehören die Glaswarenindustrie und, mit einem der größten bundesdeutschen Herstellern auch die Schirmfabrikation.

Aachener Printen und Süßwaren in der Tradition

Bereits Demosthenes erwähnte im Jahre 350 v. Chr. kleine honiggesüßte und gewürzte Backwaren, die das älteste Verfahren für die Aachener Printen abgaben. Rezepte und Gewürze sollen zwischen 700 und 1000 n. Chr. an Klöster und Höfe gelangt, und zu Festen und Jahrmärkten hergestellt worden sein. Karl dem Großen wird sogar zugeschrieben, daß er Gewürzbrot mit auf seine Feldzüge nahm und daß mit Kräutern aus dem Gewürzgarten der Aachener Pfalz gebakken worden ist. Karl der Große sei also der »Ahnherr« der Aachener Printen, so wußten führende Printenbäcker der Karlsstadt vor einer Pressekonferenz zu berichten (Neue Westfälische 30. 9. 1980). Bislang vermutete man den Ursprung der Aachener Printen in den Gebildbroten von Dinant, die dort ums Jahr 1000 schmackhafter Usus waren. Die von dort nach Aachen ausgewanderten Kupfermeister könnten sie mitgebracht haben. Schließlich wurde 1688 die älteste der heute noch 60 Printenbäckereien aus der Taufe gehoben und begründete somit die Tradition einer Rezeptur von rund einem Dutzend Gewürzzutaten, wie aber auch eines großartigen und kunstfertigen Handwerks. *Aachener Printen,* das barocke Backwerk, ist sogleich jedermann ein Begriff. Ein Familienunternehmen mit über hundertjähriger Tradition ist die Aachener Printenfabrik Dolhain. Nach alten Hausrezepten stellt sie die köstlichen Kräuter-, Prinzeß-, Krokant-, Schokoladen-Krokant-, Schokoladen-Nuß-Printen, Mandelspekulatius und Spitzkuchen her. Insgesamt gibt es rund 200 Printenarten in Aachen. Was die hohe Kunst der bemalten Printenmotive betrifft (selbst historische Motive Karls des Großen sind hierbei nicht ausgenommen), so hat Leo van der Daele, belgischer Abstammung, Ruhm erlangt. Seine »Sammlung« ist selbst in Buchform verewigt (Aachener Backformen: Die Sammlung Leo van der Daele; Mayersche Buchhandlung, Aachen). Der Name Printe soll von dem niederländisch-belgischen Bäckerkünstler van Rey stammen, der um 1790 den Begriff »prent« für das Formen des Honigkuchen- bzw. Sirupteigs verwandte. Die *Formen* sind handgeschnittene Holzmodel, ähnlich den schwäbischen Springerlesmodeln. Die *Motive* umfassen Reiter, Könige, Kaiser, und selbst Napoleon, der die »Öcher« mit einer Kontinentalsperre auf die größeren Siruppinten brachte – weil Honig mangelte – gelangt zu Backehren. Hat man ihn verspeist, so kann man wohl mit Fug und Recht behaupten, Napoleon »gefressen« zu haben. Napoleon soll auch schuld sein an der Erfindung der Schnittprinte. Durch die notwendige Verwendung von Rübenzucker zerfloß der Teig, die Motive verwischten, und 1820 zerschnitt ein Printenbäcker daher den gerollten Teig: Die Schnittprinte ward erfunden. Durch Eintauchen in Schokolade 1870 durch eine Bäckerstochter wurde die Schokoladenprinte geboren. Harte Printen gehörten im Krieg zur »eisernen Reserve« der Marine. Printen werden in alle Welt exportiert. Auch die Monheim-Gruppe (Schokolade, Pralinen, Kekse; siehe auch unter Kultur) produziert im Verlauf eines Jahres so ihre 80 000 t *Süßwaren.* Die Firma »Trumpf« hat gar auch ihr Domizil mitten in der Stadt. Gleich bei der Jakobikirche wittert man der Schokoladenküche süße Düfte. Ihre Wiege stand vor über hundert Jahren im Hause Monheim (Couven-Museum).

Die Aachener Region

Die Industrie der Wirtschaftsregion Aachen

Der Wirtschaftsregion Aachen zählt man außer dem Ballungskern der Stadt Aachen, die im wesentlichen den Kreis Aachen zählende Ballungsrandzone sowie die Kreise Heinsberg, Düren und den Altkreis Schleiden (heute zum Kreis Euskirchen) hinzu. Bei einer Fläche von 3098 km^2 beträgt die Einwohnerzahl 1,034 Millionen. Davon sind rund 400 000 erwerbstätig, das bedeutet eine Erwerbsquote von fast 39 Prozent. Über den Raum Aachen hinaus erfaßt die im Rahmen der EG mehr und mehr zusammenwachsende überregionale Einheit das Städtedreieck Aachen – Maastricht – Lüttich (Euregio Maas-Rhein) mit rund 4 Millionen Bewohnern.

Aachens *Verkehrslage* ist ausgesprochen zentral. In Aachen führt die Autobahn A 4 Köln – Aachen in die Niederlande (dortige E 39/A 76), die Autobahn A 44 Mönchengladbach – Aachen nach Belgien (dortige E 5/A 76), über sie sind die großen Beneluxhäfen, wie die großen Zentralen Paris, Brüssel, Amsterdam, Antwerpen in relativ kurzer Zeit erreichbar. Die »Rheinschiene« als Verkehrsader ist in einer knappen Stunde erreichbar. Zwei elektrifizierte Hauptstrecken erschließen den Aachener Wirtschaftsraum. Aachen selbst ist TEE-Station und mit den Grenzbahnhöfen West und Süd für den Güterverkehr auch größter Grenzübergang der Deutschen Bundesbahn. Jährlich werden hier 1 Million Wagen, täglich 250 Züge bewältigt. Es besteht eine bedeutende Container-Umschlagstelle. Der unterfrequentierte Großflughafen Köln-Bonn-Wahn liegt 75 km, Düsseldorf-Lohausen 80 km entfernt, Beeck (Süd-Limburg) ist ein Regionalflughafen mit Liniendiensten und der Verkehrslandeplatz Würselen-

Merzbrück, nördlich des Autobahnkreuzes Aachen zählt jährlich 50 000 Flugbewegungen, jedoch keine solchen des Linienverkehrs. Es sind Überlegungen im Gange, Beeck zum Aachener Flughafen zu machen.

Dem Anteil an der Beschäftigtenzahl nach ergibt sich folgende Bedeutung der einzelnen *Industriezweige* im Raume Aachen: Kohlenbergbau 13,1 %, Maschinenbau 9,0 %, chemische 8,3 %, elektrotechnische 7,7 %, Glas- 6,6 % und Textilindustrie mit 6,1 %, bei allerdings rückläufiger Beschäftigtenzahl. Das Bruttoinlandsprodukt je Einwohner liegt 20 % unter dem Bundesdurchschnitt und auch die Arbeitslosenquote ist hoch. Der Durchschnitt der Industriebeschäftigten erreicht lediglich 144 je Tausend, gegenüber dem Landesdurchschnitt von 161.

Ähnlich nehmen sich die Probleme im benachbarten Ausland aus, wo der Bergbau im Maastrichter Zipfel aufgelassen wurde und die schwerindustriebestimmte Lütticher Industrie Anpassungsprobleme hat, rund 20 000 Einpendler aus Belgien und den Niederlanden (wohl zum Teil auch dort wohnende Deutsche) erhöhen das Arbeitskräftepotential des Aachener Raumes. Dies erweist sich nebst den guten zentralen Einrichtungen aller Art als günstig für weitere Industrieansiedlungen (Wirtschaftsförderungsgesellsch. f. d. Kr. Aachen: Techn.-ökonom. Standortbeschreibung/Wirtschaftsregion Aachen, Standort für Europäer). Die Zahl der Industriebeschäftigten liegt im IHK-Bezirk Aachen knapp unter 100 000.

Das »schwarze Gold« des Wurmreviers

Unstete, durch eine in NW-SO-Richtung verlaufende unterirdische, und von tertiären Deckschichten (Rhein-Maas-Schotter mit Lößauflage oder Schwimmsanden) überlagerte Bruchtektonik (Schollen und Horste), teilweise in bauwürdiger Tiefe (40 m) lagernde Vorkommen von oberkarbonischer Steinkohle durchziehen nordöstlich von Aachen den Westflügel der Niederrheinbucht: das Gebiet zwischen Ruhr und Wurm. Nach letzterem Flüßchen nennt sich dieses Kohlenbergbaugebiet das Wurmrevier, üblich sind jedoch auch die

Bezeichnungen Aachener oder Alsdorfer Revier. Nordwestlich setzten sich die Kohlenlager in Limburg (in den Niederlanden) und westlich dieses Maastrichter Zipfels, im Kempenland (in Belgien) fort. Die niederländischen Bergbaue liegen still. Im Osten begrenzt die Linie vom Aachener Ortsteil Haaren nach Aldenhoven entlang der Aachener Überschiebung das Revier. Nach Norden tauchen sie unter jüngere Sedimente ab. Die Fett- und Gaskohlen entstanden durch stärkere Inkohlung bei stärkerer tektonischer Beanspruchung (Faltungen und Brüche).

Die Gesamtkohlenmächtigkeit beträgt bei 40 bauwürdigen Flözen im Wurmrevier 32 m (G. Bischoff/W. Gocht, Hg.: Energietaschenbuch. Braunschweig: Vieweg 1979); die Jahresförderung liegt bei rund 5,7 Millionen Tonnen (Produktion von Zechenkoks 2 Mio. t). Im Betrieb sind im Aachener Revier noch 3 Schachtanlagen, 1 Kokerei, 4 Brikettfabriken, 1 Zechenkraftwerk und 1 Bergbau-Verbundkraftwerk. Der Kohlenbergbau beschäftigt rund 10 000 Menschen (Statistik der Kohlenwirtschaft e. V., Essen: Zahlen zur Kohlenwirtschaft). Hiervon entfallen auf die Stadt Alsdorf allein ca. 5000 Beschäftigte, weitere 2500 auf Herzogenrath und 2200 auf Baesweiler (Statist. Rundschau für die Kreise NRWs: Kr. Aachen, 1977). In Eschweiler sind lediglich 700 Personen im Kohlenbergbau beschäftigt, hauptsächlich im Braunkohlenbergbau von Eschweiler-Weisweiler (jeweils bezogen auf die Wohnbevölkerung und unter Einfluß von Auspendlern).

Erste Kohlenfunde sollen bereits von den Römern gemacht worden sein (Usines et Industries 33-34, Nov./Déc. 1973). Erneute Funde von Steinkohle an der Wurm stammen den »Annales Rodenses« zufolge aus dem Jahre 1113 und gehören mithin (immer noch) zu den frühesten Kohlefunden in Europa. Schon 1394 überließ Herzog Wilhelm VII. von Jülich den Eschweiler Koylberg (Kohlberg) seiner Mutter zur Nutzung. Ende des 16. Jahrhunderts (1581) bestand das *Inderevier* aus 40 kleineren Steinkohlebergwerken und man ging zum »Tiefbau« über. 1791 wurden die von der Abtei Rolduc bei Herzogenrath erfundenen »Wasserkünste« in der Eschweiler Indemulde angewendet (es handelte sich um Schaufelräder, die der Ein- und der Ausfahrt dienten. Auf der Zeche »Eschweiler Pumpe« kam im deutschen Kohlenbergbau auch erstmals eine Dampfmaschine in Betrieb. Der kurpfälzische Hauptmann Englerth hatte, als er 1814 die Augen schloß, fast alle Gruben des Reviers in seinen Besitz gebracht. Die Witwe Christine Englerth, geb. Wültgens (1667-1838) war es, die den vorbildlichen Eschweiler Bergwerksverein (EBV) gründete, der 1838, kurz nach ihrem Tode in Kraft trat. Die Pingenfelder der Altbaue des Kohlbergs sind noch heute im Eschweiler Stadtwald zu erkennen.

Den wirtschaftlichen Aufschwung brachte dann die Möglichkeit, den Kohleabbau mithilfe der mechanischen Nutzung der Wasserkraft von Inde, Vicht und Wurm zu betreiben, wie im 18./19. Jahrhundert die Verwendung der aus der Kohle gewonnenen Dampfkraft. Die preußische Bergbaugesetzgebung (ab 1815) legte, auf der früheren, großzügigen napoleonischen Wirtschafts- und Verkehrspolitik aufbauend, den Grund für größere Bergwerksvereine. In diesem Rahmen entstanden Pannesheider Bergwerksverein, Vereinigungsgesellschaft (beide 1858 in konjunktureller Flaute zur Kohlscheider Vereinigungsgesellschaft vereinigt) und 1838 der heute noch bestehende Eschweiler Bergwerksverein, der 1907 auch die anderen zuvor vereinigten Gesellschaften aufnahm. Der EBV wurde der größte geschlossene preußische Bergwerksbesitz (Aachen und benachbarte Gebiete). Gegen 1850 kam es zur Ausweitung des Reviers durch Abteufung von Schächten auf der Alsdorfer Scholle, wo unter 40 m mächtigen Sanden wertvolle Esskohle lagert; Abnehmer waren die Aachener »Rothe Erde« (siehe auch oben unter Aachen, Industrie), wie die gesamten Hütten des Indereviers.

Mitte des 19. Jahrhunderts hatte der Eschweiler Bergbau seinen Höhepunkt überschritten, der Steinkohlebergbau wanderte nordwestwärts ab ins Wurmtal, und heute, weiter in das Gebiet Alsdorf-Baesweiler. Vor Jahrzehnten war schon die 2 km südlich des Stadtzentrums gelegene Zeche Centrum des EBV stillgelegt worden. Seit 1944 die Zeche Eschweiler Reserve absoff, hat auch dieses Steinkohlenrevier der Inde ausgedient (Kölner Bucht . . ./Aachen und Umgebung . . .). Auch die Hüttenwerke Concordia am Ichenberg und die Stahlwerke Hoesch und Phoenix im Indetal und am Ichenberg stellten ihre Produktion wieder ein. Das wilde, ungeplante Wachstum der Ortsteile Pumpe, Aue und Stich wird heutzutage durch Sanierungen wieder korrigiert.

Als 1850 die Köln-Aachener und 1853 die Aachen-Düsseldorfer Eisenbahnen in Betrieb genommen wurden, eröffnete sich für Kohle aus dem Inde-Wurm-Revier eine weitere Absatzmöglichkeit; jedoch machte sich mit Überbrückung des Rheins in Köln 1859 sogleich auch der Konkurrenzdruck der Ruhrkohle bemerkbar. Weitere Bahnlinien (Stolberg-Alsdorf-Herzogenrath 1870, Aachen-Mariadorf) gaben ihrerseits dem Bergwerksverein weitere Impulse, in (Alsdorf) Mariadorf entstanden eine Kokerei und eine Koksfabrik. Entscheidend zu einer Stabilisierung konnte in den Jahren 1908/11 die Eisenindustrie von Luxemburg und Lothringen in Form der 1911 gegründeten ARBED (Aciéries Réunis de Burbach-Eich-Dudelange) gewonnen werden. Die Zusammenarbeit entsprang sowohl der Germanisierungspolitik des niederländisch-luxemburgischen König-Großherzogs Wilhelm I., der diese, 1831/39 durch den 1. Londoner Vertrag wieder im Genuß seiner Anrechte auf Luxemburg (nach dem Abfall Belgiens) gelangt, als Gegengewicht zu annektionistischen Bestrebungen Belgiens betrieb, als auch der durch Deutschland eingeräumten Zollfreiheit für luxemburgisches Eisenerz (und luxemburgischen Stahl). Allerdings konnten erst der luxemburgische Beitritt zum Zollverein 1842 und die Aufhebung des von »deutschen« Zollpräferenzen auch für die Belgier (1854 wieder aufgehoben) dem luxemburgischen Erz zu ungetrübten Vorteilen verhelfen. Das Thomasverfahren löste ab 1870 Luxemburgs industriellen Aufschwung aus (Veit, Luxemburg). 1913 sicherte sich die ARBED ihre Kohlenbasis durch Abschluß einer Interessengemeinschaft mit dem Eschweiler Bergwerksverein (G. Trausch, Le Luxembourg à l'époque contemporaine). Die wechselseitige Beziehung überdauerte auch die Loslösung Luxemburgs vom Zollverein (1922); 1926 wurden bereits 96 % der Kuxen des EBV von der ARBED übernommen. Die Beziehung wirkte sich auf das Wurmrevier als stabilisierender Faktor aus (Aachen und benachbarte Gebiete). Im Jahre 1938 benannte man eine neue, im Nordosten entstandene Schachtanlage in (Aldenhoven-)Siersdorf gar nach dem luxemburgischen Industriellen und zeitweiligen ARBED-Verwaltungsvorsitzenden Émile Mayrisch (* Eich/Luxemburg 10. 11. 1862 – † Châlons-sur-Marne 5. 3. 1928). Erst Mitte der fünfziger Jahre konnte diese Anlage ausgebaut werden. Der Bahnanschluß erfolgte nach (Alsdorf-)Mariadorf, die Produktion gelangt von dort zur Veredlung nach Alsdorf. Zur Lieferungssicherung hat der EBV seine Kokskohlenbasis und seine Kokereikapazitäten ausgeweitet.

Der Sorten- und Artenreichtum an Kohlen ermöglicht auch eine weitgehende *Kohleveredlung* zu Koks, Briketts und Anthrazit; rund 65 % der Produktion werden in eigenen Betrieben weiterverarbeitet. So besteht die Bergbauabteilung der EBV aus folgenden Betrieben und *Standorten:* den Steinkohlenbergwerken Émile/Emil Mayrisch (Aldenhoven), Erin und Westfalen (z. T. im Bochum-Ahlener Raum), die Gruben Anna (Alsdorf) und Émile Mayrisch (Aldenhoven-Siersdorf), den Kokereien Anna, Erin, Westfalen, Graf Schwerin, der Brikettfabrik Herzogenrath-Laurweg sowie den Kraftwerken (Aldenhoven-) Siersdorf, Anna (Alsdorf), Lothringen und Alsdorf. Die jährliche Förderung der EBV-Gruben beträgt 7,5 Mill. t Kohle (teils von außerhalb des Wurmreviers) und 3,5 Mio. t Koks. HIervon sind allein 3 Mio. t Koks für die Hütten der luxemburgischen ARBED bestimmt, ein Grund, weshalb eine Verbindung mit der neugeschaffenen Ruhrkohle nicht erwünscht war, denn die Versorgung der ARBED sollte durch eine eigenständige Rohstoffquelle gesichert bleiben. Briketts werden jährlich rund 150 000 t erzeugt, 80 000 t Ancit und die Elektroenergieleistung beläuft sich auf 1,7 GWh/Jahr (Usines et Industries 33/34). Über die bloßen Produktionsstätten des EBV hinaus, sind auch dessen *dezentralisierte, weitere Standorte* von Interesse. Der Schwerpunkt des Kohlenbergbaus lag zur Zeit der Gründung des EBV im Gebiet von Würselen und Kohlscheid. Die Verwaltung des EBV (400 Beschäftigte) und ein Brikettierwerk fanden daher ihren Standort in Kohlscheid (heute zu Herzogenrath), die Maschinenwerkstätte hat ihren Sitz in Alsdorf-Mariadorf, das Knappschaftskrankenhaus in Würselen-Bardenberg, Knappschaftsverwaltung, Kohlenverkauf und die Bergschulen sind in Aachen domiziliert. Grube ›Erin‹ wurde 1984 stillgelegt.

Braun ist groß und »in«

Im *Eschweiler Braunkohlen-Großtagebau Zukunft (West-Inden* fördert die Rheinbraun mit jährlich 24 Mio. t Braunkohle (1979) hier 18,4 % der bundesdeutschen Rohbraunkohlenförderung von 130,6 Mio. t. (Stat. Jahrbuch für die BRDtl. 1980/RHEINBRAUN-Wegweiser) und bietet rund 2400 Menschen im Revier Eschweiler-Weisweiler Arbeit. Nach Stillegung der Brikettfabrik Weisweiler wird das »minderwertige« Braun (täglich ca. 65 000 t) ausschließlich vom RWE-Braunkohlenkraftwerk Weisweiler (installierte Leistung 2,3 GW) verstromt. Abgebaut werden hier vier Flöze mit einer Gesamtmächtigkeit von ca. 40 m, die Abbautiefe liegt bei 185 m und der offene Tagebau dehnt sich über eine Fläche von 8,5 km^2 aus und birgt einen Vorrat von noch 112 Mio. t. Hierzu mußten 1979 allein 65 Mio m^2 Abraum fortgeschafft werden; die Absetzer hat eine Tagesleistung von 4 x 100 000 m^3. 1979 wurden hier aber auch schon wieder 87,5 ha Neuland geschaffen (82 ha für Land- und 5,2 ha für forstwirtschaftliche Nutzung). In den beiden Tagebauen Zukunft und Inden waren bis 1980 bereits 22,1 km^2 rekultiviert worden (1,6 km^2 für die Land- 377 ha für die Forst- und 232 ha für die Wasserwirtschaft). Als Erholungsgebiete gelten bereits seit längerer Zeit die Badeseen Echtz und Düren, in einstigen Braunkohleabbaufeldern durch Rekultivierung entstanden. Auch Lärmschutzwälle sind entstanden.

Anstelle des voraussichtlich 1985 ausgekohlten Tagebaus Zukunft-West wird schrittweise der neue Tagebau *Inden* treten, der dann die Versorgung des Kraftwerks Weisweiler übernehmen wird. Im Restteil des Tagebaus Zukunft wird dann möglicherweise ein Erholungsgebiet mit einem See entstehen. Der Tagebau Inden, der dann, wie früher, vor seiner Stillegung, wieder das Kraftwerk Weisweiler beliefert, hat einen Kohlenvorrat von rd. 1 Mrd. t. Für diesen Tagebau müssen im Laufe der nächsten Jahrzente die Orte Lohn, Erberich und Pattern umgesiedelt und andernorts wiederaufgebaut werden.

Die 15-20 m mächtigen Flöze sind in oligozän- bis vorwiegend miozänen Ablagerungen enthalten und von ca. 25 m mächtigen Deckschichten überlagert. (Rheinbraun-Pressestelle/Kölner Bucht und angrenzende Gebiete/Blickpunkt Braunkohle u. a. hervorragende Publikationen der Rheinbraun/M. Veit M. A.: Kölner Bucht, Goldstadt-Reiseführer. 2317; 1981/Rheinbraun-Wegweiser/Rheinbraun-Prospekt).

Hambach: Ein neuer Tagebau entsteht

Der Tagebau Hambach östlich der Städte Jülich und Düren gelegen, wurde seit 1970 von den Rheinischen Braunkohlenwerken AG (Rheinbraun) geplant. Das Planungsverfahren wurde 1978 mit der Verbindlichkeitserklärung des nordrhein-westfälischen Ministerpräsidenten abgeschlossen. Der Aufschluß konnte am 16. 10. 1978 begonnen werden. Bis 1983 waren drei Schaufelradbagger mit einer Tagesleistung von 240 000 m^3 damit beschäftigt, die 180 m mächtigen Deckschichten abzuräumen. 1984 übernahm Tagebau Hambach jene Förderung, die bisher der Tagebau Fortuna-Garsdorf (bei Bergheim/Erft) innehatte; der dortige Betrieb wird Anfang der Neunziger Jahre auslaufen. An seiner Stelle wird Hambach dann järhlich rund 50 Mio. t wertvoller Braunkohle liefern. Die Vorräte auf diesem rund 85 km^2 großen Areal belaufen sich auf 2,4 Mrd. t; diese Vorräte reichen für über 50 Jahre aus. Die Hambach-Kohle wird über eine derzeit im Bau befindliche Kohlenbahn, die 22 km lange Hambachbahn mit Anschluß bei Bergheim/Erft an die Nordsüdbahn zu den Kraftwerken und Brikettfabriken an der Nordsüdbahn zwischen Frechen-Knapsack und Frimmersdorf befördert. 27 Mrd. m^3 müssen auf die Außenkippen verstürzt werden. Davon werden rund 1 Mrd. m^3 auf der Sophienhöhe bei Jülich-Stetternich untergebracht und 1,7 Mrd. m^3 über zwei 14 km lange Bandanlagen zur vollständigen Verfüllung des Tagebaus Fortuna-Garsdorf nach dort transportiert, später evtl. nach Bergheim/Erft. Sehenswert sind die Tagesanlagen mit Verwaltungs- und Sozialgebäuden, Betriebswerkstätten und der zentralen Betriebsüberwachung bei Oberzier, wie auch der Stützpunkt Sophienhöhe an der B 55; hier zweigt eine zwei km lange Betriebsstraße ab, für den öffentlichen Verkehr zugelassen, mit 200 m langem Tunnel unter den Bandstraßen. Sie markiert die Grenze zwischen Außenkippe im Norden und Abbau im Süden. Für eine Beobachtung der Schaufelradbagger, Giganten von 38 m Höhe, bieten sich die zwei Aussichtspunkte am Güstener Weg bei Hambach und am Südende des Immissionsschutzwalls östlich von Niederzier an.

Lich-Steinstraß muß sterben: Als erste Ortschaft im Abbaugebiet Hambach muß Lich-Steinstraß (wie Hambach, Oberzier u. a. Ortsteil der Gemeinde Niederzier) umgesiedelt werden. Seine rund 1500 Bewohner werden künftig in Jülich-Möhnenwinkel siedeln. Nach dem Jahr 2000 erst soll es den Orten Elsdorf-Etzweiler, Kerpen-Manheim und Merzenich-Morschenich an den Kragen gehen. Dann müßten auch die Bundesbahntrasse Neuss-Düren und die A 4 Köln-Aachen verlegt werden. Letztere drei Orte haben zusammen derzeit etwa 5000 betroffene Einwohner. Der neue Ort Lich-Steinstraß wird als Jülicher Ortsteil dieselbe Bezeichnung tragen. Braunkohle soll künftighin auch zu Gas und Benzin verarbeitet werden. Nach seiner Auskohlung soll der Tagebau Hambach der Stadt Köln als Trinkwassersee dienen.

Der Tagebau Hambach beschäftigte bereits 1978 rund 800 Menschen; der gesamte Braunkohleabbau bei Rheinbraun 15 000. Es handelt sich hier um sichere Arbeitsplätze. (Tagebau Hambach verfügt über Braunkohle für mehr als 50 Jahre, 4 S., hg. v. Rheinbraun/Pressemitteilung der Rheinbraun/ Rheinbraun-Wegweiser . . ./Flecke, Grabert, Schwede. Jülicher Börde und Braunkohlentagebau, Strukturanalyse eines Raumes im Umbruch, Berlin: Velhagen & Klasing und Herm. Schroedel/Geogr. Führer Kölner Bucht. 1972).

Inden im Braunkohlenrevier

Der Siedlungsraum zwischen Rur und Inde zählt zu den ältesten Kultur- und Siedlungsgebieten in Europa. Beim Braunkohlenabbau stieß man am Ostrand des Tagebaus Inden, ungefähr nordwestlich des Ortsteiles Lamersdorf auf die Siedlungsreste eines steinzeitlichen Dorfes der berühmten *Rössener Kultur.* Auch zur Römer- (Fünfwegepunkt Greuenich) und Frankenzeit (Königshöfe Karls des Großen) besaß der Raum zwischen Ruhr und Inde erhebliche Bedeutung. Die im Westen des Kreises Düren situierte Gemeinde *Inden* liegt in der agrarisch orientierten Jülicher Lößbörde (mit ihrem Zuckerrüben-Weizen-Anbau). Auf den 36 km² Gebietsfläche liegen ihre Ortschaften: Altdorf (im NW), Inden (Gemeindezentrum, im W), Lamersdorf, Frenz (alle an der Inde) und Lucherberg im SW, Schopenhoven im Norden und Pier-Pommerich im Zentrum, mit zusammen knapp 8500 Bewohnern. Schon früh setzte auch die industrielle Entwicklung der

Orte ein. Im Aachen-Dürener Braunkohlenrevier erhielt bereits 1821 Freiherr Carl von Goltstein (Herr von Gut Merödgen), als er beim Brunnenbau das braune Brennmaterial entdeckte von der preußischen Bergbaubehörde die erste Grubenkonzession. Lamersdorf ist seit dem 16. Jahrhundert die Wiege der Papierherstellung. Es war die Erfindung des hiesigen F. W. von Auw, welche die bis dahin betriebene Schöpfbüttenpapierherstellung revolutionierte: das Endlospapier von der Maschine ward erfunden. Dem Braunkohlenbergbau (siehe oben) gesellt sich die Kraftgewinnung hinzu. Um das Jahr 2000 könnten nicht nur die hochwertigen Ackerflächen von Frenz-Lamersdorf, sondern selbst die Siedlungen Altdorf, Inden und Pier mit ihren Markungen dem braunen Moloch zum Opfer fallen. Hoffentlich ist das Verantwortungsbewußtsein gegenüber der Kulturlandschaft dann auch soweit gediehen und geschärft, daß die denkmalwerten Gebäude vollständig mit umsiedeln. Es gibt derer einige in Inden (Prospektplan Inden).

Zur jülischen Pfarrei *Lamersdorf* (die im 13. Jahrhundert erstmals genannt wurde) gehörte auch *Haus Lützeler* (Lützelar). 1393 zuerst erwähnt, ist es eine Wasseranlage der Herren von Lützelar am Wehebach mit Herrenhaus (16. Jahrhundert) und Ökonomiegebäuden (17./18. Jahrhundert). Treppengiebel und Erkerchen hat das Herrenhaus im Zweiten Weltkrieg eingebüßt. Bei aller landwirtschaftlichen Dominanz erahnt man in ihm dennoch die alte Zeit der Palandt, Loyvenberg und Vruntgin. Ende des 18. Jahrhunderts gehörte Lützelar zum jülischen Amt Wilhelmstein (Herzogenrath). Ebenfalls etwas außerhalb von Lamersdorf, unterhalb des Lucherbergs liegt *Gut Merödgen.* Die Herren von Merödgen wurden bereits 1373 genannt und waren 1413 am Kohlenbergbau interessiert. Das Gutshaus (16./18. Jahrhundert) wechselte an die Frenz von Spee, von Goltstein, Pelden und von Zandt. Sein damaliger Besitzer Karl von Goltstein war es, der nach Konzessionierung 1821 die Goltsteingrube öffnen konnte und den rheinischen Braunkohlenbergbau begründete. Bis zur neuerlichen Gebietsreform gehörten Merödgen und Lucherberg (mit dem Braunkohlenrestsee des Lucherberger Sees) zur südlich der Autobahn liegenden Gemeinde Luchem (heute Langerwehe). An der Landstraße 12, nördlich der Autobahn A 4 liegt übrigens Haus Büttgen. Von

Burg Frenz, 2,5 km nördlich vom Zentrum, links der Kreisstraße 34 liegend, sind durch die Zerstörungen im Zweiten Weltkrieg nur noch Reste vorhanden, insbesondere eine kleine Kapelle. 1104 erstmals erwähnt, war sie nach 1719 von den Söhnen Goddarts von Merode-Houffalize beispielhaft wiederaufgebaut worden. Zuvor war die Burg als Jülicher Lehen im Besitz der von Tomburg-Müllenark und Tomburg-Vernich (Von Burg zu Burg zw. Köln und Aachen/Histor. Stätten NRW). Ein historisches Backsteingebäude mit großem Mühlenrad, ist die Schälmühle Frenz ein beliebtes Wanderziel.

Haus Verken liegt südöstlich von Pier, zwischen Schlichtbach, B 56 und an der Gemeindegrenze. Die Verken, seit 1139 bezeugt, waren im 13. Jahrhundert Jülicher Ministerialen. 1775 starben sie aus, Freiherr August von Cloudt war Erbe und Bewohner des nun einen ärmlichen und zerfallenen Eindruck abgebenden Bauwerks (mit Wappeninschrift von 1668) über dem rundbogigen Tor. *Haus Pesch* trägt einen häufiger vorkommenden Namen und liegt schlichtbachabwärts in Pier selbst. Seine Eigentümer waren jülische, zuletzt kölsche Lehensträger: Hugo von Lycbeck verkaufte Pesch Anfang des 18. Jahrhunderts an die Kölner von Wolfskehl. Turm mit Helm blieben erhalten; das teils im Zweiten Weltkrieg zerstörte Herrenhaus wurde wiederaufgebaut. Schophoven, der nördlich von Pier liegende Ortsteil ist Standort von *Haus Müllenark* (Gut und Mühle). Baulich interessant sind daran die 85 m breite Vorburg von 1670, das wappenbekränzte korbbogenförmige Tor und das Mühlrad der Müllenarker Mühle. 1170 verkauften die Töchter des 1129 erwähnten Edlen Gerhard von Müllenark (Melenark) den Besitz an Kurköln. Hermann von Saffenberg und Molenark war neuer kölnischer Lehensherr und (1161-72) Kölner Domstiftsvogt. Einer zweiten Linie entstammte gar der spätere Kölner Erzbischof Heinrich von Molenark (auf dem Erzstuhl 1225-38). Den Jülichern gefiel die kurkölnische Bastion Müllenark wenig, allerdings war auch Wilhelm IV. von Jülich 1234 keinerlei Erfolg beim Versuch, die festungsmäßige, ausgebaute Burg zu belagern, beschieden. Das Problem löste sich letztlich später durch die Heirat Walrams von Jülich mit der Nichte des Erzbischofs, Mathilde von Molenark; und noch später im 14. Jahrhundert konnte Müllenark sogar Jülicher

Lehen werden. 1419 starb der letzte Namensträger und der Besitz wurde geteilt. Als der spanische Oberst von Rovelli 1626 den gesamten Besitz an sich riß, war die Chance der Wiedervereinigung von Müllenark gestiegen. Von Metternich kaufte ihn 1688 auf und ließ 1870 die stattliche *Vorburg* erbauen. Sie ist eine großzügige, dreiflügelige barocke Backsteinanlage mit Hausteingliederung, die Westfront wird von zwei dreistöckigen Haubentürmen flankiert. Das besagte Hausteintor mit Dreiecksgiebel, Wappen und korbbogenförmiger Durchfahrt war für die Zugbrücke bestimmt. Ehemalige Scheune und Remise beherrschen die Nordhälfte, kreuzgewölbte Stallungen den Südteil. Neben dem Eingang liegt eine Scheune von 1713, alle mit korbbogenförmigen Toren. 1959 wurde die Anlage restauriert. Von der spätmittelalterlichen *Hauptburg* blieben lediglich die Fundamente des Batterie-Rundturms sowie ein kleiner Rundturm mit Kegeldach erhalten. 1927 ersetzte ein Wohnbau das Herrenhaus (Historische Stätten NRW/Dehio, Rheinland u. a.).

Nach Lamersdorf zurück: ein Kleinod ist die mittelalterliche katholische Pfarrkirche *St. Kornelius.* Dem ursprünglichen kreuzrippengewölbten Bruchsteinbau des 15. Jahrhunderts mit Westturm und Chor wurde das spätgotische nördliche Seitenschiff später angefügt. Im Innern zeigen Glasmalereien aus der Zeit um 1530 an der Südwand der Werkstätte, Maria im Kapitol nahestehend, ungefähr lebensgroße Heiligenfiguren in Nischenmanier; bemerkenswert sind ferner der spätgotische Muttergottes-Kronleuchter, verschiedene Holzfiguren (15. Jahrhundert) sowie eine ländliche Kanzel des 16. Jahrhunderts (Dehio, Rheinland). Die buntgestalteten Hausfassaden, meist traufständiger Häuser des Zentrums geben ein schmuckes Ortsbild ab (Preise im Wettbewerb um das schönste Dorf), darunter die Gaststätten (Zum) Treppchen (1664) und der Ratskeller.

Altes Töpferdorf, Schlösser und Klöster: Langerwehe

Südlich von Inden und südlich der Autobahn A 4 Köln – Aachen liegt die Großgemeinde Langerwehe. Als Eingangstor zum waldreichen Idyll des Wehebach-Auentals in den Naturpark Nordeifel, ist Langerwehe mit 11 630 Einwohnern, ein vielbesuchter Zentralort. In ihrer heutigen Gestalt ist diese Großgemeinde ein Produkt der Kommunalreform von 1972, als die damaligen Gemeinden Langerwehe, Wenau, D'horn, Geich-Obergeich, Jüngersdorf und Luchem unter dem Namen und mit Sitz in Langerwehe vereint wurden. Seine wirtschaftlichen Aktivitäten bestehen außer dem Fremdenverkehrsgewerbe und der noch lebendigen Töpferei aus der Lederindustrie, der Papierver- und der Holzbearbeitung. Der Ort war bereits zur Römerzeit besiedelt, wie Funde römischer Krüge und einer römischen Wasserleitung bezeugen. Über Langerwehe führte die Römerstraße Düren-Aachen-Bavai. Der älteste Dorfteil *Rymelsberg* wird in seinen Anfängen auf das 7. Jahrhundert n. Chr. datiert. Erstmals urkundlich erwähnt wurde der Ort 1157 (Eifelführer). Rymelsberg (Remmelsberg) erscheint im Güterverzeichnis des Kölner Erzbischofs Philipp von Heinsberg (1167-91) als Fronhof. 1185 kam der Hof mit Kirche als Schenkung Arnolds von Limburg und der Aleidis von Heinsberg an Kloster Wenau, wo er bis zur Säkularisation durch die Franzosen 1802 verblieb. Seit dem Frühmittelalter wirkte sich die Verkehrslage günstig auf den Gewerbestandort aus (Histor. Stätten NRW). Die ersten Spuren des Töpfergewerbes dieser Gegend reichen in die spätkarolingische Zeit zurück, um 1000 entstanden in Rymelsberg die ersten Töpfereien. Als Ende des 12. Jahrhunderts eine Brandkatastrophe den Ort vernichtete, verlagerten die »Kannenbäcker« ihre Werkstätten hangabwärts an die Aachen-Frankfurter Straße (heute B 264), wo die Töpfersiedlung *Uhles* (latein.: olla = Topf) entstand. Der Ortsteil Uhles ist zu Anfang des 14. Jahrhunderts bezeugt. Die hier gebackenen Krüge, Kannen, Töpfe und Becher wurden im Mittelalter in ganz Europa gehandelt. So enthält das Schöffensiegel von 1543 neben dem Jülicher Löwen (Langerwehe gehörte zum jülischen Amt Wilhelmstein) bereits drei schlanke Trichterbecher. 1706 bestätigte der Jülicher Landesherr die Zunftsatzungen. Spätestens im 14. Jahrhundert bildete sich auch an der Kreuzung Hauptstraße/Wehebach der Ortsteil »zur Wehe« heraus. Mit Uhles zu einem langen Straßendorf verwachsen, an der bedeutsamen Heer-, Pilger-, Krönungs- und Handelsstraße Frankfurt-Sinzig-Aachen gelegen, wird der Ort 1664 erstmals auch *»Zu der Langen Wehe«* genannt, woraus sich der heutige Gemeindenamen Langerwehe entwickelte. Gegen Ende des 18. Jahrhunderts 1000

Einwohner zählend, galt Langerwehe als relativ groß und reich. Im Dorfbild erhielten sich daher bauliche Züge aus mehreren Zeitepochen, die meist mit der Landschaft reizvoll kontrastieren. »Und dennoch fehlt nicht jener harmonische Zusammenklang, der eine schöne Atmosphäre von Versponnenheit, Wucht und Festigkeit vermittelt, die geeignet ist, Langerwehe zum Mittel- und Ruhepunkt eines sich abzeichnenden Industrieraumes zu machen« (Prospekt Töpfereimuseum).

Das uralte Töpferhandwerk wird besonders interessant im *Töpfereimuseum* repräsentiert, dem einzigen dieser Art in der gesamten Bundesrepublik. In dem aus dem 17./18. Jahrhundert stammenden Pfarrhof der alten Kirche (die Torinschrift lautet indes auf 1951) werden hier umfangreiche Töpferwaren vom 9. Jahrhundert bis heute dargeboten. Das Haupthaus enthält Eingangshalle, eine Schau zur Formenentwicklung, Bilddokumente, Kinderernährungsgefäße und schließlich eine Küche und ein Rokokozimmer. Das Obergeschoß besteht aus der oberen Diele, Exponaten von Bodenfliesen, Aach- und Pilgerhörnern und einer Schau zum Thema Technik und Handel. Angeschlossen sind eine Töpferwerkstätte, die wesentlich zum Verstehen und zur Lebendigkeit des Museums beiträgt sowie Wechselausstellungen aus den verschiedensten Bereichen von Kunst und des Kunstgewerbes. Der Landschaftsverband Rheinland klassifiziert das Töpfereimuseum unter die förderungswürdige Spezialmuseen ein (Langerwehe, »Neubürgerbroschüre«).

Die im Zusammenhang mit dem Töpfereimuseum bereits erwähnte alte ursprüngliche St.-Martins-Kirche auf dem Rymelsberg dient heute als *Friedhofskapelle*. Seit 1185 stand das Patronatsrecht dem Kloster Wenau zu. Im Unterbau stammt der Westturm noch aus romanischer Zeit (10. Jahrhundert), im übrigen ist die aus Bruchsteinen erbaute kreuzrippengewölbte Hallenkirche gotischen Stils.

Erst 1959 waren die Kriegsschäden behoben. Die neue kath. *Pfarrkirche St. Martin* wurde 1904-07 erbaut, beherbergt jedoch eine Reihe alter Ausstattungsgegenstände, wie das lebensgroße Kruzifix (um 1500), kleinere Figuren von Maria und Johannes, eine hölzerne Triumphkreuzgruppe, ein ländliches, hölzernes Vesperbild (ausgehendes 15. Jahrhundert) und einen kleinen, aus Kloster Schwarzenbroich stammenden flandrischen Schnitzaltar (Anfang 16. Jahrhundert).

Eng verwachsen mit Langerwehes Ostkern sind die beiden Orte Stütgerloch und Jüngersdorf (im Südosten). *Jüngersdorf* tritt zuerst als fränkischer Reichs-Forsthof auf (898), der Ort soll aber auf das 7. Jahrhundert zurückgehen; ältestes Rittergeschlecht sind die Lövenich (1563). *Stütgerloch* wird 1454 unter Werner Palant-Breidenbach erwähnt. Der Besitzer Werner Stytgen gab den Namen. Im 16. Jahrhundert ging die Gutsanlage Stütgerhof an das Kloster Schwarzenbroich. *Luchem,* nördlich von Langerwehe, wird 1373 erstmals im Zusammenhang von Merödgen genannt, bis 1972 gehörte die Ortschaft zum früheren Amt Lucherberg.

Mit Ausnahme von Geich sind die östlich-südöstlichen Stadtteile Obergeich, D'horn, Schlich und Merode unter der Bezeichnung *Die Herrschaft* bekannt. Als eines der ältesten historischen Kulturdenkmäler des Kreises Düren gilt die aus dem 11. Jahrhundert überkommene *Nikolauskapelle in Geich,* später diente sie als »Gasthaus« und Hospital. Sie wird urkundlich im Zusammenhang mit dem von Werner von Merode 1340 gegründeten Kreuzherrenkloster *Schwarzenbroich,* das an einer uralten Pilgerstraße von Düren nach Kornelimünster lag. Kriegszerstörung und Zerfall ließen davon im Meroder Wald nur noch spärliche Reste übrig. D'horn und Schlich gehen auf die Frankenzeit zurück; den Namen Schlichs führt man auf den Schlick der Gewässer zwischen Eifel und Echtzer Lößplatte zurück.

Merode, als Residenzort der bekannteste Der Herrschaft, hat seinen Namen von der Rodung im Echtzer Wald, auf welcher im 12. Jahrhundert *Schloß Merode* erbaut wurde, eines der imposantesten Bauwerke der weiteren Umgebung und eines der schönsten Wasserschlösser des Rheinlands (Langerwehe, »Neubürgerbroschüre«). Erhalten geblieben sind große Teile der Hauptburg dieses sagenumwobenen Stammsitzes des bereits 1174 genannten Geschlechts, jetzt als Merode-Waterloo gefürstet, aus dem 15./16. Jahrhundert. Es handelt sich um den Typ der dreiseitig bebauten niederländischen Kastellanlage, wie sie am Niederrhein häufig verbreitet ist (z. B. Geldern-Walbeck, Haus Kasteel, Schloß Moyland u. a.) mit den vier starken dominierenden Ecktürmen des 17. Jahrhunderts, von denen eben zwei erhalten geblieben sind. Ihre horizontalen Hausteinbänder und die Barockhauben verraten den flämischen Einfluß. Der schöne Nordflügel und zwei der Türme wurden im Zweiten Weltkrieg zerstört, Ost- und Südflügel sind, wie der Torbau, im 19./20. Jahrhundert neu aufgeführt. Von dem spätmittelalterlichen Bau blieb lediglich noch der Unterbau des Batterieturms erhalten.

Bis zur Eingemeindung von Wenau nach Langerwehe zum 1. 1. 1972 bildeten die vier Orte Wenau, Schöntal, Heistern und Hanich die Gemeinde Langerwehe. Sie liegen heute im Südwesten des neuen Langerwehe. Bereits 1932 kamen sie zum Verwaltungsbereich (Amt) Langerwehe (NRW-Lexikon 1974/»Neubürgerbroschüre«) *Wenau* ist berühmt für sein guterhaltenes ehemaliges Prämonstratenserinnenkloster im abgeschiedenen Wehetal. Aus dem Kreis der Limburger Grafen in der 1. Hälfte des 12. Jahrhunderts gegründet, unterstand es dem Abt von Floreffe (nahe Namur), ausgenommen von 1600 bis 1680 (zum Kloster Steinfeld) und bis zu seiner Säkularisation im Jahre 1802. Im Kloster lebten auch in freier Gemeinschaft, ohne jegliches Gelübde die ledigen, rheinischen Adelsdamen der Norbertinerinnen. Über 200 Jahre lang war mit dem Kloster auch ein Männerkonvent verknüpft, der die Ökonomie besorgte. Gegen Ende des 18. Jahrhunderts hatte das Kloster ein Besitztum von immerhin 3500 Morgen; am Wehebach gehörten auch Messinghämmer hinzu.

Die einstige Klosterkirche *St. Katharina,* seit 1802 katholische Pfarrkirche, entstand vom 12.-16. Jahrhundert. Kern ist ein romanischer Saalbau, hiervon sind erhalten: die Mauern des heutigen Mittelschiffs, die Westfront mit Westportal, untere Nord- und der unvollendete südliche Westturmstumpf. Später erfolgte der Umbau zur spätgotischen Dreischiff-Basilika mit zwei Westtürmen und Chor des 15. und 16. Jahrhunderts; den Chor zieren spätgotische Rankenornamente (1953/54 erst freigelegt), das Langhaus hingegen barocke Deckenfresken (Dehio, Rheinland). Der schlanke Turmhelm reckt sich über die Wehebachniederung empor. Nach dem Zweiten Weltkrieg wurde das Gotteshaus restauriert. Zur beweglichen Innenausstattung zählt eine romanisch-staufische

Holzskulptur des Triumphkreuzes aus der Zeit um 1250, ein einmaliges Stück zwischen Niederrhein- und Maaslanden; ein hölzernes Vesperbild ist eine Arbeit des 16. Jahrhunderts und die vergoldete Turmmonstranz der Spätgotik datiert von 1549. Soweit erhalten, bestehen die Klosterbauten, welche südlich an die Kirche anschließen, aus dem Westflügel mit Stufengiebeln und dem Ostflügel mit Kreuzgang aus dem 15./16. Jahrhundert, 1977 durch die Kirchengemeinde restauriert. Er beherbergt die *ständige sakrale Ausstellung*, dient aber auch Sonder- und Wechselausstellungen verschiedenster Kunst. Die »Vereinigung der Freunde von Wenau« organisiert geistliche Konzerte in der Klosterkirche. Der Klosterhof (17./18. Jahrhundert) diente übrigens der Ökonomie.

Mehr Langerwehe zu liegt, flußabwärts, der Ortsteil *Schönthal*, eine frühe Gewerbesiedlung. Durch Mühlen- und Hammerwerke besaß die Siedlung einst erhebliche gewerbliche Bedeutung; seit dem 16. Jahrhundert spielte die Messingverarbeitung eine bedeutende Rolle, Anfang des 19. Jahrhunderts trat die Nadlerei dazu. Konkurrenz an Rhein und Ruhr und die Wirtschaftskrise bereiteten diesem Gewerbe hier nach dem Ersten Weltkrieg den Garaus. *Heistern* am rechten Wehebachufer, zwischen Schönthal und Wenau ist mit 950 Einwohnern das größte Dorf der ehemaligen Gemeinde Wenau. Der Name soll keltoromanischen Ursprungs sein (heis = Buche oder angelsächs. heeswald). *Burg Holzheim* (westlich von Heistern) und ihre einstigen Besitzer, die Ritter von Heystern werden im 12. Jahrhundert erstmals genannnt. Der Name des südlich von Heistern liegenden Ortes *Hanich* dürfte vom römischen Hamiacum kommen (es wurden auch Funde aus der Römerzeit gemacht). Ansonsten ist über Hanich wenig bekannt.

Im 12. Jahrhundert errichteten die Herzöge von Limburg die *Laufenburg*, um ihr Gebiet gegen Jülich und Kurköln schützen zu können. Die Burg gehörte ursprünglich den Edelherren von Laufenburg aus dem Hause Limburg, später kam die Burg in den Besitz der Herren von Eynenberg und derer von Metternich-Müllenark (1560). Auf schmaler Bergzunge der Voreifel, und östlich über dem Wehebachtal, liegt malerisch diese rechteckige Höhenburg des 14./15. Jahrhunderts mit drei runden Eck-, einem Halbturm, einem fünfstöckigen Bergfried im Südosten, Rundturm im SW und Burgkapelle. Seit dem 17. Jahrhundert war die Burg Ruine, einige Einbauten (Wohnhaus und Bruchsteingebäude an der Nordmauer) stammen aus dem 19. Jahrhundert. Ein landwirtschaftlicher Betrieb ist ebenfalls Teil der Anlage. Derzeitiger Besitzer der Burg, die eine von Wanderern gern besuchte Gaststätte beherbergt, ist der Fabrikant H. Prüm aus Stolberg.

Eschweiler: Eine alte Stadt wurde durch den Bergwerksverein bekannt

Der Bergbau hat ihren Namen in aller Welt bekanntgemacht. Die Rede ist von der 54 150 Einwohner zählenden Stadt *Eschweiler.* Zwar wurde Kohlenbergbau hier schon 1394 betrieben, doch der Eschweiler Bergwerksverein wurde erst 1834 gegründet (siehe ausführlich weiter oben). Heute ist der Bergbau nur noch am Rande, in Weisweiler vertreten und Eschweiler darf eher als Industrie- und Einkaufsstadt im Vennvorland und in der Jülicher Börde, im breiten Indetal, vom 325 ha großen Stadtwald eingerahmt, gekennzeichnet werden. Im Nordosten umfaßt die Stadt den Ortsteil Lohn, im Nordosten Dürwiß, im Osten Weisweiler, im Nordwesten Kinzweiler und Röhe, im Südwesten Pumpe-Stich (altes Bergbaugebiet; die Pingen sind noch heute im Stadtwald erkennbar), Hastenrath und Bergrath im Süden und Nothberg im Südosten. Neben dem Braunkohlenbergbau und dem Großkraftwerk umfaßt die Industrie: Stahl- und Walzwerke, Gießereien, Kessel-, Röhren-, Stahlbau-, Kabel-, Gummi-, Kunststoffwerke, den Bau von Maschinen, Meßgeräten, Apparaten, die Textil-, Elektroindustrie, Ziegel- und Kalkwerke, Zuckerwaren- und chemische Industrie (Informationen der Stadtverwaltung).

Aus ursprünglich dörflichem Charakter mit durchaus historischen Zügen entwickelte sich die bergbaulich-frühindustriell überprägte Stadt, deren Wachstum Mitte des 19. Jahrhunderts auch auf das rechte Inde-Ufer übergriff. Ein fränkischer Königshof (um 828) kam durch Schenkung an das Kölner Domstift. Auf dem linken Inde-Ufer liegend, entwickelte sich daraus eine Siedlung, welche im 13. Jahrhundert ummauert wurde. Auf dem rechten Ufer legte der Kölner Schultheiß (des Domkapitels) eine Burg an; seine Nachfolger waren die Herren (Ritter) von Eschweiler. Durch Verkauf gelangte die Burg 1420 an Jülich. von nun an war Eschweiler zeitweilig ein jülichsches Amt, das aber später mit dem Amt Wilhelmstein gemeinsam verwaltet wurde. Unter den kriegerischen Wirren des 16.-18. Jahrhunderts hatte Eschweiler, wie das gesamte Rheinland, erheblich zu leiden. 1642 kam es im Dreißigjährigen Krieg zur Plünderung und Brandschatzung, 1678 war es von Söldnern Ludwigs XIV. niedergebrannt worden. 1794 unter französischer Verwaltung, wurde Eschweiler um 1800 Stadt und Kantonssitz im Roerdepartement. Zum wirtschaftlichen Aufschwung kam es jedoch erst nach dem Übergang an Preußen 1814, das Eschweiler 1858 erneut die Stadtrechte, nun nach der preußischen Städteordnung gewährte.

Das *Stadtzentrum* von Eschweiler ist im Gegensatz zu den Vororten arm an historischen Zeugnissen. Die ursprünglich um 1200 erbaute *Burg*, unter den Jülichern im 16. Jahrhundert ausgebaut, nach Baufälligkeit Ende des 18. Jahrhunderts eingerissen, erstand zwar 1845 als neugotischer Bau wieder, wurde 1858 von der Pfarrgemeinde erworben und beherbergte bis zum Neubau 1962-65 das St.-Antonius Hospital. Es sind aber lediglich noch einige Turmreste erhalten. Die Hauptpfarrkirche *St. Peter und St. Paul* wurde 1691-1715 wiederaufgebaut, 1904-08 entstand das Langhaus größtenteils neu. Erhalten blieben die in Bruchsteinmanier gemauerten Westturmfundamente. In ihrem Innern birgt sie eine wertvolle Leder-Pietà aus dem 14. Jahrhundert, eine Reliquie aus der Zeit um 1450, ein Augsburger Reliquiar aus dem 17. Jahrhundert und aus neuerer Zeit den Pelikan-Schweizerstab von Prof. G. Marcks.

Südlich schließt an den Stadtkern der Stadtteil Röthgen an. Die ältere *Röthgener Burg* aus dem 13. Jahrhundert, teilweise erhalten, gehört dem Typus der niederrheinischen Wasserburgen zu. Zwei von vier Flügeln des Herrenhauses mit Rundtürmen (15. Jahrhundert) sind erhalten. Die dreiflügelige Vorburg, ein Bruchsteingebäude, wurde im 17./18. Jahrhundert erneuert und umgebaut und hatte im 2. Weltkrieg starke Zerstörungen erlitten. Die *Nothberger Burg* (im südöstlich gelegenen Stadtteil Nothberg, eine Wehrburg mit

Herrenhaus aus dem Jahre 1433 ist lediglich noch als malerische Ruine erhalten. Im Jahre 1361 entstand »Haus Bergh up der Inden« als jülichsches Lehen und gehörte einem Edmund von Engelsdorf. Nach Verpfändung 1398-1611 war die Burg im Besitz der Herren von Palan(d)t. Um 1555 bauten die Palant die Hauptburg im Renaissancestil um. 1829 auf Abbruch verkauft, blieben vom Bruchstein-Rundturm, dem Renaissanceerker und dem Portal bis heute so wesentliche Teile bestehen, daß ein Förderverein den Wiederaufbau plant. Die Burg wird auch Haus Bovenberg genannt. Erwähnenswert ist auch die *Nothberger Pfarrkirche* aus dem 14.-16. Jahrhundert; die Wallfahrtskirche *Zur schmerzhaften Mutter*, wie sie auch heißt, birgt in ihrem Innern eine Pietà aus dem 15. Jahrhundert. Dürwiß im Nordnordosten ist nicht nur ein »Hort des Braunkohlentagebaus«, hier findet sich auch noch so nebenbei das Rittergut *Drimbornshof*. 1588 erstgenannt, war es ein jülisches Lehen (Amt Wilhelmstein). Die Baulichkeiten aus dem 18. Jahrhundert beherbergen städtische Dienststellen. Dem heiligen Bonifatius geweiht, ging aus der Hofkapelle die Pfarrkirche hervor. Ein relativ schmuckloses, aber restauriertes Herrenhaus mit Erkertürmchen ist der bereits 1421 als Lehen des Männerkonvents des Kölner Domstifts zu Aldenhoven genannte *Broicher Hof*. Er war Eigentum der Vettern Johann von Werth und Wilhelm von Broich. Bis 1800 besaßen ihre Familien diesen Hof (Von Burg zu Burg zw. Köln und Aachen/Unterlagen von der Stadt Eschweiler). Das Herrenhaus aus dem 18. Jahrhundert, im Zweiten Weltkrieg völlig zerstört, wurde wiederaufgebaut und instandgesetzt. Noch weiter nordöstlich, liegt rechts der Landstraße 238 der Ortsteil *Lohn* mit zwei weiteren Rittersitzen: *Gut Hausen* und *Erbericher Hof* in Erberich (an der Kreisstraße 3). Gerlach von Hausen ist 1348 belegt, im 16. Jahrhundert baute Johann Dietrich Kolff von Vettelhofen die Burg neu. Besser, als das seit 80 Jahren verfallene Herrenhaus ist noch die Vorburg mit Torturm erhalten. 1716 ließ ihn laut Wappeninschrift Maria Anna Blanckart errichten. Einen berühmten Lohner lohnt es sich zu nennen: Es ist kein geringerer, als der 1450 hier zur Welt gekommene Franziskus Agricola, ein Verfechter der Gegenreformation, 1621 als Pfarrer und Landdechant verstorben. Lohn war 1626, wie auch Besitz in Aldenhoven, Inden, Eschweiler, Teil der Vogtei Randerath des Kölner Domstifts Aldenhoven.

Im Nordwesten des Stadtgebiets ist vor allem *Kinzweiler* ein geschichtsträchtiger Stadtteil. *Burg* Kinzweiler wird zuerst um 1300 genannt, 1371 wurde das Besitztum des Ritters Bernhard von Kinzweiler jülisches Lehen. Das Geschlecht derer von Kinzweiler ist bereits seit 1234 belegt. Eine obere und untere Burg waren entstanden und kamen 1420 und 1441 an die von Palant. Die Palant hatten berühmte Nachfolgegeschlechter: Die Grafen von Waldeck und Sachsen-Hildburghausen, 1747 folgten gar die Kurfürsten von der Pfalz. Ober-Kinzweiler, einst mächtige Anlage mit Vorburgen und Gräben, jülisches Lehen, verfiel, während Kurfürst Karl Theodor Nieder-Kinzweiler mit doppelter Vorburg und Backstein-Herrenhaus (1773) ausstattete. 1782 aquirierten die Grafen von Hatzfeld Nieder-Kinzweiler und 1820 erwarben die Herzöge von Arenberg das Haus. Heute führt der efeuumrankte Rest der Burg ein Dornröschendasein.

Weit mehr zu sehen gibt es noch von *Haus Kambach,* am Südrand von Kinzweiler gelegen, wenngleich auch dieser Bau weniger Historie ausstrahlt und auch Kunstgeschichtler zu keinem großen Achtungserweis hinreißt. Es handelt sich um ein einstiges Lehensgut der Propstei Eschweiler. 1432 war Haus Kambach im Besitz von Jakob von Broich. Die heutige Anlage (Ostflügel) stammt aus dem Jahre 1701 und wird von einem Eckturm mit Dachhaube beherrscht; auf dem Brückchen ein Adler (Von Burg zu Burg zw. Köln u. Aachen).

Vom ehemaligen *Zisterzienserinnenkloster St. Jöris* in Eschweiler-Kinzweiler stehen noch Turm und Kapelle aus dem 15. Jahrhundert. Von der Kirche heißt es, daß sie als Ruine bestehe. Restliche Teile der Klosterbauten stammen aus dem 17./18. Jahrhundert. Die katholische Pfarrkirche in Eschweiler-St. Jöris, wenig südwestlich von Kinzweiler, ein an und für sich bemerkenswerter neugotischer Bau aus dem Jahre 1906 schmückt im Innenraum das hölzerne Kruzifix aus altem lateinischem Kreuz mit alter Fassung, 1350/60 entstanden, und aus dem Zisterzienserinnenkloster stammend. Schmerzvoll geneigtes Haupt und Taukrone entsprechen dem Gabelkreuz-Typ. Das Haupt des Gekreuzigten enthält einen Reliquienbehälter, daher ursprünglich ein Triumphkreuz (Dehio, Rheinland/Unterlagen der Stadt Eschweiler.

Aldenhoven: Bergbau- und Wallfahrtsort

Als »letzte« der Braunkohlengemeinden liegt *Aldenhoven,* am Tagebau Zukunft, und später Inden teilhabend, nördlich von Eschweiler auf der *Aldenhovener Lößplatte,* gehört jedoch, wie auch die anderen Braunkohlengemeinden nicht zum Kreis Aachen, sondern zum Kreis Düren. Die *Tagebaue* bewegen sich in Richtung Inden und Aldenhoven vorwärts. Nach rund 50 Jahren Förderung wird die »Zukunft« Mitte der Achtziger Jahre auslaufen; indes wurde Mitte 1981 der über ein Jahrzehnt lang schon stilliegende Tagebau Inden wieder reaktiviert; es ist eine Jahresförderung von 20-23 Mio. t geplant. Tagebau Inden wird dann, statt seither Zukunft das RWE-Braunkohlen-Kraftwerk Weisweiler bedienen. Seine Vorräte belaufen sich auf 1 Mrd. t des gar nicht so minderen »braunen Goldes«. Außer den Eschweiler Gemeindeteilen Lohn und Erberich wird auch der Aldenhovener Ortsteil Pattern (im Südosten der Gemeinde) im Laufe einiger Jahrzehnte umgesiedelt werden (Mitt. der Rhein. Braunkohlenwerke AG, Abt. Presse u. Information v. 28. 4. 1981).

Zum 1. 1. f1972 wuchs die Fläche Aldenhovens von 8,37 km^2 auf 44,25 km^2 an; dies durch Zuordnung von Orten im Rahmen der kommunalen Neugliederung. Vom ehemaligen Amt Aldenhoven (39,77 km^2) wurden, einschließlich Aldenhoven selbst, 5 Gemeinden dem neuen Aldenhoven zugeschlagen, ferner drei solcher von außerhalb. Bezogen auf Alt-Aldenhoven lebten 1970 65 % der Bevölkerung vom Bergbau (NRW-Lexikon), die Zahl der Einwohner betrug damals 7200, gegenüber (1980) 12 335 (Weber, Ortsbuch der BRDtl.).

Die Grundherrschaft (mit Hofgericht) und Kirche St. Martin waren in der Hand des Kölner Domstifts; die Vogtei übten die Herren von Randerath aus. 1353 hatte der Marktgraf von Jülich die Vogtei inne und errichtete das Amt Aldenhoven. Als der Jülicher Herzog Wilhelm III. mit Brabant im Clinch lag, bekam dies Aldenhoven zu spüren. Brabantisches Militär besetzte den Ort und zerstörte seine Befestigung; eine weitere Zerstörung folgte 1433 im Geldrischen Erbfolgekrieg. 1469 von Herzog Gerhard I. zur »Freiheit« erhoben, wurde Aldenhoven erneut befestigt; Teile der Befestigung (Hexenturm) bestehen noch heute. Im Jahre 1621 waren es die Spanier unter dem General mit dem bekannten Namen Ambrosio Spinola, die den Ort »beehrten«, kaiserliche, französische hessische und schwedische Besatzungen folgten. Als 1654 der Aldenhovener Bürger D. Mühlfart ein Marienbild in einem Lindenbaum sah, wurde eine *Wallfahrt* begründet: es entstand an nämlicher Stelle eine Kapelle, deren Betreuung die Jülicher Kapuziner übernahmen (Niederlassung 1669-1804). Ende 1792 kamen die Franzosen, die sich am 1. 3. 1793 und am 2. 10. 1794 in der 1. und 2. *Schlacht bei Aldenhoven* mit den Österreichern letztlich siegreich schlugen. Aldenhoven war Teil des französischen Kantons Linnich. Nach Eröffnung der Schachtanlage Emil(e) Mayrisch (1938) vor Aldenhovens Toren, wurde diese mehr und mehr zur Industriegemeinde. Durch die US-amerikanische Offensive im November 1944 erlitt der Ort erhebliche Zerstörungen und u. a. fiel den Kriegshandlungen auch die mittelalterliche Wallfahrtskirche St. Martin zum Opfer (Histor. Stätten, NRW).

Um 1500 war die dreischiffige, spätgotische Hallenkirche anstelle einer Vorgängerin (wohl aus dem Jahre 1216) entstanden. Der jetzige Neubau erfolgte 1951/52. Bemerkenswert an der *Pfarr- und Wallfahrtskirche St. Martin* sind eine Reihe überkommener Ausstattungsgegenstände aus dem Inneren. Hierzu gehören: drei hölzerne Apostelfiguren (vermutlich südniederländisch um 1460), Flügelgemälde eines zerstörten Schnitzaltars (Anfang 16. Jahrhundert) mit Passionsszenen. Die 1659 im Barockstil errichtete *Gnadenkapelle* ist ein achteckiger, gewölbter Backsteinbau mit Dachhaube; ihr schlichter Barockaltar ist eine Arbeit aus dem mittleren 17. Jahrhundert, das Muttergottesbild ist abhanden gekommen (Dehio, Rheinland).

Großgemeinde Baesweiler: Gegenwart und Vergangenheit

Einst dem damaligen Selfkantkreis Geilenkirchen-Heinsberg zugehörig, wurde Baesweiler (sprich Baasweiler) in der kommunalen Gebiets-Neuordnung dem Kreis Aachen zugeschlagen, mit welchem es auch durch den Steinkohlenbergbau wirtschaftlich verflochten ist. In Alt-Baesweiler waren 48 % der Erwerbstätigen im Steinkohlenbergbau tätig. Zur neuen

Gemeinde *Baesweiler* wurden Anfang 1972 die Gemeinden Baesweiler, Puffendorf, Setterich und Teile von Oidtweiler vereinigt (NRW-Lexikon) mit einer von 13 850 auf (1980) 23 470 gestiegenen Bewohnerzahl (Weber, Ortsbuch der BR Dtl.). Die verkehrsmäßig gut erschlossene Gemeinde wirbt heute mit 6 500 Arbeitskräften (davon nahezu 3000 weiblichen) für Industrieansiedlung und hat im Norden des Gemeindegebiets ein Industrieareal erschlossen. Es stehen besonders Fachkräfte der Metall-, Textil-, Elektro-, Maschinenbaubranchen zur Verfügung (Industriestandort Baesweiler, Prospekt des Gemeindedirektors).

Doch so ganz ohne, ich meine so ganz ohne Historie, ist Baesweiler auch nicht. Neben dem Heinsberger Hof (der Heinsberger Norbertinerinnen) in Oidtweiler, der ein jülisches Lehen war, gab es noch den Nesselroder Hof, 1713 mit der Burg der Herren von Randerath vereinigt, mitnichten erinnert heute noch der schlichte *Gutshof von Baesweiler* an die *Schlacht von Baesweiler*, in welcher am 22. 8. 1371 Herzog Wilhelm II. von Jülich den Herzog Wenzel von Brabant-Luxemburg besiegte. Wilhelm von Jülich galt als Beschützer des Räuberunwesens. Wenzel geriet mit 50 luxemburgischen Rittern damals in Gefangenschaft; Graf Guido, Vater des »seligen Peter von Luxemburg«, büßte in der Schlacht sein Leben ein (P. J. Muller, Tatsachen aus der Gesch. des Luxemb. Landes 1968/K. E. Kremer, Von Burg zu Burg zw. Köln u. Aachen). Die »Historischen Stätten NRW« bieten freilich gleich zwei Versionen: die erstere in der Einleitung von G. Droege stimmt mit dieser überein, die zweite im Beitrag über Baesweiler stellt Herzog Eduard von Geldern als Sieger über Wenzel vor und behauptet, Wenzel hätte hierbei den Tod gefunden. Was nun wiederum den besagten Gutshof anbetrifft, so ist er durch ein Wappen Jakobs von Randerath geschmückt, der 1566 mit der »Burg« belehnt worden war, die Fundamente sind allerdings noch älter. Baesweiler gehörte zum jülischen Amt Aldenhoven, indes der Ortsteil *Beggendorf* zählte zum Amt Geilenkirchen desselben Herzogtums und die Herren von Beggendorf sind 1262 erwähnt. Für St. Pankratius war die Äbtissin des Kölner Cäcilienstifts zuständig, ihr gebührte auch der große Zehnt. In *Puffendorf* war einst (1307) das Neusser Quirinsstift Grundherr, Floverich war 1233 pfalzgräfliches Lehen der Jülicher. Wilhelm von Stolberg war 1270 Herr von *Setterich*, durch Heirat kam der Ort an die Randerath, die den Ort 1324 zum jülischen Lehen machten. Es entstand eine Unterherrschaft, welche im 14. Jahrhundert an die Reuschenberg ging. Sie erbauten die Wasseranlage Setterich (15./16. Jahrhundert), die noch teilweise erhalten ist, und von welcher Torturm und Vorburg erwähnt werden sollen. In Setterich liegt auch eine geschlossene Siedlung der *Siebenbürger Sachsen* (Aachen und benachbarte Gebiete). Sowohl die *Oidtweiler* Pfarrkirche St. Martin kam 1275 durch Verkauf der Müllenark an das Kölner Domstift, als auch die Freialdenhovener Güter, beide zum Petershof zusammengefaßt. Seit Gründung der Steinkohlenzeche *Carl Alexander* 1908 entwickelte sich Baesweiler rasch zum Industrieort.

Alsdorf: wichtiges Bergbau- und Industriezentrum

Das Aachen-Gesetz vom 14. 12. 1971 brachte zum 1. 1. 1972 den Zusammenschluß der Stadt *Alsdorf*, ehemals Kreis Jülich, mit den Gemeinden Hoengen (Kr. Aachen, im Südosten), Bettendorf (ehem. Kr. Jülich, im Nordwesten), die Eingliederung von Teilen Bardenbergs, Broichweidens, Kinzweilers und Oidtweilers. Zum 1. 1. 1973 kamen auch Gebietsteile der ehemaligen Gemeinde Merkstein hinzu (Neubürgerbroschüre Alsdorf). Die wirtschaftlich-bergbauliche Verflechtung Alsdorfs mit dem Aachener Raum gab den Ausschlag für seine Umgliederung vom ehemaligen Kreis Jülich zum Kreis Aachen. Wenig ist nur noch von der ursprünglich rein landwirtschaftlichen Orientierung Alsdorfs im westlichen Teil der Jülicher Börde zu spüren. Am ehesten ist dies noch im nordöstlich an die Kernstadt anschließenden *Schaufenberg* erkennbar. Es besitzt den für die Bördensiedlung so typischen Haufendorfgrundriß. Große Toreinfahrten der Speicher schließen den Innenhof der landwirtschaftlichen Anwesen gegen die Außenwelt ab; doch vielerlei bauliche Änderungen lassen auch den unkoordinierten Einfluß des Bergbaus erkennen. Abgesehen aber davon bestimmen Schachtanlagen (insbesondere das 1854 eröffnete Steinkohlenbergwerk Anna), Kohlen- und Kokslager, Altdeponien, z. T. rote Bergehalden von Ballast der Kohlenwäscherei und Schlammweiher (alles zwischen Zopp und Mitte), wie eine der größten Kokereien des »westlichen« Europa das Stadtbild dieses bedeutenden Bergbauortes des Aachener (Wurm-) Steinkohlenreviers. Seinen Funktionen nach wird Alsdorf wie folgt gegliedert: Halden, Übertageanlagen, Industriegebiet Schaufendorf, Zentrum mit Mischfunktion, Bergmannssiedlungen, Erholungsgebiete/Freizeitpark und Dorfkerne. Insgesamt ist in »Groß-«Alsdorf eine Wohnbevölkerung von 48 000 ansässig; davon entfällt ein Zehntel auf Ausländer (NRW-Lexikon/»Neubürgerbroschüre« Alsdorf/Aachen und benachbarte Gebiete).

Der Bergbau, die Übertagebetriebe und Folgeindustrien konzentrieren sich zwischen den Stadtteilen Zopp (im Westen) und Mitte. Bei der Unterführung Herzogenrather Straße (Wilhelmsschacht) liegen ein Material- und Wetterschacht sowie der Lehrlingsbetrieb mit unterirdischem »Ausbildungsstreb« (für 500 Beschäftigte). Zu diesem Gesamtkomplex Alsdorf zählen die zentralen Annabetriebe; sie fördern nahezu die Hälfte der »Wurmkohle«, absolut fast 2 Mio. t, und beschäftigen ca. 600 Personen. Ein neuer, quaderartiger Förderturm liegt links von der Werkseinfahrt (Robert-Koch-Straße). Die weitere *Werksphysiognomie* ist geprägt durch zwei »vordergründige« Gaskessel, die dahinter liegende Elektrohauptwerkstätte (ca. 200 Beschäftigte), das 34 m hohe Elektrizitätswerk mit Kühlturm (der Schornstein ragt auf 117 m hoch). Das Hochdruckkraftwerk verfeuert geringwertige Ballastkohle mit ungünstiger Körnung und hohem Wassergehalt. Das E-Werk zählt 190 Beschäftigte. Auf »Grüner Wiese« möchte der EBV gerne ein Großkraftwerk für den Allgemeinbedarf bauen, doch das RWE gestattet noch nicht die Einspeisung ins öffentliche Netz (WDR/ARD, Hier und Heute, 7. 5. 1981). Im Hintergrund fällt die Kokerei durch ihre langgezogene Baulichkeit ins Auge; sie beschäftigt über 600 Menschen. Noch weiter dahinter liegen der Verladebahnhof und die Rüttgerswerke. Früher unter dem Namen Duisburg-Meidericher Teerverwertungsgesellschaft bekannt, nehmen sie die Verkokungs-Nebenprodukte auf: Teer, Benzol und Ammoniak. In *Mariadorf* (im Südosten) verblieb nach Zechenstillegung 1962 noch die Maschinenhauptwerkstätte.

Die Kohlenkrise führte zwangsläufig zur *industriellen Diversifizierung*. Das 1960 gegründete Textilwerk der Firma Prym in Kellersberg konnte sich besonders weibliche Arbeitskräfte nutzbar machen. Im Stadtteil Schaufenberg wurde 1968 ein 250 ha großes Industriegelände für Neuansiedlungen zur Disposition gestellt. Es haben sich Produktionsbetriebe für Elektrotechnik, Pharmazeutika, Pastikfolien, Werkzeuge und, 1976 die Fa. WEA-Musik niedergelassen. Diese Zweige beschäftigen etwa 500 Arbeitnehmer; hinzu kommt ein Lebensmittelgroßlager (mit 150 Tätigen). Zu den ferneren Industriezweigen Alsdorfs können Eisengießerei, Eisen- und Metallverarbeitung, Schallplattenproduktion und die Baustoffindustrie (Klinker- und Betonwerke) gezählt werden. Es sind 25 300 *Erwerbstätige in Alsdorf* ansässig (Prospekt der Wirtschaftsförderungsges. für den Kr. Aachen). Die *Pendlerbilanz* ist dennoch negativ: 3400 Einpendlern (Zielort: Alsdorf) stehen 7000 (auswärts arbeitende) Auspendler gegenüber. Vielleicht ist gerade diese *förderungswürdige Struktur* von Infrastruktur einerseits und Arbeitskräfteüberangebot andererseits, die Alsdorf in der Planung zum förderungswürdigen Bundesausbauort und zum erstrangigen Schwerpunkt des LEP (Landesentwicklungsplans) werden ließen. Für dereinst 100 000 Menschen will man die Versorungseinrichtungen ausbauen (Aachen und benachbarte Gebiete).

Das *Stadtzentrum,* einst bei Burg und Pfarrkirche konzentriert, hat sich zum Denkmalplatz hin verlagert. Von hier gehen radikal sechs Straßen aus. Er eignete sich wegen der Verbindungsmöglichkeiten in die äußeren Stadtteile und der Bahnhofsnähe wegen besonders (Strecke Stolberg-Herzogenrath) für die Anlage des Busbahnhofs (auf dem Gelände des ehemaligen Geilenkirchener Kreisbahnhofs). Denkmalplatz und Bahnhofstraße bilden auch das Wohn-Geschäfts-Viertel von Alsdorf.

Hier im EBV-Casino endete 1970 urteilslos der unerfreuliche Conterganprozeß gegen die Stolberger Chemie Grünenthal, der Alsdorf als der Stätte des (zumindest damals) längsten Strafprozesses der Bundesrepublik zum juristischen Rekord verhalf.

In der Stadtmitte machen sich durch Aushöhlung verursachte Senkungen: *Bergschäden* bemerkbar. Seit 1854 sank der Boden hier um sage und schreibe acht Meter ab. Risse in den

Häusern und Straßen sind die Folge. Eine Maßnahme besteht in der Verwendung von Gummi-Isolierungen zwischen aneinanderstoßenden Hauswänden.

Das Pfarrdorf Alsdorf wurde schon 1292 zuerst genannt. Anfang des 14. Jahrhunderts unterstellte sich das Rittergeschlecht derer von Alsdorf den Herren von Limburg als Lehensherren, welche seit 1289 auch die Herren des Rader Ländchens (Herzogenrath) waren. Alsdorf war bis zur Eingliederung in die Österreichischen Niederlande (Provinz Limburg) 1782 eine freie Herrschaft. Die niederländischen Bande haben sich auch in einer mehr niederfränkisch-niederländischen *Sprachzugehörigkeit* niedergeschlagen, die, jedoch durch mehr ripuarische Einflüsse zurückging (Rhein. Städtebuch/Der Niederrhein, in: Kremer, L.: Grenzmundarten und Mundartgrenzen, Niederdt. Studien 28, 1. 2).

Im Laufe der Jahrhunderte waren die Lovenburg (Mule), Hoemen, von Harff, und zuletzt (1687-1928), die Freiherren von Blanckart die Burgherren. Die *Burg*, eine um 1500 entstandene, einst dreiflügelige Wasseranlage aus Bruchsteinen, im 18. Jahrhundert kräftig umgestaltet, kam 1928 in den Besitz der Gemeinde Alsdorf. Erhalten sind der Ostflügel (1617) mit kleinem Erker und dreistöckigem Eckrundturm (dessen Kern von 1503 stammt) sowie der Torbau und der Schuppen blieben erhalten. Heute ist die Burg das Domizil der Volkshochschule. Im Jahre 1503 errichtete Freiherr Gottschalk von Harff bei der benachbarten Grabkapelle eine Chorapsis des nördlichen Seitenschiffs; sie blieb erhalten, während die baufällige Kapelle 1870 abgerissen wurde. Dieser »Burgchor«, auch *alte katholische Pfarrkirche*, ist ein dreiseitig geschlossener, verstrebter Bruchsteinbau. Alsdorf wurde gemeinsam mit dem übrigen Rheinland eine der französischen Mairien und 1815 preußisch. Mit Eröffnung von Anna (1852) setzte die Industrialisierung ein. Im Jahre 1930 forderte ein Grubenunglück hier 271 Menschenleben. Alsdorf erhielt 1950 Stadtrecht (Histor. Stätten NRW/Dehio, Rheinland/Rhein. Städtebuch/Von Burg zu Burg). Die Industriezeitliche Entwicklung Alsdorfs ist durch die verschiedenen Stufen seiner *Bergbausiedlungen* baulich charakterisiert, die Eduardkolonie, als älteste, entstand 1870 direkt vor dem

Werkstor der Annazeche, eigene Gärten sparte man sich damals. Um 1900 entstand die Hermannskolonie (in Kellersberg) mit kleinen Blocks, Anbauten und Gärten; Kellersberg selbst, vor und nach dem Ersten Weltkrieg erbaut, zeigt Krüppelwalmdächer, Torbögen und Fachwerkteile. Schließlich erwuchsen die Siedlungen Ofden und Ost in den Fünfziger Jahren unseres Jahrhunderts, Ofden noch bescheiden klein in Wohnfläche und Gartenareal.

Im *Broichbachtal,* südlich von Zopp und Kellersberg und nördlich von Ofden, entstand ein *Freizeitpark* mit dem langgezogenen *Alsdorfer Weiher* (Freibad, Rudern), Sportgelände, Tierpark, Reithalle und unter Einbeziehung des bewohnten *Schlosses Ottenfeld.* Bereits 1420 bezeugtes »Weistum« der Herrschaft Alsdorf, gehörte der 1878 zum Schloß umfunktionierte (umgebaute) Hof den Freiherren von Blanckart. Die 1945 einquartierten Amerikaner haben leider das Archivmaterial Karl von Blanckarts entfernt (Von Burg zu Burg zw. Köln und Aachen).

Würselen und seine Burg Wilhelmstein

An den Ausläufern der Nordwesteifel am Grenzdreieck Niederlande/Belgien/Bundesrepublik, und nördlich der Autobahn A 4 Köln-Aachen, liegt die Stadt Würselen. Im Westen bildet die mäandrierende Wurm die Stadtgrenze zur Nachbarstadt Herzogenrath. Im Tal dieses Flußlaufs II. Ordnung liegen einige romantische alte Wassermühlen, zu erwähnen: Adams-, Pumpen- und Bardenberger Mühle. Die Höhen über dem Tal sind teilweise bewaldet (Meisenbachtalhang, Auf dem Sandberg), im Süden erreichen sie rund 200 m ü. d. M. Im nordwestlichen Ortsteil Bardenberg überragt Burg Wilhelmstein das Tal. Der Nordabschnitt der Stadtgrenze ist zugleich die Südgrenze von Alsdorf und die Ostgrenze die westliche von Eschweiler (Leisten Sie sich mal Würselen/Stadtpläne). Zum 1. 1. 1972 wurden größtenteils Bardenberg und, im Osten gelegen, Broichwerden, eingegliedert. Somit stieg die Bewohnerzahl um 13 000 auf 33 100 an, und das Terrain verzeichnete einen Zuwachs um rund 23 auf 35 km^2; 1980 hat es 34 800 Einwohner.

Zunächst Saalhof der Aachener Pfalz und Reichsdorf (bis ins späte 13. Jahrhundert), gehörte Würselen seit 1336 als Hauptort der drei Quartiere *Over Worm* (als »Würseler Reich«) zum Aachener Reich. An der Verwaltungsspitze standen ein von der Stadt ernannter Honnen (später Kapitän) und die gewählten Dorfmeister. Würselen gehörte bis 1801 zur Reichsstadt Aachen. Das Gewerbe war seit dem Mittelalter durch den Kohlenbergbau, und späterhin durch Kupferwarengewerbe (1650) und Nadlerei (heute noch) bestimmt. Auch sind es heutzutage noch Eisen-, Blech-, Metallwaren und Metallbau, die in der Stadt betrieben werden. Die Wurmknappschaft errichtete 1856 hier ihr erstes Krankenhaus. Der Kohlenbergbau verlagerte sich jedoch. Am 24. 4. 1924 erhielt Würselen Stadtrecht, seine ersten Nennungen reichen aber weit zurück (Würselen 870, Bardenberg 867, das jülische Broich um 1300, 1937 mit dem Aachener Weiden zu Broichweiden vereint).

Das Interesse des Kulturreisenden konzentriert sich auf zwei Interessenpunkte: Burg Wilhelmstein (diese hier später) und die *katholische Pfarrkirche St. Sebastian.* Von dem ursprünglich 870 an die Abtei Prüm übertragenen Bau ist nichts mehr vorhanden. Doch der Westturm ist noch romanischer Entstehung (zweite Hälfte des 12. Jahrhunderts), seine Schweifhaube erhielt er im Barock. Der Wiederaufbau war 1953 vollzogen. Das dreischiffige Langhaus ist eine barocke Schöpfung des Baumeisters A. Laurenz Mefferdatis (siehe auch Aachen-Lütticher Barock) von 1725 mit Kreuzrippengewölben, gestützt von toskanischen Säulen. Querschiff und Kuppel wurden 1906 ergänzt, doch unter Wiederverwendung des schönen alten Barockportals.

Wilhelmstein, über dem Steilabfall des Wurmtals ist der Überrest einer 1270 von Graf Wilhelm IV. von Jülich angelegten Burg. An der Stelle einer verpfändeten kurkölnischen Feste sollte sie die jülische Schutzburg gegen Aachen und Limburg darstellen. Über 300 m lang war die Burganlage auf spitzer Bergnase, zu mehr als zum Amtssitz hat sie es aber nicht gebracht. Ihr unterstanden seit 1350 die jülichschen Orte der Umgebung und die nicht wieder eingelösten kurkölnischen Orte Bardenberg, Richterich und Broich. In der Jülicher Fehde von 1539 belagert, von Hessen, Weimarern, Spa-

niern, Niederländern, Brandenburgern und Preußen bekriegt, blieb bei der französischen Okkupation 1793 schließlich der heutige Burgrest übrig. Einst bestand die stattliche, zweiteilige Anlage aus dem Hochschloß mit Bergfried. Sie sind als Ruine überkommen. Teile des fünfgeschossigen, quadratischen Burgturms, wie ein Rest der Palas-Außenwand ragen nur wenig aus dem Baumwimpfeln heraus. Von der Vorburg bestehen der zweigeschossige Torbau mit Spitzbogendurchgang sowie einige Rundtürme und Mauerteile. Der Verkauf auf Abbruch, einschließlich »Burgbusch« hat ein Weiteres zum idyllischen Zustand beigetragen; eine Garten-Gaststätte und ein Wildgehege sowie der romantische Blick ins Wurmtal lassen das Objekt zum sommerlichen Ausflugsziel geraten (Dehio/Histor. Stätten/Von Burg zu Burg zw. Köln und Aachen).
Darüberhinaus ist in Bardenberg auch der ehemalige *Fronhof* beachtenswert. Einst (seit 1043) kurkölnisch, verlor er seine Bedeutung durch die Verpfändung von Dorf und Hof durch Konrad von Hochstaden an Jülich und wurde 1402 als freies Gut durch die Palant-Breitenbend an Rost von Binsfeld veräußert. Nach Brandzerstörung im Geldrischen Erbfolgekrieg (1541-43) ließ ihn der Aachener Bürgermeister Adam von Zevell als Wasserburg wiederaufbauen. Ihr stattliches Herrenhaus (Haus Steinhaus) stammt aus dem 16. Jahrhundert (Histor. Stätten/Von Burg zu Burg zw. Köln und Aachen). *Haus Kuckum* in Bardenberg, ein 1550 erwähnter Hof, ging 1572 mit Tor und Ziegelturm an Godenrath, weitere Besitzer waren die von Spee, Holtz, Horpusch, von Krikkenbeck und Freiherr J. C. von Klotz.

Herzogenrath: des Herzogen Rode; das Rader Ländchen.

Westlich von Würselen schließt sich am imaginären Rande der Jülicher zur Limburger Börde, waldumkränzt und von einer Burg überragt, die Rodesiedlung und bundesdeutsch-niederländische Grenzstadt Herzogenrath an. Auf 8,5 km Länge bildet die westliche Stadtgrenze gleichzeitig auch die Bundesgrenze zum niederländischen Kerkrade. Dazu haben die beiden Gemeinden diesseits und jenseits der Grenze durchaus eine gemeinsame Vergangenheit. Zollstätte und Burg »Rodense Castrum« an der Furt des Heerweges Köln-

Maastricht und auf dem linken Wurmufer – auf steilem Fels – sind 1104 bezeugt. Auf überschwemmungssicherer Talterrasse legten die *Ahrgrafen von Saffenberg* ihren Rodeort an. Die Freiherrschaft, Burg und Land Rode umfassend, gelangte 1137 durch Heirat an die Herzöge von *Limburg*. Von den Jülichern (1205) und von erzbischöflich-kölnischen Truppen erneut zerstört, wurde der Ort 1282 wiederaufgebaut, noch stärker befestigt, 1239 mit Stadt- und 1289 mit Münzrecht begabt, und fortan *'s Hertogenrode (des »Hertzogen Rode«) genannt. Im Jahre 1282 stand die Burgsiedlung im Mittelpunkt des Erbfolgestreits zwischen Limburg und Brabant. In dieser Zeit entstand auch die Legende des Schützen von Rode.* Er soll der Anführer der Brabanter, den Ritter Winnemar von Gijmenich mit einem Bogenpfeil erschossen, und so die Herzogenrather vor den Belagerern befreit haben. Der Künstler Kurt Wolf von Borries hat den »Schützen von Rode« 1973 in Bronze »verewigt«. Das Bronzerelief, eine Firmenstiftung, fand im Burghof Aufstellung. Als die Limburger aber 1289 ausstarben, gelangte Herzogenrath dann doch an *Brabant*. Glück war indes dieser Verbindung nicht vergönnt. Ein Drost residierte auf Burg Herzogenrath. Das brabantische Erbe traten in kurzer Folge Burgund, Habsburg, Spanien und Österreich an. *Jülich* hungerte die Herzogenrather Burgbesatzung aus und brachte das Ländchen 1334 in seine Gewalt. Das Pfandspiel ging dann zwischen Heinsberg (dem es 1420 verpfändet wurde) und Jülich (an das es 1484 zurückging) hin und her, da löste Kaiser Karl V. Ort und Burg 1544 aus der jülichschen Pfandherrschaft und unterstellte Herzogenrath (wieder) den *Vereinigten* (habsburgischen) *Niederlanden*. Unter den Kämpfen von Niederländern und Spaniern wird die Stadt 1648-61 von den Niederländern besetzt.

Durch die Raubzüge Ludwigs XIV. wurde die Burg teilweise zerstört und zerfiel. Doch 1713 fällt das in seiner Bedeutung herabgesunkene Landstädtchen, das kaum eine strategische noch handelspolitische Bedeutung mehr innehatte, an die *Österreicher*. Sie bauten die Burg unter Erweiterung wieder zur Festung aus. Im Spanischen Erbfolgekrieg war denn Herzogenrath auch 1802 die Rolle des Marlboroughschen Hauptquartiers zugedacht. Im 17./18. Jahrhundert verunsicherten »Terroristen der alten Garde«, die Räuberbanden der *Bockreiter* die Gegend, z. T. hatten sie ihren Standort in

Herzogenrath. Die Sagen und Geschichten um sie sind noch heute in überlieferter Erinnerung. Ein Gericht in s' Hertogenrode urteilte sie ab; die erweiterten Burgbauten wurden als Folterkammern und Gefängnis genutzt. An diese Zeit erinnert in der Stadtmitte der Bockreiterbrunnen. 1792 kamen die *Franzosen;* nach Besetzung ordneten sie 1794 Herzogenrath als Kantonsstadt im Arrondissement Maastricht dem Département de la Meuse Inférieur (Departement der Unteren Maas oder Niedermaas) zu; die Burg wurde in ein französisches Feldlager umfunktioniert. Im Wiener Kongreß von 1815 fiel der Niederrhein dann *Preußen* zu und mit ihm auch das seiner Stadtrechte verlustig gehende Herzogenrath, das gleichzeitig mit der preußisch-niederländischen Grenzziehung einen Teil seines Territoriums des Rader Ländchens (Teil um Kerkrade) verlor, mit dem es Jahrhunderte lang seine Geschichte geteilt hatte. Heute besteht immerhin wieder über die Grenze hinweg die *Arbeitsgemeinschaft Rodaland,* deutsch-niederländische Grenzgemeinden vereinend zum Ausbau des Kontakts und der Lösung gemeinsamer Probleme.

Herzogenraths *wirtschaftlicher Aufschwung* setzte 1845 ein mit Gründung der Baumwollfabrik und weiterhin anderer Textilfirmen, 1852 erfolgte der Eisenbahnanschluß an die Strecke Aachen-Düsseldorf. 1870 wurden die Nadelfabrik Schmetz und 1873 die Glaswerke (heute als Vereinigte Glaswerke bekannt) gegründet. In den Quarzsanden von Merkstein-Nievelstein fand sich der Rohstoff zur Glasgewinnung am Ort. Nicht nur hierfür, sondern schon früh für den Bau des Aachener Doms fand der Stein seine Verwendung. Der Aufwärtstrend brachte 1919 Herzogenrath die Stadtrechte wieder. Heute umfaßt seine diversifizierte Industrie außer genannter Glashütte und der Nadelfabrik die *Industriezweige* der Gießerei, des Stahlbaus, der Textilindustrie, auch Steinkohlenbergbau und Brikettierung gehören dazu. Die Vereinigten Glaswerke stellen u. a. Sekurit, Glasziegel und Glaswolle her.

Die *kommunale Neuordnung* im Rahmen des »Aachengesetzes« von 1974 brachte rückwirkend zum 1. 1. 1972 die Eingliederung von Kohlscheid im S des Stadtgebiets, jenem Ort, der seit 1113 für seine Kohlenvorkommen bekannt ist, und von *Merkstein.* Merkstein, im Nordosten des Stadtgebiets gelegen, wurde 1123 erstmals erwähnt. Es gehörte ebenso, wie die Festung Rode, Kirchrath (später Kerkrade) und Afden den Ahrgrafen von Saffenberg. Grundherrschaft war die Abtei Klosterrath. Der Ort bestand hauptsächlich aus Gutshöfen. Als die Saffenberger Erbtochter Heinrich II. von Limburg ehelichte, wurde auch Merkstein limburgisch, und teilte auch damit Herzogenraths Schicksal. 1815 wurde die ehemalige Mairie Merkstein mit Rimburg preußische Gemeinde im Kreis Aachen; 1846-1919 wurden sogar Merkstein und Herzogenrath gemeinsam verwaltet. Der Steinkohlenbergbau ließ Merksteins Wohnquartiere wachsen.

Kohlscheid besteht erst seit dem 29. 9. 1908, doch seine Gemeindeteile Richterich (heute zu Aachen), Bank, Steinstraß, Horbach (Aachen) und *Berensberg* (Waldlehrpfad Paulinenwäldchen ist zu empfehlen) standen unter der jülischen Unterherrschaft *Heyden.* Wohl 1113 schon erwähnt, hatten die Kohlenvorkommen in Scheit (1524 so genannt; seit Mitte des 18. Jahrhunderts Kohlscheid) noch keinerlei sonderliche Bedeutung; 1865-1927 wurde die Grube Nordstern ausgebeutet, seit 1899 findet sich die Grube Adolf im Abbau. Als Sitz der Hauptverwaltung einer Kohlengesellschaft 1910, des späteren Bergwerksvereins (EBV) erlangte Kohlscheids Name Bekanntheit (siehe weiter oben;« Neubürgerbroschüre« Herzogenrath 1976/Statistisches Faltblatt »Stadt Herzogenrath«).

In der Form des Stadtgrundrisses läßt sich die *Marktsiedlung* von 1239 mit Rechteckgrundriß noch in etwa erkennen. Zentrale Straße ist die Hochstraße. Von ihrem geschwungenen Verlauf gehen rippenförmig die Nebenstraßen aus. Die *Befestigung* des späteren Siebenecks ist großteils, und mit Resten von 3 Wachtürmen, erhalten, während die drei Tore im 18./19. Jahrhundert niedergelegt wurden. Mauer und Belfried der die Stadt überragenden *Burg* sind noch aus dem 11./13. Jahrhundert überkommen. Die Burgkapelle, schon um 1225 genannt, und der runde Belfried aus dem 13. Jahrhundert mit seinem spitzen Kegeldach, sind ihre ältesten Bestandteile. Im wesentlichen umfaßt sie den österreichischen Zweiflügelbau von 1750 mit Torbau. Seit 1912 ist die Burg in städtischem Besitz, heute Domizil von Bürgermeister, Stadtdirektor und Hauptamt.

Während *St. Marien* ein Neubau von 1915 ist, geht der Bau von *St. Gertrudis* im Ortsteil Afden auf das Jahr 1683 zurück; er wurde jedoch modern umgestaltet. Die Erwähnung wert ist auch noch *Haus Eynatten* an der nördlichen Stadtmauer. Heute ist die Vierseitanlage (17./18., Nordflügel 18./19. Jahrhundert) im Besitz der Kirche und beherbergt das Alters- und Kinderheim des St.-Josef-Klosters. Nördlich des Bahnhofs findet sich ein größeres Industriegelände, nordnordöstlich liegt die typische Bergarbeiterkolonie *Bierstraß*. Ihr Kennzeichen sind die schmalen, zweistöckigen Ziegelbauten aus der Zeit um die Jahrhundertwende, oft verklinkert oder (unschön) mit Asbestzementplatten verkleidet. Verläßt man Bierstraß, so gewinnt man einen Ausblick auf das *Broichbachtal,* das außer in Alsdorf, so auch in Herzogenrath als Naherholungsgebiet mit Freizeit-, Spielanlagen und Wanderwegen als Naherholungspark ausgestaltet wurde.

In *Merkstein* besitzt die *katholische Pfarrkirche St. Willibrord* (nach dem Echternacher Abt benannt) zwar einen spätgotischen Turm (Untergeschosse aus Bruchsteinen, 1. Hälfte des 13. Jahrhunderts), doch schon Schweifhaube und dreiseitig geschlossener, kreuzrippengewölbter Backsteinsaal (von 1746) sind barocken Stils. Im Innern stammen Hochaltar, Kanzel und Kommunionbank aus der Zeit des Baus der Kirche, die Beichtstühle sind älter (um 1700), die Orgel (1842-44) ist neuer. Eine Madonna (1720/30) wird Gabriel de Grupello zugeschrieben. Der Düsseldorfer Hofskulpteur verbrachte seine alten Tage nahe von Kerkrade; eine weitere Standfigur zeigt den hl. Willibrord (Dehio, Rheinland). Häufig wird der ehemalige Ortsteil *Rimberg* bei Merkstein aufgeführt, des Schlosses wegen, doch liegt er seit der kommunalen Neugliederung in Übach-Palenberg, dicht an der Herzogenrather Stadtgrenze und weiterhin dicht an der niederländischen Grenze (Schlagbaum neben der Schloßzufahrt). Auch Schloß *Wilhelmstein,* ursprünglich bei Kohlscheid, wechselte zu Würselen.

Im Gebiet der Stadt Herzogenrath ist auf drei *Erholungsgebiete* aufmerksam zu machen: das Paulinenwäldchen bei Berensberg im Süden mit Waldlehrpfad, das gesamte Naherholungsgebiet Wurm- und Broichbachtal in Herzogenrath-Mitte (Bierstraß) und das Naturschutzgebiet Worm mit der

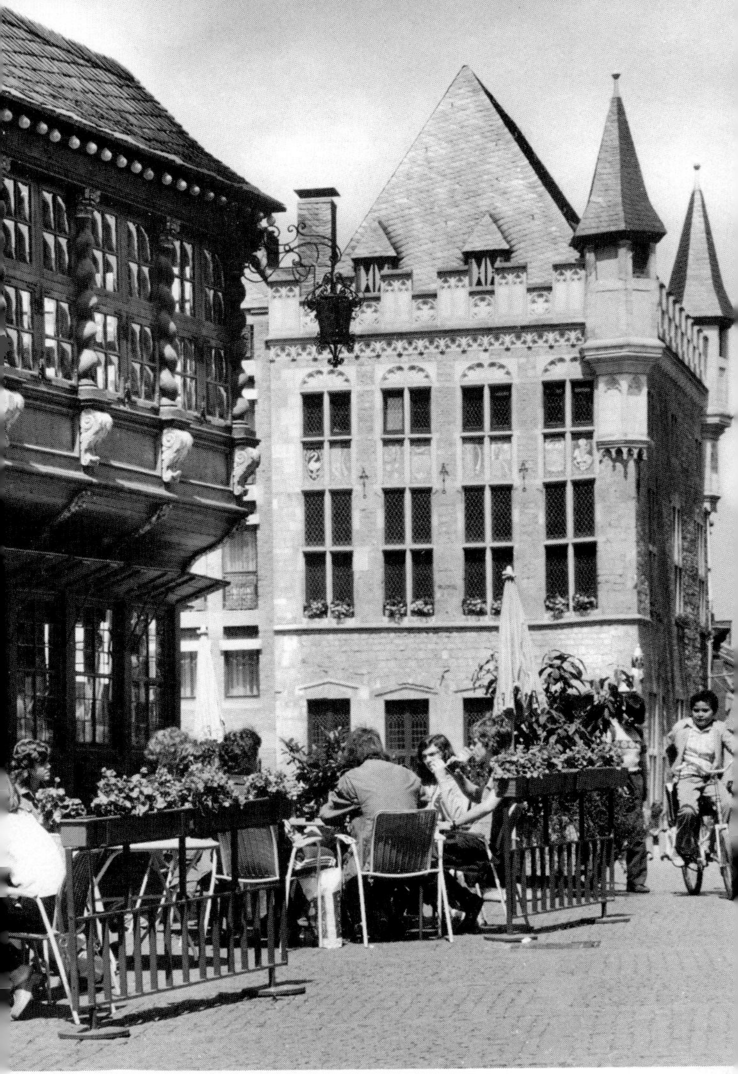

AACHEN Das gotische Rathaus und der barocke Postwagen

BAD MÜNSTEREIFEL Stadtbild von der Burg,
mit Jesuitenkirche (links), Erft und Stiftskirche (rechts)

STOLBERG Burg (1447 ff.); St. Lucia (Barock),
Teile der Altstadt

BAD MÜNSTEREIFEL Burg (13. Jahrhundert),
1689 von Franzosen zerstört

STOLBERG-ATSCH Zwei der drei bienenkorbförmigen
Kupferschmelzöfen

GEILENKIRCHEN Renaissancetor der ehemaligen Burg (Vorburg)

AACHEN Dom: Der marmorne Kaiserstuhl (mit dem Eichensitz)

JÜLICH Hexen- oder Rurtor

JÜLICH Kapellenflügel mit Schloßkirche

WACHTBERG-VILLIP Vierflügeliges Herrenhaus der Wasserburg Gudenau

GEILENKIRCHEN Wasserschloß Trips an der Wurm; im Kern 15. Jahrhundert

AACHEN-HORBACH Portal der Pfarrkirche St. Heinrich

Wildnis, einer Schlucht, nahe der Wurm im Nordosten der Stadt.

Frühgewerbliches Stolberg am Naturpark Nordeifel

Über eine Länge von ungefähr zwei Kilometern drängt sich der im Schnitt 200 m breite *Stadtkern* auf der 60-80 m tief eingeschnittenen, engen Talsohle der zur Inde herabrauschenden Vicht. Ihr starkes Gefälle und ihr Wasserreichtum gaben neben den Erzvorkommen die Basis ab für das spätmittelalterliche Eisen- und Metallgewerbe. So ist der Platz der alten Industriewerke ebenfalls die gedrängte Altstadt. Sie wird steil überragt vom Kalkfelsen der Burg Stolberg. Locker »kriecht« die Bebauung die Hänge empor, um sich auf den Vennfußflächen fortzusetzen. Wiesen, Ackerflächen und Wälder umschließen die meisten der 1972 eingemeindeten Orte. Von Nordosten nach Südwesten fortschreitend, sind dies: *Werth*, *Gressenich*, *Schevenhütte*, *Maubach* und *Vicht* (als Ortsteile der ehemaligen Gemeinde Gressenich, 1972: 9285 Einwohner), *Venwegen* und *Breinig* (zusammen 5200 Einwohner) aus der ehemaligen Stadt Kornelimünster, im Münsterländchen liegend, sowie *Zweifall* mit seinerzeit 2010 Einwohnern aus der noch bestehenden Gemeinde Roetgen. Mit 52 % Waldanteil seines Stadtgebietes ist Stolberg eine waldreiche Stadt. Ihre stark bewaldete Südosthälfte gehört zum Naturpark Nordeifel (Statist. Rundschau, Kr. Aachen/ Stadtplan Stolberg). Im Spätmittelalter gegen 1500 gehörte das heutige Stadtgebiet zu mehreren jülischen Ämtern (Wehrmeisterei Monschau u. a., mit den heutigen Ortsteilen Mühle, Donnerberg, Finkenberg und den neuen Stadtteilen Zweifall, Vicht und Schevenhütte), zur jüli(ch)schen Unterherrschaft Stalburg (Stolberg, Zentrum) und die Gebiete links des Vichtbachs von Zweifall bis zur Venlau (östlicher Teil des Münsterländchens) zur reichsunmittelbaren Abtei Kornelimünster.

War wohl etwa um das Jahr 1100 auf dem Sicherheit bietenden Kalkfelsen ein Herrenhof entstanden, so ist der Edelherr Reinhard von Stalburg 1185 erstmals in der Gründungsurkunde der Wassenberger Kirche benannt. Das feste Haus (stâl bedeutet im Mittelhochdeutschen soviel wie fest), eine

Höhenburg, gehörte im 13. Jahrhundert den Edelherren von Frenz. Als die Stolberger mit Hadwig von Stolberg und dem angeheirateten Arnold von Reifferscheidt kinderlos verstarben, folgten 1324 die von Reifferscheidt, 1372 die Schönforst; 1396 brachten die Jülicher Herzöge die *Burg* an sich und gaben sie 1448 Wilhelm von Nesselrode zum Lehen, der anstelle des unansehlichen Baus eine Burgfeste mit massigem, rundem Bergfried, nicht minder ansehlichem Palas mit Rittersaal und Kemenate und nordwestlichem Burgrundturm errichtete. Bereits 1496 wurde Vinzenz von Efferen aus dem kurkölnischen Geschlecht der Overstolz mit der Burg beliehen. Nach dem Brand von 1542 erhielt der Palas die beidseitigen Stufengiebel und sein hohes Dach. Die Feste, der Bergfried freilich nur als Stumpf, überdauerte die Unbilden der Zeit. Sie hatte zuletzt 1887, als sie der Fabrikant Moritz Kraus aufkaufte, noch als städtisches Armenhaus gedient. Er erneuerte sie, um sie schließlich 1908 der Stadt zu schenken (Von Burg zu Burg zw. Köln u. Aachen/Dehio/Histor. Stätten/Stadtplan, Text). 1885-1914 erfuhr die Burg eine Umgestaltung, die dem damaligen Zeitgeschmack entsprach: mit Zinnen, Wehrtürmen und Pechnasen. Bei Wiederherstellung der stark kriegszerstörten Burg 1951-53 bot sich die Möglichkeit, ihren ursprünglichen Zustand wiederherzustellen. So bietet sich heute die geräumige Feste dem Besucher wieder in alter architektonischer Klarheit dar, mit rundem Bergfried, westlich anschließendem Wohnteil (Palas), niedrigem Anbau, einem den Anbau und den westlichen Flankenturm verbindenden Torbau. Ihr Rittersaal dient kulturellen Veranstaltungen, offiziellen Empfängen und öffentlichen Stadtratssitzungen.

Bei der Burg entstand ein Burgflecken; die Unterherrschaft wurde zum Ausgangspunkt des späteren Gemeinde Stolberg. Grundlage des frühen Gewerbes waren die *Erzvorkommen*. Im oberen Vichttal fanden sich Brauneisensteinvorkommen; besonders in *Zweifall* blühte die *Eisenindustrie*, und schon im 13. Jahrhundert waren in diesem Zentrum spätmittelalterlicher Gewerbekultur 13 Hämmer im Betrieb, 1551/52 wurde hier der Junkershammer genannt, ferner gab es den Cronenhammer; Eisenhüttenmeister sollen Zweifall gegründet haben (Kölner Bucht und angrenzende Gebiete). Nicht zuletzt gelangte Zweifall zu so großer Bedeutung, weil es den Jülicher Hof belieferte und für Jülich auch die Artilleriemunition produzierte; Kriege »florierten« leider, wie wir wissen, im Spätmittelalter. Die Wasserkraft trieb auch Getreide-, Ölmühlen und Sägewerke. Weiter von Bedeutung war auch die Holzkohlengewinnung. Aber auch die Alt-Stolberger Ortsteile Hammer, Mühle, Schnorrenberg, Velau, entstanden bei Hammerwerken als Siedlungs-Kristallisationspunkten (Rhein. Städtebuch). Doch weit bedeutender für die gewerbliche Entwicklung des Stolberger Raums war die *Messingherstellung;* sie ist seit Anfang des 16. Jahrhunderts hier nachgewiesen. Die Legierung Messing wird aus Kupfer und einem Zusatz von Galmei beim Schmelzverfahren gewonnen. Galmei läuft chemisch unter der Bezeichnung kohlensaures Zinkerz ($ZNCO_3$) mineralogisch als Zinkspat bezeichnet. Galmeivorkommen sind typisch in Verwerfungszonen. Während Kupfer eingeführt werden mußte (bzw. wird); es stammt zum Teil aus Mansfeld, aber auch schwedisches oder gar überseeisches fand Verwendung, kam Galmei in der Nähe vor, vergesellschaftet mit Bleiglanz, Schwefel- und Mangankies. 1669-74 wurden über 6 Mio. Pfund Galmei nach Limburg ausgeführt. Den Spuren des einstigen *Galmeiabbaus* begegnet man zwischen den Ortsteilen Rochenhaus und Venwegen: hier tun sich Hohlwege auf, finden sich Schürfstellen, eingestürzte Stollen. Die einstige bergbauliche Nutzung führte zur Verheidung des Geländes; besondere Indikatorpflanzen sind das leuchtendgelbe Galmeiveilchen (viola luteta calminaria), Galmeitäschel (thlaspialpestre) und Galmeitrift (violetum calminare; Aachen und benachbarte Gebiete).

Die erforderliche Energie, für die Galmeimühlen, Hammerwerke, Drahtzüge und Gebläse lieferte die Wasserkraft. Verwendete man anfänglich noch Holzkohle zum Schmelzen, so trat später die Steinkohle des Eschweiler Kohlbergs standortgetreu dessen Nachfolge an. Bereits im 17./18. Jahrhundert war das Vichttal zu dem geworden, was man heutzutage als »Industriegasse« apostrophiert. Außer dem Vichttal war auch das Münstertal Standort von Hämmern, sozusagen ein »Hammerstrang«.

Die ältesten Kupferschmelzen entstanden aus umfunktionierten Eisenhämmern, namentlich zu erwähnen: der älteste

Hammer des Vichtbachtals, der Dollartshammer, wie der Binsfeldhammer (am Südausgang von Stolberg an der Südseite der Zweifaller Straße). Zwischen Stolberg und Zweifall errichtete in Vicht auf dem Gelände des Platenhammers, rechts der Straße im 19. Jahrhundert die heute bekannte Industriellenfamilie Hoesch (damals als Hüttenmeister) den *Neuenhammer.* Im *Platenhammer* sind noch zwei 1724-30 entstandene, rund 7 m hohe Steinöfen erhalten. Ein Zweig der Familie Hoesch ließ sich später in Dortmund nieder (Kölner Bucht und angrenzende Gebiete), heute steht gar eine »Stahlehe« dieser Firma mit Krupp »im Raum«, doch ob Hoesch-Dortmund als »Stahlküche« dann erhalten bleibt, weiß man noch nicht so genau; doch zurück zu Stolberg. Die Stolberger Burgherren bemühten sich, Gewerke und Kaufleute aus Aachen, seinerzeit für seine Messingindustrie berühmt, zu gewinnen, welche den Boden anpachteten und Abgaben entrichteten. Wegen ihres evangelischen Glaubens verfolgt, ließen sich viele Aachener Kupfermeister im Raum Stolberg nieder. Seit dieser Zeit sind mit den Stolberger Eisenhämmern und Kupferschmelzen Namen, wie Prym, von Asten, Schleicher, Schardinel, Lynen und Peltzer verknüpft. Die drei Territorialherren (Herren von Stolberg, Jülich und der Abt von Kornelimünster duldeten den evangelischen Glauben, hauptsächlich aus wirtschaftlichem Opportunismus oder Pragmatismus heraus. Hinzu kam die antiliberale Aachener Zunftpolitik, mechanische Arbeit verwerfend. Auch im Stolberger Raum wurden *Zünfte* gebildet. In der »Laube« wurden schon 1670 kartellartig Mindestpreise, Produktionseinschränkungen, gemeinsamer Einkauf, Verhandlungen mit Behörden geregelt. Grieffen leiteten die Laube, Laubenschreiber verfaßten das Protokoll, Laubenhaber vereinnahmten die Gelder, Laubenknechte gaben Sitzungstermine aus. Die Galmeizunft war im 18. Jahrhundert die »Corpus Mercantilis«. 1804 entstand im französisch besetzten Stolberg als Nachfolgerin der Zünfte die »Chambre consultative de manufactures, fabriques, arts et métiers«. Bis zur Vereinigung mit der Aachener Kammer 1933 bestand die Stolberger Handelskammer (seit 1850 unter dieser Bezeichnung; Rheinisches Städtebuch). Im Jahre 1726 stellten 200 Schmelzöfen 3000 t Messing her, Messingwaren wurden nach Limburg und Frankreich exportiert. Hieraus erklärte sich auch der Reichtum der Stolberger Kupferherren mit den Kupferhöfen.

In diesen sogenannten *Kupferhöfen,* Ende des 17. Jahrhunderts gab es derer annähernd 40 in Stolberg, manifestierte sich in ihnen die Wohlhabenheit jener Vorläufer der Industriellen. Der älteste der Kupferhöfe ist der 1575 von Leonhard Schleicher erbaute *Unterste Hof,* Eisenbahnstraße 41. Bis dato im Besitz der Familie Schleicher (Stolberger Metallwerke GmbH), dient der dem Denkmalschutz unterstellte Hof noch heute der Messingherstellung. Er ist der Prototyp des wehrhaften Gewerbehofs des 16./17. Jahrhunderts und war »Mutterhof« von 4 weiteren Höfen der Söhne Leonhard Schleichers. Häufig wie unsere »Atomburgen« von Wassergräben umgeben, wurden die Höfe als festungsartige »Vierseiter« angelegt, die Außenwände lediglich mit Schießscharten und einem burgartigen Tor versehen, öffneten Türen und Fenster zum Innenhof hin; die Einfahrt führte auf das Herrenhaus zu. Die Seitenflügel beherbergten die Arbeiterfamilien, Öfen (Schmelzen), Gießerei, Hammer, Werk-, Vorratsräume, Ställe und Scheune. Im Untersten Hof sind noch einzelne Geräte, wie Mühl- und Gießsteine anzutreffen. Im 18. Jahrhundert ihrer strategischen Wirkung verlustig gegangen, wurden die Herrenhäuser in vielen Fällen durch kleine Barockschlößchen mit Türmen ersetzt, die Außenmauern durchbrochen, Parks angelegt.

Das schönste dieser *barocken Kupferschlößchen* ist wohl der *Kupferhof Rosenthal* (in der Rosenthalstraße). Ihm allein bescheinigt der »Dehio« kunsthistorischen Wert. Von der einstigen Dreiflügelanlage blieb das elegante, barocke Herrenhaus erhalten, welches der Baumeister Tilman Roland aus Kornelimünster für Johannes Schleicher erbaute. Der Mittelrisalit, leicht vorgezogen, ist mit Giebel versehen. Auf der anderen Seite der Rathausstraße finden sich zwei weitere Kupferhöfe: der *Hof Steinfeld* (Steinfeldstraße 27 und der *Grünenthaler Kupfermeisterhof* mit geschweifter Turmhaube (heute Verwaltung der Chemie Grünenthal). Industriegeschichtlich von Bedeutung sind auch die kegel- bis bienenkorbförmigen *Kupferschmelzöfen* der ehemaligen *Atscher Mühle.* Sie sind von der Rhenaniastraße aus zu erreichen und aus Ziegeln und Bruchsteinen gemauert.

Die evangelischen Kirchen in den Altstolberger Ortsteilen zählen zu den ältesten im Rheinland, ihre Schlichtheit zeichnet sie aus. Die *lutherische Vogelsangkirche* am Altmarkt in Finkenberg, 1647/48 erbaut und ausgerüstet, ist die älteste im ganzen ehemaligen Herzogtum Jülich. Ihr Inneres ist charakterisiert von einem geplieserten Tonnengewölbe. Das Pfarrhaus an der Westseite, ebenfalls 17. Jahrhundert, paßt sich durch seine Bruchsteinmanier der der Kirche an. Nach einem hölzernen Provisorium von 1617 entwarf 1623 Tilman Roland aus Kornelimünster die 1626 fertiggestellte einschiffige *reformierte Finkenbergkirche* mit Portal von 1688. Im Gegensatz zur Vogelsangkirche erhielt sie einen Turm mit geschwungener Schieferhaube, ebenfalls 1668 fertiggestellt. Der bei dieser Kirche 1695 angelegte Friedhof ist deshalb zu erwähnen, weil er sowohl familiengeschichtlich, als auch heraldisch – er enthält die Wappen Stolberger Kupfermeister des 17./18. Jahrhunderts und wird deshalb auch als *Kupfermeisterfriedhof* bezeichnet – und von seiner Grabsteingestaltung her hochinteressant ist; er enthält einige »feine« klassizistische Monumente.

Zum Thema Stolberger Kirchen darf dann aber auch die *kath. Kirche St. Lucia* in Oberstolberg, sich am Fuß der Burg erhebend, nicht vergessen werden. Ihr Turm, ebenfalls mit geschwungener Haube, wie jener der Finkenbergkirche, stammt in seinen unteren Geschossen von 1759, ihr dreischiffiges Langhaus ist ein Backsteinbau des 19. Jahrhunderts.

Völlig profanerweise erhebt sich im Norden der Stadt auf dem 285 m hohen Donnerberg der 206 m hohe Mast des *WDR-Senders »Aachen-Stolberg«*. Außer dem 1. Fernsehprogramm sendet dieser das erste Mittelwellen- und alle 4 UKW-Programme des Westdeutschen Rundfunks, das Westdeutsche Fernsehprogramm.

Völlig gewandelt hat sich die industrielle Struktur Stolbergs; durch den Übergang der Rheinlande an Preußen entstand eine ungünstige Grenzlage, die Absatzmärkte gingen verloren, und heute bestehen nur noch 2 Messingbetriebe. Die leistungsfähige Stolberger Industrie entstand im wesentlichen im 19./20. Jahrhundert. Es bestehen Zink- und Bleihütten, Eisengießereien, Walzwerke, Metall-, Kabel-, Maschinenfabriken, jedoch auch völlig metallfremde Branchen, wie Glashütten (Vereinigte Glashütten), Pharmaunternehmen (Chemie Grünenthal), Sägereien und Möbelfabriken, Elektrotechnik und kosmetische Industrie (Dalli-Werke), Natursteinwerke, wie auch, und das interessiert besonders den Gourmet, die Ketschenburg-Brauerei. Die Stadt im Kreis Aachen bietet insgesamt 23 000 Arbeitsplätze, bei einer Zahl ihrer Bewohner von 57 550 im Jahre 1980 (Weber, Ortsbuch der Bundesrepublik Deutschland/World Radio TV Handbook/Unterlagen Stadt Stolberg/Dehio u. a.).

DIE EIFEL, EINE ERHOLUNGSLANDSCHAFT

Eifel: das heißt Waldgebirge und Seenlandschaft

Ausschließlich der Lage nach betrachtet, könnte man den nordrhein-westfälischen Eifelanteil als *Nordeifel* bezeichnen. Freilich, an den Landesgrenzen belieben Landschaften nur ganz gelegentlich zu enden. Nicht so bereits im Fall des *Naturparks Nordeifel.* Ein *Teil des Deutsch-Belgischen Naturparks,* der zweiten, institutionalisierten supranationalen Naturlandschaft nach dem Deutsch-Luxemburgischen Naturpark, welcher im Süden, in Neubelgien, an die luxemburgische Nordgrenze stößt, erfaßt der bundesdeutsche Naturparkanteil, als solcher *Naturpark Nordeifel* genannt, in den Bundesländern Nordrhein-Westfalen und Rheinland-Pfalz 1761,13 km^2 oder 72,2 % der internationalen Park-Zirkumskription. Nordrhein-Westfalen wiederum hat mit 1356,77 km^2 daran den Löwenanteil, während in Rheinland-Pfalz lediglich davon 404,36 km^2 belegen sind. Träger des Naturparks ist der 1960 gegründete Verein Naturpark Nordeifel e. V., welcher seinen Sitz am Aachener Theaterplatz innehat. Neben den beteiligten Kreisen (Aachen, Düren, Euskirchen; in Rheinland-Pfalz Bitburg-Prüm und Daun) gehören dazu auch die Stadt Aachen, die nur ganz im Südosten ihres Stadtgebietes ein wenig Anteil hat, und 600 Private. In diesem zweitgrößten Naturpark des größten Bundeslandes, auch einer der größten unserer Republik, beträgt der Waldanteil runde 50 Prozent. Hiervon gehören Staat, Kommunen und Privatbesitzern je rund ein Drittel. Es gibt neun Naturschutzgebiete innerhalb des Parks, welche biologische und geologische Besonderheiten bewahren, wie Heidemoore,

Kalktriften und Kalkfelsen. Die Eifel wird als unberührte, herb-eigenwillige Landschaft großer Schönheit gerühmt, als friedliche, grüne »Insel« inmitten des »Montandreiecks«. Runde Bergkuppen, weite Hochlandeinsamkeit, das leuchtende Gelb des Ginsters im Herbst, von der Eifeldichterin Clara Viebig als »Eifelgold« bezeichnet, sind neben den 55 Eifelvulkanen und Maaren andernorts (nicht in Nordrhein-Westfalen), im rheinland-pfälzischen Eifelgebiet Charakteristika dieser erholsamen Landschaft, innerhalb derer lediglich rund 185 000 Menschen leben. Der engere Einzugsbereich der Wochenenderholung erfaßt rund 13 Mio. Bewohner im südlichen und zentralen Rheinland. Jährlich zählt der Park in seiner überstaatlichen Ausdehnung etwa 6 Mio. Besucher. Sechs Talsperren und 2 Stau-Becken, von derzeit 13 im gesamten Naturpark Nordeifel liegen in seinem nordrhein-westfälischen Teil. Auch sind sie ein besonderes, und den Fremdenverkehr und Wassersport motivierendes und stimulierendes, wenn auch anthropogenes, doch kein »unebenes« Element der Eifellandschaft (Naturparke in NRW, Min. f. Landw. NRW, 2. Aufl.).

Kernstück des Parks ist das 525,6 m hohe buchenwaldbestandene Sandsteinplateau des *Kermeter,* auf drei Seiten von einer Kaskade von *Stauseen* und -becken umrahmt: im S von der »Urfttalsperre« (dem wohl schönsten Stausee der Eifel) und dem »Obersee Rurberg«, im Westen und Norden von der »Rurtalsperre Schwammenauel« und im Nordosten vom Staubecken Heimbach« (Unterbecken). Der Rur-Stausee ist mit einem beachtlichen Stauvolumen von 205 hm^3 (das sind 205 Mio. m^3 nach anderer Lesart) die dem Stauinhalt nach größte Stauanlage der Bundesrepublik. Rurstausee und auch der Kermeter gehören weitgehend in das Gebiet der Stadt Heimbach (Rurtalsperre Schwammenauel, Talsperren-Verein Eifel-Rur/NRW-Verwaltungskarte 1:250 000; ÜK 1:150 000 v. Eifelver.).

Südlich von Heimbach, am Fuß des Kermeter liegt das Kloster Mariawald, wenig südwestlich auf der Kermeterhöhe die Anlauf-, Informations- und Raststätte Haus Kermeter, 1971 im früheren Forsthaus Mariawald eingerichtet. Das »Haus des Gastes« in Simmerath-Rurberg, am oberen Ende des Rursees (jedoch nicht am Obersee Rurberg!) gelegen, beherbergt eine ansprechende und vielbesuchte (sommers durch

Vorträge erläuterte) Ausstellung über Wald und Wild des Naturparks. Zu Talsperren und Waldgebieten treten noch zahlreiche *Burgen* als Zeugen alter Kulturlandschaft hinzu, wie in Schleiden, Schleiden-Dreiborn, Monschau, Hellenthal-Reifferscheid, Wildenburg, Dahlem-Schmidtheim, Dahlem-Kronenburg und Nideggen, welches den Besuch des neuetablierten *Burgenmuseums* reichlich verlohnt. Auch manch kunsthistorisch interessante Klöster (Mariawald, Wenau, Kall-Steinfeld), *Kirchen* und *Kapellen* gibt es, und vor allem zu nennen die *Reste römischer Baukunst*, wie der Römerkanal von Kall-Urft, das Römeraquädukt von Mechernich-Eiserfey, das gallorömische Matronenheiligtum von Nettersheim-Pesch auf dem Addig. Auf den *Soldatenfriedhöfen* der Eifel fanden rund 6000 Soldaten des Zweiten Weltkriegs ihre letzte Ruhe? Hart umkämpft in den letzten Kriegstagen war der zum Begriff (und neuerlich zum Gemeindenamen) gewordene Hürtgenwald.

Außer den bekannten *Kurorten*, dem historischen Bad Münstereifel, dem neuen Schleidener Stadtteil Gemünd, Heimbach, Blankenheim, Nideggen, der alten Tuchmacherstadt Monschau, finden sich viele schmucke Dörfer und Weiler zu ruhiger Erholung und weitere Luftkurorte. Auch im *Winter* bietet die »Nordeifel« ihre Reize. Wintersportler finden im Wintersportzentrum von Monschau-Rohren reiche Betätigungsmöglichkeiten: Ski- und Rodelpiste, Schlepplift, Loipen; es werden Skikurse abgehalten, Skier und Skischuhe verliehen. Schon im Kreis Euskirchen gelegen, ist die *Dreiborner Hochfläche* um Schleiden-Dreiborn als schneereich bekannt. In Hellenthal, ansonsten durch sein Wildgehege und den Olefsee bekannt, findet sich ebenfalls ein sicheres Wintersportgebiet. Es reicht vom Ortsteil Hollerath-Udenbreth ausgehend (Hollerather Hochfläche) hin bis zum »Schwarzen Mann«, der auf rheinland-pfälzischem Territorium mit 697 m die höchste Erhebung der Schnee-Eifel, auch Schneifel geschrieben, bildet. Auch dort findet sich übrigens ein Wintersportzentrum. Ihren »Höchstpunkt« erreicht die nordrhein-westfälische Eifel im *Weißen Stein* (Weißerstein) mit 690 Metern. Er liegt in Hellenthal-Udenbreth, unmittelbar an der bundesdeutsch-belgischen Grenze, die hier von der Bundesstraße 411 gebildet wird. Hier erstreckt sich zwischen Udenbreth im Norden, Losheim (Losheimer Graben) im Süden, Holzheim in Neubelgien im Westen und Dalheim-Schmidtheim der *Zitterwald*, dessen höchste Erhebung eben der Weiße Stein ist. Die Our, der 78 km lange, streckenweise im Mittel- und Unterlauf die bundesrepublikanisch-luxemburgische Grenze bildende Fluß, hat hier auf belgischer Seite ihren Ursprung. Um zum Begriff der Nordeifel zurückzukehren, so gibt die Wasserscheide zwischen der Maas (ohne das Rur-System), Moselnetz und Rhein doch noch eine *natürliche Begrenzung der Nordeifel* ab. Für die landschaftliche Gliederung der Eifel hat dieser Grund jedoch keine durchschlagkräftige Bedeutung. Über die touristischen Einzelheiten wird noch Etliches zu berichten sein.

Die Landschaften der westlichen Nordeifel

Normalerweise wird die Eifel in West- und Osteifel gegliedert. Was wir hier Nordeifel nennen, hat ebenfalls einen West- und einen Ostteil. Im Landesbereich von Nordrhein-Westfalen sind der Westeifel folgende naturräumliche Einheiten zugeordnet, vom Venngebiet abgesehen: die Rur-Eifel total und Westliche Hocheifel mit geringem Anteil im Süden. Indessen unterscheidet Karlheinz Paffen im Eifelführer (Eifelverein 1973/74) auch noch eine Mitteleifel als Senkenzone und rechnet ihr die Mechernicher Voreifel-Münstereifeler Wald und die Kalkeifel zu. Die Osteifel umfaßt bei ihm im Rahmen dieses Bundeslandes die gesamte Nördliche Waldeifel; Rhein- und Ahreifel nur mit Teilen. Das »Handbuch der Naturräumlichen Gliederung« zählt die Mitteleifel zur Osteifel; die betreffenden Beiträge stammen größtenteils gleichfalls von Kh. Paffen.

Der Nordteil der *Westeifel* liegt zwischen der Jülicher Börde, die sich deutlich als Flachland abhebt, im Norden, Münsterländchen-Vennabdachung und Hohem Venn im Westen, der o. g. Wasserscheide (bzw. Landesgrenze) im Süden mit weniger deutlichen Unterschieden, und der klar abgrenzbaren Mitteleifelsenke im Osten. Geologisch-geomorphologisch ist die Westeifel eine *Rumpffläche* (variskischer Entstehung) mit zwei Hochflächenniveaus um 600 und bei 540-500 m, welche die aus Schiefern des Unterdevons, Grauwacken und Sandsteinen aufgebauten Strukturen des Untergrunds kappt;

einzelne Quarzithärtlinge überragen die Hochflächen. Das untere Niveau senkt sich am Nord- (und Süd-)rand auf 400-300 m ab. Das Klima ist atlantisch, d. h. die *atlantischen Westwinde* bringen reichlich Niederschläge, deren Jahreswerte zwischen etwa 800 und 1300 mm liegen; dieser Höchstwert wird westlich von Monschau erreicht. Die wenig nährstoffreichen sandig-lehmigen Böden neigen zur Vernässung und Versauerung; dem Standort entspricht der nordisch-atlantische Buchenwald, stellenweise von Eichen-Hainbuchen-Wald abgelöst. Atlantische Zwergstrauchheide wurde durch Niederwald- und Plaggenwirtschaft begünstigt, heute entweder von Kulturland oder allochthonem Nadelwald gefolgt (in der südlichen Westeifel hingegen hauptsächlich private Buchenwäldchen). Zu den Fichtenwäldern zählt z. B. der Monschau-Hellenthaler Wald.

Als Hauptteil der Westeifel gilt die *Rureifel.* Rur, Urft und Olef haben sich in 100-200 m tiefen, mäandrierenden, hangbewaldeten Kerbtälern in die Hochflächen eingeschnitten, welche nach Westen hin durch atlantischeres Klima bedingt, durch verstärkte Grünlandwirtschaft auf Schieferböden gekennzeichnet sind. Das Rurtal allein, an der Landesgrenze noch auf 500 m, weist bis zum Austritt in die Börde eine Eintiefung von 350 m auf. Die drei Haupttäler trennen eine Reihe von zusammenhängenden Hochflächenkomplexen voneinander: südlich von Olef und Urft die schneereichen Hollerather Hochflächen, südlich von Rur und unterer Urft die ebenfalls schneereichen Dreiborner und die Höfener Hochflächen, von der unteren Urft und Rur in der Stauseekette umschlossen den Kermeter, nach Osten in den Buntsandstein der Mitteleifelsenke übergehend. Nördlich der oberen Rur erstreckt sich die Monschau-Simmerather Hochfläche und entlang dem Kalltal, nördlich davon, die Schmidt-Hürtgener Hochfläche. Die Monschau-Simmerather Hochfläche ist der Hauptteil des *Monschauer Heckenlandes,* wo im Höhenniveau von 550 m Siedlungen in lockerer Bebauung schützend von Rotbuchenhecken umgeben, dem Wetter trotzen. Diese »Heckenlandschaft« wäre unvollständig, würden nicht auch Buschhecken die Fluren umrahmen. Die größte landschaftliche Attraktion der Rureifel sind aber ihre *Täler:* Der mittleren Rur breite Wiesenaue mit dem mäandrierenden Fluß wird von hohen, steilen und zerklüfteten Buntsandsteinfelsen flankiert, fjordartig greifen die Rur-Urft-Stauseen in die einmündenden Talschluchten hinein, malerisch zwängt sich der ehemalige Burgflecken Monschau im oberen Rurtal, während die breiten Täler von Urft und Olef, einst von den Gewerbestätten der Hütten und Hämmer besetzt, mit der Ex-Kreisstadt Schleiden, ein gänzlich konstrastierendes Bild bieten.

Im Süden unseres Betrachtungsgebietes bildet die *Westliche Hocheifel* den orographischen Höhepunkt mit dem bereits erwähnten, flachkuppigen Weißenstein (690 m). Bei nur geringer Eintiefung ist er das Flußkreuz, von dem Warche nach Westen, Olef nach Norden, Kyll nach Osten und Our nach Süden, gleichsam wie von einem Pyramidendach ausstrahlen. Beiderseits des Weißenstein erstreckt sich in westsüdwestlich-ostnordöstlicher Richtung ein langgestreckter flachrükkiger Rumpfflächenrest, in den meisten größeren Karten und Heimatatlanten unter dem Namen *Zitterwald* bekannt; sein westlichster Teil in Belgien ist der Ommerscheid, ein Teil wird hierzulande auch als Losheimer Wald bezeichnet. Zitterwald und der Quarzitrücken der Schneifel (Schnee-Eifel) sind durch die Senke des *Losheimer Grabens* voneinander getrennt. Auch Klima (um 1000 mm Jahresniederschlag, hauptsächlich im Winter mit beträchtlicher Schneedecke) und Vegetation (Hochmoore, Erikaheiden, Moorbirken und Eichen-Birken-Wälder, Fichtenbestände) sind atlantisch beeinflußt. Die Mulde des Schneifelvorlandes wird von der Grünlandwirtschaft beherrscht; auf dem Ackerland entsprechen der Anbau von Hafer, Roggen und Kartoffeln sowie Buchweizen der Höhenlage und den Lehmböden.

Mitteleifelsenke und nordöstliche Osteifel

Die Mitteleifelsenke ist als Nordostausläufer des Lothringisch-luxemburgischen Schichtstufenlands zu betrachten. In ihr haben sich im Schutz der tieferen Lage Reste der einst dem ganzen Schiefergebirge auflagernden Triasschichten erhalten; sie trotzten der Abtragung, die bekanntlich in den höheren Schichten stärker wirkt als in tieferen (Neumayrsches Prinzip). Insbesondere treten aus der triassischen Schichtenfolge Buntsandstein und Muschelkalk auf, ferner ältere mitteldevonische Kalke. Im Norden der *Kalkeifel* umfaßt die Sötenicher Kalkmulde eine Fläche von gerade 100 km^2; die übrigen Kreidekalkmulden sind kleiner, so diejenigen in den Grenzen Nordrhein-Westfalens: von Blankenheim, Dollendorf und Ahrdorf (beide dicht an der rheinland-pfälzischen Grenze) mit Flächen von 53-63 km^2, das Ahrdorfer Kalkgebiet ist durch die Felsenmäander der Ahr gekennzeichnet. Die Kreidemulden sind keine geographisch-orographischen, sondern lediglich geologische Mulden, d. h.: randgefüllte Kreideschlüssel, deren Oberfläche sich vom umgebenden unterdevonischen Anstehenden nicht unterscheidet. Der Blankenheimer Kalkriedel überragt als Wasserscheide zwischen den »Netzen« von Maas, Rhein und Mosel seine Umgebung und erreicht 550-580 m, gelegentlich finden sich Karsterscheinungen, wie Flußschwinden und Trockentäler, besonders im Dolomit. Die Muldenkerne haben die besten Lehmböden, die Ränder sind durch lehmig-sandige, teils staunasse Mergelböden mit Grünlandwirtschaft gekennzeichnet, die Sandböden des Buntsandsteins sind teils ackerbaulich genutzt, teils bewaldet, wie auch die kalkarmen unterdevonischen Böden ausschließlich Waldbestände aufweisen; Eichen-, Eichen-Hainbuchen- und Rotbuchengesellschaften charakterisieren ohne große Unterschiede das gesamte im Lee von Westeifel und Venn gelegene Kalkeifelgebiet.

Als Eifelfußfläche öffnet sich die 223 km^2 große *Mechernicher Voreifel* (der nordrhein-westfälische Kalkeifel-Anteil ist rund 325 km^2 groß). Ihr triassisch-unterdevonischer Schollen-Unterbau fällt von 400 auf rund 200 m, um sich mit etwa 100 m hohem Stufenabfall (mit der Tomburgruine in Rheinbach) noch gegen die Niederrheinische (Köln-Aachener) Bucht abzuheben. Ihr Jahresniederschlag ist im Lee des Hohen Venns gering (700-500 mm), sie hat eine hohe Sonnenscheindauer (im Jahr), ist waldarm und ackerbaulich genutzt: auf fruchtbaren, schweren Trias-Verwitterungsböden baut der Bauer Braugerste, Weizen, Luzerne und Zuckerrüben, auf weniger günstigen Böden: Roggen, Hafer, Kartoffeln, Klee und Runkelrüben an. Große Dörfer und mittelgroße Betriebe prägen das Siedlungs- und Flurbild dieses Übergangsgebiets zu den Börden nördlich.

Von der eigentlichen *Osteifel* gehören der (Flamersheim-) Münstereifeler Wald fast vollständig, und ein Teil der (nördlichen) Ahreifel noch zu Nordrhein-Westfalen, wie das zur Rheineifel zählende Drachenfelser Ländchen mit der Burgengemeinde Wachtberg. Der 160 km^2 große *Münstereifeler Wald* ist durch ein Flächenniveau von 350-400 m Höhe gekennzeichnet. Die Rumpfflächenebene wird im Flachrücken des Knippberges (537 m) südöstlich von Bad Münstereifel erreicht und weiter südlich überragt die Basaltkuppe des Michelsbergs mit 588 m die Szene. Er zählt jedoch bereits zur *Ahreifel*, die auch Ahr-Bergland genannt, den Süden der nordrhein-westfälischen Osteifel einnimmt und ihr Hauptgebiet jenseits der Landesgrenze in Rheinland-Pfalz hat, in der Totalität einen Flächeninhalt von 408 km^2 abdeckend. Der Rücken von Michelsberg-Aremberg (623 m) überragt das Niveau des Ahrberglands, dessen Höhen sich zwischen 380 und 430 m bewegen um runde hundert Meter. Geologisch gehört das Ahrbergland dem Unterdevon zu. Im Lee liegend, erreichen die Niederschläge in seinen höchsten Lagen per anno 750 mm. Das Ahrtal (570 mm Niederschlag) zeigt kontinentale Züge (Weinbau; Felsenheide-Standorte an sonnenexponierten Ost-Südhängen). Von der *Rheineifel* ist es der nördlichste Teil des Terrassen- und Hügellandes zwischen Ahr und Godesberger Bach, der in der Unkelbacher Höhlenplatte und im *Drachenfelser Ländchen* ins Gebiet dieser Landeskunde hineinragt (auch gelegentlich dem »Mittelrheingebiet« zugeschlagen). Das Drachenfelser Ländchen präsentiert sich als wellig-offenes Lößhügelland, das im Wachtberg (258 m) zwischen Wachtberg-Berkum und -Holzem kulminiert. Einige vulkanische Berge finden sich hier bereits als Ausläufer der Vulkaneifel eingestreut, so der Rodderberg bei Godesberg-Mehlem, der basaltische Michelsberg, der Tomberg in Rheinbach. Die kessen Kegelformen und die randlichen Maarseen bleiben indessen der Vulkaneifel am Bruchrand des Neuwieder Beckens vorbehalten, wie auch die im Gefolge des Vulkanismus auftretenden Mineralquellen (Gerolstein, Daun, Bad Neuenahr-Ahrweiler) dem Bundesland Rheinland-Pfalz vorbehalten bleiben.

Perlen der Nordeifel: die Stauseen

Kann sich auch die »Nordeifel« nicht der vulkanischen Trichterseen der Maare der Vulkaneifel rühmen, so entbehren diese von Menschenhand geschaffenen, zuweilen fjordartigen Stauseen hierda nicht eines ähnlichen Reizes, und man kann geneigt sein, ihnen eine gewisse natürliche Schönheit und harmonische Einpassung ins Bild dieser Berglandschaft zuzubilligen: Die Stauseen, Perlen der Nordeifellandschaft. Zählt man die (kleineren) Stau-Becken sowie die Vorbecken der staustufenartigen Seen mit ein, so bringt es diese Landschaft auf derzeit immerhin acht, und demnächst gar neun solcher erholsamer Wasserflächen.

Die hier in Betracht kommenden Stauanlagen betreffen hydrologisch gesehen weitgehend die Rur, niederländisch Roer, und ihre Tributäre, also das Flußsystem oder Einzugsgebiet der Rur. Die Rur und ihre Zuflüsse prägen zu einem gut Teil das Landschaftsbild der Nordeifel. Ihrer zahlreichen Stauungen wegen bezeichnet ein lokaler Touristikführer das Monschauer Land daher mit Recht auch als das *Rurseengebiet* (Touristik im Monschauer Land-Rurseengebiet, Aachen: Grüttner 1979).

Die *Rur* selbst ist eine Ausländerin, nicht nur ihrer Mündung in Roermond (Niederlande), sondern auch ihrer belgischen Abkunft wegen. Sie entspringt den Sümpfen des Hohen Venns, nahe Sourbrodt. Bei Kalterherberg, im Stadtgebiet von Monschau bereits, läuft sie in die Bundesrepublik über. Sie schlängelt sich in tief gewundenem Tal (Felsen der Richelsley) an Gut Reichenstein (siehe Monschau) vorbei (Wanderparkplatz), von Wanderwegen begleitet, durch den *Staatsforst Monschau.* Durch seine wilde Schönheit geprägt, offenbart das hier unter Naturschutz stehende obere Rurtal einen der wesentlichen Charakterzüge der Nordeifel.

Ehe die Rur dann das romantische Kleinod der Tuchmacherstadt Monschau erreicht, nimmt sie am Rand des Stadtkerns von rechts den zuvor beim Ortsteil Perlenau durch die *Perlenbachtalsperre* aufgestauten Perlenbach auf. Diese kleinste der Nordeifeler Talsperren staut hier durch einen 18 m hohen Staudamm den Bach auf etwa 1 km Länge zu einem See mit einer Oberfläche von 15 ha auf, und hat ein Stauvermögen von 0,8 hm^3. Die Anlage dient ausschließlich der Trinkwasserentnahme (Zusammenstellung der Talsperren in NRW im Entwicklungsprogramm Wasserwirtschaft/Eifelführer/Touristik im Monschauer Land).

Noch im Stadtzentrum von Monschau fließen der Rur von links drei weitere Bäche zu, darunter der Laufenbach. Rur, von der Felswand der Sonntagslay flankiert, und Laufenbach sind zahlreich überbrückt. So wild ist die Rur hier, daß alljährlich ein Kanu-Wildwasserrennen veranstaltet werden kann. Der Kondensationskern der Stadt liegt linksufrig, am Burgfuß. Von Monschau aus durchfließt die Rur das südliche Gemeindegebiet von Simmerath (siehe auch dort), wo im Ortsteil *Hammer* (der Name rührt von einem Hammerwerk her, wie auch schon ein Straßenname »Am Hammerwerk« sagt) die senkrecht zum Rurtal abfallende Uhuslei wieder einer jener eindrucksvollen Felskulissen abgibt, welche die Eifel-Rur an ihren Talhängen säumen. Auch das folgende Dedenborn (Gemeinde Simmerath) an der Rur, und in waldreicher Umgebung, eignet sich, in einzigartiger landschaftlicher Lage, wie Hammer-Eicherscheid u. v. a. gut als Feriendomizil.

Die Eifel-Rur, d. h. jener Laufteil der Rur in der Eifel, hat einen für Mittelgebirgsflüsse kennzeichnenden unausgeglichenen Abfluß: Niedrig- und Hochwasser zeigen ein Schwankungsverhältnis von 1 : 2 000, natürlich sind auch die jahreszeitlichen Abflußmengen recht unterschiedlich. Das unsichere Wasserdargebot machte vor allem der Landwirtschaft in der Börde zu schaffen. Flächenhafen Überschwemmungen des guten Lößbodens folgten oft monatelang »Trockenzeiten«, in welchen der Fluß nur noch als träges Rinnsal dahinfloß. Aber auch die Papier-, Tuch- und Zuckerfabriken, die Metallverarbeitung und chemische Industrie sind wasserorientiert. Wasser als »Arbeitsmedium«, wie auch in zu Kraft verwandelter Form, legte die Betriebe lahm. Aber nicht nur Industrie- und Brauchwasser waren in solchen Perioden rar, ebenso, ganz primär, das Trinkwasser. Daher war es dringend erforderlich, eine Wasserbevorratung zu betreiben. Im Zeitalter der Industrialisierung entstanden, so die Stauanlagen, als erste 1868 die Gileppe-Talsperre (im heutigen Belgien), die Urfttalsperre, ab 1900 im Bau, war die erste in der Eifel auf heutigem Bundesterritorium (Wehebachtalsperre, hg. vom Talsperrenverband Eifel-Rur).

Kurz hinter Dedenborn beginnt bereits der äußerste Rückstau der Stauseen-Kaskade von Rur und Urft. Mit dem obersten Seeteil, dem Rursee, oberhalb von Simmerath-Rurberg mündet dann die zuvor durch die Urfttalsperre gestaute Urft ein. Der 375 km lange Fluß kommt von der Dahlem-Schmidtheimer Hochfläche herab. Gegenüber dem schönen Kurort Gemünd (Stadt Schleiden) mündet nach rund 200 km Lauf in sie von links der einzige wichtigere Nebenfluß, die *Olef*. Aus Belgien kommend, auf 4 km bundesrepublikanischbelgische Grenze, ist sie im Oberlauf, in Hellenthal (mit seinen Burgen Wildberg und Reifferscheid) durch die *Oleftalsperre* aufgestaut. Dem Hochwasserschutz wie der Trinkwassergewinnung für Kreis Euskirchen und Teile der Altkreise Monschau und Düren, wie der Energiegewinnung dienend. Die 1955/58-1964 errichtete Talsperre, eine 59 m hohe Beton-Zellenstaumauer, staut das Flüßchen oberhalb von Hellenthal in einer Stauhöhe von 53 m und in einer Staulänge von 5 km. Die Seefläche in 465 m ü. d. M. beträgt bei Vollstau exakt 1 km^2, das Stauvermögen beläuft sich auf 20 hm^3. Die Stromerzeugung durch das RWE ist auf 3,2 GWh im Jahr veranschlagt (Die Olef-Talsperre, hg. v. d. Rurtalsperrenges. 1965/Zusammenstellung der Talsp. in NRW/Eifelführer/örtliche Prospekte; für alle Talsperren).

Nun, die 1905 bereits fertiggestellte *Urfttalsperre* im Schleidener Stadtteil Gemünd, stellt eine gekrümmte Schwergewichtsmauer aus Bruchsteinmauerwerk von 54 m Höhe und 226 m Kronenlänge dar. Der See hat bei einem mittleren Betriebsziel eine Länge von 12 km und eine überstaute Fläche von 2,16 km^2, maximal von 2,6. Die zusammen mit der Rurtalsperre Schwammenauel bewirtschaftete Stauanlage hat einen Speicherinhalt von 45,5 hm^3. Eine der schönsten Stauanlagen, weil bestens in die Landschaft eingefügt, kann die Urfttalsperre, im belgischen Truppenübungsgelände Vogelsang gelegen, nur an Wochenenden und Feiertagen besucht werden. Machen Sie sich also ein Festtagsvergnügen daraus! Der wegen Treffübungen wochenüber gesperrte Truppenübungsplatz bietet andererseits 250 Menschen einen Arbeitsplatz (WDF, Mittwochs in . . . Gemünd, 1981).

Das zugehörige Kraftwerk liegt 110 m tiefer, am Stausee Heimbach. Eine 2,8 km lange Rohrleitung führt dem See Wasser durch das Kermeter-Massiv hindurch zu. Es hat eine installierte Leistung von 16 MW (mittlere Jahreserzeugung an Strom 24 Mio. kWh). Urftmündung unterhalb der Talsperre und Rur ab Einrur (merkwürdigerweise wie auch Rurberg gelegentlich mit h geschrieben, wie das Ruhrgebiet) bilden auf einem Niveau den *Obersee Rurberg*.

Der *Vordamm Paulushof* bei Simmerath-Rurberg ist ein 280 m langer Erd- und Felsgerölldamm, bis 33 m hoch, welcher den Obersee abwärts abdämmt; er wurde 1934/35-1938 erbaut und 1955-57/58 um 14 m erhöht. Auch am einmündenden Eiserbach wurde ein kleinerer Damm errichtet, mit der Schaffung eines rund 4 ha großen Schwimmbades (mit Naherholungsanlage) verknüpft. Der 20,8 hm^3 fassende Obersee ist 8 km lang. Die Wasserwerke des Kreises Aachen entnehmen bei Rurberg dem *Rurstausee* jährlich bis zu 15 hm^3 an Wasser; das Wasser wird über eine 1,2 km lange Rohrleitung um 180 m höher gepumpt, um über eine Rohrleitung von 2,8 km und einen Stollen von 3,7 km Länge der Kalltalsperre zugeführt zu werden. Bei Vollstau beträgt die überstaute Fläche 7,83 km^2. Dieser fjordartig stark gewundene, 20 km lange Wasserspeicher von 205 hm^3 ist seinem Stauvermögen nach die derzeit größte Stauanlage unserer Bundesrepublik. Errichtet wurde die *Rurtalsperre Schwammenauel* 1934-38 vom damaligen Wasserverband Schwammenauel; in ihrem alten Umfang verfügte sie über einen Stauraum von genau 100 hm^3, die Krone lag 56 m über der Gewässersohle. 1955-59 wurde diese »Hauptsperrenstelle« (der Hauptdamm) ebenfalls ein Erd- und Felsgerölldamm, 4 km oberhalb dem Luftkurort Stadt Heimbach, bei Gut Schwammenauel gelegen, ausgebaut. Die maximale Stauhöhe wuchs hierbei von 52,5 auf 68,5 m (Seefläche auf 281,5 m). Das 300 km^2 große Einzugsgebiet erbringt eine mittlere jährliche Wasserzuflußmenge von 195 hm^3; d. h. daß sich die Staumenge nahezu regeneriert. Betreiber ist seit der Fusion des Wasserverbands Schwammenauel mit dem Wasserverband Stausee Obermaubach (siehe weiter unten) und dem Rurtalsperrenverband vom 1. 1. 1969 der Talsperrenverband Eifel-Rur (TVER) in Aachen (Rurtalsperre Schwammenauel, Vervielfältigung des TVER/Eifelführer/Prospekt Rurtalsperre Schwammenauel/Rurseeschiffahrt).

Versteht sich fast von selbst, daß die umliegenden Höhen von den verschiedensten Stellen herrliche Ausblicke auf dieses gewundene Gewässer (spaßhaft auch »Eifeler Seenplatte« genannt) und die malerisch ins Bergland eingebetteten Orte inmitten des Naturparks Nordeifel bieten. Dazuhin verhilft noch die *Rurseeschiffahrt* Schwammenauel in Heimbach 2-Hasenfeld durch Sonder- und Rundfahrten von April-Oktober für das Vergnügen, die einmalige Landschaft auch von einer anderen Betrachtungsebene aus kennenzulernen. Von Schwammenauel aus steuern die drei Rurseeschiffe (größtes ist MS Stella Maris mit Platz für 496 Passagiere) im bewährten Zickzackmuster Orte beider Ufer an: es geht von Hasenfeld zunächst an der Insel Eichert vorbei nach Eschauel, dann auf die Seite des Kermeter hinüber, wonach wieder vier linksufrige Orte bedient werden, namens Woffelsbach, Rurberg-Weidenauel und schließlich Endstation Rurberg. Schiffe auf dem Rursee haben Restauration. Man kann auch den Obersee (hier wie auf dem Urftsee ohne gastliche Bedienung) per Motorschiff (3 Anlegestellen), wie ferner an Wochenenden und Feiertagen sogar den Urftsee mit ebenfalls drei Anlegestellen »hydrologisch« kennenlernen; hierfür stehen drei weitere Motorschiffe zu Diensten. Auch für Segler und geräuschlose Elektroschiffe (auf dem Obersee) bestehen Möglichkeiten.

Das 1932-35 erbaute Staubecken *Heimbach* mit 1,4 hm^3 und einer Seefläche von 34 ha ist durch eine 12 m hohen Beton-Schwergewichtsmauer von 100 m Kronenlänge abgesperrt und dem Rur-Stausee Schwammenauel vorgelagert; ein weiteres kleines Kraftwerk hat eine installierte Leistung von eben 775 kW.

Die Talsperren rund um das bewaldete, kuppige Kermetermassiv, eine Oase für Wanderer übrigens (mit Waldlehrpfad) sind lange schon ein Stück Natur geworden. Zur Zeit des Vogelzugs, wie auch im Winter bevölkern nordische Wat- und Wasservögel die Seen (F. Sauer. Die Eifel in Farbe, Bunte Kosmos-Führer '75).

Gebietsmäßig verlaufen die Gemeinde- und Kreisgrenzen exakt durch die Seen: Gemeinde Simmerath, Kreis Aachen (ganzer Obersee, Ostteil des Rursees), Stadt Schleiden, Kreis Euskirchen: Urfttalsperre und -see, Oleftalsperre (ganz), Stadt Heimbach, Kreis Düren: westlicher Rursee und sein unterer Teil ganz.

Die Kall ist ein kleiner, nur 78 km langer linker Nebenfluß der Rur, in Zerkall, an der Grenze Hürtgenwald/Nideggen einmündend. Erwähnenswert ist das Flüßchen lediglich eines 17,75 ha großen Stausees wegen im oberen Bereich an der Mündung des Keitzenbachs in Rollesbach im N der Gemeinde Simmerath. Der Speicherraum, den der 38,5 m hohe Erddamm der *Kalltalsperre* schuf, hat eben 2,09 hm^3; die 1934/35 errichtete Anlage dient den Wasserwerken des Kreises Aachen zur Wasserversorgung. Steilaufragende Felsen (Kaiserfelsen) umrahmen mit den bewaldeten Berghängen, in welche der See eingebettet ist, diese Wasserfläche und geben ein reizvolles Landschaftsbild ab (Eifelführer/Zusammenst. d. Talsp. NRW).

Rurabwärts findet sich eine weitere Stauung: das *Staubecken Obermaubach*, Gemeinde Kreuzau, Kreis Düren (oberer Seeteil auch in Nideggen). 1933/34 erbaut, liefert es den Stadtwerken Düren Trink- und Brauchwasser. Der Speicherinhalt beträgt 1,65 hm^3, die überstaute Fläche 55,4 ha, die Kronenlänge des Erddamms ist 200 m lang. Die mit der Stauanlage verknüpfte Kraftstufe weist eine installierte Leistung von 6500 kW auf. Für gemütliche Betrachtung liegt ein Restaurant am Südost-Ende der nur 6,5 m hohen Mauer. Das Becken funktioniert als Ausgleichsweiher.

Ein westlicher und linker Nebenfluß der Rur, die in der Nähe des Vennkreuzes am Raerener Wald (Belgien) entspringende *Inde* durchfließt anschließend das Münsterländchen und mündet nach 362 km südlich von Jülich. Rechter Nebenfluß eben dieser Inde wiederum ist jene Stolberg durchfließende *Vicht*. Sie entspringt in der Eifelgemeinde Roetgen, wo mehrere Quellflüsse zusammentreffen (Wasserlehrpfad!), u. a. auch der kurz vor Bildung der Vicht aufgestaute Dreilägerbach. Der Bau der *Dreilägerbachtalsperre* in den Jahren 1909-11 ging auch auf die Wasserwerke des Kreises Aachen zurück. Ein Stauraum von 4,28 hm^3 erfaßt das klare, weiche Wasser. Landschaftliche Schönheit zeichnet gerade auch diesen kleineren Stausee aus, dessen 33 m hohe Schwergewichtsmauer, in Beton ausgeführt, jedoch mit Grauwacken und Quarziten verblendet, noch eleganter als die Urfttalsperre wirkt, welche ohnehin als architektonisch geglückt angesehen wird.

Der Wehebach, ein rechter Nebenfluß der Inde, welcher in Hürtgenwald-Raffelsbrand das Licht der Welt erblickt, wird auf dem Territorium der Stadt Stolberg (beim Ort Schevenhütte) fast am Rand der Eifel aufgestaut, der Abfluß mündet dann in Düren. Sie ist die sechste in der Reihe der Perlenkette des Talsperrenverbands Eifel-Rur, diese praktisch fertiggestellte *Wehebachtalsperre*. Sie erhielt einen 46 m hohen Felsdamm (Stauziel 43 m) und faßt zwecks Hochwasserschutz 25,1 hm^3 (Reserve 10 hm^3), zwecks Trink- und Brauchwasserbereitstellung im Raum Aachen-Düren. Das 435 m lange Sperrwerk, ein Felsschüttdamm, staut einen See von 4 km Länge. Mit dem Bau wurde 1977 begonnen, 1979 soll er abgeschlossen worden sein, das Betriebsziel soll noch 1982 erreicht sein. Die Kosten waren auf 68,5 Mio DM beziffert gewesen (Wehebachtalsperre, hg. vom TVER/ARD, Hier und Heute 7. 5. 1977/AVZ 7. 7. 76).

Mit Inbetriebnahme dieser Stauanlage verfügen die sechs Sperren des Talsperrenvereins Eifel-Rur über eine additive Staukapazität von 300 hm^3, die jährliche Wasserbereitstellung durch den Verband, dessen Verbandsgebiet sich weitgehend mit dem Abflußgebiet des 2314 km^2 großen Eifel-Rur-Flußsystems deckt, beläuft sich damit auf 140 hm^3. An seinen Sperrwerken bestehen außerdem 4 Kraftwerke. Insgesamt bestehen in der bundesdeutschen Nordeifel 11 Stauseen und Stau-Becken mit einem Fassungsvermögen von gut 300 hm^3.

Die letzten beiden noch anzuführenden Talsperren liegen in Euskirchen. Es sind die Steinbach- und die Madbachtalsperre. Bei der kleinen, zwischen Laub- und Nadelwald eingebetteten Euskirchen-Kirchheimer *Steinbachtalsperre* sorgt ein 19 m hoher, 1934-36 aufgeschütteter Erddamm für die Aufstauung von 1,2 hm^3 Wasser ausschließlich für die Industriewasserversorgung (oder Betriebswasserentnahme wie es auch heißt). Im Stausee, einem beliebten Ausflugsziel, ist ein Naturschwimmbad abgeteilt, mit Liegewiesen, Bootsverleih; auch Minigolfer, Petrijünger, Wanderer (nahebei, steinbachabwärts findet sich Kloster Schweinheim!), Erholungssuchende schlechthin und hungrige Mäuler kommen hier zu ihrem Recht. Stein- und Madbach, dies ist zur allgemeinen Information nachzutragen, sind Quellflüsse des von rechts der Swist zufließenden Jungbachs. Die Swist wiederum mündet übrigens in die Erft und jene endlich ist ein linksrheinischer Zufluß. Eine Rohrleitung für Zuschußwasser verbindet die rund 3 km östlicher, am Ostrand der Waldgebiete, noch in Euskirchen gelegene *Madbachtalsperre*, nahe Rheinbach-Queckenberg mit der Steinbachtalsperre, bestehend aus einem Erddamm. Mit einem Fassungsvermögen von nur 70 000 m^3 die kleinste und östlichste der Nordeifeler Talsperren, wurde sie weitgehend 1938 vom RAD, dem Reichsarbeitsdienst erstellt. Wie der Steinbachsee, so liefert auch der Madbachsee sein Wasser an die Euskirchener Industrie. Im übrigen gibt es noch zahlreiche kleine Stauweiher in der »Nordeifel«.

Die Kulturlandschaft des Monschauer Heckenlandes

Die Kulturlandschaft der Rur-Eifel ist, wie Landschaft allenthalben, durch ihre Vegetation, sowohl natürliche und »kultürliche«, wie auch durch die Landwirtschaft wesentlich geprägt. In Tälern und flachen Mulden ist von Natur aus der Eichen-Hainbuchen-Wald verbreitet, steilere Täler zeigen einen Eschen- und Bergahorn-Buchenwald. Durch die ehemalige Niederwaldwirtschaft wurde der Eichen-Hainbuchen-Wald häufig zum Eichen-Birken-Wald degradiert. Auenwälder (auf den Talsohlen) sind der Landnutzung wegen ohnehin hier nur noch selten anzutreffen. Auf den Höhen über 500 m (häufig Hochflächen) ist überwiegend der Rotbuchenwald verbreitet. Überall jedoch ist das Gefüge dieser natürlichen Waldgesellschaft durch die *Verfichtung* abgewandelt (etwa im Monschau-Hellenthaler Wald), wie auch Teile der Hochflächen nach Rodung der Landwirtschaft dienen. Bei hohen Niederschlägen (im Vennvorland) herrschen *Grünlandanteile* von 80 % der Landwirtschaftlichen Nutzfläche, nach Osten hin sinkt dieser Wert auf unter 50 %; hier hat das Dauerackerland einen zunehmend höheren Anteil.

Die bioklimatischen Bedingungen für den *Getreideanbau* sind hier relativ ungünstig, die Rentabilitätsgrenze würde unterschritten; verglichen mit der Kölner Bucht liegen die Julitemperaturen mit 15,5 °C, die Januartemperaturen mit 0,5 °C um je 2,9 °C tiefer: Grünlandwirtschaft ist die klimaadäquatere Form der Landnutzung. Freilich war das nicht immer schon so. Zwar war die Landwirtschaftliche Nutzfläche früher (bei auch geringerer Bewohnerzahl) grundsätzlich kleiner, aber es wurde auch eine Art von Feld-Gras-Wirtschaft betrieben. Was man in Süddeutschland als Egartwirtschaft bezeichnet, hier nennt man's in spezieller Ausprägung *Schiffelwirtschaft.* Sie weist einige Besonderheiten gegenüber der normalen Feld-Gras-Wirtschaft auf: Auf sieben bis zehn Jahre der Nutzung als Heide und Schafweide folgten nach Abbrennen und Aussaat der zwei- bis dreijährige Anbau von Buchweizen und Roggen, Getreidearten, die bekanntlich genügsamer als (richtiger) Weizen sind, und meist in Gebirgen oder auch noch auf sandigeren Böden gedeihen. Die moderne Düngung führte schließlich im 19. Jahrhundert zur zeitweiligen Ausdehnung der Ackerflächen. Seit die Industrie in den Zentren den Bewohnern des Heckenlandes Arbeit bietet, konnte die Landwirtschaft sich vom *Selbstversorgerprinzip* lösen und seit den fünfziger Jahren an der Marktwirtschaft orientieren, die *Vergrünlandung* nahm ihren Ausgang.

Wer einmal im Frühjahr der Eifel einen Besuch abstattete, wird das leuchtende Gelb der löwenzahnübersäten Wiesen nicht vergessen. Im Rur- und Perlenbachtal zieren zusätzlich die gelben Narzissen die Wiesen, auch in Richtung Schleiden (B 258) findet sich eine bekannte Narzissenwiese. Im Herbst ist es der goldgelbe Ginster, das »Eifelgold«, das von den Hängen der Eifel leuchtet.

Ganz der natürlichen Vegetation angepaßt, schützen sich die *Streusiedlungen,* der Hochflächen, Dörfer oder Weiler, mit im Urzustand strohgedeckten Vennhäusern, zwischen Monschau-Kalterherberg und Simmerath-Steckenborn durch oftmals kunstvoll frisierte, nicht selten 6-8 m hohe *Rotbuchen-Schutzhecken* auf der Wetterseite der Anwesen gegen Wind (»Windschirme« genannt) und das rauhe Wetter, insbesondere den reichlich fallenden, wehenden Schnee. Gerade hier im Südosten der Rur-Eifel fällt reichlich Schnee, die Zahl der jährlichen Frosttage ist mit 234 hoch, die Vegetationsperiode dauert dagegen nur 125 Tage. Durch regelmäßigen Schnitt erhalten diese in der Welt einmaligen Hecken erst die erforderliche Dichte. Zeitlich können diese Hecken bis zurück in die Zeit der preußischen Katasteraufnahmen 1821-28 verfolgt werden, sind möglicherweise aber noch älter.

Zusätzlich zu diesen Hecken um die Anwesen, rahmen auch *Buschhecken* die engmaschigen Fluren ein. Sind die westeuropäischen Heckenlandschaften allgemein zum Begriff geworden, so tritt hier in Gestalt des *Monschauer Heckenlandes* eine solche mitteleuropäische Heckenlandschaft hinzu. Sie allerdings ist gewissermaßen ein Importprodukt aus dem Westen, zumindest, was die vor über 160 Jahren während der französischen Epoche des Rheinlands hier eingeführten, auf 1,5-2,5 m hohen Erdwällen als Feldbegrenzung angelegten Rotbuchen-Buschhecken betrifft. Sie bieten auf den offenen Hochflächen einen ebenso wirksamen Schutz für die Bodenorganismen, gegen Auskühlung und Austrocknung des Bodens, wie sie die Weidetiere vor Wind und extremen Temperaturen bewahrt (Heckenlandschaften in ... im Monschauer Land. In: Luftbildatlas NRW). Maler waren es, welche die herbe Schönheit dieser reizvollen Eifelgegenden und des Venns zuerst entdeckten und publik machten.

Das Monschauer Heckenland ist flächenmäßig identisch mit den heutigen Gebietsumfängen der Gemeinde Simmerath und der Stadt Monschau. Buchenhecken kann man noch in den zahlreichen Ortschaften dieser beiden Gemeinden finden. Besonders erwähnenswert sind (auf dem Monschauer Gebiet): das Oberdorf von Mützenich, Kalterherberg und Höfen, aber auch in Konzen ducken sich die Eifelhäuser hinter den gepflegten und hohen Schutzhecken; einige wenige sind (nach den Kriegszerstörungen) auch in Rohren noch zu sehen, z. B. aber auch in Simmerath und seinem Ortsteil Steckenborn im NO des Heckenlands.

Die Orte des Monschauer Südens

Kalterherberg, unmittelbar an der belgischen Grenze gelegen (großer Grenzübergang in die belgischen Ostkantone, nach Elsenborn und Malmédy), ist der süd- und westlichste der

Monschauer Ortsteile. Von 2400 Menschen bewohnt, liegt er am Rande des Hohen Venn, auf rund 560 m hoher Hochfläche zwischen Rur und Perlenbach. Herrliche Ausblicke über die Täler, besonders bei guter Fernsicht, z. B. auch auf die Perlenbachtalsperre bieten sich hier von zahlreichen Feldwegen aus, östlich des Straßenzugs von Malmedyer Straße-Messeweg an. Schon Mitte des 14. Jahrhunderts wurde in einer Tauschurkunde die »Kalde Herberg«, der Ort mit der vermutlich keltischen Vergangenheit genannt und 1550 ist die hiesige Lambertuskapelle erwähnt, die vom nahen Kloster Reichenstein aus (siehe weiter unten) kirchlich betreut wurde. Sie erfuhr nach und nach Erweiterungen: nach dem Turm von 1693 folgten 1767 das neue Langhaus und 1789 der neue Chor. Auf der Hochfläche des Heckenlandes ist die 1804 zur Pfarre erhobene, mächtige neoromanische Kirche (1901-04), im Volksmund *Eifeldom* genannt, weithin sichtbar. Betritt man das Gotteshaus durch eines seiner kunstvollen kupfergetriebenen Portale, so erblickt man das 1955/56 stilrein neugestaltete Innere. Nach dem Zweiten Weltkrieg geschaffen, zeigt das Hauptportal Szenen aus dem Leben Jesu, linkes Seitenportal die weiblichen, das rechte die männlichen Schutzpatrone von Kaltenherberg. Die Sakristeitür an der Rückseite ehrt den 1914 verstorbenen Pastor Arnoldy, in dessen Amtszeit der Bau entstand, und die Namen durch ihn geförderter Priester aus diesem Orte.

Von der Hauptkreuzung bei der Kirche kommt man durch die Bahnhofstraße zum Grenzübergang Bahnhof Kalterherberg. Von dort aus ist nicht mehr sehr weit nach Sourbrodt, wo in den Sümpfen des Hohen Venn die Rur entspringt, und sich an der belgischen Nationalstraße 27 zwischen Sourbrodt, Baraque Michel und Whs. Mt. Rigi im *Botrange* mit 692 m Höhe ü. d. M. Belgiens höchste Erhebung findet; bei der Baraque Michel ein Aussichtsturm. Unweit von Gut Reichenstein findet sich auf belgischem Gebiet, auf der Richelsley das *Kreuz im Venn* (Vennkreuz).

Gerade im Oberdorf, einem typischen Venndorf, zeigt die Hauptstraße (der Messeweg) noch viele der schönen alten Vennhöfe des 17./18. Jahrhunderts. Niedere Fachwerkbauten, Einhäuser, Wohn- und Wirtschaftsräume, gleich einer übergestülpten Pelzjacke, unter einem tief heruntergezogenen Strohdach vereinigt, sogar auf der Wetterseite in den Boden eingesenkt, verbergen sich hinter den hohen, künstlerisch beschnittenen Buchenhecken. Auch in Höfen, Alzen und Konzen findet man diesen Haustyp.

Am eingeschlagenen, zur Rur hinführenden Messeweg (L 106) liegt rechts ein massig-kubisch wirkender Fachwerkbau mit einem Krüppelwalmdach. Heute als Bauernhof genutzt, hatte er noch vor rund 200 Jahren eine relativ frühe gewerbliche Bedeutung als *Torflager*. Im Winter konnte des Frostes wegen im Venn kein Torf gestochen werden, so daß er zur kontinuierlichen Belieferung als Brennstoff für die Monschauer Tuchfabriken hier gelagert wurde.

Den Messeweg begleitende Feld- und Wanderwege führen weiter zum *Gut Reichenstein*, malerisch auf einem Bergvorsprung im Rurtal liegend. Ursprünglich (im 11./12. Jahrhundert) bestand hier eine Burg Richwinsteine. 1205 gründete die Abtei Steinfeld ein Prämonstratenser(innen)kloster. Ob es von der Gründung an, die mit 1135 angegeben wird, ein Doppelkloster war, oder nacheinander ein Frauenkloster und Hospiz, und dann ab 1487 ein Männerkloster, ist nicht sicher, wohl aber, daß es 1543 zerstört wurde. Der Prior Horrichem (oder Horchem) ließ es Mitte des 17. Jahrhunderts wieder aufbauen; er trägt den Beinamen »Apostel des Venns«. Das Kloster bestand noch bis zur Säkularisation durch die Franzosen 1802; die Mönche wurden vertrieben. Die Umfassungsmauern als letzte Reste lassen die Ausmaße der Kirche von 1693 erahnen. Erhalten geblieben ist der zweigeschossige einstige Prioratsbau, ebenfalls aus dem 17. Jahrhundert (Dehio, Rheinland/Eifelführer/Touristik im Monschauer Land). Der Verein der Freunde und Förderer hat sich die Restaurierung und Sicherung des Kirchengemäusers zum Ziel gesetzt.

Westnordwestlich von Kalterherberg liegt jenseits der Perlenbachtalsperre (siehe: »Perlen der Nordeifel . . .«) das langgestreckte Straßendorf *Höfen* (1680 Einwohner), auch es, wie Kalterherberg in 560 m Meereshöhe gelegen, gilt als eines der schönsten »Venndörfer«. Wohlgemerkt, es geht hier um Dorf-/Haustypen, nicht um die landschaftliche Zugehörigkeit zum Venn, denn das Heckenland zählen wir zur

Rur-Eifel, wenngleich auch das Venn ganz nahe ist. Wir finden sie auch hier wieder, die tief strohbedeckten, hinter den haushohen Buchenhecken versteckten *Fachwerkhäuser*. Manchen wird auch der reizvolle Schwanenteich (gegenüber der Fa. Pekrum) mit seinen vielen Wasservögeln zu erholsamer Betrachtung verführen; der Blick schweift hinüber auf Kalterherberg. Die *Michaelskirche* gilt als beispielhafter Kirchenbau, der moderne Architektur mit Althergebrachtem vorzüglich miteinander vereint. 1404 sind erstmals die »vier Höfe« unter dem Ortsnamen »up den hoven« genannt; 1604 kam Höfen kirchlich zur Pfarre Monschau, erhielt 1607 eine Kirche. 1701 wurde es als selbständige Pfarre dem Kloster Reichenstein eingegliedert. Mit Monschau und den anderen Orten des Monschauer Landes gehörte Höfen zum jülischen Amt Monschau (Histor. Stätten NRW). Seit 1978 gibt es hier in großen Hallen an der B 258 eine Schau von über 100 Krippen aus dem westlichen Europa, mit dem klingendem Namen *»Krippana«*. Auch hier in Höfen gibt es einige vorzügliche Beispiele von alten Venn- und Eifelhäusern. Das »Alte Eifelhaus«, ein Vennhaus mit tiefherabgezogenem Strohdach, weist am Frontgiebel den mächtigen Bruchsteinkamin der Wohnung auf; die »Scheibe« dahinter beherbergt die Stallungen, und der letzte Teil die Vorräte für Menschen und Vieh. An der Tenneneinfahrt flieht das Dach weit zurück. Ebenfalls mit einem hohen Windschirm auf der Wetterseite bis über den Kamin hinaus versehen sind die Eifel-Fachwerkhäuser: Auf der Wetterseite reicht ihr Dach bis fast zum Boden herab. Die Sonnenseite ist hingegen mit zwei Fachwerketagen ausgebaut. Im Winkel dazu wurde die Scheune errichtet. Leider wurden in einigen wenigen Fällen solche schönen Häuser auch mit Asbestzementplatten an den Fassaden verunziert. Der Alte Weg, er führt direkt ins Zentrum von Monschau, bietet einen schönen Ausblick hinüber nach Kalterherberg (Stadt Monschau, Vorschlag für einen kleinen Bummel nach . . .).

Nordöstlich von Höfen liegt der Wintersportort *Rohren*, mit 500 Einwohnern war er die kleinste Gemeinde des ehemaligen Kreises Monschau; seit dessen Auflösung gehört Rohren (mit Widdau als Stadtteil) zu Monschau. Wie Höfen, kam der Rodeort Rohren, vom 15.-19. Jahrhundert Wohnort vieler Fuhrleute, welche die Raerener Töpferwaren (heute naher belgischer Ort) beförderten, zunächst kirchlich zu Monschau, erhielt um 1700 eine eigene Kirche und ist seit 1804 Pfarre (Histor. Stätten NRW). Die neugotische *Korneliuskirche* wurde nach Zerstörung im Zweiten Weltkrieg wiederaufgebaut; in ihrem Innern dürfte links von der Orgelempore eine Mariendarstellung im Bauernbarock des besonderen Interesses gewiß sein. Draußen, im Ort blieben nur einige Fachwerkhäuser unzerstört. An der Borngasse (im Westen, Abweg zum Kluckbachtal) erbauten die Rohrener Bürger 1904-08 in mühsamer Arbeit eine *Lourdesgrotte.* Das erforderliche Lavagestein mußte mit Ochsenkarren aus der Eifel herantransportiert werden.

Weiter in Richtung Norden genießt man von der Rödgen-(Rödchen)straße den Ausblick ins Rurtal bis in den Monschauer Kessel hin. Dieses ist auch der *Skihang* mit dem 536 m langen Doppel-Schlepplift. Sein Gefälle beträgt 1:4 auf 600 m Länge. Hier im »Wintersportzentrum Rohren« existiert auch mit 705 m die längste Sommerbobbahn der Bundesrepublik; ihr durchschnittliches Gefälle erreicht 20 % (entsprechend 1:5). Auch Ponyreiten, Grasski, Grillmöglichkeiten und eine Gastronomie komplettieren das sportlich-gastliche Angebot am Treffpunkt der Wintersportler (Touristik im Monschauer Land/Vorschlag für einen kleinen Bummel in . . .).

Im Westen und Norden Monschaus

Mützenich ist der westlichste der Orte, im *Stehling*, der höchsten Erhebung Monschaus, ist er bis zu 658 m hoch. Das Dorf liegt westlich der *belgischen Vennbahn*, die hier auf exterritorialem Bahnkörper, und ohne den Reiseverkehr dieser Stationen zu bedienen, durch bundesrepublikanisches Territorium verläuft: die Bahnhöfe stammen noch aus früheren Zeiten. Diese Bahnlinie verläuft von Raeren (Belgien) nach Roetgen, Lammersdorf, bei Simmerath die Grenze bildend, an Monschau vorbei und erreicht bei Kalterherberg wieder belgisches Staatsgebiet; durchs Venn erreicht sie im Knoten Weveré/Weywertz-Butgenbach die Strecke Stadtkyll-Malmédy. Die Bahntrasse und Grenze machen Mützenich, streng betrachtet, zu einem exterritorialem Gebiet.

Aus der keltisch-römischen Namensendung des Ortes auf -nich schließt man auf das alte »Mutiniacum«, eine römische Station (Benefiziarier-Straßenposten), die auf keltischen Siedlungsresten aufbaute, doch eigentliche Spuren wurden noch nicht gefunden. Es haben sich hier einst die Römerstraße der Via Mansuerisca (Düren-Hohes Venn) mit der »Kupferstraße« (Aachen-Roetgen-Kalterherberg-Trier) gekreuzt. Man findet sie als Waldweg gar noch zwischen Ruitzhof und Richelsley (beim Vennkreuz). Der kambrische Quarzitblock *»Kaiser Karls Bettstatt«* am Stehling (hart an der heutigen Bundesgrenze) soll ein Grenzstein des Reichensteiner Wildbanns gewesen sein und ist schon im 13. Jahrhundert genannt. Von dem nach Konzen eingepfarrten Ort ist erstmals 1557 die Rede, 1847 erhielt er eine eigene Kirche, die 1858 zur Pfarrkirche wurde. Diese ist *St. Bartholömäus* geweiht (an der zentralen Eupener Straße) und wurde nach dem letzten Krieg erweitert unter Schaffung des Sgraffito-Kreuzwegs und einer kunstvollen Kupfertreibarbeit an der Kanzel. Die Darstellung über der Innenseite des Seiteneingangs zeigt Bartholomäus, den Kirchenpatron. Außen sind über dem Eingang die Bibel und die Wandlung des Zöllners zum Jünger Jesu versinnbildlicht.

Das Soldatenehrenmal, in einer Seitenstraße, besteht aus großen Findlingsblöcken von Vennwacken. Sehenswert ist die besonders schöne Buchenhecke des »Nassen Hofs«. Über die Reichensteiner Straße gelangt man an einigen Sägewerken vorbei (Nutzung des heute belgischen Vennholzes) zur Eisenbahnbrücke. Die Vennbahn wurde übrigens 1885 eröffnet, nach 1940 lag sie, damals schon von der Belgischen Staatsbahn betrieben, zeitweilig still. Außer dem Stehling (oder auch Steling im Nordwesten, an der Grenze), bietet diese Brücke einen weiten Ausblick zu den Dörfern und Kirchentürmen von Kalterherberg, Imgenbroich, Konzen, Höfen, Röhren und u. U. auch der Simmerather Orte (Histor. Stätten NRW/Bummel . . .).

Imgenbroich auf einer Seehöhe von 560 m und mit 1260 Seelen nordwestlicher Stadtteil von Monschau, macht auf den Betrachter einen ziemlich städtischen Eindruck, ganz im Gegensatz zu den ländlichen Orten des übrigen Heckenlandes. Tatsächlich lag auch in Imgenbroich das wirtschaftliche

Schwergewicht auf dem gewerblichen Sektor, und noch heute zeigt sich hier die größte Industriekonzentration von Monschau, daneben ist es ein nicht unbedeutender Einkaufsplatz. Um 1200 erstmals erwähnt, richtete Christian Offermann um 1700 hier die erste Tuchweberei ein. Das *Tuchmachergewerbe* hatte im 18. Jahrhundert (etwa 1770-90) seinen Höhepunkt erreicht, statt den landesüblichen Fachwerkbauten konnte man sich Steinhäuser leisten. Die inzwischen längst ausgestorbenen Tuchmacherfamilien legten den Grundstein für den Ruhm der Monschauer Tuche (siehe auch Monschau, das Juwel an der oberen Rur). Als besonders bemerkenswerte bauliche Manifestation dieser Periode, die in weniger prosperierender preußischer Zeit abebbte, darf das *Tuchfabrikantenhaus Anthoni,* ein 1750 erbautes Stammhaus mit Tuchfabrik, angesehen werden, welches als Imgenbroicher Bürgermeisterhaus, sowohl vor als auch nach dem Krieg genutzt, nach Zerstörung wiederhergestellt, heute Domizil beider, des Stadtdirektors wie des Bürgermeisters der Stadt Monschau dient (Anschrift: Trierer Straße 274). Einer jener Bauten des leider bei Kampfhandlungen vom September 1944 bis Anfang 1945 fast völlig zerstörten Ortes, ist der *Werner-Bau,* ein mächtiges Bruchsteinhaus mit Torbogen; 1750 erbaut, war es zugleich Patrizierhaus und Fabrik, ähnlich dem so vorzüglichen Roten Haus von Monschau (siehe unten). Andere dieser Häuser konnten im alten Umfang nicht wiederhergestellt werden. Am Westrand des Ortes öffnet sich der weite Blick auf Mützenich und den Stehling; auch erinnern hier am Kinderspielplatz Reste des Westwalls an gewisse Zeiten. Die *katholische Kirche* wurde 1878 neuerbaut, 1804 mit den übrigen Kirchen des Monschauer Landes Pfarre. Seit 1609 war den Lutheranern hier die freie Religionsausübung erlaubt, seit 1672 werden hier evangelische Gottesdienste abgehalten.

Der nordwestliche Stadtteil *Konzen,* auf dem Einheitsniveau des Heckenlandes von 560 m über dem Meere gelegen, einzig im Norden vom 599 m hohen *Hoscheit* überragt, auf langgestreckter Höhe, und ein ansehnlicher Ort mit 1580 Einwohnern, gilt er schlechthin als die Urzelle des Monschauer Landes. Hier hatte ein karolingischer Königshof Compendio bestanden; 888 bestätigte König Arnulf dem Aachener Marienstift (Dom) die Schenkung König Lothars für diesen Ort, der

Mittelpunkt der Verwaltung des Reichswalds zwischen Monschau und Kornelimünster war. Aus dieser Zeit stammt die *Pankratiuskirche* (des Königshofs), heute Kapelle des mustergültig angelegten Friedhofs (mit bemerkenswerten Grabkreuzen an der Friedhofsmauer). Der rechteckige Bruchsteinbau zweier Joche stammt aus der zweiten Hälfte des 12. Jahrhunderts, das Ostjoch ist durch Bogen als Altarraum abgetrennt, das Westjoch erscheint nun mit flacher Decke; Pfeiler und Fenster wurden mehrfach geändert. Schon früh kam Konzen über Forstrecht und durch Heirat an Jülich. In der Rodezeit (12. Jahrhundert) wuchs die Bevölkerung Konzens stärker an, so daß eine neue Kirche gebaut werden mußte. Reste dieser romanischen Basilika aus der Zeit um 1160 finden sich im Turm der katholischen Pfarrkirche *St. Peter* wieder. Leider wurde die dreischiffige, aus Bruchsteinen erbaute hochgotische Hallenkirche aus dem 15. Jahrhundert bis auf die Umfassungsmauern zerstört. Ihr 1952 erfolgter Wiederaufbau brachte eine wesentliche Erweiterung mit sich. Auf einer Seite umrahmt von alten Kastanienbäumen, macht das Gotteshaus (wieder) einen recht idyllischen Eindruck. Im Innern sind der alte gotische Chor (Taufkapelle; berühmte Krippe zu Weihnachten) mit romanischem Taufbecken (12. Jahrhundert), eine Pankratiusstatue (16. Jahrhundert) und die Grabplatten der Monschauer Amtmänner von Interesse. Aus dem 18. Jahrhundert sind ein kleines Tabernakel und barocke Holzskulpturen des Erzengels Michael, des Schmerzensmannes, ein Kruzifix, die Heiligen Brigida und Nepomuk überkommen.

1238 erhielt Wilhelm IV. von Jülich von Limburg auch die Vogtei Konzen, die allerdings nochmals 1342 an Limburg zurückging. Jülich und Monschau-Valckenburg hatten sich über ihre Rechte am Reichswald zu einigen. Die Mutter- und Sendkirche des Monschauer Landes, von welcher dessen Christianisierung ausging, war dann bis 1640 an Monschau gebunden und der Ort gehörte zum jülischen Amt Monschau.

An der Breiten Straße (zur K 20 hin) liegen einige der schön gepflegten und von »Windschirmen« geschützten Fachwerkhäuser. Fast hinterlassen diese zahlreichen Schutzhecken den Eindruck einer Streusiedlungsweise. Vom Ortsrand aus blickt man über den Talschluß des Laufenbachs hinweg, nach Mützenich hinüber (Touristik im Monschauer Land/Bummel in . ./Dehio/Histor. Stätten/Neubürgerbroschüre Monschau)

Von Konzen, unmittelbar an der belgischen Grenze, gelangt man leicht ins Venn, jedoch Vorsicht ist geboten: im sumpfig-morastigen Grund dürfen Gummistiefel nicht fehlen. Man bewappne sich mit genauer Karte und Kompaß und verlasse feste Wege nicht! Das Venn ist wegen seiner biologischen und botanischen Besonderheiten als Gebirgshochmoor für Naturliebhaber und -genießer (siehe auch Roetgen) eine Art Pilgerstätte. Nördlich von Konzen, nach Roetgen zu, führt die B 258 für etwa 2 km (ohne besondere Beschilderung) durch belgisches Staatsgebiet, und Autofahrer sollten der Polizeikontrollen wegen die belgische Straßenverkehrsordnung beachten. Diese heutige Bundesstraße 258, die Magistrale des Monschauer Landes ließ nach Anordnung von 1904 Napoleon in den Jahren 1806-11 erbauen; in Roetgen und Konzen erinnern die Meilensteine noch an diese französischen Zeiten, als Monschau ein Kanton des Rurdepartements/Département de la Roer war.

Monschau, das Juwel an der oberen Rur

Nicht, wie die ländlichen Orte des Monschauer Lands auf der Hochfläche, sondern geschützt im engen, romantischen, mäandrierenden Felsental der Rur und ihrer Seitenbächer, insbesondere der Laufenbäche, 120 m in die Hochflächen eingetieft, auf schmaler Talsohle in rund 400 m Meereshöhe, ist die alte Residenzstadt, das Montjoie früherer Zeiten, situiert, und inmitten des Naturparks Nordeifel. Der Luftkurort bietet sich dem Reisenden in einer jahrhundertealten Geschlossenheit der Architektur dar. Die Vielzahl seiner Impressionen ist sowohl aus stattlichen Patrizierhäusern, wie aus winkligen Gassen, viel Fachwerk, Schiefer an Wänden und auf Dächern (als heimisches Produkt), Treppchen und malerischen Anblicken von den Höhen herab komponiert. Auf Streifzügen entdeckt man immer wieder weitere idyllische Ecken. Heimatfeste und Folklore gehören ebenso dazu, wie die nächtliche Illumination von Burg und Haller auf den

Höhen. Die eigentliche Kernstadt zählt nur eben 2500 Bewohner, »Neu-, bzw. Groß-»Monschau, ein Faktum seit dem 1. 1. 1972, bringt es auch derer auf gerade gemütliche 10930 (1980).

Die Geschichte der *Herrschaft, der Burg und des Ortes* Montjoie sind aus einem Guß. Der französischsprachige Name bedeutet soviel wie »Freudenberg«, ob dies allerdings die etymologisch richtige Auflösung darstellt, kann bezweifelt werden, denn es stehen auch die Formen Munioe (1237), Monione (1228), Monttiou und sogar Monschauwe zur Auswahl (Rhein. Städtebuch). Mit dem Namen eines Grafen Ludwig von Monschau ist seit 1096 die erste Nennung der Herrschaft Monschau verknüpft; Ludwig hatte 1196 zusammen mit Richard Löwenherz von England und Walram II. von Limburg am 3. Kreuzzug teilgenommen. Walram II. heiratete 1198 Ludwigs einzigen Nachkommen, seine Tochter, wodurch die Herrschaft Monschau an das Haus *Limburg* kam. Wer nun wann die Burg Monschau erbauen ließ, hat noch niemand herausbekommen können. Möglich ist es, daß sie bei Umwandlung von Burg Richwinsteine/Reichenstein in ein Prämonstratener(innen)kloster um 1135 als Ersatz und zum Schutz des Klosters entstand. Es wird aber ebenso gut für möglich gehalten, daß sie Walram II. erbauen ließ. Auch bezüglich des *Hallerturms* ist man auf Mutmaßungen angewiesen. Er kann als ein der Burg gegenüberliegendes Vorwerk schon vor der Burg errichtet worden sein. Eine andere Quelle (Histor. Stätten NRW) wollen in ihm eine Gegenbefestigung nach dem Vorbild des Valkenburger Halders sehen und schreiben ihn Dietrich III. (1302-05) oder Reinhold von Valkenburg (1305-33) zu. Signalturm der Burg sei er gewesen und er soll sogar auf römischen Fundamenten stehen. 1570/71 hat jedenfalls, soviel ist sicher, der Baumeister Pasqualin das Holzwerk abgebaut, um damit die Schloßdächer reparieren zu können; seitdem ist der Haller (von rufen, hallen?) eine Turmruine.

Die Burg dürfte auch der Sicherung der Konzener und Mützenicher Kreuzungen gedient haben (siehe auch Mützenich). Walram III. von Limburg heiratete am 12. 2. 1214 in zweiter Ehe die erst 28 Jahre alte, verwitwete luxemburgische Gräfin Ermesinde (siehe Veit, Luxemburg, S. 37/38), in erster Ehe mit Theobald/Thibaud von/de Bar vermählt gewesen. Ermesinde und Walram bauten ihr Gebiet geschickt aus. Nicht nur, daß durch diese Heirat die Markgrafschaft Arel/Marquisat d'Arlon an Luxemburg kam (und bis 1838 verblieb), sondern Ermesinde erwarb durch Kauf, allerdings erst nach Walrams Tod auf der Rückreise vom Reichstag in Cremona (?) 1226 die Herrschaft/Seigneurie Falkenstein und die Orte Bitburg/Bitbourg und Dahl in der Eifel (A. Herchen, Manuel d'Histoire Nationale, 9. Aufl., Luxembg. 1972/P. J. Muller, Tatsachen aus der Geschichte des Lux. Landes 1968). Monschau war zwischen diesen luxemburgischen Eifelorten und Limburg ein territoriales Bindeglied. Das ehemalige Herzogtum mit Zentrum Limburg (westlich von Eupen) ist nicht mehr ganz identisch mit der heutigen belgischen Provinz Limburg, zumal es in den heutigen Maastrichter Zipfel hineinreichte. Ermesinde verstarb übrigens am 17. 2. 1247. Mit Walrams Sohn Heinrich IV. (nicht mit dem Luxemburger Heinrich IV., dem Blinden, zu verwechseln) gelangte 1221 in Monschau eine Sekundogenitur der Limburger an die Macht. Heinrich trat die Herrschaft jedoch 1226 an seinen jüngeren Bruder Walram I. (den Langen) ab, 1242 folgte sein Sohn Walram II., dessen Witwe Jutta von Ravensburg das Land an ihren mit Berta von Monschau verheirateten Schwager Dietrich II. von Valkenburg gab, womit das Monschauer Land an die Nebenlinie *Limburg-Valkenburg*/Falkenburg gelangte. Dietrichs Tochter heiratete 1269 den deutschen König Richard von Cornwallis. Wohl unter dem letzten Falkenburger, Johann III., dürfte Monschau 1352/53 Stadt geworden sein, nachdem bereits eine »Talfreiheit« geschaffen worden war; Johann starb 1353 kinderlos. So kam Monschau als Brabanter Lehen an Reinhard von *Schönau-Schönforst;* Valkenburg ging als Reichslehen ebenfalls an ihn. Brabant hatte in der Schlacht von Worringen am 5. 6. 1288 im Limburgischen Erbfolgekrieg über Limburg gesiegt, Limburg war von Brabant abhängig.

Unter den Schönforstern erfuhr die *Burg* einen wesentlichen Ausbau. Ältester Teil (Kern) des sehenswerten mittelalterlichen Baudenkmals, das 1217 als »castrum Munioie« zum erstenmal urkundlich belegt wurde, ist, auf der höchsten Stelle angelegt, die *Hauptburg* mit dreieckigem Grundriß, bestehend aus dem Bergfried (an der Westseite), außen durch zwei

Stützpfeiler gehalten, sowie der 1929/30 als Jugendherberge ausgebaute Palas im W; vom Osttrakt sind lediglich noch die Kellergewölbe und ein dreigeschossiger, quadratischer Turmstumpf übriggeblieben; es bestanden drei Tore. In der Schönforster Ära, in der Zeit zwischen 1360 und 1380 (Stadtplan mit Text) entstand (nach Dehio jedoch schon in der 1. Hälfte des 14. Jahrhunderts) die der Hochburg südlich vorgelagerte *obere Vorburg*, von Ringmauern und Wehrgängen umschlossen. Ein Teil der Ringmauer und der zweistöckige Torbogen mit Spitzbogendurchgang, von zwei Rundtürmchen flankiert (im linken Treppe zum Wehrgang), blieben erhalten. Die *Burgkapelle* St. Martin und Josef ist 1369 bezeugt, steht aber im Bereich der jüngeren, unteren Burg. Jahrhundertelang hielten hier die Reichensteiner Patres die Gottesdienste ab. Sakramente durften aber nicht gespendet werden. Zeitweilig soll die Kapelle auch den Evangelischen gedient haben; derzeit ist sie als Scheune in profaner Verwendung. 1640 war eine eigene katholische Pfarre in der Stadt, von Konzen unabhängig, entstanden.

Als der letzte Schönforster starb, gingen 1433 Land und Burg an Katharina von Schönforst-Sayn. Nach ihrem baldigen Tod, 1435, vermachte sie die Herrschaft und Burg (nicht ganz ohne Druck) an ihren Oheim, den Herzog Adolf von Jülich. Unter den Limburgern und Schönforstern war die Burg eine Zeitlang Residenz (Scheibler/Isaac/Weiß, Sehenswürdigkeiten in Monschau. Vervielfält. 11 S.).

Hinfort war Monschau keine Herrschaft mehr, sondern ein jülisches Amt. Anfangs des 16. Jahrhunderts wurden der Oberburg zur Stadtseite hin einige Elemente vorgelagert, so der mächtige, runde, 1517 erbaute Batterie (Wilfrieds- oder Esels-)turm mit schmaler Durchfahrt und Aussichtsplattform, eine Rampe entlang der Zwingermauer verbindet ihn mit der oberen Vorburg und ein Gang mit der Hochburg. Eine andere Quelle (Stadtplantext) hält den Eselsturm ebenfalls für eine Erweiterung aus der Zeit nach der Zerstörung Monschaus in der Geldrischen Fehde. Seit Beginn des 18. Jahrhunderts diente er als ausbruchssicheres Gefängnis. In diesem Geldrischen Erbfolgekrieg wurde die Stadt dem Erdboden gleich gemacht, als Jülich sich mit dem Kaiser angelegt hatte und Renatus von Oranien in kaiserlichen Diensten am

17. 8. 1543 Schloß und Stadt zerstörte. Wenig ist übriggeblieben, u. a. das Haus zum Turm (Burgmannenhaus, 1351). Jülich war daran interessiert, auch gegen Geldern, die Burg zur Festung auszubauen, es entstand die *untere Vorburg* (Unterburg). An die mit Türmchen bestückte Ostmauer schließt sich die 1586 erbaute Kommandantur an, die bereits oben erwähnte ältere Burgkapelle findet sich daneben, ferner steht hier eine ehemalige Kaserne aus dem 17. Jahrhundert, heute Altersheim (Dehio, Rheinland).

Nach dem Aussterben der Jülicher Herzöge teilte Monschau das Schicksal des Herzogtums Jülich. 1609 verwalteten zunächst *Brandenburg und Pfalz* das Monschauer Land gemeinsam. Der Jülich-Klevische Erbfolgekrieg ging in den Dreißigjährigen Krieg (1618-48) über; im Friedensschluß fiel 1666/72 das Monschauer Land an *Pfalz-Neuburg* (1685 Kurpfalz). Doch schon 1689 fielen die Franzosen unter General Varennes ein. Burg und Stadt litten nun und in der Folgezeit unter siebenmaliger Belagerung durch verschiedenste Truppen. Ab 1775 war Pfalz-Bayern Herr im Monschauer Land.

Nach der Französischen Revolution beglückten 1794 die *Franzosen* wieder das (gesamte Rhein-)Land, diesmal für längere Zeit. 1801 war Monschau Kantonalort im französischen Rurdepartement geworden. Alles Staatseigentum wurde beschlagnahmt und so auch 1810 die Monschauer Burg versteigert. Ersteigerer war der Monschauer Tuchfabrikant Schlösser; 1837 kam er um Ermäßigung seiner Gebäudesteuer ein, da die Unterhaltung der Bauten teuer war. Die damaligen Steuern wurden nach der Fläche der Dächer festgelegt. So hatte er realen Anlaß durch Abbruch der Dächer zum raschen Verfall der Bauten beizutragen. Die heutigen Zerstörungen alter Wohnhäuser aus spekulativen Gründen haben hier also 1836/37 ein frühes »Vorbild«. 1899 ging man daran, die Burg zu retten. Die Stadt erwarb sie, und die Rheinprovinz trug helfend dazu bei; letztlich sicherten die konkrete Zweckbestimmung mit dem Ausbau zur Jugendherberge und die Verwendung als Hospital den Fortbestand jenes uns heute erfreunden alten Bauwerks.

Die Kirchenbauten fallen noch in die Zeit des jülischen Amtes Monschau, in die brandenburgische und die kurpfälzische

Epoche der Stadt. 1640 wurde die katholische Pfarrei Monschau eingerichtet, von der Mutterkirche in Konzen losgelöst. In den Jahren 1649/50 zogen wallonische Maurer das massive Bruchsteinbauwerk hoch. Der Bau erhielt ein leicht geschweiftes, zur Eingangsseite hin abgewalmtes Dach. Ein dachreiterartiges, verschiefertes Türmchen trägt ein Uhrglöckchen aus dem Jahre 1511. Es stammt vom Reinarzthof im Hohen Venn und hing, bis zu dessen Abriß 1831, im Stadttor.

Es handelt sich bei der alten *Pfarrkirche St. Mariä Geburt* in der Kirchstraße, unterhalb der Burg, um einen gotisierenden Saalbau mit dreiseitig geschlossenem Chor und hölzernem Kreuzrippengewölbe im Innern. Der Sakralbau steht unter Denkmalschutz. Noch bis 1860 war der Kirchfriedhof in Benutzung. Das Innere der Kirche hat man mit Schätzen säkularisierter Klöster angereichert. Stammen die barocken Seitenaltäre aus der Zeit der Erstausstattung, so kommt der Hochaltar-Unterbau aus Kloster Reichenstein (1780), der Orgelprospekt aus Kloster Mariawald (spätes 18. Jahrhundert) und die Rokokokanzel von 1870 mit geschweiftem Kanzelkorb und Bekrönung könnte ebenfalls aus Reichenstein sein. Ein einfacher Barockaltaraufsatz im Chor nahm den silbernen Reliquienschrein mit den Gebeinen des hl. Liberatus auf. Der Schrein ist eine Arbeit des (Köln-) Deutzer Goldschmieds A. Reuter von 1760; auf dem Deckel die halbaufgerichtete Liberatusfigur. 1970-74 wurde die Kirche restauriert.

Unmittelbar an der Rur (Brücke) und an einem kleinen Platz setzt die *evangelische Kirche* an hervorstechendem Orte einen baulichen Akzent im Stadtbild Monschaus. Einhundertvierzig Jahre lang hatten die Evangelischen (1550 tauchten die Wiedertäufer auf, 1597 waren es Lutheraner, 1614-22 war man reformiert) schon ihre Gottesdienste in einer Scheune im nördlich gelegenen Menzerath abgehalten, ehe sie, aus der Illegalität erlöst, ebendort 1683 eine eigene Kirche bauen konnten. Diese wurde 1831 abgerissen, der Friedhof besteht noch. 1709 konnten sie den ersten Pfarrer einstellen, und 1789 erlaubte der Kurfürst von Pfalz-Neuburg den Bau einer evangelischen Kirche in Monschau. Der Architekt der 1789 eingeweihten Kirche war der Köln-Mülheimer Wilhelm Hellwig. Die Umfassungsmauern des rechteckigen Saalbaus sind in schlichter Rahmenkonstruktion mit Blausteinfassungen (siehe Aachen) gehalten; der viergeschossige Westturm ist halb eingebaut. Er trägt eine rund hundert Jahre ältere spätbarocke Schweifhaube in der Art eines doppelten Zwiebelturms. Sie stammt ebenfalls aus Köln-Mülheim. Hellwig ließ das aufgekaufte Balkenwerk der 1684 errichteten, jedoch 1784 bei einem Eisgang auf dem Rhein bis auf den Turm zerstörten Kirche in zerlegter Form auf Pferdefuhrwerken hierher verbringen und wiedererrichten. Das Innere ist im Stil des Empire bis Louis XVI gehalten, mit geometrischen Felderteilungen; Falten- und Laubgehänge mit Rosetten stellen den dekorativen Rahmen auch der Emporenbrüstung. Der urnenförmige Altar ist bezeichnend für das Nachrokoko. Das Altargerät besteht aus Sayner Eisenguß. Abendmahlkelch, Silberschüssel, Taufschüssel, Patene und Hostiendose sind Arbeiten des 18./19. Jahrhunderts; Kruzifixe und Leuchter sind Gaben König Friedrich Wilhelms III. von Preußen (Sehenswürdigkeiten in M./Stadtplantext/Dehio).

Im Jahre 1711 erhielt der Franziskanerorden (Minoriten) die landesherrliche Genehmigung in Monschau eine Niederlassung zu gründen. Wegen akutem Geldmangel schleppte sich der Bau von 1719/20 bis 1751 hin. Davor (1717) war jedoch schon das Kloster mit einer Notkirche fertiggewesen. Die Ordensbrüder richteten eine Schule ein. Schon 1802/03 wurde das Kloster säkularisiert, das Eigentum fiel dem französischen Staat anheim. Napoleon teilte 1804 die Klostergebäude zur Errichtung einer höheren Schule zu. Die Loretokapelle brannte 1860 völlig ab. Seit 1862 ist die Aukirche (auf der Flußaue) die *Hauptpfarrkirche.* Ein Westturm mit neubarokker Haube ersetzte 1922/23 das westliche Glockentürmchen. Der Kirchenbau ist ein einfacher Bruchsteinsaal mit geradem Chorschluß und gotisierenden hölzernen Pfeilern und Kreuzrippen. 1968 wurde die Kirche restauriert und entsprechend dem Vatikanischen Konzil für die Erfordernisse der modernen Liturgie – der Altar fand in der Mitte Aufstellung – angepaßt. Die liturgischen Geräte stammen teilweise aus Kloster Reichenstein und sind Arbeiten des 16./18 Jahrhunderts, u. a. drei Monstranzen und fünf Kelche. Nach 1926 enthielten die Bauten zeitweilig das Bürgermeisteramt, heute ist hier das Fremdenverkehrsbüro untergebracht, nebst Wohnungen. Auf der Rurseite erkennt man die Inschrift PGR Anno 1720 für den verdienten *P*ater *G*eorg *R*ichermo.

Außer dem Männerkonvent der Franziskaner bestand ab 1715, sei's der Gleichberechtigung wegen, auch ein Frauenkloster: das der *Ursulinen*, 1718 fertiggestellt, widmeten sich die Dürener Schwestern der Jugenderziehung und überstanden daher die Säkularisation zwar, mußten aber wegen zu geringer Schwesternzahl 1837 aufgeben. Die 15 Pensionärinnen übersiedelten nach Ahrweiler. Nach 1846 waren hier katholische schulische Einrichtungen untergebracht. Seit 1967 völlig profaniert, enthält die Kapelle heute die Kassenhalle der Kreissparkasse.

Tuchmacherei und Bauten der Neuzeit in Monschau

Aus Aachen vertriebene evangelische Tuchmacherfamilien führten um 1600 im Monschauer Land das *Tuchmachergewerbe* ein. Schon Mitte des 17. Jahrhunderts erzielt der aus Aachen »eingewanderte« Tuchfabrikant Arnold Schmitz beachtliche Erfolge, und als Christian Offermann um 1700 in Imgenbroich sein Feintuch herstellte, »wuchsen auch bodenständige Tuchfabrikanten nach«. Der bergische Pfarrersohn Johann Heinrich Scheibler (1705-1765), ein Verwandter des ersten evangelischen Pfarrers von Menzerath 1709, ging zum Imgenbroicher Tuchfabrikanten Matthäus Offermann in die Lehre. Nach Beendigung der Lehrzeit, erst im jugendlichen Alter von 18 befindlich, ehelichte er die verwitwete Tochter Offermanns, damit Scheibler die Tuchfabrik des ersten verstorbenen Mannes fortführen konnte. Das reichlich vorhandene, kalkarme und weiche Wasser war eine wichtige Voraussetzung für die Tuchwalkerei und Färberei. Scheibler ließ selbst eingekaufte spanische Merino-Schafwolle über Amsterdam und Rotterdam einführen und sorgte für ihren Transport per Pferdefuhrwerk nach Monschau. Mit seinen hochfeinen Tuchen eroberte er den gesamten europäischen Markt, und selbst die Türkei und Rußland gehörten zu den Abnehmern. Mitte des 18. Jahrhunderts beschäftigte die Monschauer Tuchindustrie 4000 Arbeitskräfte, 1865 waren es allein in der Scheiblerschen Dynastie derer 6000. Während der napoleonischen Ära florierte die Tuchmalerei, sie partizipierte am wirtschaftlichen Aufschwung des Kaiserreichs. Der Übergang an Preußen brachte 1815-22 in schwerer Notzeit den Niedergang des Gewerbes und die Abwanderung der Arbeiterschaft nach Aachen. Monschau war eine Tuchmacherstadt.

Die reich ausgestatteten Patrizierhäuser der Tuchmacher setzten dem malerischen Stadtbild mit seinen einfachen, verschieferten Bürgerhäusern und mit Klein-Venedig an der Rur, mit engen Sträßchen und steilen Treppen und Treppengäßchen einen wohldosierten, gekonnten Kontrapunkt entgegen. Von besonderem Interesse ist das bestens erhaltene, 1973-80 mit einem Kostenaufwand von 4 Mio. DM restaurierte Scheiblersche *Rote Haus.* Von der Familie Scheibler und dem Landschaftsverband Rheinland als Stiftung geführt, ist es Museum. Die wertvolle Rokokoeinrichtung des Textilproduzenten und -kaufmanns ist vollständig erhalten (ARD-WDR, Hier und Heute 21. 5.80). Diese wertvollste Erinnerung an die Glanzzeit der Monschauer Tuchindustrie sucht ihresgleichen. Eine genaue Jahreszahl läßt sich für die Fertigstellung des nahe der evangelischen Kirche stehenden Doppelhauses (links: Zum Helm, rechts: Zum Pelikan) nicht angeben. Es wurde irgendwann zwischen 1756 und 65 mit einem Kostenaufwand von 90 000 Talern fertiggestellt. Vor Vollendung des Baues Witwer geworden und bereits 1765 verstorben, hat Johann Heinrich Scheibler das außen relativ schlichte, gewissermaßen bodenständige Haus nicht mehr selber bewohnt; insofern änderte sich auch die Raumkonzeption. Ursprünglich sollte die linke Hälfte die Wohnung, die rechte Seite die Fabrik aufnehmen (im Keller Walke, Apperetur), oben Tuchlager und Kontore, Speicher und Wollager, während der erste Stock beidseitig durchgehend für den Festsaal gedacht war. Es zogen Scheiblerts beide jüngeren Söhne, die zugleich Firmenteilhaber waren, ein; die älteren verfügten über eigene Tuchfabriken. Das dreigeschossige, äußerlich relativ schlichte, aus roten (eingefärbten) Backsteinen erbaute Haus hat 8 Fensterachsen und ist von einem Mansarddach mit Schweifgiebeldurchbruch gedeckt. Man betritt das Haus durch eine kunstvolle geschnitzte Haustür, wie noch etliche im schönen Monschau zu finden sind.

Besonders prachtvoll und harmonisch ist die im Rokokostil gestaltete, durch drei Stockwerke führende geschnitzte Holzballustrade der freischwebenden Treppe der linken (Wohn-)Hälfte (Haus Zum Helm). Auf den 21 äußeren »Kartuschen« wurden die wichtigsten Vorgänge im damaligen Tuchfabrikationsprozeß mit Putten verziert, reproduziert. Der Innenteil versinnbildlicht auf nur 12 Kartuschen die Jahres-, Tageszeiten und die Elemente in landläufigen Allegorien des 18. Jahrhunderts. Ob die Ballustrade eine Arbeit der Lütticher Schule (Aachen-Lütticher Barock) oder von italienischen Künstlern ist, darüber gehen die publizierten Meinungen auseinander. In mehreren Zimmern finden sich kostbare Täfelungen und gemalte Tapeten. Sehenswertenswert von der *Ausstattung* ist der Glasschrank in der Diele. Der erste Raum links enthält eine auf Leinwandverspannung aufgemalte Bildergalerie (eine nicht originär zugehörige französische Arbeit), interessant in ihrer Zusammenstellung. Die einfachere Treppe des Hauses *Zum Pelikan* zieren Szenen bäuerlicher und weinbäuerlicher Motive sowie ein beim Mahle vom Tod überraschtes Ehepaar. Ein Musterbuch zeigt alle damals hergestellten Tuche. Alle Vorhänge waren Handarbeit: Spinnen, Weben auf dem Handstuhl und das »Scheeren« der Tuche.

Unmittelbar hinter dem Roten Haus, an der Lauffenstraße ist das *Haus Troistorff*, ein weiteres der beachtlichen Monschauer Patrizierhäuser. 1783 erbaute es Math. Peter Wolfgang Troistorff, mit Magdalena Catharina Böcking, einer Schwester der Frau Scheibler aus dem Roten Haus. Der einfachen, straff gegliederten, dreigeschossigen Fassade mit Mittelrisalit im Louis-XVI-Stil ist eine Freitreppe vorgelagert. Das schmucke, schmiedeeiserne Balkongitter zieren das Böckingsche und Troistorffsche Wappen. Gebälkträger flankieren die prunkvolle Haustüre. Seit 1895 Kreisbesitz, enthält das Haus einen kulturellen Veranstaltungen dienenden Festsaal. Mit dem Aachengesetz ab 1. 1. 1972 kam der Kreis Monschau zum Kreis Aachen, die Stadt verlor den Kreissitz. *Haus Wiesenthal*, die frühere Fabrik Funke (1809) wurde zur städtischen Festhalle ausgebaut. Stehlings weiter, gelangt man in der Eschbachstraße 30 zum *Elbers'schen Haus*. Erbauer des typischen Herrenhauses mit Ehrenhof war 1782 der Tuchfabrikant M. M. Bauer. Von der Eschbachstraße geht es zum *Markt*. Er konnte nach dem Brand von 1876, dem 9 Wohnhäuser zum Opfer fielen, 1880 neugestaltet werden; der alte Marktplatz lag zwischen Eifeler Hof und Richters Eck. Das *Gillardsche Haus* (Café Kaulard), war früher als Trierischer Hof Stätte offizieller Essen. Eine schaurige Sage soll hier nicht vorenthalten bleiben. Als trunkene Gäste einst die Wandlung der Hostie mit einem Kronthaler nachahmten, sei einer vom Schlag gerührt, tot umgefallen, einer wahnsinnig, ein anderer schneeweiß geworden. Ein Blutstropfen des Toten hätte sich selbst nach Erneuerung der Bodendielen wieder gebildet. Über den Markt führt der Straßenzug der Austraße (mit der Aukirche) und der südwestlichen Fortsetzung der Rurstraße. *Haus Hohn* (Rurstraße 57) war ab 1740 Residenz des pfalz-neuburgischen Schultheißen, der hoheitliche Rechte ausübte (Richter, Forsteinnehmer); verwandtschaftliche Bindung zur Abtei Malmédy-Stavelot machten das Haus 1794 zum Zufluchtsort des vor den Franzosen geflohenen Fürstabts Coelestin Thys, der später nach Hanau zog. Gegenüber dem Roten Haus ist die *Grobe Gewandschaft* eine ehemalige Walkmühle der Grobtuchmacher von 1649.

Ein ausgedehnter Rundwanderweg erschließt die zahlreichen fotogenen Blicke vom Türmchen, Pavillon, Halben Mond, der Mühlenley, den Kaiserblick und vom Eselsturm. An der Perlenbachmündung vorbei (mit herrlichen Wanderwegen zur nahen Perlenbachtalsperre, siehe Perlen der Nordeifel . .) führen andere Wanderwege in den südwestlich der Kernstadt sich ruraufwärts erstreckenden *Staatsforst Monschau.* Hier stehen 78 ha Fläche unter Naturschutz, wo sich die obere Rur tief in die Devonschiefer eingekerbt hat und abgestürzte Felsen das Flußbett zur Wildstrecke machen. In diesem typischen Eschenschluchtwald kommen außer Eschen, Bergahorn, quirlblättrige Weißwurz, Wolfseisenhut, Waldskabiosen vor (F. Sauer).

Simmerath: Erholungsorte im nördlichen Heckenland

Nur noch wenige Gemeinden im Bundesgebiet und im Lande Nordrhein-Westfalen liegen noch westlicher als Simmerath. Acht ehemalige Gemeinden und den Ortsteil Einruhr verschmolz das Aachengesetz zum 1. 1. 1972 zur neuen Gemeinde Simmerath. Ihre Lage ist wesentlich durch die landwirtschaftlich genutzte Hochfläche (500-583 m) des Monschauer Heckenlandes bestimmt, am Rand des (und im) Hohen Venn(s) und an der Grenze zum Königreich Belgien. In die Hochplateaufläche senken sich tief eingeschnittene Täler ein, insbesondere im Osten mit dem Rur-Stausee (dessen Spiegel auf 281,5 m liegt; siehe: Perlen und Nordeifel . .). An ihm und seinen Randorten entwickelt sich ein beträchtlicher Fremdenverkehr (16 Rundwanderwege in Simmerath), im Norden liegt die gänzlich zu Simmerath gehörende Kalltalsperre, womit sich die Wasserflächen Simmeraths auf insgesamt 6,85 km^2 beziffern. Die Talabhänge zum Rurstausee hin, der Vennanteil im NW und der NO der Gemeinde sind bewaldet (insgesamt 50 km^2, wovon Gemeindewald mit 23 und fiskalischer Wald mit 24 km^2 den Löwenanteil in der Besitzstruktur ausmachen), landwirtschaftlich genutzt werden 43,65 km^2. Die Milchviehzucht mit einer Tendenz zur Betriebsvergrößerung herrscht vor. An Industriebetrieben verdient die Fa. Junker, bedeutender Produzent und Exporteur von Elektro-Schmelzöfen in alle Welt, in Lammersdorf ansässig (1000 Beschäftigte), genannt zu werden. Ansonsten haben Gewerbe und Dienstleistungen ihren Sitz in (Alt-)Simmerath, z. B. Bekleidungs- und Schirmfabrikation. Simmerath ist Marktzentrum im nördlichen Monschauer Land (Gem. Simmerath, 3 Bl.).

In *Simmerath* zweigte von der Römerstraße Düren-Bavai eine Nebenstraße nach Schleiden ab. Zwischen 1300 und 1346 wurde die Kirche Johann Baptist von der Mutterpfarre Konzen (Monschau) getrennt und hatte 7 Tochterkirchen. Der Kirchturm diente auch Wehrzwecken. 1555 und 1558 traten hier Wiedertäufer auf. Knapp hinter dem Westwall gelegen, erlitt Simmerath 1944/45 starke Zerstörungen. Als Gemeindeteil ist es zweitgrößter mit 1530 Bürgern (1980) hinter *Lammersdorf* (1860 Bewohner) im NO. Auf 500-583 m in Nordeifel und Hohem Venn liegend, sind auch hier viele der von oft 10 m hohen Buchenhecken umgebenen Vennhäusern beheimatet. Ohne land- und forstwirtschaftliche Nutzung ist das 12,7 ha große NSG des *Wollerscheider Venns* im W, ein Hochmoor mit seltenen Moorpflanzen: Moosbeere, Fieberklee, Wilder Rosmarin, Keulenbärlapp, behaartem Ginster, Lebensraum der fast ausgestorbenen Birkhühner. Eine Eigenheit sind hier die *Pingos*, Eiszeitrelikte: Liegengebliebene große Eislinsen tauten langsam ab und hinterließen wassererfüllte Toteislöcher. In der Grundschule kann die Ausstellung Tiere unserer Heimat der Naturkundlichen Bildungsstätte Nordeifel besichtigt werden. Das an der belgischen Grenze liegende Dorf ist dreiseitig vom Wald eingerahmt. Ein Fernseh-Richtfunkturm im Hohen Venn (Sender

Monschau, Langschoß, 583 m) dient der Eurovisionsstrecke Frankfurt-Brüssel (Eifelführer/Sauer, Die Eifel in Farbe/ Offner, Unsere Naturparke). Die Zerstörung des Ortes im Zweiten Weltkrieg hat von dem bereits 1609 genannten Lammersdorf nichts Nennenswertes übriggelassen.

An Rollesbroich (800 Menschen, Löns- und Kaiserfelsen an der Kalltalsperre) vorüber, folgen nach Osten hin die Orte *Strauch* (870 Einwohner) und *Streckenborn* (1200 Seelen). Beides sind ruhige Erholungsorte in Höhenlagen (Strauch 510, Steckenborn 480-520 m) mit guter Höhenluft, fern von Verkehr und Lärm. Beide Dörfer sind wieder durch hohe Buchenhecken um die Häuser und auch Feldhecken gekennzeichnet. Die Ackerflächen haben seit den fünfziger Jahren gegenüber dem Grünland erheblich ab-, letzteres zugenommen; rund 20 % der Berufstätigen pendeln aus (Eifelführer/ Luftbildatlas NRW 1968, S. 92-93).

Der Ortsteil *Kesternich*, auch ehemalige Gemeinde, liegt mit 1230 Einwohnern östlich von (Alt-)Simmerath auf der 560 m hohen Hochfläche. Von der keltisch-römischen -nich-Endung des Ortsnamens kann auf einen Straßenposten der Römerstraße Schmidt-Konzen geschlossen werden. 1440 zuerst genannt, erhielt Kesternich 1717 eine Peter und Paul geweihte Kapelle. Doch Kesternich wurde 1944/45 ebenfalls zerstört (Histor. Stätten). Das östliche, auf einem Sporn über dem Rursee gelegene *Rurberg* (1100 Bewohner), ein bedeutender Fremdenverkehrsort, erhielt um 1700 eine Barbarakapelle (1804 Pfarre). Über Rurberg, an der Straße nach Kesternich findet sich ein sowjetischer Ehrenfriedhof (Wanderparkplatz). In Rurberg empfiehlt es sich, das Haus des Gastes aufzusuchen mit der Informationsstelle des Naturparks Nordeifel, einer naturkundlichen Ausstellung. Eine Naherholungsanlage in Rurberg läßt allerlei sportlich-spielerischer Betätigung freien Lauf (Gem. Simmerath, Wo ist was?). Auf halber Höhe und an der Rur (290-350 m) liegt der 485-Bewohner-Ort *Dedenborn*, ehemals Rurberger Ortsteil. Ihn zeichnet seine reizvolle Lage und waldreiche Umgebung aus. Seine Pfarrkirche *St. Michael*, auf einer Anhöhe, eine charakteristische Dorfkirche (davor alte Linde) ist ein Saalbau von 1717 (Sakristei 1770 nachgeliefert) mit schieferbedecktem Dachreiter. Um 1730 entstanden, gilt der dortige *Kreuzweg*, bestehend aus Eichenholztafeln mit geschnitzten Barockfiguren, als besonders schönes Beispiel Eifeler Volkskunst (Dehio/Eifelführer). Über Eicherscheid-Hammer (1240 Bewohner) und Einruhr (knappe 500 Seelen) siehe Perlen der Nordeifel: Die Stauseen).

Altes Gewerbe, »alte Herrschaften« in Hellenthal

Die Reimchronik des Klosters Steinfeld, in der Stadtbibliothek zu Trier verwahrt, vermeldet 1097 die Gründung des hiesigen Benediktinerinnenklosters vom nahen Steinfeld (heute Gemeinde Kall) aus. Der heilige Ort lebt nur noch im Flurnamen »Auf der alten Kirche« fort. 1220 wird Grundbesitz bezeugt.

Hellenthal, Kirschseiffen, Blumenthal und auch der Nachbarort Dahlem waren die Zentren der schon 1438 genannten *Eifeler Eisenindustrie* im Schleidener Tal, die im 17./18. Jahrhundert einen beträchtlichen Aufschwung nahm, insbesondere in französischer Zeit (1794-1814) und hier während der 1806 verhängten Kontinentalsperre. Hellenthaler Eisen wurde hauptsächlich in Lüttich verarbeitet. Die tüchtigsten Besitzer der örtlichen Eisenwerke waren die Familien Schoeller und Poensgen, deren Nachkommen heute noch eine wichtige Rolle in der bodenständigen Industrie spielen. Die Notzeit zu Beginn der preußischen Ära brachte (wie im Fall der Monschauer Tuchindustrie u. a.) den Niedergang der Eisenindustrie am Platze; 1683 erlosch der letzte Hochofen. Der erforderlichen Flexibilität der Unternehmer ist aber die gelungene Umstrukturierung und laufende Anpassung der Industrieproduktion an die neuesten Bedingungen zu verdanken. Die Firma Schoeller ging vom alten Reidwerk auf die Fertigung von Drahtartikeln über. Arthur Schoellers Methode der Feinrohrfertigung erschloß dann neue Absatzmöglichkeiten in der Elektro-, Fahrzeug-, Klimatechnik; neuerdings für Elektronik, Vakuumtechnik und Metalldiffusion. »Der Bandhammer« stellte einst Stahlöfen, Stahlerzeugnisse, Werkzeuge und Landgeräte her. 1910 ging er in den Besitz von »Stocko« über. Es werden heute Metallteile (auch in Heimarbeit) gefertigt. Lindenau (1891 gegründet) stellte zuerst Korsettmetallteile her; nach mehrfachem Besitzwechsel umfaßt das Fertigungsprogramm heute Federstahlteile und Kunststoffprodukte. Ein Mannesmann-Röhrenwerk gesellte sich nach dem Kriege noch hinzu.

Das Gebiet der Gemeinde Hellenthal ist im wesentlichen durch seine einstige Zugehörigkeit zu zwei *historischen Territorien* ausgezeichnet: zu Schleiden und zu Reifferscheid. Die Bachläufe von Preth und Olef bildeten die Grenze und trennten selbst Hellenthal und Kirschseiffen voneinander. Diese Situation blieb auch in französischer Zeit erhalten, als die Mairie (Bürgermeisterei) Schleiden zum Arrondissement Malmédy des Ourthe-Departements und die Mairie Reifferscheid zum Arrondissement Prüm des Saar-Departements gehörten. Erst im letzten Besatzungsjahr wurde Hellenthal ein eigenes Bürgermeisteramt zugestanden. 1816-19 gehörten die vormaligen Kantone Schleiden, Reifferscheid und Kronenburg zum Großherzogtum Mecklenburg-Strelitz, um dann endgültig an Preußen zu kommen. Der von den Franzosen geplünderte Eichen-Buchen-Wald wurde mit der Fichte, dem »Preußenbaum« aufgeforstet.

Reifferscheid, 1106 erstgenannt (Chronica regia Coloniensis), gehörte ursprünglich zum Herzogtum Niederlothringen. 1130 wird die Reifferscheider Burgkapelle zur Pfarre zum hl. Kreuz erhoben; geschehen unter dem Landesherren Walram III., Herzog von Niederlothringen und Limburg (siehe auch Monschau). Zur Pfarrkirche gehörten Hellenthal, Blumenthal, Wildenburg, Rescheid und Hollerath. Nach 1250 löste sich Reifferscheid von Limburg, Hermann eröffnet das Edelgeschlecht. Mit Philipp von Wildenburg beginnt 1195 eine Nebenlinie, Gerhard behielt die Herrschaft Reifferscheid, das Hochgericht und die Vertretung beim Reich. Im 12./13. Jahrhundert entstand in Reifferscheid eine umwehrte Bürgersiedlung (Freiheit), 1387 Stadt genannt. Die »Porz«, der schwere, bruchsteingemauerte Bau des Matthiastors mit Spitzbogendurchfahrt, entstand im 14. Jahrhundert, ist von Fronttürmchen flankiert und war ursprünglich wohl höher; das »Pörzchen«, die Stadtpforte ist jünger (um 1400). Im Laufe der Zeit konnte Reifferscheid erhebliche Besitzungen hinzugewinnen: 1225 wurden sie Herren von Bedburg (noch bis 1792 in der Hand der Salm-Reifferscheid),

1394 erbte Johann V. die Herrschaft Dyk (siehe Jüchen; seit 1639 Linie Salm-Reifferscheid-Dyk), sein Sohn Johann VI. kam 1445 in den Besitz der Herrschaft Alfter (Rhein-Sieg-Kreis, siehe dort) und 1455 in den der Grafschaft Salm in den Ardennen. Die Reifferscheid wechselten häufig ihre Lehensherren (Brabant, Luxemburg, Trier, Köln), waren aber ab 1552 mit Reifferscheid und Bedburg dauerhaft Lehensnehmer der Luxemburger, bis sie später die Reichsunmittelbarkeit durchsetzen konnten, sich auf ältere Reichsmatrikel berufend.

Nach dem großen Brand von 1669 ließ Graf Erich-Adolf ein neues Barockschloß aufführen. Als die Franzosen 1689 die Wehrgänge zerstörten, erlaubte Graf Franz-Wilhelm den malerischen Ausbau der Lücken mit Fachwerkhäusern. Nach abermaliger Zerstörung durch die Franzosen 1698 blieb das Schloß als Ruine. Der linksrheinische Besitz der Salm wurde 1805 versteigert, die Burg als Steinbruch benutzt. Fürst Leopold erwarb die Anlage 1891 wieder, die Fürstin schenkte die Burgruine 1965 der Gemeinde Hellenthal, seit 1961 sind Instandsetzungsarbeiten im Gange. Erhaltengeblieben sind von der ovalen Höhenburganlage der runde Bruchstein-Belfried, die Ruine, die Umfassungs- (14. Jahrhundert) und die Ringmauer (1689) sowie der neue Torbau, ein massiges, zweitürmiges Wachtlokal mit rundbogiger Giebeldurchfahrt aus dem 18. Jahrhundert.

Die spätgotische Pfarrkirche *St. Matthias* entstand innerhalb des ummauerten Burgdorfs als dreischiffige Halle mit dreiseitigem Chor (1489) und eingebautem Westturm; wesentliche barocke Umbauten ergaben sich 1865-67. Den Bau (1489-91) förderte wohl die Gräfinwitwe Philippine von Salm-Reifferscheid wesentlich, die in der Grablege nebst Graf Werner († 1629) und dessen Gemahlin († 1637) bestattet ist. Die verzierten Altar-Mensen und das Sakramentshäuschen entstanden im späten 15. Jahrhundert. Die Schlußsteine des Netzgewölbes zeigen die Wappen, religiöse Symbole und Ornamente. Über dem Seitenaltar (Mensa 1480) hängt eine Kopie des Rubens'schen »Lanzenstichs«. Im Unterdorf (im Gegensatz zu Ober-Reifferscheid) sind das Herrenhaus des von Graf F. W. von Reifferscheid 1700 errichteten *Liebfrauenhofs* und ein Gartenhäuschen wohl bemerkenswert. Der Ort liegt in 415 m NN.

Auf schmalem, steilem Bergrücken reckt sich einsam im Walde in der Manier einer altdeutschen Ritterburg die 1190 erstmals genannte *Wildenburg* (513 m) im O Hellenthals gelegen, empor. Wildenburg war bis 1972 Wahlener Ortsteil, heute zweites ehemaliges Herrschaftszentrum in der Gemeinde Hellenthal. Die seit etwa 1200 belegten Edlen von Wildenburg entstammen dem bedeutenden Edelherrengeschlecht der benachbarten Reifferscheid; 1272 hatten die Luxemburger die Lehenshoheit, 1335 an Wilhelm von Jülich verkauft und nacheinander im Besitz der Engelsdorf, Palant (1414-1639), Grafen Waldeck und Hatzfeld, um 1700 hälftig bei Syburg und Rollingen, 1704/06 an die Schaesberg. Schließlich kaufte 1715 die Prämonstratenserabtei Steinfeld Herrschaft und Burg für 14 000 Reichstaler. Es handelt sich um eine spätmittelalterliche rechteckige Hauptburg mit angeschlossenem Wirtschaftshof (Fachwerk), Torwärterhäuschen (1600) und das ummauerte Burgdorf. Das gotische Burghaus (16. Jahrhundert) wurde 1717 in eine Kapelle, spätere Pfarre, St. Johann-Baptist (Johanneskirche) gewidmet, umgebaut; mit mächtigem Wohnturm (Sakristei) und rundem Treppenturm (Glockenturm) im Süden. Zur ländlichen Ausstattung (18. Jahrhundert) des kreuzgratgewölbten Saalbaus tritt eine hölzerne Annen-Sitzfigur (um 1500) hinzu. Bergfried, Burgverlies, Hexenturm, Reste der Ummauerung, ein Burgwartshaus, ein Pförtnerhäuschen (16. Jahrhundert) sind erhalten. Das von den Mönchen erbaute Priorat dient als Pastorat. Seit 1953 ist die Burg als Jugendheim (Bischöfliche Akademie) der Diözese Aachen eingerichtet (Histor. Stätten/Eifelführer/Dehio/Hellenthal, Vergangenht., Gegenw. u. Zuk.).

Blumenthal, wenig olefabwärts von Hellenthal, gehörte nach Übergang des Geschlechts von Blumenthal (13. Jahrhundert) zur Grafschaft Schleiden (siehe dort). Seine sehenswerte spätgotische Kirche *St. Brigida,* unmittelbar an der Olef liegend, ein einfacher Bruchsteinbau, malerisch, mit niedrigem, vorgesetztem Westturm, birgt im Innern Reste von Rokokoaltären, ein spätgotisches Sakramentshäuschen und ländliche Statuen (16./18. Jahrhundert).

Jüngeren Datums ist die evangelische Kirche in *Kirschseiffen,* 1786 als »Bethaus« – was anderes war nicht erlaubt – errichtet, ein Saal mit klassizistischer Bretterstuckdecke, wie Westturm von 1822.

Kirschseiffen ist mit *Hellenthal* zusammengewachsen. In 420 m Höhe befindlich, wird die als Ortsteil 2040 Hellenthaler zählende Lokalität reizvoll von hohen, bewaldeten Bergen zwischen Olef und Prethbach umgeben (Wald des Herzogs von Arenberg). Der beliebte Luftkurort, ein langgestrecktes Straßendorf, 1944 zu 90 % zerstört, wuchs mit Neubausiedlungen (Kalberbenden, Auf der Schanz, Baueshardt, Lichtenhardt, Im Kohlseiffen) in die Breite. Die Oleftalsperre (siehe Perlen der Nordeifel . .) und das 60 ha große Wildfreigehege mit Greifvogelwarte (im Norden) gehören außer den Wintersportgelegenheiten und Burgen zu seinen Attraktionen.

Beste Wintersportmöglichkeiten bietet die schneereiche *Hollenrath-Udenbrether Hochfläche.* Skilift, Sprungschanze, Aussichtsturm und Hütten sind die Attribute von *Hollerath* mit 590 Einwohnern in 620 m Höhe befindlich. Zu *Udenbreth* gehört, zwischen Udenbreth und Hollerath, der *Weiße Stein* (690 m, Aussichtsturm). Der höchste Punkt der Nordeifel und des Regierungsbezirks Köln, im höchstgelegenen Dorf (560 Einwohner) des Rheinlands, ist die Hauptwasserscheide zwischen Maas und Rhein; hier entspringen Platiß, Preth, Olef, Warche, Our und Kyll. Das Wald- und Hochflächengebiet mit gepflegten Wanderwegen wird auch der *Zitterwald* genannt, der sich von Belgien herüber bis nach Schmidtheim erstreckt. *Losheimergraben* (676 m) und *Losheim* (567 m, 300 Einwohner) im Grenzzipfel zwischen Rheinland-Pfalz und Belgien, besitzen Grenzübergänge. Losheim kam im Versailler Vertrag zum belgischen Kreis Malmédy, auf Völkerbundinitiative 1921 rückgegliedert, nach Rückkehr Eupen-Malmédys in den belgischen Staatsverband 1945, 1949 besetzt und unter belgische Verwaltung gestellt, kehrte 1958 (gemäß Vertrag vom 24. 9. 1956) wieder zum damaligen Kreis Schleiden (jetzt Euskirchen) zurück.

Dahlem mit ehemaliger Herrschaft Kronenburg

Trotz Fusion der ehemaligen Gemeinden Berk-Frauenkron, Kronenburg im Westen, Dahlem im südlichen Zentrum und Schmidtheim im Norden der jetzigen Zirkumskription zum 1. 6. 1978 ist das neue Dahlem, auf einem Hochplateau (457-

662, 8 m ü. NN) gelegen, die der Einwohnerzahl von 3765 im Jahre 1980 nach kleinste Gemeinde des bevölkerungsreichsten Bundeslandes Nordrhein-Westfalen; seit 1972 gehört Kronenburg zum Kreis Euskirchen (zuvor zu Schleiden). Diese Hochfläche ist Teil des *Zitterwaldes* (Losheimer Waldes): Dahlems gesamtes Gemeindegebiet mit 95 km^2 gehört ihr an; sie zählt zur *Westlichen Hocheifel.* Hydrographisch ist sie durch die weitgehende Entwässerung zu Kyll und Ahr und damit zum Moselsystem, gekennzeichnet. Nur im NO (zentrale Wasserscheide der Eifel) wird sie vom Oberlauf der Urft durchflossen, deren Quelle sich im Norden findet, wo auch an der nordwestlichen Gemeindegrenze an der Landstraße 110 im Bärbelkreuz 662,8 m erreicht sind. Die *Wälder* der nördlichen Gemeindehälfte (unterteilt in Kronenburger, Dahlemer Wald und Forst Schmidtheim) nehmen nahezu 50 km^2 ein, 33 km^2 gerodeter Flächen um die Teilorte hauptsächlich in der Südhälfte des Gebietes bis zur rheinlandpfälzischen Grenze hin, dienen vorwiegend der *Landwirtschaft.* Auch hier zeigt sich in den letzten 15 Jahren der Prozeß der Umstrukturierung in einem starken Rückgang der Kleinbetriebe: über die Hälfte der Landwirtschaftlichen Nutzfläche wird überwiegend als Grünland von 35 größeren Betrieben bewirtschaftet. Die Zahl der *Industriebetriebe* ist gering: ein gräfliches Säge-, Kies- und Betonwerk sowie eine Kleiderfabrik in Schmidtheim und der Leichtflugzeugbau auf der Dahlemer Binz beim Verkehrslandeplatz (578 m; jährlich ca. 22 000 Flugbewegungen). Quellen: Gemeinde Dahlem, 4 S., Vervielfältigung/Dahlem, Neubürgerbroschüre).

Die *Besiedlung* geht auf das 1. Jahrhundert n. Chr. zurück, als die Römerstraße Trier-Köln den Südosten des heutigen Gemeindegebiets über den (Dahlemer) Heidekopf durchzog; Münzen, Urnen, Steingeräte aus jener Ära dienen als Beweis. Der Römer Nachfolger waren die Franken. Ihnen sind die Siedlungsgründungen mit den -heim-Endungen im *Ortsnamen* zuzuschreiben. Im 7. Jahrhundert entstanden auf diese Weise: Baasem (Baasheim; Heim des Basinius), Schmidtheim (Heim des Schmieds) und Dahlem (Talheim). Sie drei alle sind in der Königsurkunde Lothars II. von 867 (als dessen Besitz) erstmals genannt.

Das Herrengeschlecht von »Symdeheim« trat 1198 erstmals in Erscheinung. Der Allodialbesitz ging 1292 für kurze Zeit an Graf Guido von Flandern, im 13./14. Jahrhundert besaßen die Dollendorfer Rechte in *Schmidtheim* (heute 1200 Einw.), 1340 wurde diese Schleidener Herrschaft durch Verkauf blankenheimisch, die Herrn von Schmidtheim Lehensnehmer von Blankenheim. Als 1504 die männliche Linie derer von Schmidtheim ausstarb und die Erbtochter Eva Damian Beissel von Gymnich ehelichte, ging Schmidtheim an die Herren von Gymnich, 1665 Freiherren von Gymnich. 1676 erst verzichtete Jülich auf die zuvor unter Schleidener Schutz stehende Burg zugunsten Blankenheims, das ohnedies schon Lehensherr von Schmidtheim war. Die Gymnicher, 1816 in den Grafenstand befördert, besitzen das Schloß noch heute (Eifelführer/Dahlem, Neubürgerbroschüre). Kern des ehemaligen *Wasserschlosses* Schmidtheim ist der alte Burg-Wohnturm aus dem 16. Jahrhundert auf der Nordseite des dreiflügeligen alten Herrenhauses; die Flügel, außen mit vorspringenden Ecktürmchen flankiert, wurden 1627 als rotsandsteinverzierte Bruchsteinbauten aufgeführt; Haupt- und Südflügel tragen Mansarddächer; Vorbauten, Brunnen und Brücke kamen im 18. Jahrhundert hinzu. Die Vorburg basiert auf Bauten des 17. Jahrhunderts und weist ebenfalls hufeisenförmigen Grundriß auf. In den Gartenanlagen (18. Jahrhundert) sind das alte Tor und ein Pavillon erhalten. Mit dem Torhaus der Vorburg zusammen und der alten Gerichtslinde bietet die barocke *St.-Martins-Kirche* (ein Saalbau von 1720, bebauter Westturm, 16. Jahrhundert) mit ihrem Rundbogenportal ein idyllisches Motiv (Dehio). Schmidtheim (postalisch Dahlem 1) ist übrigens Sitz der Gemeindeverwaltung; früheres Amt.

Der waldreiche Ort *Dahlem* (1300 Einw.) weist ein erholsames Reizklima auf und gehört, wie fast die gesamte Gemeinde zum Naturpark Nordeifel. Vom Anfang des 14. Jahrhunderts bis 1341 gehörte der Ort den Edlen von Dollendorf, dann mußten sie ihn an Jülich verpfänden; von 1362 bis zur französischen Periode gehörte dann Dahlem zu jener Herrschaft, deren einstiges Zentrum heute wiederum Gemeindeteil von Dahlem ist, Kronenburg, nachmals Kt. Kronenburg (Eifelführer/Dahlem, Neubürgerbroschüre). Von der Straße Dahlem-Baasem aus erreicht man die *Trapistinnenabtei Ma-*

ria Frieden (Stichsträßchen in nordöstlicher Richtung). Die einzige Abtei dieses Ordens auf bundesdeutschem Boden wurde von der niederländischen Mutterabtei Koningsoord (bei Tilburg/NL) aus gegründet. Am 8. 12. 1952 kamen die ersten vier Gründungsschwestern aus der Abtei O.L.Vr. van Koningsoord in Berkel-Enschot, um die Errichtung des Klosters auf der Dalheimer Binz vorzubereiten. Am 8. 12. 1953 konnte die Gründung vollzogen werden, am 21. 9. 1955 wurde das Kloster zur Abtei erhoben, Ende 1955 die erste Äbtissin gewählt. Der Bau der Abteikirche wurde durch ihre Weihe genau 5 Jahre nach ihrer Gründung abgeschlossen. Die päpstliche Klausur und die Ablegung der feierlichen Profeß wurden 1966 eingeführt, der Klosterbau konnte 1968 abgeschlossen werden. Der volkstümliche Name Trapist(in-n)en leitet sich von der französischen Zisterzienser-Reformabtei La Trappe ab; die Trapistinnen gehören zum ›Orden der Zisterzienser von der strengen Observanz‹ (OCSO). Sie leben nach den Regeln des hl. Benedikt, die tägliche Eucharistie kennzeichnet den um 3.45 Uhr beginnenden, um 20.00 Uhr endenden Tagesablauf der derzeit 40 Schwestern. Herbheit, Armut, Buße, Freude des Heiligen Geistes prägen das Leben dieser kontemplativen Ordensgemeinschaft (Prospekt/›Klosterführer‹).

Der *Baukörper* besteht aus dem hohen Hauptschiff mit Satteldach. Der Chor wird von einem Rundturm mit Kegeldach gebildet, ein nicht durchbrochenes Seitenschiff schließt sich zur gärtnerisch angelegten Zufahrtsseite hin an, von einem offenen Glockenreiter überragt. Auf der Rückseite umschließen die Klosterbauten einen Innenhof. Mehrere Wirtschaftsgebäude in Fachwerkausführung sind vorgelagert; eine Paramentenwerkstatt mit Weberei, eine Likördestillerie und eine Buchbinderei sind hier domiziliert.

Der kleine Ort *Baasem* (480 Einw.) liegt südwestlich von Dahlem, in der fruchtbaren Blankenheimer Kalkmulde (480-570 m hoch) in erholsamer Umgebung zwischen Kyll- und Simmeltal (Mündung bei Hammerhütte). Von 1171 – um 1500 unterstand Baasem dem Ortsadel (Herren von Basenheim). Nach 1327 kam jedoch Basenheim zum Kronenburger Herrschaftsgebiet. Die ›Basenheimer‹ waren also Amtmänner und Vögte in kronenburgisch-luxemburgischen Diensten, ein bedeutendes Ministerialiengeschlecht. Von den mehreren Familien übernahmen im 15. Jahrhundert die Engelberg zu Orsbach im Ort die Führung, verarmten aber im 18. Jahrhundert. Die Ortsteile Simmlerhof und Hammerhütte waren seit 1450 kronenburgisch. Vom 15. Jahrhundert an fertigte die *Hammerhütte* interessante Taken und eiserne Öfen; 1859 mußten sie stillgelegt werden (Eifelführer/Dahlem, Neubürgerbroschüre). Im Norden von Baasem unterhält das Katholische Ferienwerk Oberhausen e. V. das *St.-Ludwigs-Ferienheim* mit insgesamt 140 Betten.

Die spätgotische, zweischiffige Kirche *St. Martin* entstand um 1500; die Untergeschosse des Turms sind älter (12. Jahrhundert), die Turmobergeschosse datieren auf 1599. Stern- und Netzgewölbe, von schlanken Pfeilern gestützt, verleihen dem Innenraum sein harmonisches Bild. Spätrenaissanceformen kennzeichnen den Steinaltar aus dem Jahre 1625; besonders beachtenswert in seinem dreistöckigen Aufbau ist eine Muttergottesfigur in der mittleren, großen Nische (Dehio).
Im Westen der neuen Gemeinde liegen die Orte *Berk* (an der Berke) und Frauenkron (an der Kyll, 160 Einw.; Berk 340). Die Berker *Brictuskapelle* ist um 1300 zum ersten Mal erwähnt; Berk gehörte kirchlich (Johanniterorden) wie politisch zu Kronenburg, 1803 wurde es eigene Pfarrei. Dem Kirchturm (13. Jahrhundert) und Chor (1516) gesellt sich das 1954/55 unter Vergrößerung wiedererbaute Kirchenschiff hinzu. An Montagen der Fastenzeit ziehen die Pilger der Nachbarorte seit 1768 hierhin zu Ehren der 14 Nothelfer. In *Frauenkron* erstand 1253 auf Besitz der Abtei Stavelot/Stablo, Malmédy ein Zisterzienserinnenkloster, der Jungfrau Maria geweiht, daher Frauenkron. 1289 mußte sich der kleine Konvent, um zu überleben, der Abtei Steinfeld anschließen unter Übernahme der Prämonstratenserregeln; lange hat er jedoch auch danach nicht mehr bestanden. Die heutige *Marienkapelle* wurde im 18. Jahrhundert auf den Fundamenten der Klosterkirche errichtet; im Zweiten Weltkrieg zerstört, wurde das Gotteshaus 1952 restauriert (Historische Stätten NRW/Eifelführer)

Kronenburg, ein altes Territorium

Kronenburg ist ein malerisches, mittelalterliches Bergnest von nur 285 Bewohnern in unregelmäßig-ovaler Form, sich auf schroffer Bergkuppe, um eine Bergruine unterhalb der höchsten Höhe von 591 m, anschmiegend. Als Herrschaft hat es eine reiche Vergangenheit und muß bereits bei der ersten Nennung in einer Urkunde der Abtei Stablo-Malmédy 1277 auf einem Machthöhepunkt gestanden haben. Die Krone im damaligen Wappen mag dem Ort den Namen Cronenberc gegeben haben. Zwei Herrschaftsgebiete, so geht aus nämlicher Urkunde auch hervor, waren damals in Personalunion miteinander verbunden: jenes der Dollendorfer und der Kronenburger; der Herrschaftsbereich dehnte sich an Kyll, Urft und Ahr aus (Dollendorf liegt an der oberen Ahr). Als 1327 Johanns ältester Sohn die Herrschaft im Kronenburger Land antritt, ist die Trennung vollzogen. Zu seinem Territorium gehören Kronenburg-Baasem (mit Hammerhütte und Simmlerhof), Ormont (mit Neuenstein), Hallschlag, Berk-Frauenkron, Udenbreth, Metzigerode, Dalmerscheid, zeitweilig auch Rescheid, später die Unterherrschaften Steffeln und Schüller. Auch die Herrschaften Gladbach (Kreis Düren), Neuerburg, Esch-Sauer (Luxemburg) sind der Kronenburger Linie verbunden, deren Wappen nun der rote, goldbewehrte Adler auf Silbergrund geworden ist. Kronenburg, zentral in der Eifel gelegen, wird von den randlich eindringenden Herrschaften Kurköln, Kurtrier, Jülich und Luxemburg im Schach gehalten; so wird auch seine Schaukelpolitik hinsichtlich der Lehenshoheit verständlich. Köln und Luxemburg waren dieses Wechsels überdrüssig und verfügten 1309 die Schleifung der Kronenburg; nichts weist heute jedoch auf eine evtl. Ausführung hin. Im Laufe des 14. Jahrhunderts wendet sich Kronenburg jedoch dauerhaft Luxemburg zu, das sein Lehensrecht sogar zur Landeshoheit auszubauen vermag. Bestrebungen, die Reichsunmittelbarkeit zu erlangen, scheitern. Nach 1550 erhält Kronenburg von Karl V., zugleich Herzog von Luxemburg, das Privileg der Steuerfreiheit und wird damit zur ›terre franche‹, zum sog. ›freien Gebiet‹. Anfangs des 14. Jahrhunderts war die weiter gewachsene Bürgersiedlung *ummauert*, mit Toren und Türmen versehen und 1350 auch mit *Stadtrechten* (als oppidum) begabt worden. Es ist vor allem Ritter Peter von Kronenburg

(1357-1414), der im Zeichen der aufgekommenen Geldwirtschaft, wohl auch mit Hilfe seines Kriegshandwerks (und als Sohn einer Metzer Bankierstochter) die kärglichen Erträge der Landwirtschaft aufzubessern weiß und wirtschaftlich gesunde Verhältnisse zu schaffen vermochte. Seine Luxemburgtreue brachte ihm außer den eigenen Besitzungen (Gladbach, Neuerburg und Esch-Sauer) auch noch die Burggrafschaften St. Vith, Reuland und Schönberg ein. Nur leider, trotz dreier Ehen *starben* mit ihm die *Kronenburger 1414 aus.*

Jeweils durch weibliche Erbfolge kamen 1414-1467 das lothringische Geschlecht der Bolchen-Rodemacher, dann Virneburg und für über hundert Jahre von 1487-1593 das Haus *Manderscheid-Schleiden* ans Ruder. Im 15. Jahrhundert führten entdeckte Eisenerze im Verbund mit der Wasserkraft und mit gewonnener Holzkohle zur Errichtung von Eisenhämmern in Stadtkyll, Hammerhütte, Dahlem, Hellenthal-Schleiden und Kronenburgerhütte. Die *Kronenburger Taken* (Eisenplatten), Schmiedeeisen, Brandroste und Öfen hatten einen so guten Ruf, daß sie selbst in der Kosmographie Seb. Münsters und der Meißnerischen Bergchronik des Albinus Erwähnung finden. Künstlerisch stand die Eisenkunst im Zeichen der Renaissance, der Wiederbelebung antiker, griechisch-römischer Traditionen der Sagenwelt-Mythologie. Eine jener Prachtplatten ist die um 1560 entstandene Take ›Das Urteil des Paris‹. Möglicherweise (so Dr. J. Flossdorff, Takenplatten von Kronenburg) bestehen hier geistige Verbindungen vom humanistisch-liberalen Haus Manderscheid über die (ehemalige) Abtei Steinfeld, wo es bereits eine scholastische Erweiterung auf die antike Tugendwelt ergeben hatte, zu den Kronenburger Johanniterpfarrern und zur Eisenhütte. Sie hatte noch bis in die vierziger Jahre des vorigen Jahrhunderts bestanden. Der liberalen Haltung des Grafen Dietrich VI. von Manderscheid-Schleiden ist auch der Übertritt zum Luthertum zuzuschreiben. Mithin dauerte die *evangelische Phase* auch im Kronenburger Land dreißig Jahre bis 1597 an. Weder die Luxemburger Landesherren, noch die spanischen Oberherren (1555-1715 ›Spanisches Ländchen‹) hatten bis dahin eingegriffen. Von 1593-1693/97 gehört Kronenburg zur Grafschaft *Gerolstein*, kurzfristig 1693/97 bis 1719 dem Grafen Eusebius von Königsegg-Rothenfels. Seit 1564 gibt es eine Brauerei in Kronenburg, 1631 war der Generalfeldmarschall Piccolomini höchstpersönlich in Kronenburg einquartiert, die spanische Soldateska hatte das Land zugrundegerichtet, 1684-1697 hatte Frankreich das Luxemburger Land (mitsamt Kronenburg) besetzt, bis endlich 1715 Habsburg der oberste Landesherr wurde. 1719 ging Kronenburg an die benachbarte Grafschaft *Blankenheim;* Kartoffelanbau und Forstwirtschaft bilden nun eine neue wirtschaftliche Grundlage. 1794-1815 wird auch Kronenburg wie die weiten Rheinlande französisch; seit 1797 ein Kanton im Arrondissement Malmédy des Ourthedépartements der Französischen Republik. Nach einem Interim der Zugehörigkeit von Schleiden, Reifferscheid und Kronenburg zum Großherzogtum Mecklenburg-Strelitz 1816-19 wird das Land preußisch. Die Eisenbahn (Jünkerath-Kronenburg-Weywertz) ließ noch bis 1912 auf sich warten (inzwischen wieder eingestellt). Die Strecke Köln-Trier mit Stationen in Schmidtheim und Dalheim war bereits 1871 fertiggestellt und besteht noch heute.

Die *Burg* besteht aus einer schon beim Verkauf 1719 als stark zerfallen bezeichnete Ruine des fünfseitigen Hochschlosses des 15./16. Jahrhunderts mit mehreckiger Ummauerung. Übriggeblieben sind die zwei halbrunden Flankentürme des ehemaligen Nordturms, die ruinösen Türme des Bergfrieds und des Südostturms. Der südlich vorgelagerte Amtshof (Burghaus) von 1766 mit Mansarddach dient als Hotel. Von der äußeren Ummauerung sind Teile, Insonderheit eine halbrunde Bastion erhalten. Mit in den Mauerbering (Ostumwehrung) einbezogen wurde die stilvolle spätgotische Pfarrkirche *St.-Johann-Baptist* (um 1500); der Ostturm könnte der Verteidigung gedient haben. Die zweischiffige Halle weist im Langhaus reiche, von einzigem, schlanken Mittelpfeiler gestützte Sternengewölbe auf. An den Schlußsteinen finden sich die Wappen der Kronenburger Herren. Eine Art Querschiff enthält Herrschaftsloge und Grablege. Der ebenfalls sternengewölbte Chor datiert von 1508. Spätgotische Freskenreste zeigen den Drachenkampf des hl. Georg und die klugen und die törichten Jungfrauen. Über 500 Jahre lang stellten die Johanniter den Pfarrer; seit der Franzosenzeit nennt sich der Hauptpfarrer Kronenburgs ›Oberpfarrer‹; der Orden wurde 1803 aufgelöst.

1938-45 erlangte Kronenburg durch seine *Meisterschule* der Malerei Bekanntheit; sie stand unter der Leitung ihres Gründers, Prof. Dr. Werner Peiner (* 1897), der sich mit Erfolg für einen zum Tode verurteilten Dorfschmied einsetzte, aber nach Kriegsende einer falschen Anschuldigung wegen 1945 interniert wurde. In den Bannkreis Görings geraten, hatte Peiner Heimat verloren, sah sein Lebenswerk zerstört, seine Ehre abgeschnitten und kehrte nicht wieder nach Kronenburg zurück, sondern zog auf Haus Vorst über der Wupper in Leichlingen. Seine Afrikabilder, Eifelorte im Schnee, Schlachtengemälde, Apokalyptischen Reiter, Hagen, sind meist gobelinartige Wandbilder von einiger ergreifender Atmosphäre. Seit 1952 beherbergt das Gebäude eine *Bildungsstätte des Landes Nordrhein-Westfalen* mit Kunstwerkstätten (Heimweberei, Goldschmiedewerkstatt, Maleratelier) und ein Bonner Landschulheim. Dr. Dr. O. Bauer berichtet über Peiner ausführlich in: Kronenburg, Festschrift (1977).

In *Kronenburgerhütte* wurde 1736 eine der hl. Brigida von Irland gewidmete Kapelle erbaut; unmittelbar an der aus Bruchsteinen zusammengesetzten Kyllbrücke sorgt sie für ein idyllisches Ortsbild; den niederen Turm erhielt die Kapelle erst 1901 (R. Rader, Die Brigida-Kapelle).

Der neuentstandene *Kronenburger See/Kylltalsperre* westlich von Kronenburgerhütte staut die Kyll zu einem 26 ha großen, der Hochwasserregulierung und dem Wassersport dienen den See mit einem Stauraum von 2 hm^3 (= Mio. m^3). Dem Zweckverband gehören der Kreis Euskirchen (zu 5/9), der Kreis Düren (2/9), die Gemeinde Dahlem und die Verbandsgemeinde Obere Kyll (zu je 1/9 Anteil) an; eine Feriensiedlung ist vorgesehen. Auch in der *Flora* finden sich seltene Exemplare, wie Orchideen, Akeleien u. a.

Zum Thema Kronenburg darf uneingeschränkt empfohlen werden die von der Vereinsgemeinschaft Kronenburg anläßlich der 700-Jahr-Feier . . . vom 6. bis 14. Aug. 1977 hg. Schrift; alle diesbezüglich als Quellen erwähnten Beiträge stammen hieraus.

Blankenheim, mächtige Grafenresidenz und sein Land

Luftkur- (Kneipp-) und Quellort der Ahr mit einmaligem, traditionellem Geisterzug, liegt die 7370 Einwohner zählende Gemeinde am Rand der mitteldevonischen *Blankenheimer Kalkmulde* der Eifel. Eine hohe Sonnenscheindauer, wenig Niederschlagstage und nur 6 ›belastende‹ Schwületage im Jahr sind ihr beschieden. Sie (148 1/2 km²) ist von 57 km² Laub- und Nadelwäldern durchsetzt und durch 6 km² große Wacholder-Schutzgebiete ausgezeichnet, wo sich zahlreiche seltene Pflanzenarten erhalten haben (Blankenheim, Urlaub an der Quelle der Ahr, Urlaubsbroschüre).

Noch um die Jahrhundertwende gab es in der Eifel weite Wacholderheiden und Magertriften, die dann der Aufforstung oder der landwirtschaftlichen Nutzung anheimfielen, bis auf ein paar Ausnahmen. Die *Alendorfer Wacholdergebiete* sind eines dieser Areale. Allerdings kann es nur durch Ausrottung anderer Waldpionierpflanzen (durch Schafweidung und durch naturschützerische Herbstmahd) erhalten werden, wie Laubbäume. Der mediterrane Wacholder ist ein Fremdling in der Eifel, wächst sehr langsam (ein handgelenkdicker Stamm ist Ergebnis eines Jahrhunderts Wachstum), die in zwei Jahren heranreifenden, wohlschmeckenden Beeren sind abgewandelte Zapfen. Die drei geschützten Alendorfer Wacholderareale (Kalvarienberg, Eier- und Hämesberg) liegen östlich und westsüdwestlich dieses südlichen Blankenheimer Ortsteils (Alendorf; Eifelführer/Eifel in Farbe). In eine Graslandschaft sind Wacholderbüsche eingestreut, von Pfaffenhütchen, Weißdorn, Wolligem Schneeball und Schlehen begleitet. Die Blumenwelt ist typisch für Kalkverwitterungsböden. Sonnige, südexponierte Hänge bringen gerade rechtzeitig zur frühherbstlichen Urlaubszeit die Blüten der stengellosen Kratzdistel, der Golddistel, des Augentrosts zum Vorschein. Feuchtere Nordhänge zieren Fransen-, Frauen- und ›Deutschen‹ Enzian, wie auch das Herzblatt. Seidelbast und Knabenkraut blühen schon eher; das Rot der Knabenkrautblüten überzieht schon im Mai die Wiesen; Akelei, Wasser-Schwertlilie und Sonnentau gehören ebenfalls zu den floristischen Seltenheiten dieser Wacholderheide. Haufen bemooster Lesesteine verraten die frühere ackerbauliche Nutzung als *Schiffelheide* und führen uns auf ein kulturhistorisches Problem zurück, einen Feld-Brache-Turnus der Landnutzung.

Die Französische Revolution hatte den Umbruch auch in die Eifel exportiert. Mit der Aufhebung der Leibeigenschaft dürfen auch Knechte und Mägde heiraten. Eine Bevölkerungsvermehrung, bei gleichzeitig kriegsverheertem Agrarland führte zu Hungersnot und Massenauswanderung (nach Amerika). Umfangreiche Schafherden beweideten nur die Schiffelheidegebiete verlassener Dörfer und Fluren (Wüstungen). Schafe meiden den Wacholder, der auf diese Weise seiner dem Verbiß ausgesetzten Konkurrenten ledig, überlebte (Die Eifel in Farbe, 1975). Nicht nur die ›exotische Pflanzenwelt‹ interessiert in Blankenheim Naturliebhaber, auch das Erdreich hat Einiges zu bieten. Zahlreiche Aufschlüsse sind Fundstellen kreidezeitlicher *Tierfossilien:* Korallen, Stromatoporen, Schnecken (Murchisonia) u. a. Hohltiere (Fundstellenplan von der Gemeinde). Wer eher an lebenden Tieren Freude hat, möge den *Tiergarten* hier aufsuchen.

Das westliche *Blankenheimerdorf* (950 Einwohner) ist der älteste Ort von den beiden Blankenheim, vermutlich eine fränkische Siedlung, um aus dem Peter- und Pauls-Patrozinium zu schließen; er hieß ursprünglich sogar auch Blankenheim. Im 10./11. Jahrhundert siedelten die Edelherren von Blankenheim sich auf der rund 1 km weiter östlich gelegenen Bergnase neu an und bauten ihre 1115 erstgenannte Burg, um die herum sich das neue Blankenheim (um 1300 Talfreiheit) entwickelte; der alte Ort hieß von nun an Blankenheimerdorf und blieb noch bis 1508 der Pfarrort auch für Blankenheim (erneut Pfarre 1835). Eine *Kapelle* ist in Blankenheimerdorf 1391 bezeugt und wurde 1495-1505 durch eine neue Marienkapelle ersetzt.

Die Blankenheimer Edelherren bekleideten kirchliche Positionen; Gerhard IV. ehelichte um 1300 eine luxemburgische Grafentochter; 1380 wurden die Blankenheimer in den Grafenstand erhoben. In der 2. Linie des Hauses kamen nach Aussterben des männlichen Grafengeschlechts 1406 mit den von Loen die Heinsberger an die Macht. Gerhard VIII. ließ das baufällige Schloß neu errichten. Mit den Manderscheid als 3. Linie setze sich 1469 die Machtausweitung der Blankenheimer fort (ab 1487 die Schleidener, die Kailer und Blankenheimer Linien); Manderscheid kam zu Blankenheim, wo die Blankenheim-Manderscheider Grafen auch forthin ihren Sitz nahmen; 1669 konnten sie ihre Reichsunmittelbarkeit gegen ihre seitherigen Lehensherren, den Jülichern durchsetzen. Die Grafen von Blankenheim-Manderscheid waren bis zur Französischen Revolution mächtigstes Geschlecht der Eifel: 1692/97 kam Gerolstein endgültig, 1488 Jünkerath, Neuerburg 1487, ferner Bettingen, 1719 sogar Kronenburg und 1742 Dollendorf zu Blankenheim-Manderscheid. Wieder 1780 im Mannesstamm erloschen, regierte die Reichsgräfin Auguste von Sternberg-Manderscheid mit ihrem Gatten Christian von Sternberg (böhmischer Hochadel) zusammen; in Köln besaßen sie ihre Winterresidenz, den Blankenheimer Hof (in der Schildergasse). Vor den anrückenden Revolutionstruppen der Franzosen rettete 1794 der Kölner Kanonikus Wallraf erhebliche Teile des Antikenkabinetts nach Böhmen; Graf Hermann (1548-1604) hatte bereits ein Museum mit römischen Exponaten eröffnet, die Reliquiensammlung und die Bibliothek wesentlich erweitert. 1803 erhielten die Sternberg-Manderscheid als Entschädigung zwei ehemals geistliche Gebiete in Oberschwaben. von den zentralen Funktionen (Blankenheim war kurzfristig nach 1815 Kreisstadt) verblieb nur noch das Amtsgericht.

Die *Höhenburg Blankenheim* des 15./16. Jahrhunderts mit südlich vorgelagerter Vorburg wurde von den Franzosen Anfang des 19. Jahrhunderts auf Abbruch verkauft, 1927 von der Deutschen Turnerschaft erworben und zum Turner-Jugendheim ausgebaut, wenige Jahre später wurde es vom Deutschen Jugendherbergswerk übernommen (Histor. Stätten/Eifelführer). Die Hauptburg, teils von Gräben umzogen, ordnet sich um zwei Rechteckhöfe herum an, die nördlichen Flügel und der Palas um den höher gelegenen Hof wurden im 20. Jahrhundert in alter Manier rekonstruiert. Dem Palas ist der ›Rosengarten‹, eine Bastion, vorgelagert. Die Vor- (Unter-)burg setzt sich aus einem spätmittelalterlichen Burghaus, dem Torbau und massigem, rundem Batterieturm des 17. Jahrhunderts sowie Kanzlei (1787, mit Mansarddach) zusammen. Vom inneren *Mauerring* der Talfreiheit ist der dreistökkige Hirtenturm mit Spitzbogen und Grafenwappen und von der äußeren Ummauerung das Georgstor (Ahrstraße) mit Fachwerkaufsatz erhalten geblieben; ferner ein Wehrgang. Im Hirtenturm (Straße, Am Hirtenturm), in einigen anschließenden Barockhäusern und in der Johannesstraße residiert ein vorzüglich eingerichtetes *Kreisheimatmuseum*.

Zur Baugruppe der Burg gesellt sich unterhalb davon auch die Pfarrkirche *St. Mariä Himmelfahrt*. Gestiftet von Graf Johann I. von Manderscheid-Blankenheim-Gerolstein und Gemahlin, ist sie ein Saalbau von 1495-1505 mit Netzgewölbe und Chor, Krypta (Sarkophag der Grafen und Votivstein) und Turm, entstanden 1616, an den Säulen die 12 Apostel (16. Jahrhundert) und reiche Renaissanceornamentik. Der reichen Innenausstattung gehören ferner hinzu: eine spätgotische Sakramentsnische, ein Schnitzschrein, ein Passionsaltar (beide 15. Jahrhundert), spätgotisches Chorgestühl, Orgel von 1660 und ein nennenswerter Kirchenschrein mit Reliquien der ehemals gräflichen Sammlung.

Das malerische Ortsbild des ehemaligen Burgortes in der Talmulde wird von Fachwerkbauten des 16./17. und Bürgerhäusern des 17./18. Jahrhunderts bestimmt; ein Rokoko-Nepomuk ziert die Brücke vor der *Ahrquelle* mitten im Ort (Straße An der Ahrquelle). Die Kreuzkapelle *Hülchrath*, Teil eines Altersheimes, erhebt sich auf einer westlichen Höhe (über Ahr-, Aachener Straße erreichbar). Die Anhöhe hinauf führt ein *Kreuzweg* mit 7 Stationen; die schmale Rokokokapelle aus vergipsten Bruchsteinen, kreuzförmig angelegt, mit rotsandsteingegliedertem Volutengiebel und schmiedeeisernem Glockenstuhl wurde vom Reichsgrafen Ludwig von Manderscheid-Blankenheim-Gerolstein 1773-80 erbaut und ist innen reich stuckiert; die Altäre von 1824 sind in Spätrokokoformen gehalten (Dehio Rheinland).

Im Nordosten liegen die Ortsteile *Mülheim* (Barockkirche 1737, Dachreiter 1815, bäuerliche Ausstattung), Rohr (430) und Lindweiler (120 Einwohner). *Rohr* wird 863 zuerst als Besitz der Abtei Prüm genannt, war dann in Blankenheimer Besitz (1222), 1328 wurden dann die Herren von Rohr (in jülischen Diensten) genannt. Im 18. Jahrhundert war die Burg im Besitz von Arenberg; sie zerfiel in der französischen Ära. *Reetz* (320 Einw.), ein alter Bauernort im Herzogtum Arenberg (15. Jahrhundert) und zeitweilig zu Blankenheim gehörend (Kapelle seit 1521), *Freilingen* (450 Einw.) und *Lommersdorf* (520 Einw., 975 erstgenannt, im 15. Jahrhundert Edle von Lommersdorf, arenbergisch; romanische Kirche, 1537 umgebaut, Eisenbergbau bis in 19. Jahrhundert) nehmen den Ostteil der Gemeinde ein. Seit 1366 war sie Sitz der Herren von Freilingen, die Burg wechselte häufig ihren Herren. 1801 kam sie von den Freiherren von Dunckel an die von Manteuffel. Das Burghaus südlich der Martinskapelle wurde 1830 abgerissen. Die Herrschaft Freilingen gehörte zu Arenberg (Histor. Stätten). Die Ferienhausanlage Freilinger Bruch, waldumgeben, mit Ferien- und Freizeitanlagen, Hotel und Mühlenbach-Stauweiher lockt Feriengäste. Die obere Ahr durchfließt die Gemeinde Blankenheim von Nordwesten nach Südosten. Dem Tal folgen ab Blankenheim eine Reihe von Orten und die Bundesstraße 258: Ahrbeck, Vellerhof (1457 blankenheimisch; seit 1927 Clemens-Josef-Heim für Männer; freigelegte Römerbauten), Ahrhütte (siehe unten unter Dollendorf), Neuhof und schließlich *Ahrdorf* (160 Ansässige), oberhalb der Ahbachmündung. 970 gegründet, gehörte der Ort zur Trierer Abtei St. Maximin. Der Ort ist historisch mit Üxheim, Nohn, Trier, Luxemburg, Gerolstein, Manderscheid-Blankenheim verbunden (Eifelführer). Die Sankt-Valentins-Kapelle (spätere Hubertuskapelle) wurde 970 der Abtei St. Maximin gestiftet; die auf einer Anhöhe des alten Friedhofs liegende einschiffige Bruchsteinkirche wurde im 11./12. Jahrhundert aufgestockt und später auch innen barockisiert, doch der Hochaltar ist mit frühromanischer Mensa ausgestattet. Eine hölzerne Magdalenenfigur in einem Seitenaltar entstand um 1500 (Dehio). Prümer Besitz war 1136 der südlich der Ahr ebenfalls im Südosten Blankenheims gelegene Ortsteil *Uedelhoven* (330 Uedelhofener, ein rühriger Ferienort, kam von Kerpen 1506 an die Manderscheid-Schleiden, war zeitweilig evangelisch; im 17./18. Jahrhundert kam er ans Herzogtum Arenberg/Aremberg).

Funde und Votivsteine lassen auf eine römische Vergangenheit des südlichen, in einer weiteren, der Dollendorfer Kalkmulde gelegenen Gemeindeteils *Dollendorf* (von knapp 800 Menschen bevölkert) schließen. 1077 wird er zuerst beurkundet. Die Herrschaft Dollendorf war mindestens seit 1277 mit Kronenburg vereint, 1327 kam es aber wieder zur Auflösung der Personalunion (Kronenburg, Festschrift). Gladbach und einige Dörfer im Raum Euskirchen (Arloff, Elsig, Odendorf, Kirspenich) gehörten außerdem zu Dollendorf, das zeitweilig den Ort Dahlem an Jülich verpfänden mußte. In weiblicher Erbfolge gelangte die Herrschaft im 15. Jahrhundert an die Brandenb(o)urg (an de Blees, Gemeinde Bastendorf, Kt. Diekirch, Luxemburg), später an die Herren von Vinstringen und 1467-1536 an die Haracourt. Von 1536-74 war Dollendorf ›Kondominium‹ von Bokelohe, Salm und Manderscheid, bis es über die Linie Manderscheid-Kail (1574-1742) an die Grafen von Manderscheid-Blankenheim gelangte (und dort bis 1794 verblieb, als die Franzosen einfielen); die rechtmäßigen Ansprüche der Salm-Dyck mißachteten sie. Rippengewölbter Chor und Turm der Pfarrkirche *St. Johann-Baptist* sind vom spätmittelalterlichen Bau erhalten, der Saalbau datiert von 1732-36 und ist barock ausgestattet, die Orgel (1679) kommt aus Niederprüm. Die seit dem 11. Jahrhundert bezeugte *Höhenburg Dollendorf* über Schloßtal (Talfreiheit Schloßdahl) ist noch als Ruine erhalten (Rundtürme, Außenmauern) und gibt, von Bäumen und Sträuchern überwuchert, einen idyllischen Eindruck, 1810 war sie von den Franzosen auf Abbruch verkauft worden; heutiger Eigentümer ist der Kreis Euskirchen. Zwischen Dollendorf und Burg bestehen ein 1700/01 von Graf Philipp zu Manderscheid-Falkenstein angelegter *Kreuzweg* mit 7 Stationen und der *Antonius-von-Padua-Kapelle,* ein roter Sandstein-Zentralbau mit Kuppel und Laternenkrönung von 1707 (Dehio-Eifelführer).

Seit dem Spätmittelalter betrieben die Herzöge von Arenberg an der Ahr die *Ahrhütte,* Lütticher Waffenschmiede gehörten zu den Abnehmern, aber auch vorzügliche spätgotische Taken stammen aus dieser Hütte. Von der Hochofenanlage bestehen noch Reste, ferner zwei Schuppen, das Reitmeisterhaus (1677; Zur Linde), ein arenbergisches Hofgut mit Wohnhaus (1549). *Alendorf* (knapp 400 Bewohner), Wacholderheidestandort, liegt im Südwesten der Gemeinde; sein Gebiet stößt zipfelartig nach Rheinland-Pfalz vor; er liegt in der fruchtbaren Alendorfer Kalkmulde (Geolog. Eifel, Stollfußkarte 806). Seine *Agathakirche* ist 1253 erstmals genannt; im 13./14. Jahrhundert gehörte der Ort politisch zu Dollendorf, über Jünkerath kam er um 1500 an die Manderscheid-Blankenheim. Die Agathakapelle liegt etwas außerhalb des Dorfes, buchenumkränzt auf einer Anhöhe im alten Friedhof, 1494-97 entstand ihr netzgewölbter Saalbau mit kreuzgewölbtem Chor und Westturm; Deckenfresken und Sakramentsnische stammen aus der Entstehungszeit. Salentin Ernst, Graf von Manderscheid ließ 1663-80 auf gegenüberliegendem *Kalvarienberg* ein 4 m hohes Steinkreuz errichten und zur Kapelle hin 6 der 14 *Kreuzwegstationen* erbauen. 1317-1803 war die Kapelle Pfarrkirche der Johanniter; erst 1928 wurde eine neue Pfarrkirche gebaut.

Ripsdorf, nordöstlich von Alendorf unterstand 1121 dem Patronatsrecht des Klosters Steinfeld; Ritter von Ripsdorf gab es vom 13.-15. Jahrhundert. Im 14. Jahrhundert gehörte der Ort zum jülischen Amt Münstereifel und kam mit Hungersdorf durch Tausch 1725 an Blankenheim (Histor. Stätten). Die Pfarrkirche *St. Johann-Baptist* ist ein spätbarocker Bau (1667-1716), das Pfarrhaus wurde 1775 errichtet; bei Hungersdorf liegt (siehe oben) ein weiteres Wacholderschutzgebiet.

Zwischen Urft und Erft: Nettersheim

Schmucke Ferienorte (insgesamt 12 Ortsteile), in 350-560 m absoluthoher Mittelgebirgslandschaft (natürlich im Naturpark Nordeifel) mit malerischen Wiesentälern, von wildreichen Laub- und Nadelwäldern umgeben, im heilsamen Klima mit insgesamt 5870 Menschen (dato 1980), auch mit zahlreichen Zeugnissen aus der Römerzeit, das ist das nördliche von Blankenheim liegende *Nettersheim.*

867 wird Nefresheim aus der Taufe gehoben. Im 12. Jahrhundert spielen die Herren von Ahe (später von Nechtersheim) neben dem Kloster Steinfeld eine Rolle. Ihre Wasserburg stand an der Mündung der Ahe in die Urft. Die 1434 auftretenden Herren von Heyden werden 1596 (-1726) von den Metternich abgelöst (vermutlicher Sitz der Hof Burgmüller). Politisch gehörte Nettersheim zum jülischen Amt Münstereifel. *St. Martin,* vielleicht merowingischen Ursprungs, ist ein Bruchsteinsaal von 1784 mit Westturm; im

Innern finden sich der Rest eines romanischen Taufsteins und spätgotische Steinfelder Chorgestühle; das Pfarrhaus ist 1718 erbaut.

Südwestlich von Nettersheim wurde auf der ›*Görresburg*‹ bereits anfangs dieses Jahrhunderts ein ummauertes römisches Heiligtum aufgefunden, das einen quadratischen Umfang von 27 m Seitenlänge aufweist. Der Haupttempel hat eine Weite von 5 m und einen geosteten Eingang; auf umgebender, niedriger Mauer waren Weihesteine (mehrere Funde schöner Exemplare) aufgestellt, zwei kleine Kapellen lagen südlich davon. Außerhalb lag ein Gebäude unbekannter Nutzung. Der ›Grüne Pütz‹ bei Nettersheim ist ein Strang einer römischen Wasserleitung. Die Objekte sind ausgeschildert und gut auffindbar.
Im Südwesten liegt der geschichtsträchtige Ort *Marmagen,* das römische Marcomagus aus dem Antoninischen Itinerar des 3. Jahrhunderts; die Abtei Steinfeld gewann ab 1187 zunehmenden Besitz im Ort (mittelalterliche Höfe), Gerichtshoheit und Nutzungsrechte von Eisenerzlagern und Marmorvorkommen. Auch ein Adelsgeschlecht von Marmagen gab es wohl vom 12.-15. Jahrhundert. Am nordwestlichen Ortsende liegt eine ›*Burg*‹ genanntes Wehrgehöft des 16./17. Jahrhunderts. *St. Laurentius* weist Reste des spätgotischen Baus (Chor, Taufkapelle) auf, ist aber im wesentlichen ein Neubau des 19./20. Jahrhunders. *Zingsheim* im Norden ist 893 im Prümer Urkundenbuch zuerst genannt. Der Ort, an dem verschiedene Herren und Klöster (Prüm, Steinfeld) begütert waren, gehörte zum kurkölnischen Amt Hardt. *St. Peter* bietet sich als zweischiffige Kirche mit romanischem Kern und spätgotischer Erneuerung dar, der Westturm entstand 1602, Chor und Vorhalle im 18. Jahrhundert. Bei Zingsheim wurde 1963 ein kleiner gallorömischer Umgangstempel in seinen (2,60 × 3,40 m umspannenden) Fundamenten freigelegt.

Engelau, östlich des Zentrums, gehörte als Filiale kirchlich zu Zingsheim, politisch zu Blankenheim. Mit *Frohnau* zusammen (864 erstgenannt) kam es 1307 als Lehen an Luxemburg. Die Engelauer *Ahekapelle* ziert ein einsames Wiesental. Der spätgotische netzgewölbte Chor der dem hl. Servatius geweihten Stätte erhielt im 18. Jahrhundert ein Kirchenschiff, Altar vom ausgehenden 17. Jahrhunderts. *Tondorf*, südöstlicher Gemeindeteil, war fränkisches Königsgut, das 898 an die Abtei Prüm ging und später zum jülischen Amt Münstereifel gehörte, 898 wurde die *Lambertuskirche* genannt, doch ihr heutiger Bau aus dem Jahre 1812 ist (neo)klassizistisch zu nennen; Gestühl, Beichtstuhl und Kanzel stammen noch aus der Erbauungszeit. Das 1020 beurkundete *Bouderath* im Nordosten war Blankenheimer Besitz. *Pesch* liegt weiter nach Norden hin, 893 im Prümer Urbar aufgeführt, gehörte im 13. Jahrhundert zum jülischen Amt Bad Münstereifel und war noch bis 1794 kirchlich mit Zingsheim verbunden. Die alte Kirche des 18. Jahrhunderts ist als Sakristei der Friedhofskirche (Neubau 1846) erhalten.

Von weit größerer Bedeutung ist jedoch die konservierte, ausgeschilderte *römische Kultstätte*, ein Matronenheiligtum, an der Straße Zingsheim-Bad Münstereifel im Nöthener Wald ›Auf dem Addig‹. Matronen waren die in den keltischen und keltisch-germanischen Grenzgebieten des Römischen Reichs verehrten Muttergottheiten, auf den Altären im Rheinland meist als Dreiergruppen mit Fruchtkörben und kniend dargestellte Fruchtbarkeitsgottheiten, die auch Familien, Sippen, Stämme und Land schützen sollten. Vom Rheinischen Provinzial- und späteren Landesmuseum Bonn 1913-18 und 1962 ergraben, konnten drei Schichten (Bauperioden) festgestellt werden; in ihren Fundamenten ist die dritte Periode aus dem 4. Jahrhundert konserviert; um 400 waren die Bauten zerstört worden, bestehend aus einem basilikenhaften Bau (vielleicht Raum eines Männerbundes), ein ummauerter Hof mit kleineren Eckräumchen und Tempelchen (diente der Aufstellung von Weihungen); konzentrische Mauern weist ein gallorömischer Umgangstempel mit turmartiger Cella und breiten Säulenarkaden auf. Eine rund 100 m lange, abgewinkelte, schmale Halle mit einem Brunnen ist der Anlage in einer zweiten Reihe vorgelagert. Natürlich war dieser Sakralbezirk zeitweilig von opfernden, betenden Menschen in Festkleidung erfüllt und belebt (W. Hilgers, Pesch. In: Das röm. Germanien aus der Luft, Lübbe-Verl. '81/Prospekt: Der röm. Tempelbezirk bei Pesch. Hg. v. Kreis Euskirchen; mit Abb. und 3 S. Text).

Bereits römische Arbeitskommandos hatten bei Iversheim eine große Kalkbrennerei betrieben und zeugen von wirtschaftlicher Aktivität; Teile der römischen Wasserleitung nach Köln, ein Matronenheiligtum sind weitere Belege römischer Herrschaft. Die eigentliche *Ortsgeschichte* beginnt mit dem Missionseifer eines Mönches und dem Fleiß der Klosterbrüder. Eine wehrhafte Stadtmauer umfängt rund ein Jahrtausend Entwicklung mit reichlicher mittelalterlicher Hinterlassenschaft: romanischem Steinhaus, Basilika, gotischem altem Rathaus, der Festung und Burg, Fachwerkgiebeln, barocken Klosterbauten, in engen Sträßchen und Gäßchen, von der jungen Erft durchzogen: objektivierte Geschichte und Romantik. Natürlich war (und ist) auch alles von Leben erfüllt. Die bedeutenden Gewerbe der Tuchmacher, Gerber, Bierbrauer, in Zünften organisiert, der Handel machten den Ort groß, der sich die dritte Residenz Jülichs nennen konnte. Den Anschluß an die Neuzeit mit ihren Segnungen hat der Ort nicht sogleich gefunden, glücklicherweise, ist man versucht zu sagen.

Pippins Gemahlin Bertrada stiftete 760 der Benediktinerabtei Prüm Gebiete im oberen Erfttal (Peterstal) und in der Rheinbacher Gegend. Marquardt (Makward), dritter Abt von Prüm, gründete hier, vielleicht im Schutz einer großen ›*Alten Burg*‹ (Reste auf dem Quecken) zum Zweck der Kultivierung dieser Gegend um 830 ein (neues) *Filialkloster* ein ›novum monasterum‹, zu deutsch ›Neumünster‹. Am 25. 10. 844 brachte Markward von einer Romreise als Papstgeschenk die Gebeine des römischen Märtyrer-Ehepaars Chrysanthus und Daria mit, der einzigen römischen Märtyrer, die noch außer Kornelimünster (Benedikt von Ariane?) nördlich der Alpen bestattet wurden. Eine rege Wallfahrt setzte ein und zog Gewerbebetriebe an. Der klösterliche Handels- und Gewerbemittelpunkt inmitten eines ansehnlichen Landbesitzes erhielt 898 von König Zwentibold von Oberlothringen das Markt-, Münz- und Zollrecht. Zum Neukloster gehörten 7 Filialkirchen; es war Zentrum des ›Eifelkanates‹ mit 50 Pfarreien. Etwa anno 1000 wurde das Kloster in ein *Kollegiatsstift* umgewandelt, ein Propst war für das Innen-, ein Dechant für das ›Außenressort‹ zuständig. Allmählich erhielten die 30 Stiftsherren alle ihre eigenen Häuser und Haushalte. Das Romanische Haus (s. u.) war ein solches Stiftsherrenhaus, das älteste davon. Nur noch zu Gebet, Messe und Regelung weltlicher Angelegenheiten trafen sich die Stiftsherren im Stift, wozu auch der Wirtschaftshof gehörte, dem 40 Orte tributpflichtig gewesen waren.

Der Reichtum manifestierte sich in besonderem Maße in dem Bauwerk der *Stiftskirche.* Sie ist nicht die erste Kirche des Ortes. Als 1956 das Gotteshaus wegen Einsturzgefahr geschlossen wurde und Sicherungsmaßnahmen durchzuführen waren, konnte das Rheinische Landesmuseum Grabungen nach Vorgängerbauten durchführen. Unter dem Mittelschiff der Krypta stieß man auf die Fundamente der ersten Kapelle von 800. Auch eine kleine Klosterkirche von 830 lag noch innerhalb der dreischiffigen Krypta, der Chor endete an der Apsis der Stiftskirche. Um 844 ff. wurde dieser zweite Bau mehrfach erweitert, und zwar innerhalb des heutigen Langhauses. Der *heutige Bau,* eine frühromanische, querschifflose Pfeilerbasilika wurde 1110-1150 völlig neu aufgeführt: zuerst das dreitürmige Westwerk; Krypta, Langchor folgten, dann die Haupt- und Seitenschiffe; schließlich wurden 1180 die Gewölbe anstelle der erhaltenen Flachdecke eingezogen.

Im *Innern* findet sich im mittleren Westwerk das um 1350 entstandene Grabmal des hiesigen Grafen Gotfried von Bergheim und Münstereifel (Gottfried von Jülich; † 1335) mit Sandsteinplatte und Relieffigur. Die Barockorgel wurde 1722 aufgestellt; unter der Empore stehen der Rest eines romanischen Taufsteins und ein marmornes Taufbecken (1619); die Fenster schuf Franz Pauly († 1970). Im Langhaus setzen sich die Grabdenkmäler mit den jülischen Amtmännern: J. W. († 1585) und J. S. von Gertzen († 1599) fort; die Wandgemälde (linker Obergaden) sind noch von 1180. In den Seitenschiffen die Grabmäler von Margarete von Metternich († 1570), Christina zu Firmenich (Vorhalle, † um 1600) und des Stiftsherrn J. W. von Sinzenich (1570 gefallen). Säulen und Hochaltarplatte im Chor stammen aus dem Kalksinter der römischen Wasserleitung, das Sakramentshäuschen von 1470, Dreisitz (14. Jahrhundert), romanische Malereien sind bruchstückhaft erhalten. Die Grabkammer enthält den bemalten Schutzschrein (15. Jahrhundert) der Kirchenpatrone und Märtyrer

Chrysanthus und Daria, die Gitter aus dem 16./17. Jahrhundert; in der Mittelapsis der Krypta eine Gnadenmutter (aus Frankreich ?, 1220/30), eine Pietà von etwa 1450, Taufstein aus dem 16. Jahrhundert (Ohlert, J. M. Führer durch die Stiftskirche in Bad M., 6 S.).

Der Name Münstereifel ist seit 1086 bezeugt, 1265 kam der Ort an die Grafschaft Jülich, 1298 ist Münstereifel Stadt; Burg und (vollständig erhaltene) Befestigung (4 Tore, 18 Türme) entstanden um 1300. Münstereifel, dritte Hauptstadt von Jülich, neben Jülich und Düren, war Festung gegen Kurköln. Im Gegensatz zu den innerhalb der Mauern lebenden ›inwändigen Bürgern‹, nannte man diejenigen der zu Münstereifel gehörenden Außenorte Bergrath, Eicherscheid, Hohn, Kolvenbach und Rodert die ›auswändigen Bürger‹. War das Stift geistig-kultureller Hort, die *Burg* (13. Jahrhundert, im Süden, rekonstruierter Wehrgang, 1689 Ruine; Gaststätte mit Kursaal) der Mittelpunkt für Verwaltung und Recht, so kann das Rathaus als Stätte der bürgerlichen Selbstverwaltung angesehen werden; die Gilden stellten alleine den Rat. Das *Rathaus* wurde 1350-55 als Zunfthaus der ›Wollenweber‹ erbaut, mit drei Spitzbogenlauben; zwei Landsknechtfiguren versinnbildlichen Gewalt und (Nieder-) Gerichtsbarkeit der Stadt, zwei Löwen und das Wappen verweisen auf die Herrschaft von Jülich-Kleve-Berg-Mark-Ravensberg. Der ›linke‹ Teil wurde 1550 hinzugebaut; vor dem Rathaus steht ein ›Schandpfahl‹. In dieser Zeit entstanden viele der schönen Giebelhäuser. Im Mittelalter entwickelte sich ein reges *Wirtschaftsleben,* dessen Exponenten die Zünfte waren: 1339 erhielten die Wollenweber, 1346 die Schuster ihr Privileg; letzteren schlossen sich 1705 die Loh-, 1741 die Weißgerber an. Der Handel umfaßte außer Woll- und Ledererzeugnissen auch Nahrungsmittel, Gewürze (Salz) und Getränke (Bier, Wein). Seuchen und Kriege sowie die Brandschatzungen des Dreißigjährigen Kriegs machten Münstereifel zu schaffen. 1689 brannten die Franzosen Burg und Stadttore nieder.

Im 16. Jahrhundert erwies sich Münstereifel als eine Zelle der *Gegenreformation.* Die Bürgerstochter Margarethe Linnery gründete 1594 die St.-Salvator-Schwesternschaft; der Mädchenerziehung verschrieben, ging aus ihr das Ursulinen- und heutige koedukative erzbischöfliche Gymnasium St. Angela hervor; 1618 kamen die Kapuziner (Alte Gasse) hinzu. Die Jesuiten aus Köln gründeten 1625 das heutige Städtische St.-Michaels-Gymnasium, damals zwischen Köln und Trier einzige höhere Bildungsanstalt. Mit 18000 Bänden enthält es heute die wertvollste Schulbücherei des Rheinlands. Die zugehörige *Jesuiten*(Gymnasial-)*Kirche,* die das Haupt des römischen Märtyrers Donatus birgt, wurde 1652-60 im Barockstil aufgeführt. Das Karmelitessenkloster (Marktstraße) wurde 1657 gebaut, das Erzbischöfliche Konvikt 1896-99. In der Stadt gab es 7 Klöster und je 5 Kirchen und Kapellen. Beim Reichsdeputationshauptschluß wurden 1803 die Klöster säkularisiert. Die Stadt blieb lediglich noch eine Mairie, 1815 wurde sie preußisch. Ein Verharren des Gewerbes, vor allem der Tuchmacherei, im Konservativismus führte zum wirtschaftlichen Niedergang der Stadt und zur Verarmung; viele Bewohner pendelten zu den Mechernicher Bleibergwerken. Die Verkehrsanschlüsse kamen etwas spät. 1926 wurde Münstereifel ein Mittelpunkt der Kneippanwendungen, 1929 erhielt es ein Kurhaus. Nachdem die Kriegsschäden behoben waren, rückte 1956 die Stadt zum *Kneippheilbad* auf und führt seit 1967 die Bezeichnung *Bad* als staatliche Anerkennung im Namen. Die *Kommunalreform* bescherte dem Badeort eine Gesamtfläche von 151,3 km^2 mit 55 Ortschaften, eine Rechtspflegeschule des Landes; eine Tagungsstätte der Deutschen Beamtenjugend wähnt die Stadt in ihren Mauern.

Einen *Rundgang* mag man am Rathaus beginnen, wo sich die Marktstraße zum Kirchplatz mit der Stifts-(heutigen Pfarr-)kirche. Hinter dieser findet sich das *Romanische Haus* (s. auch o.) mit dem *Heimatmuseum* (Langenhecke 6). Das innerhalb der Immunität gelegene Stiftsherren-Wohnhaus aus der Mitte des 12. Jahrhunderts, ist ein zweigeschossiges, von Tonnengewölben unterkellertes (Brunnen) Traufenhaus aus verputzten Bruchsteinen. Im Erdgeschoß liegen Küche und 2 Kammern (Gastwirtschaft); im Treppenhaus sind historische Ubiquitäten der Schützen ausgestellt. Im Obergeschoß ein Wollweberraum (Webstuhl, 17. Jahrhundert; Zunftfahne, Geräte), die Hauskapelle (Eichentruhe, Madonna) und die Wohnhalle (hallenartige Dachkonstruktionen; Eifeler Bürgerwohnstube mit Truhe, Plastiken, Himmelsglobus, um 1700 aus dem Jesuitenkloster). Das Haus, als bedeutendes Kunstdenkmal, konnte 1960-65 restauriert werden (Das Romanische Haus/Wegweiser d. d. Heimatmus., Vervielf.). An der Evangelischen Kirche vorbei, führt der Weg der Mauer (außen oder innen) entlang zum *Werther Tor*, dem größten der Befestigung, im Renaissancestil gehalten. Der ehemalige Steinfelder (Zehnt-)Hof von 1513 liegt innerhalb, links des Tores (südlich). Die Werther Straße einwärts gelangt man über die Erft, am Entenmarkt vorüber zur Burg (s.o.) und zum *Johannestor* an der Ostmauer. Die Johannisstraße abwärts (Hochwassermarke von 1416) erreicht man den schmucken Markt und an der Jesuitenkirche vorüber (an der linken Ecke der Johannisstraße zum Markt das Geburtshaus von Dr. Friedrich-Josef Haass, dem ›Hl. Doktor von Moskau‹ (* 1780). Beachtenswert nehmen sich die schönen Fachwerkhäuser am Markt vor der durchfließenden, geraniengesäumten Erft aus. Durch die Orchheimer Straße ist nun das *Orchheimer Tor* zu erreichen, der Mauer innen entlang, überquert dann die Werkbrücke das Erftwehr. Vom *Heisterbacher Tor* führt nun die Heisterbacher Straße zum Ausgangsort zurück, dem Rathaus von Bad Münstereifel.

Auswändiges Münstereifel: Höhengebiet

Die 14 730 Münstereifeler verteilen sich auf ein beachtliches Umland von fast 151 km². Just im Mittelpunkt davon wird im *Knippberg* mit 537 m die größte Höhe erreicht. Der *Naturpark Nordeifel* erfaßt den westlichen Teil, bis an die Grenze der Kernsiedlung heran. Im Norden beginnend, liegt der 893 im Prümer Verzeichnis erstmals als Arlafa genannte Ort *Arloff;* er verfügt über Hammer- und Steinzeugwerke. Die Wasserburg Arloff (1278) ist heute ein landwirtschaftlicher Betrieb. Mit Arloff zusammengebaut, das an selber Stelle erstgenannte *Kirspenich*. Es soll sich ursprünglich um ein römisches Gut des Crispinius gehandelt haben; 1266 gehörte es dem Stift Münstereifel. Die spätmittelalterliche Wasserburg (im Nordosten des Ortes) mit Gaststätte, gilt als beliebtes Ausflugsziel. Westlich von Arloff ist *Kalkar* (nicht mit jenem am Niederrhein zu verwechseln) bereits römischer Entstehung, steht möglicherweise in Verbindung mit der Iversheimer Kalkbrennerei; im Mittelalter war es Pfarrort. Landschaftlich schön, muß das *Kalkarer Moor* zwischen Weingarten, Broicher Hof und Kalkar, am Mersbach und am Weg zum Haus Broich (Euskirchen) seiner seltenen Pflanzenwelt wegen (Orchideen, Sonnentaugewächse/Fleischfresser) genannt werden. In *Eschweiler* im Nordwesten beansprucht das *Radioteleskop* der Universitätssternwarte Bonn auf dem 435 m hohen Stockert das Interesse der Astronomie- und Technikbegeisterten. Die dem Max-Planck-Institut für Radioastronomie in Bonn angeschlossene Anlage, 1956 nach gut einjähriger Bauzeit in Betrieb genommen, beschäftigt dieses älteste bundesdeutsche Teleskop 25 Wissenschaftler. Das Fundament bildet eine Art Pyramidenstumpf von 23-17 m Durchmesser. Der Parabolspiegel hat 25 m Durchmesser und eine Fläche von 600 m^2; ein kleines Schwester-Teleskop (5 m Radius) dient der Sonnenfleckenmessung (ADAC, Techn. Sehenswürdigkeiten in Dtl. II). Doch Bad Münstereifel ist Standort eines noch größeren Teleskops (s. u.).

Iversheim zwischen Arloff und Eschweiler gelegen, auch 890 im Prümer Urbar genannt (Prümer Zehnthof von 1129) wurde durch die 1968-70 durch das Rheinische Landesmuseum ausgegrabene römische *Kalkbrennerei* bekannt, sie ist heute als Museum überdacht und ausgeschildert. Mit einer Batterie von 6 Öfen wurde zum erstenmal ein größeres römisches ›Industrieobjekt‹ freigelegt. Die Öfen von je 3 m Durchmesser und 4 m Höhe, bestehend aus unterer Brenn- und oberer Dolomitkammer, faßten jeweils 15 m^3 Kalk (in 1 Woche gefüllt); insgesamt hatte die Werkshalle eine Länge von 30 m. Es waren römische Arbeitskommandos (überwiegend 30. Legion, Xanten), welche am Hang der Hohen Lay, hinter der Fabrik, den rotbraunen, mitteldevonischen Dolomit an der Randflanke der Sötenicher Kalkmulde brachen. Die Legionäre schleppten die Felstücke zu den Öfen, zerkleinerten sie zu handgroßen Brocken, die bei rd. 1000°C zusammen mit Weiden- und Pappelholz zu Stückkalk gebrannt wurde; 2400 t im Jahr. Auf der anderen Seite der B 51 befand sich das zugehörige Arbeitslager. Die Öfen sind aus unterdevonischer Grauwacke und Ton gemauert und waren dreimal zerstört worden, zuletzt 300/400 n. Chr.; der Kalk wurde im 2./3. Jahrhundert in Xanten vermauert. Die Öfen wurden rekonstruiert (Eifelführer/Iversheim, Röm. Kalkmanufaktur. In: Das röm. Germanien a. d. Luft/Fundstättenprospekt). Zwischen Nöthener Tannen und Hirnberg (456 m) kann man auf *naturkundlichem Lehrpfad* wandelnd, allerlei Pflanzen und Blümchen kennenlernen. Zusammenhänge zwischen Geologie, Böden, Wald, Wirtschaftsgeschichte, Tierwelt eröffnet hingegen ein *Forstlehrpfad* im Münstereifeler Stadtwald, ostsüdöstlich der Kernstadt. Ein zehnseitiger Führer ist zu beziehen, wie auch Führungen vom städtischen Forstamt veranstaltet werden.

Innerhalb des Naturparks liegen der durch seine schönen Fachwerkhäuser und einen guterhaltenen Ziehbrunnen gekennzeichnete Ort *Nöthen*. Seine Willibrorduskirche weist auf den Echternacher Abt und Friesenapostel hin; 846 ist das Dorf erstmals erwähnt, dann wieder im Prümer Güterverzeichnis, und gehörte 1115-1770 dem Stift Münstereifel und mit diesem seit 1265 zu Jülich. Bis zur Vereinigung der Regierungsbezirke Köln und Aachen und der Neuordnung 1975 war der Ort von Münstereifel danach getrennt (Histor. Stätten). In *Kolvenbach* ist ein gotisches Dorfkapellchen zu nennen.

Der Fremdenverkehrsort *Schönau* im Süden, 893 in den Prümer Verzeichnissen aufgeführtes Lehen der Grafen von Vianden und Jülich, ist später blankenheimisch. Die Siedlung in der schönen (von der Erft umschlossenen) Aue wartet mit kunstvollen Barockaltären (16./17. Jahrhundert) seiner Kirche St. Goar (Turm 13. Jahrhundert; Schiff um 1500, Chor 1866 neu) auf (Dehio). *Mahlberg* am Westhang des Michelsberges war germanische Gerichts- und Versammlungsstätte; auf dem *Michelsberg* (587 m) regierte Wotan! Später mußte der dem hl. Michael weichen. Die Gerichtsstätte umfaßte die 7 Honschaften des Hochgerichts Münstereifel. Als Graf Karl von Manderscheid-Gerolstein 1632 den Michelsberg der Eifelmission der Jesuiten zur Verfügung stellte, entstand die Michaelskapelle, besonders durch den Bergischen Kanzler von Goltstein-Jülich (1650-87) gefördert; am Michaelstag findet eine jährliche Jugendwallfahrt nach hierher statt.

Nach Südosten hin über den fränkischen Rodeort *Reckerscheid*, ist das stillgelegte Zink-/Bleierzbergwerk von *Klappertshardt*-Hummerzheim zu erreichen. Auf Wanderwegen kommt man zum 854 zuerst genannten karolingischen Gut *Hospelt*, einer reizvollen, im Privatbesitz befindlichen Burg.

Die idyllische Waldkapelle gibt alljährlich Gelegenheit, das Patronatsfest des hl. Josef zu feiern. Unweit der Burg kann auch eine keltische ›Motte‹ besichtigt werden (Bad Münstereifel, Höhengebiet, Unterkunftsverzeichnis). Ein zentraler Ort einer einst 14 Dörfer umfassenden Gemeinde ist *Mutscheid*, als schönstes Dorf auf Landesebene prämiert, kann es sich einer romanischen Kirche St. Helena rühmen. Der Ort ist im Prümer Güterverzeichnis genannt, die Kirche 1222. Ihre Halle entstand um 1500, 1911 wurde sie erweitert (Jugendstilelemente); der basaltene Taufstein um 1200, das Sakramentshäuschen gotisch, der Barockaltaraufsatz kommt wohl von Kloster Steinfeld. *Rupperath*, eine mittelalterliche Rodesiedlung der Johanniterkommende Adenau (jedoch schon 1054 erwähnter Freihof) ist ein Rundling. Im Landeswettbewerb ebenfalls ausgezeichnet, ist es als *Handweberdorf* bekannt; das Handwebermuseum hat seine Pforten täglich von 10-18 Uhr geöffnet). Es werden Webkurse für hausfraulich Ambitionierte abgehalten.

Die Orte im Osten konzentrieren sich um Effelsberg und *Houverath*. Letzterer Ort, ganz im Osten, zu $^2/_3$ im Wald, taucht 1173 als Eigentum der Grafen von Manderscheid-Blankenheim auf (auch Besitztümer anderer: Gymnich, Flamersheim, Schweinheim). Die alte Kirche (15. Jahrhundert) liegt abseits des Dorfes (1913 wurde ein zentrales Gotteshaus errichtet); nennenswert: die Wallfahrtskirche Seligen und die romanische Kirche im Wiesenthal. Auf den Hochthürmen (500 m) über dem Sahrtal bei Lanzerath kann ein römischer Ringwall bestaunt werden.

Effelsberg, 893 im Besitz der Abtei Prüm, kam nebst einiger Teilorte erst 1789 an Jülich; es erhielt 1883 eine neugotische Kirche. Größtes Interesse erweckt hier allerdings das zweite Münstereifeler *Radioteleskop*, der größte bewegliche Reflektor der Erde, 1968-71 erbaut. Es ist auf 154 Betonpfählen mit dem Felsenuntergrund verbunden, die eine Stahllast von 2 800 t tragen. Die 100-m-Spiegelantenne aus elastischen Teilen kann gegen Verformung elektronisch korrigiert werden. Sie trotzt Windgeschwindigkeiten von 150 km/h und ruht auf einem dachartigen Traggerüst mit einem Drehkranz von 64 m Durchmesser; sie ist zweiachsig drehbar; Gesamthöhe 98 m. Die von 150 Mitarbeitern des Max-Planck-Instituts für Radioastronomie (90 Techniker und Büroangestellte, 60 Wissenschaftler) betriebene Anlage hat eine heliumgekühlte erste Verstärkerstufe (- 260 °C). Der Auswertung der Weltraumsignale dienen mehrere Radiometer, ein Mehrkanalspektrometer, ein Autokorrelationsspektrograph, ein 1024-Kanal-Analysator, eine Rubidium-Atomuhr, eine Störmeßanlage. Die Teleskopführung wird von einem Steuerrechner vollzogen. Die riesiege Antennenfläche von 78,5 ar in Größe eines Fußballfeldes, erlaubt die Entdeckung schwacher Signale (Quasare in über 5 Mrd. Lichtjahren Entfernung). Größe, hoher Frequenzbereich, die Beweglichkeit, Reichweite, großes Winkelauflösungsvermögen sind die Vorzüge. Der Parabolreflektor dient der Untersuchung außergalaktischer Quellen, der Messung von Spektral- und Molekularlinsen, Pulsare und die Milchstraße sind weitere Forschungsobjekte (Das 100 m-Radioteleskop in Effelsberg, Prospekt, 4 S./Mitwochs in . . . Gemünd). Weitere Fakten sind (wenn's noch nicht reicht) dem Eifelführer und dem ADAC-Reiseführer Technische Sehenswürdigkeiten in Dtl. II zu entnehmen. Die Kosten dieses ersten Spiegels beliefen sich auf 32 Mio. DM.

Mechernich: Attraktive Natur, alte Kultur

Eine bergige Lage (höchster Punkt im Süden: Breberg 525 m, tiefster im Nordwesten in Floisdorf 198 m) in der Mechernicher Voreifel machen einen wesentlichen landschaftlichen Reiz der Stadt aus. Von ihren Höhen schweift der Blick an klaren Tagen weit über die Voreifelhänge bis ins Hohe Venn hinüber, in die relativ grüne Köln-Bonner Niederrheinebene und zur sie abschließenden Siebengebirgskulisse. Dem geplagten Großstädter bietet die Naturoase Mechernich aber auch die Ansicht der bizarren Buntsandsteinfelsen der *Katzensteine,* mit ihrer Wabenverwitterung (Herauslösung der Sandkristalle; ähnlich der Luxemburger Schweiz) und inmitten eines Naturschutzgebietes liegenden *Kakukshöhle.* Die Höhle, im mitteldevonischen Kalk ist derzeit wegen Einsturzgefahr gesperrt; Funde pleistozäner Bärenknochen und Altsteinzeit-Werkzeugen wurden hierdrin gemacht; das Naturschutzgebiet ist 5,3 ha groß (Die Eifel in Farbe). Die katzenkopfähnlichen Katzensteine dienten den Römern als Steinbruch.

Die *Geschichte* Mechernichs reicht bis in die Zeit der Kelten und Römer zurück und ist eng verwoben mit dem Bleibergbau. In der Römerzeit nahmen die Kelten die Mechernicher Gegend ein; es entstand die gallorömische Kultur. Die zwei Siedlungsphasen sind an den *Ortsnamenendungen* ablesbar; auf rein keltischen Ursprung deuten die Endungen auf -dunum und -magus, gallorömische Zugehörigkeit signalisieren: -ach und -ich, also auch Mechernich: Macrinium hieß Besitz des Macrinius, eines Galloromanen. Eine Römerstraße durchzog nachgewiesenermaßen das Mechernicher Stadtgebiet von Kall-Dottel über Mechernich nach Nordosten. Auf den bekannten Römerkanal der im Stadtteil Vussem spektakulär als Aquäduktrest an die Tagesoberfläche dringt, sei im Rahmen der ›Sehenswürdigkeiten‹ (s. u.) weiter eingegangen.

Erste Beurkundungen stammen aus der Zeit um 1200 (Megternich), 1258 ist von Mairke, von Mechgernich 1316 und vom heutigen Namen seit etwa 1430 die Rede. Herzog Adolf von Jülich verlieh 1435 das halbe Dorf Mechernich seinem Erbfeldmarschall von Birgel zum Lehen; nach 1562 werden auch die Grafen von Blankenheim und die Herren von Rath (rodische Herrschaft) genannt. Der Streit zwischen diesen Häusern wurde im Vergleich von 1618 beigelegt, möglicherweise wurde damit auch die *Reichsunmittelbarkeit* besiegelt. Den Rode folgten 1488 die Nesselrode, durch Heirat 1705 (-71) die von Twickel, welche ihre Herrschaft an die Herzöge von Arenberg abtraten; der blankenheimische Ort kam im 18. Jahrhundert an die Nesselrode-Reichenstein.

Ein dem Devon auflagernder (mittlerer) Buntsandsteinrand (zum Kern der geologischen Voreifelmulde im Muschelkalk übergehend) erstreckt sich zwischen Bleibach und Veybach. Der Abbau der unter 4 km^2 lagernden *größten Bleierzvorkommen Westeuropas* wurde indes eingestellt. Seit dem Mittelalter wurde Erz in kleinen Betrieben abgebaut, 1656 tritt eine Familie Meinertzhagen als Eigentümer auf, 1748 Reichsritter; von den Lippe kauften 1852 die Gebrüder Kreuser die Erzgruben. Sie gründeten 1861 den Mechernicher Bergwerks-Actien-Verein, welcher bis zu 4400 Beschäftigte zählte. 1869 wurde eine neue Bleihütte gebaut. Seit der Jahrhundertwende ›gings mit der Hütte bergab‹, die 1937 von der

Preußag übernommen worden war; 1956 wurde die Förderung eingestellt, der 135 m hohe Schornstein umgelegt; Unrentabilität war der Stillegungsgrund. Militärisches Gelände zwischen Kommern und Scheven nimmt heute das einstige Bergbauareal ein.

Die französische Okkupation beendete schließlich die alten Herrschaftsverhältnisse; der Hauptteil des Bleibergs mit den Orten Roggendorf und Strempt lag bis dahin in der arenbergschen Baronie Kommern. Nun kamen die Orte zur Mairie Vussem. Bergbau und Eisenbahn (1865) trugen wesentlich zum Wachstum der Orte am Bleiberg bei. Eine zweite Phase nach der Gründerzeit folgte dem Ersten Weltkrieg mit Bergarbeitersiedlungen, eine dritte ab 1950 (Erweiterungen durch Siedlungsträger). Die ›Post-Bergbauphase‹ brachte eine allmähliche Umstrukturierung: heute stellen Mechernicher *Industrie*betriebe Verdeckkabinen für Traktoren, Eisen- und Metallguß, Blechwaren, Maschinen, Transformatoren, Steinzeug und Damenunterwäsche her. Zentraler Ort seiner Herrschaft war dieses Mechernich schon immer, so vollzog die *kommunale Neugliederung* ein Faktum administrativ erst nach; Mechernich ist nach der Kreisstadt Euskirchen die größte Stadt dieses Kreises (Allg. Überblick und gesch. Entwicklung d. Stadt Mechernich. In: Neubürgerbroschüre/Histor. Stätten/Siefert, Dt. Städtelexikon). Einundzwanzig einst selbständige Gemeinden mit 42 Ortschaften und 6 Wohnplätzen, bevölkert von 21 530 Alt- und Neu-Mechernichern, bilden die junge zukunftsträchtige Gemeindeehe. Das ehemalige Bergarbeiterdorf mauserte sich zum schmukken Garnisons- und Touristenort heraus (er beherbergt das Luftwaffenversorgungsamt 8). Und so entstand die neue Gemeinde Mechernich: Zum 1. 7. 1969 in erster Stufe 6 Gemeinden aus dem ehemaligen Amt Mechernich, ebenfalls 6 aus dem Amt Hergarten und 2 aus dem von Zingsheim (heute zu Nettersheim) mit 13 400 Einw. fusioniert. Die zweite Stufe der Neuordnung im ›Aachen-Gesetz‹ fügte die Gemeinde Veytal mit ehemals 8 Gemeinden und einen Teil der Gemeinde Kall dem Mechernich der ersten Neugliederungsstufe hinzu. Seit dem 25. 7. 1975 trägt dieses Mechernich von Amtswegen die Bezeichnung Stadt. Zu den Attraktionen für Fremde zählen der Erholungspark Mühlental, der Hochwildschutzpark und das Rheinische Freilichtmuseum Kommern. Doch damit nicht genug: auch Wasserburgen, Schlösser, Burgruinen, z. T. in prächtigen Parks gelegen, gemütliche alte Fachwerkbauten hat Mechernich zu offerieren; und selbst die Merowinger und Römer hinterließen, wie wir wissen, ihre Visitenkarten und gestalteten die 137 km^2 zu einem abwechslungsreichen Wald- und Wiesen-Landschaftsausschnitt von herb-romantischem Reiz, für Wanderer durch elf Rundstrecken zwischen 8 und 24 km Extension erschlossen.

Die reichen Kulturdenkmale Mechernichs

In *Vussem* überquerte ein zumindest elfbögiger, aus Grauwacken erbauter römischer Aquädukt das hier nur 70 m breite, steilwandige, zweischlüchtige Veytal/Feytal. Zehn Pfeilerreste sind nachgewiesen, zwei weitere bleiben vermutet; drei der Pfeiler (einer im Hang) mit zugehöriger Wasserleitung wurden 1961 rekonstruiert. Das langezeit bekannte Objekt wurde erst 1957 näher erforscht. Die 10 m hohe ›Rohrbrücke‹ ist der evidenteste Teil der knapp 100 km langen Wasserfernversorgung des römischen Köln. Täglich strömten 10 000-20 000 m^3 gutes Wasser aus der Sötenicher Kalkmulde (Sötenich = Suetoniâcum) nach Colonia. Im 2. (nachchristlichen) Jahrhundert gebaut, folgte die frostfreie, unterirdische Leitung, ein überwölbter Kanal (lichte Weite 0,75 m) meist über die Talschlüsse in weiten Kurven der Höhenlinien. Die Leitung führte ungefähr aus der Gegend von Kall-Urft über Vussem, südlich an Euskirchen vorüber durch Rheinbach, dem Vorgebirge entlang über Bornheim, Brühl, Hürth/Frechen nach Köln (Vussem. In: Sölter, Das röm. Germanien aus der Luft).

Südwestlich liegend, ist in *Eiserfey* eine Barockkirche (1731) mit älterem Chor erwähnenswert. Zwischen Eiserfey und Weyer findet sich nahe dem Ort Dreimühlen das 5,3 ha große *Naturschutzgebiet Kakushöhle*. Die diluviale, von mehreren Spalten durchzogene Höhle mit mehreren Nebenhöhlen findet sich in dem nach mehreren Seiten abfallenden mitteldevonischen Süßwasserkalkfelsen (Dolomit) des *Kartstein*, offiziell wird sie daher Kartsteinhöhle genannt; Kakus war ein sagenhafter Riese. Zwischen Altpaläolithikum und Eisenzeit (Diluvium-Postglazial) diente die Kartsteinhöhle immer wieder als Unterschlupf für Menschen (altsteinzeitliche Funde; pleistozäne Höhlenbären). Neben der Buchenlohhöhle in Gerolstein ist sie die einzige paläolithische Höhle des Rheinlands; Funde aus der einsturzgefährdeten Höhle finden sich im Römisch-Germanischen Museum zu Köln und im Rheinischen Landesmuseum in Bonn. Von 300-50 v. Chr. war die Höhlenzinne durch einen Ringwall zum Verteidigungs- und Zufluchtsort keltischer Bewohner geworden (Neubürgerbroschüre Mechernich/Dehio/Histor. Stätten/Die Eifel in Farbe). *Weyer* selbst kann mit seiner romanischen Basilika St. Cyriakus (12. Jahrhundert) aufwarten, auf einer Anhöhe nördlich des Ortes, im ummauerten Friedhof. Alle drei Schiffe der um 1500 zur spätgotischen Halle umgebauten Kirche finden sich unter einem Dach; ihr romanischer Turm wurde 1788 renoviert. Von der Innenausstattung stammen das Taufbecken aus der Zeit um 1600, der Grabstein H. von Hambroichs von 1614, die Altäre entstanden um 1800. Der Ort gehörte seit 1330 zu Kurköln. Nordwestlich von Weyer liegt an einem Talende die Ortschaft *Kallmuth.* Der Turm (um 1200) der 1888 neugebauten, romanisierenden Kirche soll der Burgturm sein und die ›Schloßkapelle‹ enthalten haben; den Helm erhielt der Turm um 1900; in der Kirche ein bemerkenswertes, barock überarbeitetes Vesperbild aus dem 15. Jahrhundert. Die ruinöse Burg (mit Eckrundturm) aus dem 16. Jahrhundert ist in einen Gutshof einbezogen, das vermauerte Hofportal gehört der alten Anlage (13. Jahrhundert) zu. Seit 1953 findet alljährlich, von hier ausgehend, die Reiterprozession zu Ehren des Kirchenpatrons St. Georg (St.-Georgs-Ritt) statt; Ziel ist der Georgspütz mit einer Feldmesse. In Richtung Weyer zu findet sich eine 1953 freigelegte, 1957 rekonstruierte und ›überhauste‹ *römische Brunnenstube.* Im Umfang von 5,8 x 3,5 m ist sie fast 3 m tief ins Kalkgestein eingesenkt. Die Fundamente besitzen Wassereinlässe (schwere Eckblöcke mit Durchlässen, weiterer Löcherblock längsseitig) und sammeln das Hanggrundwasser in offenem Becken. Eine der zehn gefaßten Quellen, speiste die Quellstube als eine der ersten aus dem 2. nachchristlichen Jahrhundert die römische Wasserleitung nach Köln.

Im südöstlichen Stadtgebiet findet sich in Breitenbenden ein Römerkanal. In *Holzheim* (südöstlich) ist der romanische Turm von St. Lambertus erhalten; Kirche ist ein vom Aache-

WEGBERG Tüschenbroicher Ölmühle im Wald
beim Wasserschloß

HEINSBERG Grotte und Bastion der ehemal. Vorburg

WASSENBERG Roßtor (1365) und dreieckiger Markt

WASSENBERG Ausblick vom Burgturm zur Kempener Platte

WEGBERG-TÜSCHENBROICH Schwalmquellteich,
Wasserschloß (1630)

GREVENBROICH-KAPELLEN Wasserschloß,
einst kurkölnische Landesburg

DORMAGEN-KNECHTSTEDEN Ehem. Prämonstratenser-
Stiftskirche (1138-61)

GREVENBROICH Ehemalige jülichsche Landesburg,
15. Jahrhundert

WEGBERG-SCHWAAM Eines der reetgedeckten Häuser

JÜCHEN-BEDBURDYCK Wasserschloß Dyk (Kern vor 1100; Neubau 1656-63)

JÜCHEN-BEDBURDYCK Schloß Dyk vom Barockpavillon im botanischen Park aus; Hochschloß 1656

ERKELENZ Lambertuskirchturm (15. Jahrhundert)

ner Landbauinspektor J. P. Cremer 1844/45 geschaffener klassizistischer Backsteinsaal. Neben der Kirche finden sich Reste einer spätmittelalterlichen Wirtschaftsburg. Die außerhalb von Holzheim (wieder südöstlich) gelegene Burg *Heistert* ist eine von tiefem Graben umzogene Wasseranlage von 1484-86. Auch Heistert, auf Rechteckgrundriß erbaut, ist eine ausgesprochene Wirtschaftsburg. Ihre Nordecke ist von einem 14 m hohen Bruchstein-Rundturm flankiert, die Außenmauern sind mit Schießscharten versehen, West- und Südseite sind umwallt. Landesherren waren die Jülicher und Blankenheimer. Von letzteren ging die Burg an die Metternich (heute im Privatbesitz befindlich).

Auch und besonders die östlichen bis nordöstlichen Stadtteile sind durch ihre Burgen und Schlösser sehenswerte Plätze. In *Wachendorf* (893 ersterwähnt) saß seit Mitte des 13. Jahrhunderts ein Kölner Ministerialiengeschlecht. Unter den von Palan(d)t wurde der Ort evangelisch, kam 1789 zum jülischen Amt Münstereifel. Die Wasserburg ist schon 1190 erwähnt; ihre Bastionen erhielt sie im 16./17. Jahrhundert; eine wuchtige Bastionsbefestigung. Anstelle des alten Herrenhauses entstand 1780 ein zweigeschossiger Barockbau mit Mansarddach; einschließlich Turm 1880 um ein Geschoß aufgestockt, beherbergen die Baulichkeiten heute eine Förderschule.

Das nördlich von Wachendorf gelegene *Antweiler* kann gar gleich mit zwei Burgen prangen. Ältere ist die *Untere Burg*, eine zweiteilige Wasseranlage, 1345 war sie jülisches Lehen. Ihr Herrenhaus, ein Winkelbau mit Eckrundturm, wurde im 17./18. Jahrhundert errichtet, im Ostflügel findet sich eine Durchfahrt sowie der Kapellenraum; die Umfassungsmauer mit Eckturm ist teilweise aus dem 14. Jahrhundert. Die dreiflügelige Vorburg entstand im 18. Jahrhundert. Die Obere *Burg* könnte im Zuge eines Zwistes, bzw., einer Erbteilung gegründet worden sein. Seit Mitte des 16. Jahrhunderts ist der einteilige Bau, eine fast quadratische Anlage nachgewiesen, bestehend aus Herrenhaus, Torbau mit Flankentürmchen und Ummauerung; der Rest ist jüngeren Datums. Im 18. Jahrhundert war der Ort kurkölnisch (Amt Hardt). Von der Johann-Baptist-Kirche sind lediglich die 2 unteren Turmgeschosse noch romanisch, der Neubau entstand 1852-84.

Die *Burg Zievel* nordwestlich von Antweiler in Lessenich, schon 1107 erwähnt, wurde zur Wasserburg umgebaut. Imposant im freien Feld liegend, überkamen Mauer mit Türmen, runder Bergfried u. a. Teile aus dem 15. Jahrhundert. Der Wohnbau (zwischen Tor und Bergfried) ist 1828 gebaut; die Gräben sind teilweise noch erkennbar. Nun ist *Satzvey* nur noch 1 km in nordwestlicher Richtung entfernt. Der malerische Sitz am Veybach ist eine zweiteilige Anlage: Hoch- und Torburg (schweifhaubige Rundtürmchen) um 1450 aufgeführt, wurden 1880 aufgestockt. Kurkölnisches Lehen seit 1368, folgte auf Reinhard von Vey 1391 Heinrich von Krauthausen. Seine Nachfahren hatten die damals wehrtechnisch interessante Burg erbauen lassen; der Erneuerung fiel der Wehrgang zum Opfer (Von Burg zu Burg zwischen Köln und Aachen).

Am Rande des Truppenübungsplatzes entlang gelangt man nach *Firmenich* (nordwestlich von Satzvey). Die einteilige Ackerburg um einen nahezu quadratischen Hof ist ein dreistöckiger Wohnbau in Fachwerkausführung (Obergeschosse in Holzbrüstung) aus dem 16./17. Jahrhundert. Noch weiter nordwestwärts liegt der Dreiburgerort *Schwerfen,* allerdings die dritte im Bunde sucht man vergebens: Virnich (1170), im Osten, wurde Mitte des 19. Jahrhundert abgerissen. Die Wasserburg Irnich, 1 km westlich, vor Schwerfen, ist eine einfache Anlage mit Torbau, Ringmauern und Graben; 1484 angeblich neuerbaut, ist sie noch teilweise im ›alten‹ Zustand erhalten. Die Gülichsburg, 1147 verzeichnet, seit 1683 den von Gülich gehörend, in Bruchstein-/Fachwerkkombination, ist im ältesten Teil vom 16. Jahrhundert überkommen. Halbwegs, zwischen Schwerfen und Kommern im Süden, liegt *Gehn,* die »unvollendete« (Schloßanlage), 1747 von Herzog Leopold Philipp von Arenberg begonnen, möglicherweise auf römischen Fundamenten erbaut (Mauerreste, Ziegel, Scherben, Münzen). Mehrere zweistöckige Bauten mit Mansarddach waren aufgeführt, als offensichtlich die französische Okkupation einer Vollendung zuvorkam. Daran, daß hier früher Weinbau betrieben wurde, erinnern die nordwestlich von Gehn am Rotbach liegenden prächtigen Fachwerkbauten der *Weingartener Höfe,* z. T. noch aus dem 16. Jahrhundert, einen kleinen Weiler bildend. Rotbachaufwärts ist an der Eickser Mühle der Ort *Eicks* zu erreichen.

Die dortige repräsentative Wasserburg aus den Jahren 1680 bis 85, versteckt am Bach, ist zur Abwechslung mal aus Sandstein aufgeführt. Die alte Burg war 1365 zerstört worden; über die Herren von Saffenberg gelangte die Herrschaft an die Virneburg, Reuschenberg und schließlich 1628 an die von Syberg. Auch die Vorburg entstand im 17. Jahrhundert; das Torhaus 1786. Im Eickser Busch ist die 1782 in klassizistischem Stil entstandene, offene *Waldkapelle* (mit schlichter Madonna) seit langem ein Ziel der Maiprozession, daneben liegt die Grabstätte des Freiherren Geyr von Schweppenburg. Nordöstlich von Eicks liegen noch zwei nennenswerte Ortsteile: Floisdorf und Berg. *Floisdorf*, im Dorfwettbewerb 1971 goldprämiert, wirbt als ›Fachwerkperle‹. Die Pfarrkirche (1890/91) birgt eine hölzerne »Muttergottes mit dem Kinde« (14. Jahrhundert), wie die Georgsfigur zu Pferde (um 1700). In *Berg* ist eine etwa rechteckige Wirtschaftsburg aus schweren Bruchsteinen gemauert, der Turm mit 2 Hausachsen stammt aus dem 14. Jahrhundert. Ähnlich, wie Floisdorf, ist *Hostel* ein Fachwerkdorf (zahlreiche denkmalgeschützte Bauten aus dem 17./18. Jahrhundert. Wie *Glehn*, liegt Hostel westlich vom Stadtkern. Die zweischiffige, spätgotische St.-Andreas-Kirche weist ein hohes Chordach auf, ungewöhnlich auch die Querdächer von Querschiffen und Sakristei; der Turm ist romanischen Ursprungs. Im Innern zwei Rokokoaltäre.

Mechernich und das Freilichtmuseum in Kommern

Mechernich mit 5000 Seelen größter Stadtteil und Verwaltungssitz der Stadt ist ein schmucker *Fachwerkort* (Häuser 17./18. Jahrhundert), überragt von seiner alten *Johanneskirche*, die auf einer Anhöhe (Weierstraße – Fußweg rechts) inmitten des alten Friedhofs malerisch liegt. Ältester Teil ist der romanische Turm (2. Hälfte 11. Jahrhundert), der Chor aus dem 13. Jahrhundert zweitältester. Die asymmetrische, zweischiffige Halle datiert vom Anfang des 16., das südliche Seitenschiff vom 18. Jahrhundert. Im Innern bestehen noch kleine Reste spätgotischer Fresken. Auf dem *Rathausplatz* fanden zwei Meter römische Wasserleitung Aufstellung (1930, aus Breitenbenden). In *Roggendorf* mag die klassizistische evangelische Backstein-Saalkirche, 1666-69 von

Math. Breidenbend ausgeführt, und im Urzustand erhalten, interessieren. Der *Erholungspark Mühlental* mit dem gestauten Mühlensee, zwischen Mechernich und Kommern, ist ein Gartenpark mit Spielstraße, Reiterhof und Wandergebiet (Altusknipp, 375 m, vermutlich keltische Opferstätte; alte Tagebaue).

Der zweitgrößte Ort der Stadt ist der Luftkurort *Kommern.* Keltisch Cunba, rheinisch Kump für Schlüssel, soll sprachlich in Jahrhunderten zu Kommern geworden sein. 865 wird der Ort erstmals in den Annalen genannt, dann war er zeitweilig, wie Mechernich, reichsunmittelbar; 1229-1801 arembergisch. Kommern zeichnet sich ebenfalls durch seine reizvollen *Fachwerkhäuser* aus; eines der reizvollsten Fachwerkdörfer des Rheinlands überhaupt, in der Kölner Straße und Mühlengasse sind sie zu finden. Von der ursprünglichen *Burganlage* (um 1350) ist der viergeschossige Wohnturm überkommen, ein zweigeschossiger Barockflügel wurde 1753 angebaut. Hauptflügel und Wirtschaftsgebäude sind dem 19. Jahrhundert zuzuschreiben. Wie die evangelische Kirche von Roggendorf, so ist die hiesige St.-Severin-Kirche 1857-59 von Math. Breitenbend erbaut. Die Pläne gehen noch auf den Erbauer der Kevelaerer Wallfahrtskirche, V. Statz zurück. In ›Kommern-Süd‹ (südöstlich gelegen!) darf sich der 1967 errichtete *Hochwild-Schutzpark Rheinland* mit Rot-, Dam-, Muffel-, Reh- und Schwarzwild aufwartend, gewiß der Beliebtheit erfreuen. Die Auerochsen, eine Attraktion, sind Rückzüchtungen von Hausrindern, nach dem überlieferten Bild.

Indes, die allergrößte Kommerner Attraktion ist, Fachwerk in Potenz, das *Rheinische Freilichtmuseum und Landesmuseum für Volkskunde,* will meinen, daß das Freilichtmuseum dem besagten Landesmuseum angeschlossen ist. Es liegt an der Gielstraße und ist (ausgeschildert) von der B 266 aus direkt erreichbar. 1958 vom Landschaftsverband Rheinland (in Köln-Deutz) gegründet, 1968 eröffnet, umfaßt es ein Gelände von 75 ha in der Voreifel, mit weitem Rundblick über Eifel, Venn, bis in die Kölner Gegend und zum Siebengebirge, jenen Landschaften, aus denen die bäuerliche Kultur der unsrigen und der Nachwelt erhalten wird. So sind und werden typische Bauernhäuser, Kapellen, Wind- und Wassermühlen, wie zugehörige Bauteile nach hierher ›verpflanzt‹. Versteht sich fast von selbst, daß die Museumsleute die Stücke vorher auch erneuern, Holz imprägnieren, konservieren, streichen. Dazu gehören auch das dörfliche Leben, Gärten, Felder, Anbaufrüchte, Tiere, Handwerk, Gerätschaften; Innenausstattung der Bauten im Stil der alten Zeit. Achtzig Bauwerke sollen es einmal werden. Sie sind sinnvoll in Baugruppen zu jeweils kleinen Dörfern zusammengefaßt: Im Nordwesten die Baugruppe Niederrhein (Gebäude 2-15), im Norden die Baugruppe Eifel/›Kölner-Bonner Bucht‹ (Nummern 18-48), im Nordnordosten folgt die Baugruppe Westerwald-Mittelrhein (Objekte 50-707, im Zentrum die Gruppe Bergisches Land (seit 1980), noch klein an der Zahl (75-77, 82). Der Südzipfel und der Osten sind bewaldet. Zentrale Ausstellungshallen finden sich nahe dem Eingang; außerdem gibt es mehrere Gaststätten. Innerhalb des Geländes wurden vier Rundwege zwischen 1 und 3, 5 Stunden Dauer geschaffen. Das Museum ist zu unterschiedlichen Tageszeiten ganzjährig geöffnet. Ein gutillustrierter Farbprospekt gibt über die einzelnen Objekte Auskunft, für weitere Details kommt der Erwerb eines Museumsführers in Frage.

Kall: neue Gemeinde, altes Kloster

Mit ihren malerischen Dörfern und waldreichen Seitentälern innerhalb des Naturparks Nordeifel gelegen, locken in der Gemeinde Kall Idylle, Kultur und landschaftlicher Reiz zugleich zum Verweilen. Ein ehemaliger Römerkanal, die über tausendjährige Basilika des Klosters Steinfeld, heute von den Salvatorianern belegt, idyllische Dorfstraßen mit alten Fachwerkhäusern, das Naturschutzgebiet Stolzenburg im Urfttal bei Sötenich, wo es auch für Amateurgeologen Fossilien zu erhämmern gilt, sind die unübersehbaren Attribute der nahezu 69 km^2 weit ausgedehnten Gemeinde Kall. Der Landwirtschaft dienen 50,7 % der Gemeindefläche, 36,3 sind bewaldet, 11,4 % werden als Siedlungs- und Verkehrsflächen genutzt. Die 22 Orte der 9 275 Bewohner zählenden Gemeinde sind 10 Gemeindebezirken zugeteilt, der Ort, von den Landesentwicklern als »Grundzentrum mit Teilfunktionen eines Mittelzentrums« eingestuft, weist 677 Beschäftigte in der *Industrie* auf, davon nur 66 Frauen. Beton u. a. Baustoffe stehen vornean. In Sötenich (Sötenicher Kalkmulde) findet sich ein Zementwerk; in Kall je 1 Transportbeton-, Stahlbeton-, 2 Betonwarenwerke, ein Asphaltmischwerk, in Rinnen ebenfalls ein Kalk- und Schotterwerk; ansonsten sind Holz- und Metallindustrie (hauptsächlich in Kall ansässig, 1 Unternehmen in Sitstig) zu nennen, in Kall besteht eine Gerätebaufirma. Ein neues, 20 ha großes Industrie- und Gewerbegebiet wurde in Kall erschlossen. Rund 2000 Beschäftigte gehen ihrer Arbeit innerhalb der Gemeinde nach, rund 1500 pendeln aus, 640 Auswärtige arbeiten in Kall.

Bis 1929 ›Call‹ geschrieben, ist der Ort vermutlich *keltischen Ursprungs;* eine römische Wasserleitung führte durch das geschichtsträchtige Gemeindegebiet (an verschiedenen Stellen freigelegt). Schon 1492 ist der Bleierzabbau beurkundet. Das heutige Kall gehörte seit dem Mittelalter hauptsächlich zu *zwei Grafschaften* (Herzogtümern): nordöstlich (rechts der Urft) zu Jülich (Unterherrschaft Dreiborn), südwestlich (links der Urft) zu Schleiden-Manderscheid und mit ihm zur Grafschaft Luxemburg. Mit den Niederlanden und Burgund kam Luxemburg an Spanien. Manche sehen bereits Kaiser Karl V. als Spanier an und datieren den Termin auf dessen Amtsantritt 1506. Mit seinem Nachfolger Philipp II., der die Niederlande (mit Luxemburg) als König von Spanien in einen hispanisierten Besitz des iberischen Machtzentrums zu wandeln versuchte, nimmt die Zugehörigkeit zu Spanien 1555 Gestalt an (P. Weber, Gesch. des Luxemburger Landes). Das linke Urft-Ufer heißt im Volksmund heute noch ›spanische Seite‹. Erst die französische Ära (1794-1814) beseitigte diese Grenze; Kall gehörte als Mairie zum Kt. Schleiden. Die Blei- und Eisenhütten sorgten seit dem 16. Jahrhundert für einen steten Aufschwung im Urfttal: ein Bleierz- und zwei Eisenerzbergwerke in Kall und ein drittes zwischen Sötenich und Kall. Der Dreißigjährige Krieg brachte nur Verwüstungen. Erst die Eisenbahn (Köln-Trier, erbaut 1860-70 und Kall-Hellenthal, 1885) induzierte neuen wirtschaftlichen Aufschwung. Die starken Kriegzerstörungen (85-85 % der Gebäude) konnten in der Ära des Wirtschaftswunders gut überwunden werden. Die Gemeinde ist heute ein Schul- und Verwaltungszentrum mit verschiedenen überregionalen Dienststellen (Gem. Kall. Statist. Angaben 1. 1. 79, Anhang: Geschichtliche Entwicklung).

Im ehemals jülischen Territorium verdient vor allem der Ort *Dottel* (170 Einw.) hervorgehoben zu werden: Die Pfarrkirche St. Antonius, malerisch auf einer Anhöhe im ummauerten Friedhof gelegen, ist eine Pseudobasilika aus dem 15./16. Jahrhundert. Auch *Keldenich* (780 Einwohner) war 1583 von der Abtei Steinfeld an Jülich übergegangen und 1306 einem Ritter Ossendorf übertragen worden; der Flurname in Burggraben erinnert noch an die Burg; Eisenbergbau wurde seit dem 13. Jahrhundert betrieben. Im 17. Jahrhundert bestanden Reidwerke in Dalbenden (1660), Neubenden, Münchroth. Wahrscheinlich residierten die Herren von Dalbenden auf der *Stolzenburg* (Höhenburgfundamente erhalten). Seit 1252 ist jedoch auch deren Wasserburg (Urft-) Dalbenden erwähnt, die seit Mitte des 17. Jahrhunderts im Besitz der Reitmeisterfamilie Cramer ist. Der Barockbau ist Teil der Burg. Das Hofportal ist mit der Jahreszahl 1666 versehen; in der Burg ein Restaurant und das Katholische Schullandheim Wuppertal.

Das *Naturschutzgebiet Stolzenburg*, urftrechtsufrig, zwischen Sötenich und Urft, ist 16 ha groß. Der Steilhang ist von lockerem Eichenwald okkupiert. Hier kommen Salomonssiegel, Küchenschellen, Seidelbast, Felsenbirne, Gamander, Wolliger Schneeball, pfirsichblättrige Glockenblume, Zwergmispel u. a. seltene Spezies einer Laubwaldflora vor. Besonderes Interesse darf dem Kalksteinbruch gewiß sein, seiner Kalktriftflora (Magertrift) wegen, mehr aber noch als Mekka der Fossiliensammler (er liegt in der Sötenicher Kalkmulde, 50 Mio. Jahre Erdgeschichte erschließt er). Zu finden sind Korallenstöcke, Brachiopoden, Trilobiten, vielfach als Hohlformen, aber auch Calcit- oder Mangandioxid-Ausscheidungen (Die Eifel in Farbe, Bunte Kosmos-Führer, 1975).

Sötenich (980 Ortsansässige), das römische Suetoniâcum, liegt in einer Kalkmulde (Kalk-, Zementwerke) in waldreicher Umgebung, früher wurde Manganeisen abgebaut, *Urft* (370 Bewohner) südöstlich davon. Außer Schloß Dalbenden (s. o.) ist hier die *römische Brunnenstube* auf dem linken Talgrund der Urft zwischen Urft und Nettersheim erwähnenswert. Hier wird die Quelle des ›grünen Pütz‹ gefaßt; bergseitig durch poröses Mauerwerk aufgeschlossen; an der Talkante einige freigelegte Stellen des Römerkanals.

Auf einer Fläche von 10 ha dehnen sich die Baulichkeiten der einzigartigen, vollständig erhaltenen ehemaligen Reichsabtei und des jetzigen Salvatorianerklosters und -kollegs *Steinfeld* aus. Eine erste Kirche mit der Reliquie des hl. Potentius aus Karden/Mosel war 920 entstanden. Zwischen 1069 und 1073 gründeten die Ahrgrafen ein Frauenkloster, seit 1121 mit Augustinerchorherren besetzt, die 1126 die Prämonstratenserregeln anerkannten. 1184 war Steinfeld außer Knechtsteden (s. a. a. O; zahlreiche bauliche Parallelen) wichtigstes Kloster der Prämonstratenser im Rheinland. Es leistete bedeutende *Kolonisations- und Kulturarbeit* im Osten (Ritterordensgebiet, Böhmen, Ungarn) und gilt als Mutterkloster von Strahlow (bei Prag, 1143), Selau (Böhmen, 1449), aber auch die rheinischen Abteien Hamborn und Sayn sind Steinfelder Gründungen; Doxau an der Eger wurde ab 1143 von einem Steinfelder Mönch geleitet, 1170 wirkten Steinfelder Brüder in Mariengarten (Friesland). Das *Klosterterritorium* umfaßte die Orte Steinfeld, Urft, Wahlen (in der heutigen Gemeinde Kall), das benachbarte Marmagen (Gemeinde Nettersheim) und als ›Außenbesitzung‹ Wehr (Gem. Palzem, Kr. Trier-Saarburg). Die Klosterherrschaft unterstand dem Erzstift Köln. Darüberhinaus gab es *Patronate*, Archidiakonate (Schleiden, Reifferscheid) und eigene Pfarreien. Steinfelder Prämonstratenser wirkten sogar an St. Dionysius in Krefeld. 1715 kaufte das Kloster die benachbarte Herrschaft Wildenburg (Gemeinde Hellenthal, s. d). Unter Abt Luckenrath (1661-80) wirkte der Mönch Leonhard Goffiné, Verfasser eines Erbauungsbuchs und einer auch in fremde Sprachen übersetzten Handpostille; Abt Chr. Steinhäuser (1732-49) wirkte 5 Jahre lang als Rektor der Universität Köln; auch baute er die bedeutende Bibliothek aus. 1802 wurde das ›Eifelkloster‹ säkularisiert, der letzte Abt konnte noch als Gemeindepfarrer bleiben; das Vermögen (u. a. die Klosterbibliothek) wurde verschleudert, einige Kreuzgangfenster kann man heute im Londoner ›Victoria and Albert Museum‹ besichtigen. Der preußische Staat erwarb die Baulichkeiten 1844 zur Errichtung eines Erziehungsheims (1853-1923).

Dann zogen die Salvatorianer als Mieter ein, seit 1923 unterhalten sie ein altsprachliches *Internatsgymnasium*, das Hermann-Josef-Kolleg; es gibt Wallfahrten zum Grab des hl. Hermann-Josef OPraem (1150-1240), Hauptwallfahrt am Sonntag nach Christi Himmelfahrt. Das Internat dient hauptsächlich der Heranbildung des Ordensnachwuchses und zählt derzeit 700 Schüler. Die alljährlichen Musikfeste bereichern wesentlich das Eifeler Kulturgeschehen. Im Kloster auch der Salvatorianer-Verlag. *Baulicher Kern* der Anlage ist die Pfarr- und *Klosterkirche St. Maria und Potentius*, eine dreischiffige, frühstaufisch-romanische Pfeilerbasilika im ›Zisterzienserstil‹ (1142 ff. mit achtseitigem, von Schieferpyramiden gekröntem Vierungsturm über dem Querschiff (zwei Kapellen), quadratischem Chor (mit halbrunder Apsis, zwei Chorkapellen) und Westwerk (runde, spätgotische Flankierungstürmchen von 1873 und Michaelskapelle). An den nördlichen Querschiffteil schließt sich die Renaissance-Sakristei (1740 von L. Eggen) mit Archivraum im Oberstock (spätgotische Eichentür) an. Im *Innern* verwachsen romanischer Raum mit spätgotischen Deckenfresken und barocke Ausstattung zu einer geglückten Einheit. Meister Hubert von Aachen führte im beginnenden 16. Jahrhundert die *Gewölbemalereien* in französisch-flämischer Manier aus. Der *Lettner* von 1480 wurde 1509 an die Westwand versetzt und dient als Orgelempore. Die *Orgel* selbst ist ein barockes, orgelbauerisches Meisterstück der Ilbenstädter Kanoniker: im Hauptwerk 1690 von Kanonikus Winterer, Ausbau und Oberwerk 1727 durch Kanonikus N. Windheiser (Oberilbenstadt). Zur reichen *Barockausstattung* des 17./18. Jahrhunderts (unter Abt Kuell) zählen Hoch-, Seitenaltäre, Kanzel, Kommunionsbank und Beichtstühle. Der Renaissancesarkophag des hl. Hermann-Josef inmitten des Schiffs besteht aus fleischfarbenem Urfter Marmor (1701, mit Alabaster-Liegegestalt des Heiligen, 1731). Der *hl. Hermann-Josef* (* zu Köln um 1150, † Zisterzienserinnenkloster Zülpich-Hoven 1241 oder 1252) galt als der »Mönch von Steinfeld«, der hier als Chorherr gelebt hat und »hier zu solch menschlicher Reife gelangte, daß wir ihn als Heiligen verehren« (Prospekt). Das Grab wurde zum Wallfahrtsziel. Der Heilige verfaßte Hymnen und Gebete »von zarter Mystik« (Lexikothek). Im südlichen Seitenschiff finden sich die Grüfte der Äbte.

Die Sakristei behütet einen *Kirchenschatz*. Reich mit Rokoschnitzwerk ausgestatttet, bewahrt sie u. a. ein kupfervergoldetes äbtliches Vortragekreuz (14. Jahrhundert), eine silbervergoldete Scheibenmonstranz (1430), ein Kreuz aus dem 12. Jahrhundert, alte Paramente und Reliquien. An der Nordseite des Kirchenschiffs schließt der *spätgotische Kreuzgang* (1495-1587) an, im 18. Jahrhundert aufgestockt; spätgotische Totenkapelle, Kapitelsaal im Ostflügel; im Brunnenhaus eine schöne spätromanische Brunnenschale aus vulkanischem Material, mit Reliefs. Weitere, den Kreuzgang umschließende Trakte der *Klosterbauten* entstanden in der 1. Hälfte des 18. Jahrhunderts, wie auch die übrigen, drei Höfe einschließenden und von einer Mauer umgebenen Klosteranlagen. Der innere, westliche Hof stammt mit Torhäusern aus dem 18. Jahrhundert: dem Kreuzgang direkt vorgelagert ist der Mitteltrakt, der Südflügel von 1661 wird als Krankenbau bezeichnet, der Nordflügel (spätes 18. Jahrhundert) ist die Abtswohnung; im Nordosten der Brauhof. Der dreieckige Hof mit Bauten ganz im Westen ist der 1774-76 erbaute Wirtschaftshof. Im ehemaligen Klostergarten findet sich ein *Ehrenfriedhof* aus dem zweiten Weltkrieg mit Blick auf die Abteitürme, ebenso finden sich Durchblicke von der Ruhebank ›Klosterblick‹ an der Mauer wie von den Aussichtspunkten Rinnener Berge und Königstein. Im Luftbild erkennt man die Anlage besonders schön. Es besteht beim Kloster ein Gästehaus.

Wenn auch wenig traditionsbehaftet, so sei doch auch die *Benediktinerinnenabtei* Maria Heimsuchung ebenfalls in Steinfeld erwähnt. Das Kloster Notre-Dame in Ermeton-sur-Biert (Belgien, Prov. Namur) gründete 1951 eine Niederlassung in Hellenthal-Hollerath; 1954 erfolgte die Übersiedlung des Klosters nach Steinfeld, 1954-59 entstanden Klosterbauten und Kirche hier an der Hermann-Josef-Straße. E. Steffan lieferte den Entwurf für die Kirche, Altarkreuz und Tabernakel stammen von H. Domizlaff (Köln). Die Erhebung zur Abtei erfolgte 1972. Mittlerweile zählt der Kovent 20 Schwestern. Für Gäste gibt's zweimal jährlich die ›Tage im Kloster‹; im Winter ist das Haus jedoch durchweg gut belegt.

Wahlen wird erstmal 1187 erwähnt, unterstand bis zum 15. Jahrhundert der Herrschaft Reifferscheid, dann dem Kloster Steinfeld (Kurköln), in französischer Periode Sitz einer Mairie (Kt. Reifferscheid), war der Ort mit heute 440 Einwohnern bis vor kurzem selbständige Gemeinde mit dem Ortsteil Steinfeld. *Sistig*, 790 Bewohner, westlich von Wahlen, gehörte einst zur Herrschaft Schleiden, hatte reiche Eisenerzlager; bis 1803 war Sistig nach Steinfeld eingepfarrt. Seine Kirche entstand 1902/03 neu.

Die Herrschaft Schleiden und Luxemburg

Schleiden gehörte zunächst (1115 ›Sleyda‹ zur Herrschaft Blankenheim; der Blankenheimer Edelherr Konrad gründete 1140 die eigene *Linie der Herren von Schleiden;* schon 1121 und wieder 1198 ist die Burg erwähnt. Im 13. Jahrhundert fiel die Herrschaft Jünkerath per Heirat an Schleiden. Die Schleidener Herren anerkannten 1271 (und erneut 1343) die Grafen von *Luxemburg als Lehensherren.* 1360 wiederum erklärte sich Schleiden zum ›Offenhaus‹ für *Jülich,* nahm lediglich den Kaiser und den Herzog (seit 1354) von Luxemburg aus. Auch soll das ›Tal‹ im Gegensatz zur Burg im Mittelalter (zeitweilig) jülisches Lehen gewesen sein (Dehio). Schon 1309 durfte Schleiden als königlich privilegierter Handelsplatz Juden aufnehmen; noch heute besteht ein Judenfriedhof. Aber 1435 starben die Edlen von Schleiden im Mannesstamm aus. Die beiden Töchter begründeten durch ihre Heirat zwei neue Linien: 1435 war Schleiden so zu Nassau-Diez-Vianden gekommen, dann an die Linie *Manderscheid-(Blankenheim-Kail-)Schleiden* (1450-93); 1487 kamen auch Kronenburg und Neuerburg, 1525 Kerpen durch Heirat, 1545 Virneburg durch Erbschaft hinzu. Schleiden führte nach 1550 die Augsburgische Konfession ein, vermutlich unter Dietrich VI. (1530-93). 1511 war es ›Statt‹ genannt. Graf Philipp von der Mark heiratet ins Schleidener Haus ein (Linie *›Marck-Schleiden‹*, 1593-1773) und rekatholisierte das Land. Johann Seiler (1635-1697), Jesuit aus Schleiden, war der ›Gegenreformator‹. 1602 wurde Mark-Schleiden in den Rang einer Reichsgrafschaft erhoben. Philipps Sohn Ernst von der Mark versucht vergeblich, die ›unberechtigten Lehensansprüche Luxemburgs‹ abzuschütteln. Im Dreißigjährigen Krieg annektierten die *Franzosen* Luxemburg samt Schleiden. Graf Peter Ludwig (1701-50) war französischer General, sein Sohn Ludwig Engelbert (1751-73) französischer Oberst. Der Kaiser hatte den Grafen Schleiden entzogen und 1693-1701 den

Grafen Hugo Franz von *Königseck-Rothenfels* eingesetzt. Erst danach kamen die Mark-Schleiden wieder in den Besitz Schleidens, bis 1773 die Herzöge von *Arenberg* das Erbe antraten. Die Franzosen folgten erneut, und erst damit (1795) war das Lehensverhältnis mit Luxemburg endgültig beendet. – Berühmte Schleidener waren der Geschichtsschreiber, Staatsmann und Humanist *Sleidanus* (Johann Philippi), 1506-56 und Johann Sturm(ius) 1705-89, Rektor der Straßburger Akademie.

Schleiden, sein Tal und sein Ortsbild

Das ›Aachengesetz‹ sorgte seinerseits dafür, wofür ansonsten Fürsten durch Heiratspolitik beitrugen, nämlich für ein größeres Territorium, ein größeres Schleiden. Dieses ›Greater Schleiden‹ vereinte zum 1. 1. 1972 die Städte Gemünd, Schleiden und die Gemeinden Dreiborn und jene des Amtes Harperscheid. Die (1980) 12 250 Schleidener (nach neuem Verständnis) wohnen in Höhen von 320-350 m zu einem großen Teil im Tal der *Olef* (›Schleidener Tal‹) und zum geringeren Teil in den Höhenvororten der sich beidseits der Olef erstreckenden *Dreiborner Hochfläche* (bis 593 m) im Naturpark Nordeifel. Etwa ein Drittel des rd. 122 km^2 großen Stadtgebietes nimmt der nahezu ganz im Gebiet Schleidens liegende belgische *NATO-Truppenübungsplatz Vogelsang* ein, der wochenüber gesperrt bleibt. Schleiden, *Luftkurort* (mit Kneippkurort Gemünd) ist schulischer und Verwaltungsmittelpunkt (mehrere Gymnasien, sozialpädagogische Fachschule, 3 Forstämter, Amtsgericht und Finanzamt), ging aber bei der Kommunalreform seines Kreissitzes verlustig und zählt nunmehr zum Kreis Euskirchen. Der Stagnation gilt es entgegenzutreten und die zentralörtliche Bedeutung, die auch die Gemeinde Kall einbezieht, zu stärken (Kurzinformation, hg. v. Planungsamt der Stadt, 1974). Größter *Industriebetrieb* ist die Glashütte in Oberhausen (350 Beschäftigte), die sich nach dem Zweiten Weltkrieg hier ansiedelte. Schon früher waren Textil- (1845) und Pappenindustrie im Schleidener Tal beheimatet. Die einst sehr bedeutende Eisenindustrie im Tal (Hütten in Oberhausen und Gangfort waren schon 1450 benannt) wanderte im Laufe des 19. Jahrhunderts wegen fehlender Verkehrsverbindungen (so

Schoeller und Poensgen) in die rheinischen Großstädte ab. Ursprünglich konnten sie, basierend auf den Eisenerzlagern der Gegend, auf der Holzkohle, aus waldreicher Umgebung gewonnen, und der Wasserkraft der Olef, gut entwickeln. Die Stichbahn Kall-Gemünd-Schleiden-Hellenthal wurde erst 1884 eröffnet. Ehemals waren auch Tuchfabrikation, Gerbereien und Brauereien ansässig (Rhein. Städtebuch: Schleiden) Siedlungsansatzpunkt war die Höhenburg auf dem Mündungssporn zwischen Olef und Dieffenbach, an welche sich zur Dieffenbachmündung hin die Vorburg (Straße ›Vorburg‹) mit Kirche anschloß; weiter hangabwärts entwickelte sich das unregelmäßige Gitter des Stadtgrundrisses (Distanz Burg-›Osttor‹ rd. 200 m) dieses typischen Burgflekkens.

In ihrem Kern besteht die *Burg* aus Teilen des 12. Jahrhunderts, Umbauten wurden im 14. Jahrhundert und unter Dietrich III. (1450-1593) vorgenommen. Die Franzosen zerstörten 1686 und 1702 die Burg, worauf sie 1720 barock erneuert wurde; jedoch gelangte der großzügige Plan des Aachener Baumeisters J. J. Couven eines Ausbaus zum Rokokoschloß nicht zur Ausführung. Der Süd- und Hauptflügel (12. Jahrhundert) wurden im 14. Jahrhundert nach Osten hin, im 18. Jahrhundert nach Westen hin erweitert und ist ein dreigeschossiger Walmdachbau; eine Wehrturmruine und ein Verbindungsturm aus dem 14. Jahrhundert stehen im Zusammenhang mit dem Osttrakt des 16. Jahrhunderts, der wiederum durch einen Verbindungstrakt des 18. Jahrhunderts (mit dem Burgtor des 13. Jahrhunderts) mit dem Südflügel zusammengebaut ist, im Prinzip also ein Winkelbau. Wie verschiedene Wohngebäude, so gehört auch das Renaissanceportal mit dem Wappen Philipps von der Mark dem ausgehenden 16. Jahrhundert zu. Im Schloß ist heute eine Internatsschule der Salesianer untergebracht.

Die ehemalige Schloßkirche ist die heutige Pfarrkirche *St. Philippus und Jakobus,* erbaut als spätgotische dreischiffige Hallenkirche mit eingebautem Südwestturm von Jakob Kyllwald 1505-25, unter Dietrich IV. und seiner Gemahlin von Sombreff; der Chor stammt noch vom Vorgängerbau (Mitte 15. Jahrhundert; romanisch). Der stimmungsvolle, netzgewölbte Innenraum wurde 1896/97 unter Leitung von Vinzenz Statz (siehe auch Kevelaer) erneuert; spätgotische Dekkenfresken sind resthaft erhalten; der Chor birgt den Renaissancesarkophag der Sibylla von Hohenzollern († 1621), wie auch den Epitaph Dietrichs IV. und seine Marmorfigur. Der Rokoko-Orgelprospekt (Doppelorgel 1770 vom Kölner Orgelbauer L. König) fügt sich harmonisch in den Innenraum ein; zwei Brüsseler Altarflügel entstanden um 1500. Einige gehaltvolle Figuren sind neben den beiden Fenstern (1535) der Oststirnwände der Seitenschiffe bemerkenswert, verwandt mit den Kyllburger Glasmalereien.

Eine neue *evangelische Kirche* wurde nach der Gegenreformation erforderlich. Sie ist ein einfacher, 1785/86 errichteter Betsaal, der 1830 durch einen klassizistischen Turm ergänzt wurde (Spitzhelm Ende des 17. Jahrhunderts) und lugt hinter ausladenden Bäumen in aller Schlichtheit hervor. Gestühl und Emporenbrüstung, wie auch Kanzelaltar sind aus der Entstehungszeit original erhalten. Von der Franziskanerklosterkirche (1687) wurden nach Zerstörung 1945 lediglich noch Mauerreste ins neue Krankenhaus einbezogen. Die Befestigungen wurden endgültig um 1800 beseitigt, wie allgemein üblich.

Olefabwärts liegt der Ort *Olef* (von rund 1200 Olefern bevölkert), durch Patronat und Herrschaft mit Jülich verbunden gewesen. Es gehörte seit etwa 1500 zur Herrschaft Dreiborn im jülischen Amt Nideggen. So diente auch die Kirche *Johann-Baptist* den (Unter-)Herren von Harff zu Dreiborn als Erbbegräbnisstätte (4 Gedenksteine aus Schwarzmarmor, 17./18. Jahrhundert). Der Turm aus dem 14. Jahrhundert ist ältester Teil, die zweischiffige Halle entstand 1794, der Chor etwas früher. Der Hochaltar von 1726 hat die seltene Form eines Doppelaltars. Mitten über den Olefer Markt führt die Eisenbahn (nach Einstellung des Personenverkehrs dient die Strecke nach Hellenthal nur noch dem Güterverkehr). Der Gefahr wegen geht der Zugführer der Bahn über den Markt voran; noch früher bestand für die strohbedeckten Häuser die Gefahr des Funkenflugs durch Dampflokomotiven (Mittwochs in . . . Gemünd/Hist. Stätten/Dehio).

Drei hier auf der Hochfläche entspringende Bäche (zur Rur) gaben dem Ort *Dreiborn* seinen Namen. Von Luxemburg hatte Jülich den Ort zu Lehen, mußte ihn mehrfach verpfänden; die Lehensträger wechselten stark (von Vlatteren, Einenberg, Plettenberg, Eltz-Pyrmont), bis 1586 die Burg als Unterherrschaft in den Besitz der (ab 1650 Frei-) Herren von Harff gelangte und noch heute in deren Besitz ist. Ursprünglich war die Rechteckanlage durch doppelte Wassergräben und Wall geschützt. Älteste Teile sind die Umfassungsmauern und der runde Eckturm (16. Jahrhundert). Das Herrenhaus mit Mansardwalmdach wurde 1680-95 erneuert, desgleichen die Wirtschaftsbauten; eine dreiflügelige Vorburg ist dieser von der L 207 zugänglichen, höchstgelegenen Wasserburg des Rheinlands vorgelagert. In *Harperscheid* interessieren vielleicht die beiden klassizistischen Kirchen: St. Donatus von 1809 (Turm 1536; schmucke Kanzel) und die evangelische Kirche (1859-61) mit verschieferter Wetterseite.

Größter Stadtteil Schleidens: Kneippkurort Gemünd

Mit ihren 4599 Bewohnern ist die ehemalige Stadt, Kneippkurort in waldreicher Umgebung, im Reizklima, auch in geschützter Tallage, an der Mündung (›Gemünde‹) der Olef in die Urft und mit dem Urftsee (siehe: Perlen der Nordeifel . . . im selben Band), größter der Schleidener Stadtteile, auch größer als die Kernstadt Schleiden selbst. Ein paar Behörden haben hier noch ihren Sitz, so z. B.: Amtsgericht, Finanzamt, Katasteramt. Auch ist Gemünd Standort einiger Gewerbebetriebe der Holzbe- und -verarbeitung, eine Brauerei (in Mauel). Einst war Gemünd berühmt für seine Eisenindustrie. Nach starker Zerstörung in der Ardennenoffensive des Zweiten Weltkriegs wurde Gemünd erneut zu einem Anziehungspunkt für den Fremdenverkehr. Mit zwölf zugehörigen Orten kam Gemünd 1972 zu Schleiden.

Früher gehörte Gemünd zu verschiedenen Teilen des *Herzogtums Jülich,* der Teil rechts der Urft war Bestandteil des jülischen Amtes Heimbach, jener links zur Unterherrschaft Dreiborn. 1213 ist Gemunde im Zusammenhang mit der Schenkung von Gut Malsbenden an das Kloster Steinfeld erwähnt; 1420 bestand eine erste Eisenschmiede, 1486 wurde vom Herzog ein *Eisenwerk* bewilligt, das aus dem Kermeter mit Holzkohle beliefert wurde. 1866 wurde es in ein Sägewerk umgewandelt, nachdem im 16. Jahrhundert der Höhepunkt überschritten war. Mitte des 19. Jahrhunderts wurden ein Walzwerk (gegr. 1837) und das größte deutsche Gasröhrenwerk (gegr. 1842) hier betrieben; ferner bestanden das alte Eisenwerk, ein Kupferwalz- und ein Bessemerstahlwerk. Doch 1860 verlegte die Fa. Poensgen ihre Werke nach Düsseldorf, nachdem Gemünd vierhundert Jahre lang führender Vorort der Eifeler Eisenindustrie war. Die Baudenkmäler tragen dementsprechend ausgesprochen bürgerlichen Charakter. Eine laufende Zuwanderung *evangelischer Familien* ließ die Gemündener Reidwerke die schlechten Zeiten des 17. Jahrhunderts verhältnismäßig gut überstehen. Schon 1609 gab es eine reformierte, 1619 auch eine lutherische Gemeinde. Die 1660 erbaute provisorische Kirche (1735 nur noch zu Gottesdiensten) wurde mit dem Zusammenschluß von Reformierten und Lutheranern zur ›Union‹ 1819/22 überflüssig; man riß sie 1853 ab. Die Lutheraner besaßen 1665 eine ›Haußkirche‹, 1683 »ein fest und wohlgebautes Kirchenhäußgen«, das noch 1710 erweitert wurde. Schließlich baute man 1753 eine neue Kirche, die heutige *evangelische Kirche*. Sie ist ein schlichter Saalbau mit abgedecktem westlichen Chorschluß. Den Dachreiter entfernte man 1834 und errichtete 1851/52 den Turm. Zur alten *Ausstattung* gehören: das einfache Rokokogestühl und der dreiteilige Orgelprospekt (1766/67) mit der einstmals ›reformierten Orgel‹. Am Eingang finden sich 2 alte Takenplaten aus der Zeit um 1600. Die Kirche ist außerdem im Besitz ursprünglicher Gerätschaften und Siegel. Das reformierte Pfarrhaus von 1735 wurde wiederaufgebaut (alte Ölgemälde). Sehenswert ist auch der *alte evangelische Friedhof* ›Am Tricht‹ mit zahlreichen alten Grabmälern, er war 1667/68-1959 in Benutzung. Die katholische Kirche *St. Nikolaus* (schon 1348 erwähnt) in neugotischem Stil von 1857-62, ist ein dreischiffiges Bauwerk, 1888/89 wurde sein Turmhelm fertig. Die reiche Ausstattung (Figuren, Gerätschaften) stammt noch aus der alten Kirche und gehört vorwiegend dem 18./19. Jahrhundert an; besonders erwähnenswert mehrere Nikolausstatuen (1644, 1720) und die Monstranz von 1714. Das alte Pfarrhaus von 1833/34 ist seit 1902 Teil des Klosters Mariahilf.

Außer den Kirchen gibt es eine Fülle sehenswerter *Bürgerhäuser:* die Trutzburg (Bergstraße 5) mit 4 m breiter Toreinfahrt, aus dem Jahre 1619. Der Dreiborner Zehnthof (Aachener Straße 15) von 1669, schöne, alte Portale: Renaissanceportal Bergstraße 15, klassizistische Bauten (Röhren-Poensgen, 1850), Haus Kattwinkel (1841) u. a. Eine reiche *Wohnkultur* äußert sich auch im Detail, in Inschriften, Türklopfern, Takenplatten, Möbel- und Hausrat; z. B. Takenplatte (1570) und Truhendarstellung (um 1600) im Haus Günther. Hierüber gibt das Heft ›Gemünd in der Eifel‹ der Reihe Rheinische Kunststätten (Nr. 7, 1966) des Rheinischen Vereins für Denkmalpflege und Heimatschutz (16 S.) vorzügliche Auskunft.

In französischer Zeit war Gemünd Kantonssitz im Arrondissement Aachen, in preußischer Ära 1816-29 Kreisstadt, um dann diese Funktion an Schleiden abzutreten, das diese nun an Euskirchen weitergab.

Heimbach, tausendjähriger Burgflecken

Luftkurort und Eifelstadt (im Naturpark) erfassen auf 64 km^2 Teile des wildromantischen Rurtals, das sich, wie seine zahlreichen Nebenbäche (liegt an der Mündung des Heimbachs) windungsreich und zwischen einer Höhendifferenz von 518 und 230 m eingetieft hat, wie umgebendes Berggelände. Ein Ast des Rurstausees (mit der Talsperre Schwammenauel; siehe Perlen der Nordeifel, im selben Band) und zugehörige Vorbecken gestalten die Heimbacher Landschaft ebenso reizvoll, wie der schroffe Burgsporn (Altenberg mit Name) und die bis unmittelbar an die Häuser heranreichende Bewaldung. 75 000 jährliche Übernachtungen sind ein Ausweis für touristische Beliebtheit der 4540 Bewohner zählenden Stadt im Kreis Düren mit ihren Ortsteilen Blens, Düttling, Hasenfeld, Hausen, Hergarten und Vlatten. Aus dem einmalig schönen Panorama über dem Rurstausee hebt sich Heimbachs mittelalterliche Burg Hengebach mit Bergfried und Wehrgang besonders heraus; aber auch die Gnadenkapelle mit gotischem Schnitzaltar und das fünfhundert Jahre alte Höhenkloster Mariawald zählen zu den erstrangigen Fremdenverkehrszielen (Touristik im Monschauer Land-Rurseegebiet); Fachwerkbauten kennzeichnen das Ortsbild.

Heimbachs ›altersgraue‹ Burg Hengebach ist eine der ältesten der Eifel: die erste Nennung der Herren auf *Burg Heimbach* erfolgte kurz nach 1000; Besitzer war Godizo (Gottfried) aus dem Geschlechte der Grafen von Lüttich. Godizo gehörte auch Haus Aspel (siehe Rees). Seit 1085 hatten die Are-Hochstaden die Herrschaft inne. 1207 tritt Wilhelm von Hengebach das Erbe der Grafschaft Jülich an, während der Bruder Everhard (bis 1234) Herr auf Heimbach blieb. In Dietrich (I.) kam ein weiterer ›Hengebach‹ zu Amt und Würden als Kölner Erzbischof (1208-12). Die Kurkölner übten wohl zeitweilig die Lehenshoheit über Heimbach aus, konnten sie letztlich aber nicht behaupten, so im Frieden zu Pingsheim 1279 und auch zumal der Limburgische Erbfolgekrieg in der Schlacht von Worringen 1288 für Jülich entschied. Jülich etablierte einen Jülicher Burggrafen und das Amt Heimbach (mit selbständiger Gerichtsbarkeit); häufig waren aber im 15./16 Jahrhundert Schloß und Herrschaft (Amt) verpfändet, u. a. 1451-56 an Dreiborn. Die Ansiedlung Heimbach war schon früh ummauert und in den Burgbezirk einbezogen worden; um 1343 erhielt sie ›besondere‹ stadtähnliche Freiheiten. Die Burg Heimbach verlor rasch an strategischer Bedeutung, als Jülich um 1300 Burg Nideggen (siehe weiter hinten) stark ausbaute; dann sorgte die permanente Verpfändung weiter für den Verfall der Burg, und letztlich waren es die Erfindung des Schießpulvers und die Zerstörungen im Dreißigjährigen Krieg, welche ihr kräftig zusetzten. Die Bevölkerung mußte vor der französischen Soldateska schutzsuchend in die Wälder fliehen. 1687 fielen dem ›Großen Brand von Heimbach‹ 180 Häuser, Kirche und die hölzernen Teile der Burg zum Opfer. Die *wirtschaftliche Basis* Heimbachs bestand in der Flußfischerei (es gab eine Fischerzunft), im Holzreichtum des Kermeterwaldes und in der Landwirtschaft. Im Zeichen der Eisenerzverhüttung (siehe Schleiden, Hellenthal) kam der Köhlerei erhebliche Bedeutung zu und der Landesherr unterhielt in Heimbach gar ein ›Kohlenschreibeamt‹ zum Verkauf der Holzkohle. Als Staatseigentum verkauften die Franzosen 1804 die Burgruine an die Familie Fraikin. Es war dem vehementen Einsatz des Provinzialkonservators für die *Erhaltung der Burg* zu verdanken, daß diese letztlich doch in ihrem Baubestand gesichert werden konnte: 1904 wurde in Düren der Förderverein gegründet, der die Ruine für 800 RM erwarb, 21 000 RM hatte der

Verein bis 1909 investiert. Erster Weltkrieg und Inflation verschleppten weitere Arbeiten; 1933/35 gingen die Baulichkeiten an den Kreis Schleiden über. Die vielfache Nutzungsintention und Zwecke sind eine Geschichte für sich: Heimatmuseum (Planung bis 1939/40), Amtssitz (1945 bis in die fünfziger Jahre), Gastronomie (weiterer Ausbau bis 1969), Jagd- und Naturkundemuseum (Plan bei Übergang an den Kr. Düren 1972 hinfällig), Zentrum der Erwachsenenbildung, Kunstausstellungen (Ziel seit 1974; seit 1979 im Besitz der Stadt Heimbach). Die Wiederherstellungsarbeiten der ›altersgrauen‹ Burg konnten am 20. 4. 1977 abgeschlossen werden, nun sind alle Außenanlagen, wie Hofräume, Wehrgänge und Bergfried jedermann zugänglich, und eine Gaststätte läßt das Bauwerk einmal mehr zum Ziel von Besuchern werden (H. Vellen. Die Gesch. d. Burg Heimbach, 19 S./Histor. Stätten NRW).

Baulich ist die Burg Heimbach eine ovale Ringburganlage des 12./13. Jahrhunderts, mehrfach zerstört und wiederaufgebaut. Auf den Kern des 12./13. Jahrhunderts gehen die Umfassungsmauern, die Palasruine und der eindrucksvolle Bergfried der Nordseite mit romanischem Unterbau auf quadratischem Grundriß (runde Obergeschosse von 1556) zurück. Die Erweiterungen nach S und O hin, wie die nördliche Bastion gehören dem 14. Jahrhundert zu: Man betritt die Burg durch Eingangstor und Torhaus im Süden und gelangt in den unteren und dann in den eigentlichen Burghof, im Osten von alter und neuer Schänke, wie von der Terrasse eingerahmt, im Nordwesten die vorgenannten älteren Teile, im Westen das Kavaliershaus, zwischen Grün- und Unterem Hof (im Südteil) die Fundamente der früheren Burgkapelle. Im Norden und Westen umziehen Wehrgang und Verteidigungsanlagen die Burg (Statist. Rdsch. Kr. Düren/Dehio/H. Vellen, Plan S. 15).

St. Clemens, die Pfarrkirche, ist ein einfacher Saalbau von 1725; auf spätgotischem Erdgeschoß ruht der Turm (Helm 1788). Die reiche, barocke Ausstattung geht zurück auf die Fertigstellungszeit des Gotteshauses. Der Hochaltar (1580-1667) ist ein Werk des Haarlemers Pieter Soutmann. Einige Arbeiten wurden auch später aus Kloster Mariawald übernommen (Schnitzereien des Hl. Grabes um 1500, Holzbüsten der Seitenaltäre, 15. Jahrhundert); mehrere spätgotische Holzskulpturen. Im Westen der Kirche wurde 1959 die *Wallfahrtskapelle* angebaut und nahm Altar (dreiteilige Antwerpener Passionsdarstellung des Meisters von Viborg, Anfang 16. Jahrhundert) mit Gnadenbild der Muttergottes als zentraler Aussage, aus dem Kloster Mariawald auf; einige gesonderte Holzfiguren entstanden ebenfalls um 1500.

Beim Bahnhof liegt das Missionshaus (Noviziat) der *Heilig-Geist-Mission* aus Knechtsteden. Von Heimbach heraus führt die kurvenreiche Mariawalder Straße mit wechselreichen Ausblicken hinauf in den Kermeter zur *Trappistenabtei Mariawald* in 417 m Höhe. Zisterzienser aus Bottenbroich (Kerpen-Türnich) gründeten hier ungewöhnlicherweise ein Höhenkloster, welches 1802 großteils säkularisiert wurde; 1860 besiedelten die reformierten Zisterzienser (Trappisten) das Kloster neu, welches 1909 zur Abtei erhoben wurde. Die *Klosterkirche* wurde 1887-91 auf den alten Mauerfundamenten von Fr. A. Cremer im alten Stil als spätgotischer, kreuzrippengewölbter Bau mit Mönchschor, 2 Kapellen und Sakristei, wiederaufgebaut. Die Zerstörungen aus dem Zweiten Weltkrieg wurden behoben. Die Ausstattung ist leider verstreut: einige Stücke in St. Clemens und der hiesigen Wallfahrtskirche, Holzkanzel in Vlatten, Glasmalereien in St. Stephen/Norwich, Glasfenster aus dem Kreuzgang (wie im Fall Steinfeld) im Victoria and Albert Museum/London und auch im Berliner Schloßmuseum. Der nördlich der Kirche anschließende Klosterbezirk aus der Zeit um 1500 ist weitgehend erhalten; wobei West-(Speise)raum und Nordflügel (Bibliothek; beide mit alter Balkendecke) erneuert wurden. Im Osten liegt der Wirtschaftshof (Tor 1538). Lediglich die Kirche kann von innen besichtigt werden. Als Spezialitäten bietet der Restaurationsbetrieb Erbsensuppe und ›Mariawalder Klosterlikör‹ an, ein gern angesteuertes Ziel für hungrige Kermeter-Wanderer.

Das bewaldete, schroff zerschnittene Buntsandsteinmassiv des dreiseitig von Stauseen umschlossenen *Kermeter* (Westteil im militärischen Sperrgebiet des Truppenübungsplatzes Vogelsang, s. o.) ist u. a. durch einen *Waldlehrpfad* (Asphaltsträßchen 2,5 km mit gut einem Dutzend beschilderter Objekte) erschlossen. Als ›Liegendes‹ findet sich in tieferen Lagen devonische Grauwacke, die einen sauren Waldboden abgibt; hier und besonders in schattigen Schluchten gedeihen Wurm- und Schildfarn und Hirschzunge; Seidelbast und Stechpalmen sind Indikatoren luftfeuchter, wintermilder Standorte auf kalkarmen Böden. Hirsche, Rehe, Wildkatzen, Ringeltauben, Grünrüsselkäfer sind am Kermeter verbreitet, und von kahleren Stellen aus genießt man bei günstiger Sicht das Umfeld bis hin in die ›Kölner Bucht‹ und zum Siebengebirge (Die Eifel in Farbe). Auf der Hasenfelder Rurseite bedarf auch der *Geologische Lehrpfad* am Meuchelberg der Erwähnung, wo auf engstem Raum verschiedene interessante Gesteine zu studieren sind; in Hasenfeld auch ein Märchenwald am Rursee. Rurabwärts zwischen Hausen und Blens (Burg) erhebt sich der rechte Prallhang als Felswand (Kletterfels). Die Wasserburg Hausen (2. Hälfte des 16. Jahrhunderts) gehörte zu den Jülicher Ämtern Heimbach und Nideggen.

Von den Vororten ist das nordöstlich gelegene *Vlatten* zu nennen. Seine Kirche *St. Dionysius* (fränkisches Patronat) weist auf die einstige Karolingerpfalz hin. Der heutige Bau ist dem 12./13. Jahrhundert zuzuschreiben, Gewölbe und Fenster der dreischiffigen Basilika entstanden um 1500. Im Inneren bestehen der barocke Hochaltar und die Holzkanzel (17. Jahrhundert, Mariawald). Von der *Oberburg* aus dem 14. Jahrhundert (in der Merodestraße), im umrahmenden Grün fast erstickend, sind noch die Umfassungsmauern, Turmstümpfe, ein Rundturm und ein Tonnengewölbe übriggeblieben, mit der *Unterburg*, ebenfalls Reste, einst Jülicher Unterherrschaft im Amt Nideggen. Das Rittergut kam 1705 über die Herren von Gymnich und später die von Bocholtz (siehe Nettetal) an die Syberg, 1833 an die Freiherren von Gagern (Krämer. Von Burg zu Burg zw. Köln u. Aachen).

Zum 1. 1. 1972 war Heimbach von der Gemeindekarte verschwunden; der größte Teil (58 km^2) wurde im Rahmen der *»kommunalen Hybris«* der Stadt Nideggen zugeschlagen, die mit 120 km^2 flächengrößte im Kreis Düren sein sollte; in die Stadt Schleiden kamen 12, nach Simmerath 6 unbewohnte km^2. Daß (das alte) Nideggen mit nur 2/5 der Einwohnerzahl (des ebenfalls alten) Heimbach solche Bedeutung zukommen sollte, war nicht einzusehen, koordinierter Fremdenverkehr keine Unifikationsformel von Überzeugungskraft. Der Verfassungsbeschwerde wurde am 4. 8. 1972 stattgegeben: die Stadt (seit 1959) Heimbach ward (rückwirkend) wiedergeboren (Statist Rdsch. Kr. Düren).

Mittelalterliches Nideggen – und sein Burgenmuseum

Nideggen, das ›Tor zur Eifel‹, der Luftkurort umfaßt auf der Grundlage der ›kommunalen Neuordnung‹ seit dem 1. 1. 1972 die Ortsteile Abenden (800 Bürger), Berg (-Thuir, 655 Einwohner), Embken (derer 650), Rath (565), Waltersheim (657), Brück (215), Nideggen selbst (1310) und links (westlich) der Rur Schmidt als größtem Ortsteil mit 2500 Einwohnern, so daß das vergrößerte Nideggen zusammen 7550 Einwohner zählt. Nideggen selbst, mit sich auf einem Buntsandsteinfelsen über dem Rurtale gewaltig auftürmender Burganlage, mit Kirche, mittelalterlichen Gassen, burgartigen Häusern, Mauern, Toren, Gräben, die historische Herzogsstadt, liegt malerisch zwischen die bewaldeten Berghänge des Naturparks Nordeifel eingebettet. Hoch über der Rur bieten sich die unterschiedlichsten erhabenen Ausblicke auf eine großartige Landschaft mit tieferen Schluchten und die Bergnase der Burg mit der aufgesattelten Stadt.

Zur *Namensdeutung* gibt es zwei Varianten: Nideggen heiße nichts anderes als das gegenüber umliegenden Bergen niedrigere Eck. Eine Ableitung von ›Neid‹ könne nicht in Frage kommen, weil es lediglich eine volkstümliche Sage sei, daß sich zwei feindliche Brüder um die Burg beneideten (Neubürgerbroschüre). Das Rheinische Museumsamt gibt für den Namen just aber folgende Erklärung: Nidekke bedeute soviel wie Felsecke, um die man beneidet wird (nît = beneiden; Burg Nideggen, Kurzführer).

Die *Burg* Nideggen ist ein Markstein in der Entwicklung der Grafschaft Jülich. Als der Jülicher Graf Wilhelm II. 1170 Alveradis von Molbach (Mobach, Untermaubach im benachbarten Kreuzau) heiratet, vergrößert sich sein Territorium um die kleine, den Grafen von Nörvenich gehörende Grafschaft Molbach. Für die damit verbundene Verlegung seines Wohnsitzes von Jülich (Altenberg?) nach hierher mögen zwei Gründe maßgebend gewesen sein: die in der Nordeifel vorhandenen Erzlager und die Expansionsmöglichkeiten im dünn besiedelten Raum (frühe Bodenspekulation!). Wilhelms Schwester ist mit dem Grafen von Hengebach (Heimbach) verehelicht, ihr Sohn erbt 1207 auch die Grafschaft Jülich-Molbach, Nideggen ist fürderhin das Stammhaus von Jülich, welches zunehmend in Querelen mit dem Erzstift Köln gerät. Unter Wilhelm III. schmachtete Ludwig von Bayern als Gefangener im Nidegger Verließ (dem ›Jenseitsturm‹). Wilhelm IV. kerkerte auch die Kölner Erzbischöfe Konrad von Hochstaden (als Anhänger des Papstes gegen den Kaiser 1241) und (von 1268-71) Engelbert II. von Falkenburg ein. Selbst der Bann des Papstes erweicht den Jülicher Herrscher nicht und erst Albertus Magnus gelingt die Vermittlung eines Friedens. Doch der eroberungslüsterne Wilhelm IV. nimmt ein schlimmes Ende: beim Überfall auf die Reichsstadt Aachen wird er zusammen mit seinen drei Söhnen erschlagen. Sein Nachfolger Wilhelm V. nutzt vor allem seine hochgradigen verwandschaftlichen Beziehungen. Sein Schwager, der Kaiser erhebt ihn zum Markgrafen, über seinen Bruder Walram I. (durch Heirat mit der Nichte Sifrieds von Westerburg), Erzbischof von Köln, gewinnt das Verhältnis zwischen Jülich und Kurköln eine neue Qualität. Unter Kaiser Karl IV. wird Wilhelm 1356 Reichsfürst und erhält die Herzogswürde. Der Kaiser erzwingt die Freilassung seines Stiefbruders, des Herzogs Wenzel von Brabant und Luxemburg und die Unterwürfigkeit Wilhelms, dessen Sohn 1393 auch Geldern erben soll. Es kommt zu einer territorialen Konzentration in den Rheinlanden durch Aussterben und Beerbung von Dynastien; großer Gewinner ist Jülich: Wilhelm V., der ›Reiche‹, ist im Besitz von Jülich, Kleve, Mark, Berg und Ravensberg. Im Streit um die Erbfolge in Geldern zerschießen brabantische Truppen im Auftrag Kaiser Karls V. in der *Jülicher Fehde* 1542 Burg und Ort Nideggen, dessen Rolle als Residenz damit auch ausgespielt ist (Burg Nideggen, Kurzführer), die Herrscher ziehen von hier weg.

Graf Wilhelm II. von Jülich hatte die stolze Trutzfeste 1177-90 schon als antikölnische Bastion erbauen lassen. Markgraf Wilhelm V. als Herzog Wilhelm I. (1356) baute 1340/50 auf der Südseite den wohl bedeutendsten, auf 61 x 16 m dimensionierten gotischen Palas des Rheinlands, im Westen und

Osten von je einem Achteckturm flankiert. vom ›Damenerker‹ im (Süd-)Westen bietet sich ein hervorragender Ausblick; im (Süd-)Osten der kleinfenstrige Küchenturm. Ungefähr rechteckig, wurde die Anlage um einen großen Innenhof mit tieferliegendem kleinem Vorhof erbaut. Kern ist der stadtseitige *Bergfried* des 12. Jahrhunderts im Nordosten (Oberbau 1350) mit der kreuzgewölbten romanischen Burgkapelle im Erdgeschoß (mit nachgebildeten Grabmälern), ursprünglich ein Wohnturm. Die Burg ist großteils Ruine, jedoch sind einzelne Bauten teilweise oder ganz wiederhergestellt, so der Bergfried, welcher als Burgenmuseum des Landschaftsverbandes Rheinland dient. Die Außenmauern des Palas mit südwestlichem Polygonalturm und Mittelturm sind gesichert. Zwei Geschosse des Küchenturms sind ebenfalls erhalten; der Nordwestflügel wurde neu erbaut. Die Räumlichkeiten werden durch eine Burggaststätte genutzt (Dehio/Burgenführer, Burg Nideggen). Die gesamte Anlage ist 110 m lang, 55 m breit und die Hauptburg mit breitem Zwinger auf der Nord-, mit Halsgraben auf der Ostseite versehen; der Brunnen im Burghof ist 100 m tief.

Nach Zerstörung 1542 diente die teilweise wiederhergestellte Burg lediglich noch als Amtssitz und Abgabenlager (Düsseldorf, Kleve waren die neuen Residenzen), die Unterhaltung wurde vernachlässigt, eine Erdbebenserie führte zwischen 1755 und 66 zum teilweisen Einsturz, Brände (1617, 1704, 1765) und die Raubheere Ludwigs XIV. und die französischen Revolutionstruppen (1794) taten ein Weiteres. Ein Privatbesitzer schlachtete die Burg als Steinbruch aus, Verwitterung und Blitzschlag (1896) gaben ihr den Rest. Von der Industrie ›angefacht‹, wurde 1902 eine Sicherung und Restaurierung eingeleitet; Kaiser Wilhelm, der die Burg 1906 besichtigte, gehörte (1904) ebenfalls zu den Spendern; 1905 war der 1944 wieder zerstörte Bergfried fertiggestellt, 1925 richtete der Kreis Düren eine Heimatschau hier ein, die 1944 einschließlich der Museumsbestände und des Stadtarchivs verwüstet wurden. Ab 1954 (-60) erfolgte der Wiederaufbau der Burg, und 1979 konnte die Kulturateilung des Landschaftsverbandes Rheinland das hiesige *Burgenmuseum* eröffnen (Burg Nideggen, Kurzführer/Statist. Rdsch. Kr. Düren). Außer Montag ist bei mäßigem Eintrittspreis täglich durchgehend (von 10-18 Uhr) geöffnet, Träger ist der Kreis Düren.

In sechs Geschossen des Bergfrieds soll (nach vollendeter Einrichtung) über die reiche Burgenlandschaft der Eifel und des rheinischen Raums, die Funktionen und die kulturgeschichtliche Bedeutung der Burgen, aber auch über das Leben auf der ›mittelalterlichen Burg‹ informiert werden. Der erste Teilabschnitt ist eröffnet, der weitere Ausbau des Museums im Gange.

Der Burg schloß sich nach Osten hin auf dem sich verbreiternden Sporn der *Burgflecken* an, mit den wichtigsten Versorgungseinrichtungen. Erhaltengeblieben sind weitgehend die mächtigen Mauern des 13. Jahrhunderts, die darin befindliche Kirche und das romanische Nytstor (auch Nixtor oder Nyckstor geschrieben) am ›unteren‹ Ende, ein wichtiger Torbau. Mit städtischen Freiheiten (Steuer- und Abgabenfreiheit, Handels- und Handwerkserlaubnis) der 1313 gegründeten *Stadt* lockte Graf Gerhard (1297-1328) Menschen zur Ansiedlung, vor allem Händler und Handwerker. 1356 war die sich außerhalb des Nuytstores anschließende (mit zentralem Marktplatz versehene) Stadt *ummauert,* erhebliche Reste der Ringmauer mit Rund- und Halbtürmen sind erhalten, ebenso das Dürener und das Zülpicher Tor (Tortürme). Das Dürener Tor ist ähnlich dem Jülicher ›Hexentor‹ oder dem Xantener ›Klever Tor‹ von zwei massigen Rundtürmen flankiert und mit dazwischenliegendem Verbindungsteil versehen. Diese Tore waren im 19. Jahrhundert ausgebaut worden. Im 15. Jahrhundert sind Rat und Bürgermeister beurkundet, 1573 wurde das Marktprivileg verliehen. Doch der ›prächtigste Platz im Jülicher Land‹ konnte derselbe nicht bleiben, Nideggen wurde zur typisch rheinischen Kleinstadt (Dehio/Neubürgerbroschüre/Prospekt).

Im ›Flecken‹ steht die 1219 von Graf Wilhelm dem Deutschorden gestiftete Kirche *St. Johann Baptist;* 1270/80 ging sie an die Johanniter über. Sie ist von gedrungener Gestalt, dreischiffig, weist einen quadratischen Chorgrundriß mit halbrunder Apsis und eine bemerkenswerte Empore auf. Der Chor ist gewölbt, das Hauptschiff erhielt beim Wiederaufbau seine (wohl) ursprüngliche Flachdecke zurück. Die Apsisgemälde datieren von 1250. Von der *Ausstattung* sind ein romanisches Triumphkreuz, verschiedene Holzskulpturen des 14. Jahrhunderts, ein Dreikönigsgemälde (1624), ein Vesperbild

(15. Jahrhundert) und ein Tafelbild der Georgsmesse (16. Jahrhundert) notierenswert. Vom Rotsandstein-Grabmahl Wilhelm IV. und der Gräfin Ricarda von Geldern (14. Jahrhundert) sind nur noch die beschädigten Liegefiguren erhalten; ferner das Grabmal des bei seinem Überfall auf Aachen erschlagenen Wilhelm V. (siehe auch Aachen). Das *Pfarrhaus* aus dem 17./18. Jahrhundert war die Johanniterkommende.

In der Stadt finden sich auch sonst einige schmucke Patrizierhäuser des 17./18. Jahrhunderts, der Bewershof in der nordöstlichen Ecke der Befestigung, zahlreiche Fachwerkhäuser, etwa zum Dürener Tor hin, ein steinernes Marktkreuz aus dem 15. Jahrhundert (Neubürgerbroschüre/E. Thiel. Goldstadtführer Eifel).

Die Orte Nideggen (mit Kurpark), Abenden (Freizeitzentrum) und Schmidt (Wildpark, Sonnenbad) sind Mittelpunkt des Fremdenverkehrs, während in den Orten Berg-Thuir, Muldenau, Embken und Wollersheim die Landwirtschaft vorherrscht, insbesondere wird der Braugerstenanbau betrieben (die Wollersheimer Brauerei Cramer ist hierfür der Inbegriff). Eine Nordeifeler *Spezialität* sind auch Fleisch- und Wurstwaren (Fabrikation in Berg) und Schinken (in Wollersheim). An *Gewerbebetrieben* können noch ein Marmorbetrieb (Standort Brück) und ein Sägewerk (Wollersheim) aufgeführt werden.

Frühgeschichtliche, römerzeitliche und fränkische Funde sind in fast allen *Nidegger Landorten* zu verzeichnen. *Vor- und frühgeschichtliche Funde* stammen aus Berg-Thuir und Wollersheim (jungsteinzeitliche Beile, Pfeilspitzen). Einen *römischen Gutshof* legten die Archäologen in den fünfziger Jahren in Berg-Thuir frei, stellten Reste von 9 weiteren Höfen und stattliche Gräber fest, zwischen 100 und 400 n. Chr. wurde im Badewald Erzbergbau betrieben (Brauneisensteinschürfungen, Schmelzöfen), in Embken wurde ein keltoromanischer Matronenstein gefunden, welcher auf Weinbau hinweist, in Muldenau waren es Ziegel- und Baureste, Bodenfunde der Römerzeit ebenfalls in Wollersheim, welches an der Römerstraße Köln-Trier lag, und schließlich wird auch Schmidt aufgrund von Grabungsbefunden auf die Römerzeit zurückgeführt. *Fränkische Plattengräber* wurden

1908 bei Muldenau entdeckt (Aufmarsch Chlodwigs), in Wollersheim benutzten die Franken römische Kultsteine zur Grababdeckung, wodurch die Werke erhalten blieben, in Harscheidt (Schmidt) ist noch eine fränkische Hofanlage erhalten, und auch in *Berg-Thuir* gab es fränkische Funde.

Letzterer Ort war Bestandteil der Waldgrafschaft, welche 1177 durch Heirat an Jülich kam. Die *Papst-Clemens-Kirche* (um 1300) wurde im 16. Jahrhundert zur dreischiffigen Basilika aus Drover Sandstein ausgebaut. *Embken* und Wollersheim waren merowingische Güter, die an das Kölner Stift Maria im Kapitol kamen und politisch zu Hengebach-Jülich zählten. Die Kirche aus dem 16. Jahrhundert ist der hl. Agatha geweiht. Der anheimelnde Palander Hof mit Staffelgiebel, Tordurchfahrt, Rauhputz und Fachwerkteilen strahlt eigene Atmosphäre aus. *Muldenau* wird 1334 als Pissenheim (1919 umbenannt) aufgeführt, gehörte zum jülischen Amt Nideggen, seit 1670 zur Herrschaft Thum; die Kirche mit Turm aus dem 16./17. Jahrhundert wurde nach Kriegszerstörung wiederhergestellt, im Ort ein barocker Bildstock von etlichem Reiz. Seit 1231 ist *Wollersheim* bekannt. Seine romanische alte katholische Pfarrkirche (Hl. Kreuz), heutige Friedhofskapelle, ist einer der ältesten Sakralbauten des Dürener Landes. Beim romanischen Turm fanden noch römische Ziegel im Mauerwerk Verwendung; in seinem Obergeschoß liegt die 1902 freigelegte Michaelskapelle mit Altarnische (ehemals mit Stiftsanbau verbunden), das einst dreischiffige Langhaus ist spätgotisch (15./16. Jahrhundert) unter Mitverwendung älterer Bauteile; zweischiffiges Mittelschiff und Chor sind erhalten geblieben. (Dehio/Neubürgerbroschüre). Den *Frieden zu Wollersheim* schlossen 1388 der Jülicher Herzog mit Karl IV., König von Frankreich. Bis Anfang dieses Jahrhunderts war der Ort eine eigene Bürgermeisterei, 1937-1972 zählte er zum Amt Nideggen. Alle hier genannten Orte liegen östlich von Nideggen und damit auch in der Mechernicher Voreifel.

An der Rur, nördlich von Nideggen, liegt das erstmals 1307 erwähnte *Rath,* ursprünglich ein selbständiges Dreihöfe-Dorf, ordneten es die Franzosen 1804 Nideggen zu. Ebenfalls an der Rur, jedoch im Süden des Gemeindegebiets, zählt *Abenden,* von den Hängen des Rurtals umgeben zu den idyllischsten Orten der Eifel; Reste einer keltischen Wallburg, einer römischen Wasserleitung u. a. Zeugnisse wurden gefunden. An der alten Römerstraße Conzen-Zülpich (heutige Conenstraße) liegend, geht der heutige Ort auf eine fränkische Gründung zurück. Zeitweilig war der Ort jülichsche Zollstätte. Idyllisch ist der Ort sicher auch seiner schroffen Rotsandsteinfelsen (alpine Kletterschule) und auch der Trachtenkapelle, des folkloristischen Brauchtums vor der Kulisse eines schönen Fachwerkensembles wegen. Im Westen, links der Rur, in der Rureifel, dann der Ort mit bekanntem romantischem Wildpark heimischer Tiere und mit noch bekannterem Namen: *Schmidt*, über und angrenzend auch an den Rursee, ein ausgedehnter Erholungsort, umgeben von einer Reihe von Rodeorten. Der Name Schmidt (erstgenannt im 16. Jahrhundert) leitet sich wohl von einer Dorfschmiede ab. Schmidt lag einst im jülischen Amt Monschau (erst 1972 zu Nideggen). Aus der napoleonischen Ära noch eine zerfallene Hochofenanlage vorhanden und bis vor dem Zweiten Weltkrieg wurde hier noch die Köhlerei betrieben (auf der Basis hiesiger Raseneisenerzlager). Der Ort, im Frontgebiet gelegen, wurde 1944/45 in halbjährigem Stellungskrieg neunzigprozentig zerstört. Seine Kirche von 1684/85 baute man z. T. aus Erlösen des Kaffeeschmuggels über die belgische Grenze wieder auf; im Volksmund trägt sie daher den scherzhaften Namen ›St. Mokka‹. Von der Ausstattung der *Hubertuskirche* verdienen eine Eifeler Pietà von 1320 (in der Kriegergedächtniskapelle) und ein altes Holzkreuz (1780) eine Würdigung (Histor. Stätten/Neubürgerbroschüre).

Einst heiß umkämpft, heute fernab: Hürtgenwald

Die Gemeinde im Naturpark Nordeifel erstand zum 1. 7. 1969 durch freiwilligen Zusammenschluß der bislang im Amt Straß-Bergstein (Kreis Düren) organisierten selbständigen Gemeinden Bergstein, Brandenburg, Grey, Großhau, Hürtgen, Kleinhau und Straß. Den heutigen Gebietsumfang von rd. 86,5 km^2 erzielte Hürtgenwald durch Zugliederung von Vossenack aus dem ehemaligen Kr. Monschau im Rahmen der verordneten Neugliederung Anfang 1972.
Landschaftlich gliedert sich die Gemeinde in ungefähr zwei Hälften: die teilweise gerodete, durch agrarische und forstliche Nutzung gekennzeichnete, besiedelte Südosthälfte (1980

insgesamt 7100 Gemeindebewohner). Klar hebt sich davon die stärker bewaldete, höhere (bis 499 m hohe), nahezu unbesiedelte, aus kambrischen Schichten (im Gegensatz zum Devonischen Siegenien der Rureifel) aufgebaute Nordwesthälfte ab: der dem Hohen Venn zugehörige *Hürtgenwald*, etwas westlich der Bundesstraße 399 gelegen. Im Zusammenhang mit den schweren Kämpfen (Materialschlachten) des Zweiten Weltkriegs (Ardennenoffensive) vom Herbst 1944 bis zum Frühjahr 1945 wurden fast alle Orte der jetzigen Gemeinde abgebrannt. Gemeindeverwaltung und das Staatliche Forstamt Hürtgenwald haben diesbezüglich eine beachtliche Wiederaufbau- und Aufforstungsarbeit vollbracht. einige neue Siedlungen wurden angelegt, wodurch sich der Waldbestand gegenüber dem früheren Stand etwas verringert hat. Von den 44 km^2 Wald entfällt der größte Teil auf das geschlossene Laub- und Nadelwaldgebiet des Hürtgenwaldes. Die Böden sind verarmt (geringer Nährstoffgehalt bei Niederschlägen von rd. 700-rd. 1000 mm/Jahr). So gehört heute die Gemeinde notwendigerweise zu den beliebten Erholungs- und Freizeitgebieten der Nordeifel mit jährlich 18000 Übernachtungen (Neubürgerbroschüre/Statist. Rdsch. Kr. Düren). Es gibt nur *geringe Industrie.* Am bekanntesten dürften hiervon noch die *Papierfabrik* Zerkall und deren Produkt ›Zerkall Bütten‹ sein; ferner bestehen je ein kleinerer holz- und metallverarbeitender Betrieb.

Das eben 195 Einwohner zählende *Zerkall* mit der Papierfabrik und vor allem vielen Fachwerkhäusern liegt im Osten der Gemeinde. Das teilweise felsige Tal der Kall mündet hier ins Rurtal, der Blick öffnet sich auf Burg Nideggen hin. Über der Kallmündung und dem Rurtal liegt der 810 Bewohner zählende Burgort *Bergstein.* Hier ließ 1171 Kaiser Barbarossa eine Burg (castrum Berinstein) errichten, um eine weitere Ausdehnung der Grafschaft Molbach (Obermaubach) auf das Königsgut zu blockieren. Die Burg lag auf dem (bewaldeten) Burgberg (401 m), an dem sich heute der Krawutschketurm mit weiter Aussichtsmöglichkeit erhebt; im Ortsteil *Brandenburg* (510 Einwohner), der früher zu Bergstein gehörte, bietet ein Segelflugplatz Freunden der Lüfte die Gelegenheit, aufzusteigen. Vom Osten der Gemeinde zum Nordosten: *Gey* ist mit 1370 Einwohnern größte Ortschaft und Verwaltungssitz, von einem Fernmeldeturm (siehe Simme rath) überragt; südöstlich geht es über Groß- (430 Bewohner) und Kleinhau (derer 470; Motocrossbahn) nach *Hürtgen*, auf dessen Ehrenfriedhof 2860 deutsche Soldaten ruhen. Von dieser geographischen Gemeindemitte aus gesehen, liegt im Südosten *Vossenack* (1170 Menschen) mit seinen ehemaligen Ortsteilen: der alten Hugenottensiedlung Simonskall im Kalltal (65 Bewohner; s. unten), Germeter, und Raffelsbrand (185 Ansässige) auf einer Rodeinsel im Hürtgenwald. Vossenack ist ein ruhiger, wald- und talreicher (Kall, Richelbach, Wehebach, Tiefenbach) Erholungsort mit ausgesprochenem Reizklima. Am 435 m hohen Germeter hakte sich im November 1944 die US-amerikanische Offensive auf die Rurtalsperren fest; die deutsche Wehrmacht stützte sich auf den Westwall und das tiefe Kalltal. Vossenack wurde vollkommen zerstört. Auf diesem Ehrenfriedhof ruhen rund 2000 Soldaten, und hier erhebt sich auch das Ehrenmal der ›Windhunddivision‹. Im Wettbewerb ›Unser Dorf soll schöner werden‹ erhielt Vossenack 1977 die silberne Bundes- und die goldene Landesmedaille. Die Franziskaner unterhalten hier ein (1966) erbautes Internatsgymnasium (500 Schüler). Ein Waldlehrpfad u. a. touristische Einrichtungen bestehen ebenfalls. Hürtgenwald ist der Fremdenverkehrswerbung der ›Dürener Rureifel‹ angeschlossen (Eifelführer/Neubürgerbroschüre/Histor. Stätten, Nordrhein-Westfalen).

In *Simonskall* entstand 1608 eine Glashütte und Seifensiederei, 1622 eine Eisenhütte mit Hammerwerk; Gründer waren eingewanderte Reformierte. Die Rohstoffbasis der Eisenindustrie bildete das Raseneisenerz von Schmidt. Von 1741 bis 1816 betrieb auch L. Hoesch hier seine Eisen- und Hammerwerke, welche die Lütticher Gewehrfabriken belieferten.

DIE BÖRDENLANDSCHAFTEN DER NIEDERRHEINISCHEN BUCHT

Westlich des Höhenzugs der Ville, welche die Köln-Bonner Niederrheinebene westlich begrenzt, erstrecken sich die Börden als Teil des Senkungsfeldes der Niederrheinischen Bucht, populär i. w. S. auch Kölner (richtiger wäre Köln-Aachener) Bucht bezeichnet. Nach Süden hin erfährt sie eine scharfe Abgrenzung durch den weiten Bogen der Eifel. Die Übergänge nach Norden und Westen sind fließend. Die wenig markante ›Grenze‹ zwischen Niederrheinbucht und Niederrheinischem Tiefland zieht man südlich von Düsseldorf und Mönchengladbach und südlich des Selfkant, wo sich die geschlossene Lößverbreitung der Jülicher Börde auflöst, etwa mit der Linie Geilenkirchen-Hückelhoven-Rheydt-Dormagen.

Zwischen Selfkant und Aachen lappt links der Wurm die *Limburger Börde* (mit ca. 20 km^2) auf bundesdeutsches Gebiet über; das geschlossene Waldgebiet dort wird bereits den belgisch-niederländischen Börden zugerechnet. Zeigt die *Zülpicher Börde* (881 km^2) eine stärkere Tektonik und sind die kleineren Lößflächen in höherem Maße von den Flußschottern des zwischen 200 und 80 m hohen (nach Nordwesten abfallenden) Rhein-Maas-Schuttfächers durchdrungen, so weist die vom Südrand des Bürgewaldes an gerechnete *Jülicher Börde* (1082 km^2) geringere tektonische Störungen und eine geschlossene Lößverbreitung auf (Handb. d. naturräumlichen Gliederung/Jülicher Börde und Braunkohlentagebau). Gelegentlich wird die zwischen Rur und Wurm gelegene Lößplatte mit Aldenhoven als gesonderte ›naturräumliche Einheit‹ angesehen, sozusagen als ›Aldenhovener Börde‹.

Klimatisch ist die Jülicher Börde nach Norden und Westen hin offener und weniger geschützt, als die Zülpicher Börde; die Niederschläge liegen zwischen 535 und 800 mm im Jahr. Gute, fruchtbare *Lößböden* sind naturgemäß nicht überall in den Börden erhalten, gelegentlich sind sie bereits in Braunerden, bei geringer Lößauflage in verarmte Lößlehme, in staunassen Gebieten zu Gleiböden umgewandelt und in Tälern wurden Auenlehme und -sande abgelagert. *Agrarwirtschaftlich* sind die Börden Weizen-Zuckerrüben-Anbaugebiete (besonders im zentralen und östlichen Teil), nach Süden und Südwesten hin zum Eifelrand mischen sich mehr Körner, Futter (getreide)anbau und Grünlandanteile darunter; in den Auen herrscht meist die Grünlandwirtschaft vor, verknüpft mit Pappel- und Korbweidenkulturen (besonders in der Rur-Wurm-Aue; siehe Die Korbweidenwirtschaft in der Rur-Wurm-Niederung). Außer der Bürge und dem Nörvenicher Wald gibt es infolge agrarischer Landnutzung kaum größere Wälder in den Börden.

Kreuzau: alte Orte am Schnittpunkt dreier Landschaften

Im Süden erfaßt die Mechernicher Voreifel, im Westen die Rureifel das Gemeindegebiet, das zum größten Teil jedoch in der Zülpicher Börde der Niederrheinischen Bucht liegt, da wo die Rur die Nordeifel verläßt und am rechten Ufer der Rur, in deren Aue. Dies ist auch die erste Namensform von 1319 »Auwe superior«. Erst seit Mitte des 15. Jahrhunderts gelangte der Name der Heilig-Kreuz-Kirche mit in den *Ortsnamen* hinein, und es wurde daraus das heutige Kreuzau. Auch ist 1384 von einem Nidegger Deutschherren mit herzoglich-jülischer Bewilligung zu Lehen gegebenen Hof die Rede. *Gewerbliche Aktivitäten* ließen Kreuzau und sein heutiges Gebiet schon früh zum ›Industrieort‹ werden: 1450 wird der Leversbacher Bleibergbau zum erstenmal genannt, 1555 das Töpfereigewerbe (auf der Grundlage des bauwürdigen Kreuzauer Tons); auch eine Kreuzauer Bleihütte ist von 1550 bis ins 17. Jahrhundert hinein bekannt, 1626 wurde sie vom Hochwasser verheert. Ein Rundschacht bezeugt den Leversbacher Bleibergbau im Hang der Mausauel (Drover Berg) und noch gibt es die kahlen Berghalden. Die ›Leversbacher Bergordnung‹ aus dem 15. Jahrhundert ist (soweit bekannt) die älteste im Rheinland. Das weiche Rurwasser begünstigte die Papierindustrie (wie z. B. in Düren und Hürtgenwald-Zerkall); die 1662 begründete Papierindustrie (und Papierverarbeitung) ist heute noch der dominierende Wirtschaftszweig von Kreuzau, und eine Brauerei ist heute auch noch zu nennen.

Bis 1171 gehörte das gesamte heutige Gemeindegebiet von Kreuzau zum Zülpichgau und dem Bannforst der Dürener Karolingerpfalz (aus Aachen verwaltet). Die Grafen von *Jülich* erhielten sie zu Lehen, im 13. Jahrhundert wurde die Grafschaft verwaltungsmäßig in Ämter untergliedert und Kreuzau (im heutigen Umfang) kam zum größten der jüli(ch)schen Ämter, zu Nideggen. Erst 1794/98, in der Zeit der französischen Annektion des Rheinlands änderte sich diese *Verwaltungszugehörigkeit:* Kreuzau kam zur Mairie Stockheim, im Kanton Düren des Rurdepartements; 1880 verlegten die Preußen dann die Bürgermeisterei nominell nach Kreuzau (Bürgermeisteramt ›Stockheim‹ zu Kreuzau), erst der Rathausbau 1900 zieht die tatsächliche Verlegung (unter alter Bezeichnung) nach sich, 1927/28 erst heißt die Bürgermeisterei Kreuzau. Bei Auflösung des Amts Drove 1932 (einst jülische Unterherrschaft) kamen auch die Gemeinden Drove, Broich-Leversbach, Thum, Üdingen zum Amt Kreuzau. Diese und die Gemeinden Bogheim, Kreuzau, Stockheim und Winden werden 1969 zur neuen Gemeinde Kreuzau fusioniert; Kreuzau und Niederau waren noch weiterhin im Amt Kreuzau miteinander verbunden, bis daß das *›Aachengesetz‹* zum 1. 1. 1972 das Amt auflöste, andererseits Kreuzau weitere Zugänge bescherte (Niederau kam zu Düren): Obermaubach-Schlagstein und Untermaubach als frühere Gemeinden sowie die Ortsteile Langenbroich (seither Hürtgenwald), Schneidhausen und Welk (bislang zu Lendersdorf) kamen nun zu Kreuzau, dessen Gebiet von 37,67 auf 41,24 km^2 anwuchs und 14090 Bürgern Heimat bietet. Wie sehr die Bewohner ihrem Ort verwurzelt sind, zeigt die Tatsache, daß 90 % der Gemeindebevölkerung in ihren eigenen vier Wänden residieren (Kreuzau – eine moderne Gemeinde mit alter Geschichte/Statist. Rdsch., Kr. Düren/Histor. Stätten NRW).

Kreuzau hat als südlich an Düren angrenzender Vorort städtisches Gepräge. Im alten Kreuzau selbst ist die *Pfarrkirche St. Heribert* (früher Heilig-Kreuz) ein zu beachtendes Baudenkmal. Ältester Teil sind die beiden romanischen Untergeschosse des Turms, ein zweischiffiger Teil der dreischiffigen Kirche entstand um 1300; auch der sternengewölbte Chor ist in ursprünglicher Verfassung erhalten, südliches Seitenschiff wurde 1869-72 (von HG. Wiethase) neu aufgebaut, dieses und das Hauptschiff statt mit Pliestergewölbe nun mit Kreuzrippengewölbe versehen, nördliches Seitenschiff (von Fr. Statz) 1906/07 zugefügt. Der Chor entstammt der Kölner Dombauhütte; das Wandtabernakel hier entstand ebenfalls um 1300, den nördlichen Nebenchor ziert ein wertvolles Madonnenfenster (Anfang 14. Jahrhundert); im Schiff niederrheinische Holzfiguren (16. Jahrhundert); die ›Unbefleckte‹ (Holzskulptur des Hochaltars) um 1730, eine Muttergottes-Standfigur aus dem 18. Jahrhundert.

Drei frühere ›Herrschaftszentren‹ aus dem jülischen Amte Nideggen sind in Kreuzau aufgegangen: Thum und Drove im Südosten und Osten, Untermaubach im Westen des Gemeindeareals. Die Herrlichkeit *Thum* umfaßte außer Thum die Orte Thuir, Pissenheim (Muldenau), Teile von Abenden und Berg (heute außer Thum), alle in der Gemeinde Hürtgenwald (siehe auch dort); 1858 wurde das Rittergut von der Gemeinde Thum erworben, parzelliert und abgegeben; in der Ortsmitte die Kapelle. Bereits im 13. Jahrhundert waren die Herren von *Drove* Anhänger der (Mark-) Grafen von Jülich; 1439-1663 besaß die Familie von Weworden Haus und Herrlichkeit; Wolf Christoph von Rohe erbaute 1728 bis um 1741 das heutige *Herrenhaus*, ein symmetrischer Dreiflügelbau auf älteren Fundamenten; das Vorburgportal von 1741. Das Martinspatrozinium der Kirche läßt auf eine fränkische Gründung schließen. Als dreischiffige, spätgotische Bruchsteinhalle entstand *St. Martin* auf unregelmäßigem Grundriß im 15. Jahrhundert einschließlich nördlichem Seitenchor (Glasgemälde von 1538). Zur respektablen alten Ausstattung zählen u. a.: eine Renaissance-Kreuzigungsgruppe (1506), ein barocker Altaraufsatz, eine Seitenaltarmensa des 12. Jahrhunderts mit Muttergottesfigur (1350), eine Landplastik (1460/70), ein Triumphkreuz mit barocker Fassung und ein Taufstein (17. Jahrhundert; 1929 wurde die Kirche erweitert). Auch Burg *Untermaubach* (s. o., Hürtgenwald) war Jülicher Lehen. Aus dem 14. Jahrhundert sind noch der massige, quadratische Bergfried (heute mit Mandarddach), die schwere beturmte Ringmauer und der Torturm vorhanden; die anderen Gebäude des 17./18. Jahrhunderts sind weitgehend im Barockstil gehalten. Von 1420-1543 hatten die von Palandt die Herrlichkeit inne, nach verschiedenen andern Eigentümern folgt 1874 Graf Wilderich von Spee, und noch heute residiert hier auf dem am südlichen Ortsrand im Zuge der Kreisstraße 10-Rurstraße gelegenen Sitz (Burgstraße 10) Franz Graf von Spee. Bei der Burg liegt auch die Brigittenkapelle. Über den Stausee Obermaubach siehe Perlen der Eifel. Im nördlichen *Winden* erhebt sich über dem einstigen Weinbauort (1615) mit seiner Urbanskirche (1780) mit steilen Talwänden das Buntsandsteinplateau der Hochkoppe; 1938 wurde hier auf 170 m Länge ein keltischer Abschnittswall (4 m starke Mauer) ergraben.

Vettweiß, eine Sammlung von ›Ortsgeschichten‹

Gängige Lexika verzeichnen ihn nicht, den Bördenort, der schließlich nur 6880 Bewohner zählt und keinerlei sensationelle Bedeutung hat, weder Badeort, noch ein Kernkraftwerk, noch eine mittelalterliche Bilderbuchseite vorzuweisen hat. Uninteressant sind seine weitgehend im Jülicher Einflußgebiet gelegenen Orte dennoch nicht. Der Liebhaber lokaler Historie kommt hier also voll auf seine Kosten. Die meisten Vettweißer Orte sind bereits um die Jahrtausendwende beurkundet: *Vettweiß* selbst kam als Wisse 988 an die St.-Martins-Abtei zu Köln; die alte Kirche besaß noch einen romanischen Turm, wich jedoch nach der Zerstörung (1945) 1949 einem Neubau. Herr zu Vettweiß war Otto von Wyss (1215), 1487 entstand das heutige Herrenhaus der Oberen Burg (die Untere wurde abgerissen).

Sievernich ist 893, Disternich 1147, Müddersheim 1057, Gladbach 922 erwähnt. Alle diese vier östlichen Ortsteile unterstanden einer örtlichen Herrschaft. Westlich der Erft verzahnten sich die Territorien des Erzstiftes Köln (Kurköln) und Jülichs miteinander, so unterstand Gladbach, von einem Zweig der Hengebach (Heimbach) ›besetzt‹, als Unterherrschaft den Jülichern und auch Disternich gehörte 1789 zum jülischen Amt Nörvenich. Ebenso zählte Sievernich gerichtlich teils zu Disternich, teils zu Bürvenich (jülisches Lehen; Amt Lechenich). Wiederum war das im nördlichen Gemeindegebiet angesiedelte Jakobwüllesheim gerichtlich zu den Jülicher Ämtern Nideggen und Nörvenich gehörig; auch auf Soller (im Westen, 988 erstgenannt) trifft dieselbe Zweiteilung zu. Kelz (931 vorhanden), gehörte gleichfalls zu den beiden vorgenannten Ämtern. Gereonskirche (Turm 11. Jahrhundert) und Kelzer Hof sprengten die Amerikaner zur Anlage einer Flugpiste; erhalten blieb der schmucke Küchenhof, ein Fachwerkbau.

Sichtbare Zeugen der lokalgeschichtlichen Zusammenhänge sind vor allem Burgsitze und Kirchen, derer es einige sehenswerte in den Vettweißer Dörfern aufzustöbern gibt. Schloß *Müddersheim* wurde auf einer alten, ab 1707 im Besitz der Familie von Geyr befindlichen Hofesfeste als rechteckige Wasseranlage 1716-20 durch Rudolf Adolf, Reichsfreiherr Geyr von Schweppenberg auf älteren Fundamenten errichtet. Das freistehende, zweigeschossige Herrenhaus ist ein sandsteingegliederter, nahezu quadratischer Backsteinbau mit hofseitigem Mittelrisalit und Freitreppe in ›Landesherrenmanier‹ des 18. Jahrhunderts. Ein gepflegter Park mit altem Baumbestand umgibt das Schloß, das durch ausgedehnte Vorburganlagen ergänzt wird (Börde und Neffeltal, eine Ausstellung). Im Innern bestimmen Rokokoformen das Haus des kurkölnischen Generaleinnehmers. Die hochbarocke, marmorne Erbauerbüste von 1715 ist das Werk J. P. van Baurscheits d. Ä. Es war auch der Schloßherr, der beim Park 1777/78 den Backsteinsaal von *St. Amandus* in Auftrag gab; im Schiff ein Scheingewölbe; der Chor mit Spiegeldecke versehen, daran kapellenartig Sakristei und Herrschaftsloge anschließend. Die *Bannmühle* am Neffelbach (der einst 36 Mühlen trieb), unmittelbar am Geyr'schen Park, stammt aus dem 17. Jahrhundert. Auch *St. Mariä Himmelfahrt* in *Disternich* ist ein (einschiffiger) Backsteinsaal des 18. Jahrhunderts mit Pliestergewölbe; der Turmansatz in der Chorapsis mag noch aus dem Jahrhundert davor stammen; eine Barbaraskulptur datiert von 1480. Während die Schenkernburg verschwand, blieb die *Hallenburg* erhalten, sie gehörte den Herren von Efferen, gen. Hall (daher: Hallenburg). Sie ist eine zweiteilige, ehemalige Wasserburg, mit wohnturmartigem Herrenhaus in Ziegelbauweise (16. Jahrhundert) auf Bruchsteinsockel; doch als Burg kaum noch identifizierbar. In *Sievernich* ist das Rittergeschlecht von Sievernich bereits ab 1153 bezeugt, 1410-1666 besaßen die Merode die Burg, 1850/60 wurde das Herrenhaus der Wasserburg am Neffelbach nahezu ganz erneuert, so sehr, daß dessen älteste Teile, die aus dem 15./16. Jahrhundert stammen, kaum noch zu erkennen sind; Veränderungen waren schon im 17./18. Jahrhundert vorgenommen worden. Der heutige Bau der Pfarrkirche Johann-Baptist entstand 1868. Indes besteht in *Gladbach* noch die alte, unregelmäßige zweischiffige, kreuzrippengewölbte Hallenkirche St. Peter aus dem 15./16. Jahrhundert. Es gibt eine hartnäckige Legende, wonach sowohl die Petruskirche, wie auch Sankt Petronilla in Dirlau um 1000 von einem deutschen Papst geweiht worden sein soll. Und auch Gladbach besitzt eine schöne, von großen, alten Bäumen und Wasserflächen umgebene *Burg*. Das Korbbogentor der Vorburg ziert das Ehewappen des Grafen Franz Caspar von Hillesheim. Über den Scheunentoren des backsteinernen Vorburggevierts steht als Jahr der Erneuerung 1741. Eine hufeisenförmige Backsteinanlage von 1715 mit Abschlüssen halbrunder Seitenflügel von 1823 findet sich auch über dem Hauptportal der heute noch in Privatbesitz befindlichen Anlage das Wappen Franz Caspars von Hillesheim; die Brücke zwischen Vor- und Hauptburg trägt die Jahreszahlen von 1823 und 1940. Vom Kern einer früheren, teils niedergebrannten Wasserburg ist nicht mehr viel zu erkennen. Um 1100 waren die Gladbacher Edlen mit den Grafen von Jülich verwandt (erste Burg) und in der Folge mit vielen niederrheinischen Adelsgeschlechtern versippt. Ihre ›Jülichtreue‹ war unbeirrbar. Über die Grafen von Hillesheim kam die Burg an die Tochter Caroline des Kurfürsten Karl Theodor, die seit 1786 den Titel Gräfin von Parkstein führte. Für das am Heerweg gelegene Dorf läßt sich eine fünftausendjährige Besiedlung vermuten.

Die Lüxheimer St.-Nikolaus-Kapelle, ein Tuffsteinbau aus dem 13. Jahrhundert gehört zu den ältesten Bauwerken im Kreis Düren. Ein Ort *Lüxheim* in der Herrschaft Gladbach wird zuerst 922 erwähnt. Der Kapellenhof ist ein früherer Klosterhof (Kloster Füssenich). Zwischen Lüxheim und Eggersheim (altes Gehöft am Neffelbach) liegt der *Judenfried-*

hof. Bis 1938 bestand hier die Synagoge der jüdischen Gemeinde; 35 Grabdenkmäler konnten inzwischen wieder aufgestellt werden (Börde u. Neffeltal, Porträt einer Landschaft, 1978). Auch *Kelz,* wo verschiedene Klöster begütert waren (Ursula Köln, Nonnenwerth, Stienfeld, Neuss), im Nordwesten gehörte zu Jülich. Das alte Michaelspatrozinium läßt auf germanische Christianisierung schließen. Die Pfarrkirche ist 931 geweiht.

Noch weiter nach Nordwesten liegt *Jakobwüllesheim.* St. Jakobus major ist eine neoromanische Basilika, 1893/94 erbaut, die nichtsdestotrotz eine Reihe von Holzskulpturen des 14.-16. Jahrhunderts birgt, welche dem Vorgängerbau entstammen. Am Ortsrand, an der Straße nach Vettweiß liegt idyllisch eine baumumstandene Kapelle, an Dreifaltigkeit und nach der Ernte Prozessionsziel. Im Ort ist eine Vielzahl von Fachwerkhäusern, heute teils mit Backsteinen ausgefacht, erhalten. Aus Turmhügelanlagen entwickelten sich Höfe in Veitsheim und Frangenheim; Kettenheim (1092) ist eine befestigte Hofanlage in *Soller.* Das Dorf Soller (Fachwerkhäuser; St. Gangolfus) liegt an den Abhängen des Stockheimer Horstes (Kreuzau). *Froitzheim* war (1260) Hofgut von St. Martin in Köln und Stammsitz der Stiftsvögte (der Schenk von Nideggen); 1931 wurde der Herrensitz abgetragen.

Im Südosten von Vettweiß liegt *Ginnick.* Seine Pfarrkirche St. Antonius Eremita, ein Backsteinbau aus der Mitte des 17. Jahrhunderts fällt wegen seines schweifbehaubten Turmes ins Auge. 1550 wurde der Vorläufer schon erwähnt. Querschiff und Chor ergänzte 1897 der Kölner Dombaumeister Franz Statz. Die Mobilien können sich sehen lassen: Altäre und Kanzel um 1700, Holzstatue der Muttergottes 1470 im Stil kölnischer Sitzmadonnen. Bei Ginnick fallen die Hänge der Nordeifel (Wetterschutz) zur Börde hin ab; auf den Feldern Braugerstenanbau. Vom Heiligenhäuschen aus bietet sich bei klarer Sicht der Blick bis zur Ville und dem Rheinischen Braunkohlenrevier.

Junge Gemeinde, alte Bauten: Nörvenich

Gerade 16, ist die Junggemeinde Nörvenich, Kr. Düren, zum Neujahr 1969 kraft Gesetz entstanden, in der Zülpicher Börde ist sie zwischen ihrer westlichen Nachbargemeinde Düren und ihrem östlichen Anrainer Erftstadt, letzteres im Rhein-Sieg-Kreis, zu suchen. Nach Zugliederung von Dorweiler, Pingsheim und Wissersheim 1974/75 zählt sie der Einwohner 8500 und setzt sich aus 14 Ortsteilen zusammen, typisch rheinischen Dörfern. Deren Kirchen wie Profanbauten können sich mit anderen rheinischen Kunststätten durchaus messen.

Nörvenich ist vorwiegend *Agrargemeinde,* wobei seit Kriegsende die bäuerlichen Klein- und Mittelbetriebe nur als Nebenstellen bewirtschaftet werden oder verpachtet sind. 42 km^2 fruchtbaren, flachen Ackerlandes (von 65,7 km^2 der Gesamtfläche), vorwiegend der Erper Lößplatte zugehörend, werden von rd. 110 Bauern meist in Großbetrieben bewirtschaftet. Das Bild der Agrarlandschaft wird von intensivem Anbau von Weizen und Zuckerrüben (rd. 30 % der Landwirtschaftlichen Nutzfläche) bestimmt, eingerahmt von Pappelkulturen und Windschutzhecken (besonders um Eschweiler über Feld), im landschaftsgeschützten Neffeltal herrscht das Grünland der *Benden* genannten Sumpfwiesen vor. Das 250 m breite, 40 ha große Schutzgebiet *Neffelbachaue* ist von herber Schönheit, geprägt von Braunkohlen-Restseen, welche in ein 6 ha großes Schilfgebiet eingebettet sind. 30 ha Feuchtgebiet mit Schilf-, Binsen- und Weidenbeständen umfaßt das Schutzgebiet, welches sich zwischen Nideggen-Embken und Zülpich-Juntendorf erstreckt; seine Vogelwelt zeichnet sich z. B. durch Bekassine, Blaukehlchen und Zwergrohrdommeln aus (Nordrheinische Feuchtgebiete, Rheinische Landschaften. 11).

In der Tierzucht zeigt sich eine starke Spezialisierung der Betriebe. Bis zu 250 ha große Gutsbetriebe finden sich besonders in den Markungen Rommelsheim und Eschweiler über Feld. Die Ernte ist vollmechanisiert. Die Dörfer sind durch eine enge, Anbaufläche sparende Bebauung gekennzeichnet.

Von der Quelle bei Nideggen-Wollersheim bis zur Mündung des *Neffelbachs* in die Erft bei Kerpen ist dieser längste linksseitige Nebenfluß der Erft und Gewässer II. Ordnung eben 37 km lang, sein Einzugsbereich 234 km^2 groß. Er durchfließt die Nörvenicher Ortsteile Eggersheim, Hochkirchen und

Nörvenich; sein Tal ist altes Siedelland. Volkstümlich leitet man den Namen von Növel = Nebel ab, wissenschaftlich von Nav (Fluß; siehe auch Naab); in den ersten französischen Kartenwerken nennt sich der Lauf Naffel. Einheimische nennen ihn schlicht ›De Baach‹. Noch bis 1910 war er von Forellen, Aalen und Karpfen besetzt; bis zu 36 Öl- und Getreidemühlen trieb er früher. Eine dieser Mühlen ist die Nörvenicher Mühle (churfürstliche Mühle, 1770), bis 1940 vom Neffelbach getrieben, wurde sie in den fünfziger Jahren stillgelegt. Bis ins 18. Jahrhundert gab es am Neffelbach gar Weinberge (z. B. in Hochkirchen).

Im übrigen ist die Zülpicher Börde ein besonders sonniges und trockenes Gebiet mit Wassermangel (Türk, K. H. Gemeinde Nörvenich, Rheinland-Verlag 1975). Kurzbesucher sollten sich keinesfalls durch den hiesigen NATO-Flugplatz von dieser schönen Gemeinde abhalten lassen, zumal der Flugplatz durch ein Waldgebiet vom Ort abgeschirmt, im Norden liegt. Seit 1958 ist hier das Jagdbombergeschwader 31 der Bundesluftwaffe ›Geschwader Boelcke‹ zuhause. Etwa 1250 Bedienstete (einschließlich Zivilisten) zählt der mit Kontrollturm ausgerüstete Flugplatz.

Im Nörvenicher Wald im Norden liegen steil über dem Neffeltal zwischen *Nörvenich* und Alt-Oberbolheim auf einem geschütteten Hügel jene Mauer- und Gewölbereste der *Alten Burg,* einer Turm-Wallburg mit Vorburg der Grafen von Saphenberg/Saffenberg. Hermann von Saphenberg (1028) ist wohl der Vater des Grafen Adalbert von Saphenberg, dessen Bruder Graf Adolf von Nörvenich ist. Adolfs Sohn hieß auch Adalbert (1094-1141) und Adalberts Sohn wieder war Adolf II. Der Sohn Adolfs II. war Adalbert II., Graf von Nörvenich und Molbach/Maubach. Schließlich gehörte die Burg zum Hochzeitsgut von dessen Tochter Alveradis, welche den Grafen Wilhelm von Jülich ehelichte. Da nun die Nörvenicher Grafen ausstarben, kam die Grafschaft an Jülich; Nörvenich wurde später Jülicher Amt. Die Burg dürfte bis ins 13./14. Jahrhundert hinein noch benutzt gewesen sein. Seit Ende des 13. Jahrhunderts gab es in Nörvenich jülische Ministerialen (Burg 1293). Vielleicht ist sogar der sagenhafte Amtmann und Raubritter Piethan identisch mit dem Kämmerer und Knappen Theoderich (Pythane von Nörvenich) des Kölner Erzbischofs Walram. Ab 1366 stellen die Vlatten-Merode die Amtmänner; Wilhelm II. von Vlatten-Merode erbaute den Pallas der *Gymnicher Burg* an der Burgstraße im Norden des Kerns von Nörvenich, beim Schulzentrum (Amtmann 1416-18), seine Tochter bringt den Besitz in die Linie Scheiffardt von Merode-Bornheim ein, im 16. Jahrhundert nennen sie sich Freiherren von Gymnich. Die Burg Gymnich ist nicht mit Schloß Gymnich in benachbarten Erftstadt-Gymnich zu verwechseln, wo häufig die Staatsgäste absteigen.

Es handelt sich in Nörvenich um eine zweiteilige, einst wasserumwehrte Backsteinanlage, die im 16./18. Jahrhundert schloßartig ausgebaut wurde. Die dreiflügelige *Hauptburg* (Rundtürme um 1550) ist von einen Zwinger umgeben, wie auch Nord- und Westtrakt (letzterer mit Renaissanceerker) und der Kernteil der 2. Hälfte des 16. Jahrhunderts zugeschrieben werden. 1723 gab Kaspar Wilhelm von Gymnich der spätmittelalterlichen Burg ihr heutiges Aussehen, indem er dem Winkelbau einen barocken Osttrakt hinzugesellte und das Schloß zu einer barocken Ehrenhofanlage mit Freitreppe umgestaltete. Nach Kriegszerstörungen wurde die Burg wiederhergestellt. Von der vierflügeligen Vorburg blieb lediglich der Ostflügel mit seinen Flankentürmen erhalten und findet sich in schlechtem Zustand (Dehio/Börde und Neffeltal/Türk. Gem. Nörvenich/Türk. Nörvenich, Wohngemeinde. Sonderdr. aus Jahrb. Düren 1979).

Die *Harff'sche Burg* in Nörvenich am Westufer des Neffelbachs, ist lediglich noch eine Ruine. Sie entsprang der Erbteilung der Vlatten-Merode 1403. Werner kaufte von Thorr-Zinselmaar einen Hof, der durch Vererburg fraulicherseits an die Eynenberg und 1546 an die Harff zu Geilenkirchen gelangte. Johann von Harff zu Geilenkirchen erbaute 1565 die Harff'sche Burg, 1840 kaufte Graf Wolff-Metternich zu Gymnich (Erftstadt) diese Burg von den Harff-Dreiborn. Seit 1880 war sie unbewohnt und zerfiel. 1904 stürzte der Dachstuhl ein, und ihrer Tage sind nicht mehr allzuviele. Kunsthistorisch wertvoll ist der Renaissanceerker am Westgiebel mit Wappen und Büsten der Erbauer. Aus dem 1854 bei Duncker (Berlin) erschienenen Band ›Rheinische Schlösser‹ kennt man das Bild der Burg sehr genau (Türk. Gem. Nörvenich). Der Turm wurde 1938 provisorisch gedeckt.

ner Erzbischofs Walram. Ab 1366 stellen die Vlatten-Merode die Amtmänner; Wilhelm II. von Vlatten-Merode erbaute den Pallas der *Gymnicher Burg* an der Burgstraße im Norden des Kerns von Nörvenich, beim Schulzentrum (Amtmann 1416-18), seine Tochter bringt den Besitz in die Linie Scheiffardt von Merode-Bornheim ein, im 16. Jahrhundert nennen sie sich Freiherren von Gymnich. Die Burg Gymnich ist nicht mit Schloß Gymnich in benachbarten Erftstadt-Gymnich zu verwechseln, wo häufig die Staatsgäste absteigen.

Es handelt sich in Nörvenich um eine zweiteilige, einst wasserumwehrte Backsteinanlage, die im 16./18. Jahrhundert schloßartig ausgebaut wurde. Die dreiflügelige *Hauptburg* (Rundtürme um 1550) ist von einen Zwinger umgeben, wie auch Nord- und Westtrakt (letzterer mit Renaissanceerker) und der Kernteil der 2. Hälfte des 16. Jahrhunderts zugeschrieben werden. 1723 gab Kaspar Wilhelm von Gymnich der spätmittelalterlichen Burg ihr heutiges Aussehen, indem er dem Winkelbau einen barocken Osttrakt hinzugesellte und das Schloß zu einer barocken Ehrenhofanlage mit Freitreppe umgestaltete. Nach Kriegszerstörungen wurde die Burg wiederhergestellt. Von der vierflügeligen Vorburg blieb lediglich der Ostflügel mit seinen Flankentürmen erhalten und findet sich in schlechtem Zustand (Dehio/Börde und Neffeltal/Türk. Gem. Nörvenich/Türk. Nörvenich, Wohngemeinde. Sonderdr. aus Jahrb. Düren 1979).

Die *Harff'sche Burg* in Nörvenich am Westufer des Neffelbachs, ist lediglich noch eine Ruine. Sie entsprang der Erbteilung der Vlatten-Merode 1403. Werner kaufte von Thorr-Zinselmaar einen Hof, der durch Vererburg fraulicherseits an die Eynenberg und 1546 an die Harff zu Geilenkirchen gelangte. Johann von Harff zu Geilenkirchen erbaute 1565 die Harff'sche Burg, 1840 kaufte Graf Wolff-Metternich zu Gymnich (Erftstadt) diese Burg von den Harff-Dreiborn. Seit 1880 war sie unbewohnt und zerfiel. 1904 stürzte der Dachstuhl ein, und ihrer Tage sind nicht mehr allzuviele. Kunsthistorisch wertvoll ist der Renaissanceerker am Westgiebel mit Wappen und Büsten der Erbauer. Aus dem 1854 bei Duncker (Berlin) erschienenen Band ›Rheinische Schlösser‹ kennt man das Bild der Burg sehr genau (Türk. Gem. Nörvenich). Der Turm wurde 1938 provisorisch gedeckt.

Die Hallenkirche *St. Medardus* (Kirchgasse), ein Backsteinbau mit Chor und sattelbedachten Seitenschiffen entstand in der 2. Hälfte des 16. Jahrhunderts, ein Wohnturm mit Zwiebelhaube wurde 1662 zugefügt. Die ansprechende Ausstattung der kreuzrippengewölbten Halle (Rundpfeiler) entstand im 17. Jahrhundert; bemerkenswert eine Standmadonna; prächtige Kanzel. Das Patrozinium weist auf eine frühfränkische Anlage (1177), die im Dreißigjährigen Krieg zerstört worden war. Ein Prozessionsweg führte vom Niederrhein über Nörvenich (Wegekreuz am Markt) nach Trier zum Mathiasgrab.

Im Osten der Gemeinde liegen Rath (bei Nörvenich) und Wissersheim. In *Rath* (570 Einwohner), einem Rodeort (wie schon der Ortsname verrät), ist der am Ortsrand belegene Martinshof, im Privatbesitz befindlich, eines der beiden nennenswerten Baudenkmäler; das andere, die St.-Nikolaus-Kirche, ist ein im Kern romanischer Bau (12./13. Jahrhundert), er wurde mehrfach erweitert (17. Jahrhundert renoviert, 1841, 1953 und 1973 erweitert; Türk. Gem. Nörvenich). *Wissersheim,* 863 erwähnt, hatte u. a. seit 880 eine Prümer Niederlassung. Die St.-Martins-Kirche wurde der Prümer Tochtergründung Münstereifel zugeteilt. Der Ort zählte 1789 zum jülischen Amt Nörvenich. Die Kirche mit achtekkigem, spitzenlosem Oberturm wurde wegen Baufälligkeit der alten 1896 neu aufgeführt. Am Ortsrand (an der Straße nach Gymnich) findet sich ein Brigida-Heiligenhäuschen (Et Helljehüsje). Zum 1. Februar wird hier Brot gesegnet, auch solches, das ans Vieh verfüttert wird (Brigida gilt als die Beschützerin des Viehs, insbesondere der Rinder!). Einige alte Feldscheunen in Dorfnähe sind auf der Wetterseite von hohen Pappeln umgeben. Zu Himmelfahrt zieht der ›Gymnicher Ritt‹ auch durch die Markung Wissersheim. An dem Martinspatrozinium läßt sich wieder auf die fränkische Besiedlung rückschließen; der Steinweg verband in der Römerzeit den Ort mit Köln. Das Protokoll einer Kirchenvisitation stellt von der Bevölkerung 1550 lakonisch fest: ›Fieren liever, dan sie fasten!‹. Seit 1975 gehört Wissersheim wieder zum Kreis Düren, es zählt 800 Einwohner.

Den Südosten des Nörvenicher Gemeindegebiets belegen die Orte Pingsheim, Dorweiler und Poll. Die Namensendung -heim bei *Pingsheim* weist wieder auf die Franken; 1022 kam die Martinskirche (Alfons-Kever-/Kompstraße) an die Kölner St.-Martins-Abtei, welche noch weiteren Besitz im Ort hinzuerwerben konnte. Die nordsüdlich verlaufende Straße Wissersheim-Erp bildete die Landesgrenze zwischen Jülich (Amt Nörvenich) und Kurköln (Amt Lechenich) im Osten und zweiteilte selbst den Ort. Der Zehnthof, 1368 von St. Martin erworben, wurde 1806 von den Franzosen buchstäblich ›verscheuert‹. Das Ortsbild kennzeichnen mit der Giebelseite reihenartig zusammengebaute Fachwerkputz- und Backsteinbauten mit gelegentlich rundbögigen Hofeinfahrten. Der Chor von St. Martin ist noch romanischen Ursprungs, wie der gesamte restaurierte Ostteil des Gotteshauses (12. Jahrhundert). 1844 wurden Langhaus und Turm, 1913 das rechte Seitenschiff ergänzt. Unmittelbar neben dem Zehnthof fand neuerdings die Kalvariengruppe (18. Jahrhundert) einen neuen, würdigen Platz. Pingsheim ist mit rd. 430 Menschen Wohnort vieler Rheinbraun-Beschäftigten. *Dorweiler* fand sich mit Pingsheim und Wissersheim bis zum Jahresbeginn 1975 als Erftstädter Stadtteil, erst seit diesem Datum sind die Neu-Nörvenicher Ortsteile. Ein halbkuppelartiges Heiligenhäuschen fällt, von Pingsheim kommend, am Ortseingang auf, von alten Bäumen und einem Gehöft eingerahmt, 1866 aus Dankbarkeit von einem Kriegsrückkehrer errichtet, diente es früher als Betstation bei den ›Sieben Fußfällen‹, welche anläßlich des Todes eines Gemeindemitglieds gemacht wurden.

1104 wird Dorweiler erstmals genannt, ältester Teil des schmucken, weißen Dorfkirchleins St. Margaretha mit dem hohen Dach soll noch der Romanik zugehören, weitere Bauteile entstanden in gotischem Stile; 1559 wird die Kirche genannt. Ein anderes Heiligenhäuschen mit Kreuzigungsgruppe von 1793 findet sich in einem Fachwerkgehäuse.

Poll zählt lediglich 180 Bewohner; steinzeitliches Gerät hat man gefunden (um 800), 1588 plünderten spanische Söldner den Ort und aus dem ›finsteren‹ Mittelalter wird von Hexenverfolgung berichtet. An einem alten Bauernhof sind frühere bäuerliche Arbeitsgeräte an der Wand aufgehängt. St. Peter hier ist eine romanisch-gotische Kapelle.

Hochkirchen (350 Seelen) und Eggersheim sind die beiden südlichen Ortsteile von Nörvenich. Besondere Bedeutung hatte bereits der römische Heerweg (heute B 477), der Novaesium/Neuss mit Tolbiacum/Zülpich verband; es gibt römerzeitliche Siedlungsspuren: Hypocaustum, Marmorboden. Die Kirche *St. Viktor* (fränkisches Patrozinium) mit Friedhof und dem Steinfelder Hof (Gemeindebesitz) liegen erhöht und bieten einen weiten Ausblick in die Bördenlandschaft. Das Gotteshaus zählt zu den bau- und kunstgeschichtlich bemerkenswerten Sakralbauten. Die Anlage besteht aus einem romanischen Schiff und Westturm. Römische Ziegel durchsetzen interessanterweise das Sandstein-Tuff-Gemäuer des Turms, den eine barocke Helmpyramide krönt. Auch an der Südwand finden sich Reste von römerzeitlichen Matronensteinen. Das Turm-Obergeschoß ist als Herrschaftskapelle ausgestattet, mit Rundbogen, zum Schiff hin geöffnet (der Ort war Sitz des Nörvenicher, Jülicher Hochgerichts). Im 15./16. Jahrhundert erhielten die Kirche ein Kreuzrippen-, der Chor ein Sternengewölbe. Das Kruzifix des blattgoldverzierten Hochaltars ist ebenfalls aus dem 16. Jahrhundert überliefert; spätere Ausstattung ist dem späten Rokoko zugehörig (1802). Von den Grafen von Hochstaden erwarben 1166 und 1194 die Abteien Siegburg und Steinfeld Teile des Patronatsrechts; die Steinfelder bauten die Kirche aus und überhaupt um; seit 1494 hatten die Steinfelder Prämonstratenser alle Rechte hier inne. Als Besonderheit enthält der Kirchhof über 100 alte, romanische, gotische und barokke Grabkreuze aus Eifeler Sandstein, Westerwälder Trachyt und Blaustein. Nicht alle sind ganz stilrein; das älteste datiert von 1587; interessant wegen eigenwilliger waage- und senkrechter Namensanordnung das gotische Kreuz Offermann.

Eggersheim, wahrscheinlich eine fränkische Gründung (-heim-Endung) eines Herren Ekkerich, war jülischer Grenzort zu Kurköln. Nennenswert alte Gehöfte am Neffelbach (u. a. Ulmenhof). Im Westen von Nörvenich finden sich die Orte Ollesheim und *Eschweiler über Feld.* Mit althochdeutsch eska = fruchtbares Land wird der römisch-fränkische Weiler-Name erklärt; doch das Feld, zur Erper und Merzenicher Lößplatte zählend, mußte wohl erklärenderweise hinzutreten. Schnurgerade Pappelreihen und Windschutzhecken (nach dem Kriege angelegt) beeinflussen die Klimagunst der ›Zuckerrübensteppe‹. Jungstein-, bronze- und römerzeitliche Funde belegen alte Besiedlung, 1003 werden die Kirche und ein Hof der Abtei Deutz geschenkt. Der 1858 neugebaute Hermannshof im Westen (über die Heribertstraße), mit Heiligenhäuschen des hl. Hermann-Josef (Holzstatue), geht auf die Vicomtesse de Maistre, geb. Wolff-Metternich zurück, bzw. deren Bruder Hermann-Josef. *Ollesheim* war Wallfahrtsort, vom iroschottischen Mönch Termelines missioniert; später war die Kirche (1647) der Katharina geweiht und mußte 1896, wie auch die Eschweiler Kirche, neu erbaut werden. Den Pfarrsitz verlor der Ort. Mehr zum Süden hin das 150-Bewohner-Dorf *Irresheim,* Sieger 1967 im Wettbewerb ›Unser Dorf soll schöner werden‹ auf Landesebene. So waren der damalige Ministerpräsident Franz Meyers und Graf Bernadotte die wohl hochkarätigsten Besucher des kleinen Ortes. Der Halfenhof wird seit 1600 von der Familie Rey bewirtschaftet. Das Fachwerkbackhaus aus dem 18. Jahrhundert wird ›Es Backes‹ genannt; romanisches Gemäuer (eines möglichen Wohnturmes) findet sich an der Westseite.

Des besonderen Interesse dürfen die westlichen Orte *Frauwüllesheim* (Wulfesheim, U. L. Vrawen Wullesheim; heute 500 Bewohner), ein Auspendlerort, und Binsfeld (966 erwähnt, 850 Menschen) gewiß sein. Zu Beginn des 8. Jahrhunderts stiftete die hl. Plektrudis einen Hof von Frauwüllesheim dem Kölner Stift St. Maria im Kapitol. 1123 hat hier eine Kapelle bestanden. Der heutige hochgotische Bau im Süden des Ortes entstand um 1300 unter dem Einfluß der Kölner Dombauhütte im Stil rheinischer Bettelordenskirchen; bei der Renovierung durch Heinrich Wiethase 1875-80 erhielt St. Maria Heimsuchung ihren spitzen Dachreiter (Sakristei 1955); seit 1847 Pfarrkirche. Im Innern sind die elegantschlanken Holzfiguren der hl. Drei Könige künstlerisch von hoher Qualität, ferner blieb eine Kreuzigungsgruppe des 16. Jahrhunderts erhalten. Am Westrand des Ortes steht ein Kreuz des 15. Jahrhunderts. »Et schwazze Krözje« wurde im Krieg stark beschädigt und nur in reduzierter Form wiederaufgestellt. Feldscheunen und Pappelreihen sind auch hier wieder charakteristisch für die Landschaft.

Der Name *Binsfeld* soll (laut Volkskundlern) von Beinsfeld (Gefallenen der Schlacht zwischen Römern und Franken um 400) herrühren; wissenschaftlich wird er jedoch abgeleitet von Binsenfeld. 966 soll die Kirche der Abtei Nivelles/Provinz Brabant, Belgien gehört haben. Die im 16. Jahrhundert erloschene Zugehörigkeit wurde heute in einer Gemeindepartnerschaft wiederaufgenommen. St. Gertrudis (so das Patrozinium der Abtei (Fensterchen mit Katharinenfresko), um 1300 wird die Kirche dann im ›Liber valoris‹ genannt, erfährt im 16. Jahrhundert ihren Ausbau durch die Herren von Binsfeld zur dreischiffigen Halle; der neugotische Glockenturm kommt beim Restaurieren 1877 hinzu. Die Ausstattung ist im wesentlichen gotisch. An der Chornordwand findet sich im Innern der Epitaph für Johann von Binsfeld und Gemahlin Anna von Nesselrode (von 1636); 32 Ahnenwappen symbolisieren die bedeutendsten Geschlechter des Rheinlands. Ein Holzkruzifix entstand im 13. Jahrhundert, die Kanzel im 17., die Seitenaltäre stammen aus dem 18. Jahrhundert; erwähnenswert auch die Secco-Fresken im Chor und die Sakralgeräte (17. Jahrhundert).

Herren von Binsfeld sind seit 1150 nachgewiesen, sie waren die Lehensleute und Schultheißen der Abtei Nivelles; 1150 wurden sie als Territorialherren bestätigt. Am südlichen Ortsrand liegt, romantisch zwischen alten Bäumen die 1533 auf alten Fundamenten von Werner von Binsfeld erbaute *Burg Binsfeld.* Erhalten sind davon der Haupt- und ein kurzer Westflügel des Herrenhauses. Der spätgotische Backsteinbau südlich des Ortes mit hohem Dach, Staffelgiebel und rundem Eckturm weist auf seiner Hofseite einen polygonalen Treppenturm und eine prachtvolle zweigeschossige Loggia aus Nidegger Rotsandstein (italienisch-niederländischer ›Kunstimport‹) auf. Die Loggienfront, welche ursprünglich auch den Westflügel zierte, zählt zu den bedeutendsten profanen Renaissancefassaden im rheinischen Raum (siehe auch Goldstadt-Führer. 2317, Kölner Bucht, vom selben Autor). Leider halten sie der neuerlichen Verwitterung durch unsere umweltbelastete Luft nur schlecht Stand. Das kriegszerstörte Herrenhaus, wie die Vorburg aus dem 18.-20. Jahrhundert, wurden 1951 wiederhergestellt, die Wassergräben verödeten teilweise. Der Torbau mit Rundbogenportal entstand in der 2. Hälfte des 16. Jahrhunderts. In männlicher Linie starben die Binsfelder 1652 aus; Binsfeld gelangte an die Herren von Wachtendonk. Jülich wurde schon 1397 als Lehensherr erwählt, bis 1789 gehörte die Herrschaft Binsfeld als Unterherrschaft zum jülichschen Amt Nideggen. Die Burg gehört heute der Gemeinde Nörvenich.

Zwischen Binsfeld und Jakobwüllesheim (Richtung Vettweiß) liegt der Ort *Bubenheim;* ein fränkischer Herr ›Bobo‹ soll der Gründer gewesen sein. Auch wird 1237 von einem Ritter Ingram von Bobbele, wie der mundartliche Name auch lautet, aber keine schwäbische-le-Verkleinerungsendung, dem ersten Burgherren, berichtet. 1377 besitzt ein Adeliger namens Hans Heinrich Spieß von Büllesheim die Burg, die 1699 an den Freiherren Franz von Berghe, gen. Trips übergeht. Burg Bubenheim liegt südlich von Rommelsheim. Durch belaubte Bäume lugt ein quadratischer, schräg gestellter Eckturm mit polygonaler Kegelgaube. Der zweistöckige Ziegelsteinbau entstand in spätgotischem Stil im 15./16. Jahrhundert. Turm und Torbogenhaus datieren auf die Spieß'sche Zeit zurück. Da die Burg nicht denkmalgeschützt ist, wurde angeblich der Abriß des Innenhofs erwogen (K. E. Krämer, 1979), eine andere Quelle gibt die Gemeinde als Besitzer an (Börde und Neffeltal, 1978). Gerade dieser letztgenannte Ausstellungskatalog enthält Landschaftszeichnungen von Ernst Ohst mit historischen Erläuterungen und kann nur empfohlen werden; herausgegeben wurde er von der Gemeinde Nörvenich; ferner zu erwähnen der Sonderdruck von K. H. Türk. Nörvenich, Wohngemeinde zwischen Köln und Düren. Aus: Jahrbuch Düren 1979.

Düren: Alte Reichsstadt, neues Gesicht

Düren, die Kreisstadt, mit ihren 86 300 Bewohnern (1983), wirtschaftlich-kulturelles Zentrum der Zülpicher Börde und Voreifel, sucht man östlich von Aachen, am Nordrand der Eifel, es bietet sich als Ausgangspunkt für den Tourismus in die Nordeifel an (und ist nicht zuletzt Sitz des Eifelvereins). Alt-Düren sank im November 1944 bei einem Luftangriff zu 85 % in Schutt und Asche, dann evakuiert, lag es 1944/45 in der Hauptkampflinie. Das wiederaufgebaute Düren mit vielen Grünanlagen präsentiert sich als moderne Stadt.

Schon 748 findet Düren als villaduria in den Metzer Annalen Erwähnung, 805-43 ist es Königshof und Pfalz Karls des Großen (mit entsprechender Pfalzsiedlung des Altwick). Eine eigene Münze besaß Düren schon 1310. Anfang des 13. Jahrhunderts entwickelte sich der Ort zufolge seiner Markt- und Verkehrsfunktion zur Stadt und Reichsstadt. Doch der Kaiser mußte »seine Stadt« 1242/46 an Wilhelm IV. von Jülich verpfänden. Der Herzog von Jülich bestätigte 1369 die Stadtprivilegien, so daß Düren eine Art Doppelstatus zukam (das Wappen zeigt außer dem Reichsadler quergeteilt den jülischen Löwen), nämlich der einer Reichs- und jülichschen Stadt.

Als 1501 der Steinmetz Leonhard aus (Aachen-)Kornelimünster in der Mainzer St.-Stephans-Kirche die Reliquie des St.-Anna Hauptes entwendete und sie in die damalige Dürener Martinskirche verbrachte, verursacht dies heftige Prozesse zwischen beiden Städten, und erst 1506 konnte der Streit durch kluge Verhandlungsführung des Dürener Pfarrers von Weworden zugunsten Dürens beigelegt werden (durch die Bulle des Papstes Julius II.). Diese Tatsache bescherte Düren religiös wie wirtschaftlich als Wallfahrtsort einen enormen Aufschwung: 1510 wurden rund 20 000 Pilger geschätzt. Die Martinskirche wurde im 16. Jahrhundert zur Annakirche ausgebaut, wie sich allenthalben auch in prächtigen Bürgerhäusern in der Stadt Wohlhabenheit manifestierte. Als 1524 die Reformation in Düren Eingang fand und sich der evangelische Glaube mehr und mehr durchsetzte, schickte Karl V. seine Truppen aus, welche die Stadt 1543 eroberten. Belagerung und Zerstörung unterbrachen zwar den *›wirtschaftlichen Aufwärtstrend‹* jäh, doch erholte sich der Handelsplatz Düren wieder relativ rasch. Neunmalige Belagerung im Dreißigjährigen Krieg zwischen 1639 und '48, insbesondere die Vernichtung der Vorstädte 1642 durch Beschießung seitens der Hessen, fügten Düren dann allerdings schwere Wunden zu. Schon im Mittelalter florierten die Dürener *Gewerbe:* Tuch- und Papierherstellung bereits im 13. Jahrhundert, Metall(waren)fabrikation im 15. Jahrhundert.

1713 gelang es dem Tuchmacher F. N. Kannengießer, den Zunftzwang für das Tuchscheren und Rauhen abzustreifen, 1744 setzte Johann Koenen die fabrikmäßige Tuchherstellung auch allgemein durch. Ihr Hauptförderer war schließlich Johann Paul Schoeller aus Gemünd (Schleiden), Gründer der Schoeller-Dynastie. Wirtschaftlichen Aufschwung brachten ab 1710 die fabrikmäßige Papier- und die genannte industrielle Tuchfertigung. Die handwerkliche Papiererzeugung in kleinem Umfang stützte sich auf die Wasserkraft der zahlreichen Dürener Bäche. 1837 wurde in Lamersdorf die erste Papiermaschine aufgestellt: der Übergang vom handgeschöpften Bütten zum Endlos-Maschinenpapier war vollzogen. Mithin hielt ein ganzer Kanon von Zulieferzweigen in Düren ihren Einzug: die Papiermaschinen-, Metalltuch-, Filztuch- und chemische Industrie. Das 19. Jahrhundert bescherte der Stadt Düren die Industrialisierung. Als die Bahn Köln-Düren-Aachen (1841) 1943 bis Verviers durchgeführt war, hatte die Dürener Industrie den internationalen Anschluß erzielt. Düren war die Wiege der Hoeschwerke: 1742 hatte Hugo Ludolf Hoesch eine Eisenschneidmühle errichtet, das Unternehmen übersiedelte 1871 nach Dortmund. Das Zinkwalzwerk Hoesch aus Düren, das noch bis in die sechziger Jahre unseres Jahrhunderts in Betrieb war und planparallele Bleche produzierte, fand als ältestes rheinisches Walzwerk Aufstellung im Freilichtmuseum technischer Kulturdenkmale in Hagen/Westf.

In kultureller Hinsicht erfuhr Düren durch seine Industriellen wohltätige Förderung: 1905 entstand das Leopold-Hoesch-Museum, 1907 das Stadttheater, von Eberhard Hoesch gestiftet. Die Weltkriege und die Weltwirtschaftskrise hemmten Dürens Entwicklung.

Nach dem Kriege begann der Aufbau einer neuen Stadt, die nur wenig Altes birgt. Einige Reste der *Stadtbefestigung* am Alten Teich ließ der Bombenteppich übrig. Das *Leopold-Hoesch-Museum* (1905) konnte wiederhergestellt werden. Es vereint eine vor- und frühgeschichtliche Sammlung mit einer ›papierhistorischen‹ und Wasserzeichensammlung mit einer Galerie moderner Klassiker, zu welcher so bedeutende Namen zählen wie Kirchner, Kokoschka, Liebermann, Beckmann, Barlach, Corinth, Hofer, Macke, Munch und Picasso. Neu sind hingegen der *Rathauskomplex* (Prof. Bonvier 1959, mit Freitreppe und Brunnenplastik davor), die *Annakirche* (Prof. Schwarz 1956). Sie birgt allerdings noch nach wie vor den spätgotischen Annaschrein und das alte, geschnitzte Chorgestühl von 1563. Ausgrabungen wiesen die Existenz der fränkischen Hofkapelle, der Hauptkirche (941) und der spätromanischen Kirche (um 1200) nach (Stat. Rdsch. Kr. Düren); erhalten ist zum Schrein auch das Anna-Reliquiar. Neu sind in Düren auch die evangelische Christuskirche der Architekten Hentrich und Heuser (1953), die Bonifatiuskirche (1952), St. Marien (1949) und St. Peter Julian an der Kölnstraße (1965) wie auch die Stadthalle im Theodor-Heuss-Park. In Düren findet sich noch eine Möllerorgel, eine von noch 4 Exemplaren des Orgelbauers Johann Patroklus Möller, die es noch in Nordrhein-Westfalen gibt, und die zu den ältesten (um 1600) zählen (WDR 2, Zwischen Rhein und Weser 9. 2. 1980).

Mehrere Wasserburgen und Gutshäuser sind in Düren außerhalb seines Stadtkerns erhalten geblieben: das Renaissanceschloß Burgau im Südosten (durch den Stadtwald Wibbelrusch zu erreichen), ein Backsteinbau, ferner im Stadtwald auf dem Pferdskopf (mit 198 m höchster Punkt Dürens) das *Gutshaus Weyern,* im Südwesten die Wasserburg Birgel, Gut Weiherhof in Würzenich im Westen und Wasserschloß Haus Rath in Arnoldsweiler im Norden. Das dreiflügelige *Schloß Burgau* im Ortsteil Niederau, von Rundtürmen auf Konsolen flankiert, mit mächtigem Wohnturm (1390) stammt von 1676, die umfangreiche Vorburg ließ 1685-99 die Witwe Daniels von Elmpt aufführen. Auch die Hauptburg, teils Ruine, soll gerettet werden. 1374 wurde Ludwig von Auwe von den Heinsbergern mit Burgau belehnt. Burgau war später dann jülichsche Unterherrschaft. *Schloß Birgel* hingegen findet sich baulich vorzüglich in Schuß, zwei mehrfach geschweifte und geschieferte Turmspitzen und das gelblich-bräunliche Bruchsteinmauerwerk kennzeichnen die Schloßburg Birgel. Erster Herr war der jülichsche Erbmarschall Winnemar Frambach von Birgel; nach dem Aussterben des Geschlechts kam die Burg 1609 an die Siegenhofen-Anstel. *Gut Weierhof* im Westen von Gürzenich wurde im 14. Jahrhundert erbaut und 1767 von den Grafen von Schellaert an Kloster Wenau verkauft. Heute stellt es sich als weißgetünchtes Mansardendachhaus mit polygonalem Mitteltürmchen dar. Im 19. Jahrhundert wurde das Gut Stammsitz der Familie Schillings, aus welcher sowohl der Komponist Max von Schillings als auch der Zoologe und Afrikaforscher Carl Georg von Schillings stammen (sein Nachlaß: Waffen, Jagdtrophäen, findet sich in der Ostschule ›An St. Bonifatius‹ in Düren). *Haus Rath* in Arnoldsweiler ist ebenfalls eine Backstein-Wasseranlage, im Kern spätmittelalterlich, sonst vorwiegend aus dem 17./18. Jahrhundert. Seit Ende des 17. Jahrhunderts Besitz der Spieß von Büllesheim, heute der Freiherren von Bourscheidt. Es handelt sich um eine Vierflügelanlage mit quadratischen, walmbedachten Ecktürmen um ehemals mit Laubengängen ausgestatteten Innenhof. Der Torbau wurde 1618 erbaut, die Vorburg mit Flankierturm datiert aus der 1. Hälfte des 18. Jahrhunderts. Vom Barockgarten noch ein sechsseitiger Pavillon von 1793 bestehend. Die katholische Pfarrkirche *Arnoldsweiler* (Ort im Norden Dürens) stammt im Kern aus dem 11. Jahrhundert, sie wurde im 12. Jahrhundert erweitert, der Chor und Schiff im Norden um 1500 erweitert, weitere Umbauten erfolgten im 17. Jahrhundert; Barockkanzel und diverse moderne Arbeiten wären ferner anzumerken (Dehio/Histor. Stätten NRW/Eifelführer).

Die Industrie der Stadt umfaßt derzeit die Zweige der Papiererzeugung (eine namhafte Papierfabrik ist hier kürzlich total niedergebrannt), der Tuch-, Filztuch-, Metalltuch-, Teppichindustrie, Maschinen-, Apparate-, Automobilbau (Ford), Glas-, Zucker-, Möbel-, Kunststoff-, chemische, Lack- und Aluminiumindustrie. Einen Flächenzuwachs von 64 km^2 auf 85,55 bescherte das ›Aachengesetz‹, durch welches ab 1. 1. 1972 die einst selbständigen Gemeinden Arnoldsweiler (3100 Einwohner), Birgel (1600), Birkesdorf (8600), Derichsweiler (2350), Echz-Konzendorf (1630), Gürzenich (5200), Lendersdorf-Krauthausen (4100), Mariaweiler (2640), Hoven (1250), Merken (2900) und Niederau (1980 Bewohner) Düren zugeschlagen wurden, das heute als Schul- und Einkaufsstadt für ein Umland mit rund 200 000 Menschen fungiert (Düren, Prospekt/Zahlenspiegel: Düren, Wirtschaftszentrum zw. Köln u. Aachen/Von Burg zu Burg zw. Köln u. Aachen/Rhein. Städtebuch/Dehio/Hist. Stätten/Stat. Rdsch. Kr. Düren). Zeitweilig kritisch gestaltete sich der Dürener Arbeitsmarkt als Folge der Grenznähe; mit einer Arbeitslosenquote von 6,8 % kam Düren streckenweise die Spitzenposition im Arbeitsamtsbereich Aachen zu (AVZ 6. 7. 76), heute muten solche Zahlen gering an.

Der *Kreis Düren* wurde mit dem ›Aachengesetz‹ um den ehemaligen Kreis Jülich als nun nördlichem Kreisteil erweitert.

Merzenich, Niederzier; Tagebau Hambach

1225 ist *Merzenich* erstmals genannt, ein(e) Hof (feste) wird im Erbschaftsstreit um ›Neuenar‹ zerstört, 1395 geht die Herrschaft Merzenich endgültig an Jülich über (Amt Nörvenich); Reste der Burg sind erhalten. 1898 wird die Laurentiuskirche (schon im Liber valoris genannt) neu gebaut.

Vom Ellbach durchflossen, ist *Niederzier* 898 zuerst als Curnilo, 922 dann als Cyrina erwähnt. Schon in der Steinzeit siedelten hier Menschen. Die Familie von Zier läßt sich seit Mitte des 15. Jahrhunderts nachweisen, ob also der Name Cyrina, gleichbedeutend mit Fruchtkorn, oder die Familie Zier (1229 Conrad von Cirne) als Herrschaft zum heutigen Ortsnamen (zusammen oder alleine) dazu beigetragen haben, läßt sich ganz klar nicht beantworten: Vielleicht der eine zum einen von einst, der andere zum heutigen oder nannte sich gar die Familie nach dem Namen ›Cyrine furs‹, Korn? Durch die Gründung zweier Kirchen ist es wohl schon im 12. Jahrhundert zur Ortsteilung in Ober- und Niederzier gekommen. Seit dem 13. Jahrhundert herrschte hier ein jülisches Ministerialengeschlecht, bis 1794 die Orte eine Mairie im Arrondissement Aachen des Département de la Roer bildeten, 1814/15 wurde Niederzier preußisch.

Die *Wasserburg* war ab 1526 rund 400 Jahre lang Besitz der Familie von Hochsteden; von den Franzosen niedergebrannt, entstand die Burg 1698 (Herrenhaus) und 1765 (Vorburg) wieder. 1921 erwarb die Gemeinde die Wasserburg vom Grafen Franz Wolff Metternich zu Liblar; als Baudenkmal muß sie diese erhalten. Seit 1928 hat die Bürgermeisterei hier ihr Domizil, zeitweilig bestand hier ein Amt Niederzier; 1954 war der Wiederaufbau vollzogen. Das Amt, ab 1969 die Gemeinde, seinerzeit kleinste Verwaltungseinheit des Alt-Kreises Düren, erfuhr mit dem ›Aachengesetz‹ zum 1. 1. 1972 als (weiterhin) amtsfreie Gemeinde eine entscheidende Vergrößerung: aus 5 ehemaligen Verwaltungseinheiten wurden hier die Orte Hambach, Huchem-Stammeln, Krauthausen, Lich, Nier-, Oberzier, Selhausen und Steinstraß vereint; die Burg als Verwaltungssitz erfuhr eine Erweiterung. Die Anlage besitzt ein schmuckes Hausteinportal mit Wappenrelief. Um Niederzier als Kern herum bestehen zahlreiche Gutshöfe: Weiden-, Frentzer-, Jägerhof. Von Haus Eilen, zwischen Hambach und Krauthausen gelegen, haben die Kriegsereignisse nur noch ein paar Umfassungsmauern übriggelassen. In Hambach liegen Gut/Haus Obbendorf (im Südwesten) und die Schloßruine. *Obbendorf* wurde zuerst im 9. Jahrhundert erwähnt. Die vermutete ›Motte‹ gehörte 1301 wohl Reinhard von Obbendorf. Die Ritter von Obbendorf waren wohl ursprünglich von der Abtei Prüm als Verwalter eingesetzt. Fundamente und Torturmteile aus der Zeit des herzoglichen Hofmeisters Joh. Schellaert de Oppendorf (1390-1416); 1481 besaß Hermann von Hammerstein das Anwesen, 1604 wurde das Turmtor vermauert und wurden auf alten Grundmauern neue Bauteile erstellt, wie auch um 1900 einige Wirtschaftsbauten neu auf alten Fundamenten errichtet wurden. Die *Schloßruine Hambach* am Ellbach mit mächtigem Rundturm, im Nordwesten des Ortes liegend, war jülichsches Jagdschloß und zeitweiliges Ausweichquartier (nach Zerstörung der Altenburg); 1317 ersterwähnt, wird es 1430 als Veste bezeichnet. Herzog Reinold von Jülich und Geldern ließ Anfang des 15. Jahrhunderts auch die gotische Hambacher *Hallenkirche St. Antonius* erbauen, einen kreuzrippengewölbten Saal mit Westturm (mit neoromanischen Blenden). 1879 restaurierte H. Wiethase den Bau; 1953 wurde er nach Kriegsbeschädigungen wiederhergestellt. Das *Schloß*, um zu ihm zurückzukehren, äscherte 1512 ein Brand in der Pulverkammer ein; 1524 entstand ein Neubau (heute erhaltene spätgotische Teile, die beiden Westtürme durch Heinrich von Köln und Arnd von Düren), erneuter Aufbau 1547-63 durch die Bologneser Baumeister A. und M. Pasqualini (dritter Turm und zweistöckige Loggia) nach weiterer Zerstörung in der Jülicher Fehde 1542/43. Seit dem 18. Jahrhundert zerfällt der älteste Teil, und der Zweite Weltkrieg hat dem ursprünglichen Wasserschloß weiter zugesetzt. Der ursprünglich so prächtigen Ausstattung wegen diente das Schloß noch nach 1700 dem Düsseldorfer Kurfürsten Jan Wellem als Sommerresidenz und Galaschloß, 1760 lebte hier die Pfalzgräfin und Äbtissin Franziska Christina. Der ›Literarische Führer durch Deutschland‹ bringt sie nicht (Hist. Stätten/Von Burg zu Burg zw. Köln u. Aachen). Die 63,33 km^2 große Gemeinde Niederzier zählt 11600 Menschen, die zu 40,5 % erwerbstätig sind. Als Wirtschaftsbereiche stehen das produzierende Gewerbe (56 % der Tätigen) vornean, die Dienstleistungen und ›sonstiges Gewerbe‹ folgen mit rund 21 %, Handel und Verkehr mit 15, rund 8 sind es in Land- und Forstwirtschaft. 1200 Arbeitsplätze bieten innerhalb der Gemeinde Arbeitsmöglichkeiten. Das Gewerbe wird unter anderem vertreten durch die Schoeller-Textilwerke (Produkte: Samt, Teppiche, Trikotagen), zwei Sägewerke, Rolladenbau, aber insbesondere) durch die Rheinbraun.

Der neue *Tagebau Hambach* (seit 1978 erschlossen) mit dem Superlativ des der Welt größten Tagebaus behaftet (51,06 km^2), weitgehend in den alten Waldungen des Hambacher Forstes/der Bürge, die damit zunächst für stufenweise 50 Jahre (Dauer der voraussichtlichen Kohleförderung) verschwinden werden und nachher lediglich als Jungwald ›rekultiviert‹ werden können (und wohl auch sollen); am Besten, es bliebe eine Renaturierungszone erhalten.

Nicht nur daß die Böden bergbaulich zu nutzender Flächen (hier Waldgebiet) Kunstschätze bergen (sie werden sorgfältig erkundet und konserviert; *Ausgrabungen* erbrachten 1975 im Oberzierer Bürgewald ein römisches Brandgräberfeld), sondern Wälder sind in der Bördenlandschaft eine ohnehin *seltene Erscheinung*, zudem so *alte Wälder*, wie die der *Bürge*. Die Franken rodeten den Wald zwischen dem 6. und 11. Jahrhundert. Mit 600-700 mm Jahresniederschlag ist die Börde ohnehin eines der trockensten Gebiete in Deutschland: Wald kann hier an gewissen Stellen gedeihen, wo der Boden auch in trockenen Sommern feucht bleibt. Waldstandorte sind daher von der Untergrundstruktur abhängig. Die durch Tone, Mangan und Eisenoxide ›verkittete‹ Fluß-Hauptterrasse in oft nur 1 m Tiefe wirkt hierbei als *Wasserstauer* für den überlagernden fruchtbaren Löß, so vermögen die Bäume die Sommertrockenheit zu überstehen. Einmalig ist der *Artenreichtum:* seltene Pflanzen mit naturnahem Charakter und vielfältiger Lebensgemeinschaft bestehen hier, imstande, sich selbst zu regenerieren. Eiche, Hainbuche und Winterlinde nehmen

40 %, Rotbuche, Bergahorn, Roterle, Birke, Pappel 24 und ›allochthone‹ Nadelhölzer 36 % der 4200 ha der *Bürgewälder* ein; 120 Käfer-, 50 Tagefalter-, 30 Schneckenarten, Haselmäuse, Uhus, isländische Strandläufer u. v. m. kennzeichnen die Tierarten. Aber auch aus *(kultur-) historischen und forstwirtschaftlichen Gründen* sind die Bürgewälder unwiederbringlich. Die fränkischen Bewohner waren auf Bau-, Brennholz, Eichel- und Bucheckernmast angewiesen. Ab 9./10. Jahrhundert wurden Adel und Geistlichkeit von den Königen mit Forsten, Forst- und Jagdrechten begabt: 973 bestätigte der Kaiser Jagdrechte des Kölner Erzstiftes (hier erstmals ›burgina‹ = Bürge), 1177 waren die Herzöge von Jülich im Besitz der Forstaufsicht und organisierten sie in Waldgrafschaften. Schließlich bildete die französische Verwaltung aus den landesherrlichen Waldbesitzungen den Staatsforst Hambach. Noch bis 1830 gab es rund 120 km^2 Bürgewälder, in den rd. 20 km^2 großen Erbbüschen (Erbwäldern) waren alle Hufenbesitzer seit 1562 (2130 in 45 Dörfern) am Wald partiell berechtigt. 1830 wurden 75 km^2 gerodet. Hambach verkaufte seine Wälder ab 1966 an Rheinbraun; diese Gesellschaft tauschte auch den Staatsforst gegen rekultivierte Flächen um Erftstadt-Liblar. Eichenwälder (Größe bis 50 ha) waren seit hundert Jahren aus sog. Mittelwäldern hervorgegangen. Man holzte früher im *Niederwaldbetrieb* alle 20 Jahre ab, ließ einzelne Eichen stehen (Mittelwald). Ab letztem Jahrhundert blieb Jungwuchs stehen und wurde mit Eichen, Eschen und Ulmen aufgeforstet, Eichen nahmen in der Bürge die größte Fläche in ganz Nordrhein-Westfalen ein. Der Nadelholzbestand entspricht nicht der natürlichen Vegatation. Die *forstliche Rekultivierung* von Rheinbraun, weltweit als vorbildlich anerkannt, wird 1467 ha an Steilhängen der Außenkippe (Sophienhöhe) und 2408 ha an flachen Innenkippen rekultivieren, beginnend ab 1982. Pappel-Erlen-Bestände werden nach 25 Jahren in Mischwälder umgewandelt. 3412 ha sollen mit Wasser aufgestaut werden, der Trinkwasserversorgung dienen (Die Bürgewälder bei Jülich. Rhein. Landschaften. 8), die Südhälfte des Tagebaues wäre dann wassererfüllt.

Aber nicht nur Wald wird einem flächenintensiven Braunkohlenabbau geopfert, auch alte Siedlungen, Heimat. Sie werden verlegt, doch ihr ursprüngliches Aussehen, ihre geschichtliche und nachbarschaftliche Identität, die alten Bauten wird es dann nicht mehr geben, wohl aber Neues. Dokumentationen werden vielleicht fürderhin die einzigen Zeugnisse sein. Auch bei Siedlungsneuanlagen muß gut ›rekultiviert‹ werden. Wie betoniert, oder wie menschlich-heimelig man neue Siedlungen dann zu gestalten vermag, davon wird es abhängen, wie wohl sich die ›Umgesiedelten‹ dann fühlen, ob sie wieder ›Wurzel schlagen‹ können. *Lich-Steinstraß stirbt zuerst,* aber auch Morschenich, Manheim und Etzweiler werden eines schönen Tages nach dem Jahre 2000 an der Reihe sein. Steinstraß, ein planmäßig gebautes Dorf, entstand an der Römerstraße Köln-Jülich. Die traditionelle Holzverarbeitung (Sägewerke, Besenbinderei) wird sich anpassen oder erlöschen, die Struktur des Kleinbauern- und Häuslertums wird sich wandeln; schon geht man auf Eifeler Hölzer über. Die ehemaligen Bauernhäuschen werden nicht mehr wiederkehren, wie auch die Flurformen verloschen sein werden. Doch neues Bauernland folgt einmal dem Tagebau. Die alten Bauern werden's dann nicht mehr bewirtschaften, doch können sie jetzt schon in bereits rekultivierte Parzellen anderenorts einrücken. Um einer Isolierung der Bauern zu begegnen, hat man hier Weiler mit 3-5 Bauernhöfen geschaffen. Die alte Siedlung entleert sich, Einrichtungen verschwinden, Umsätze schwinden, übrigens entschädigungslos, ebenfalls; sie dämmert ihrem Schicksal (sprich Ende) entgegen. Kleine Gewerbebetriebe haben es schwer, oft sehen sie am Ort der Umsiedlung keine Chancen mehr: ein Raum im Umbruch (Jülicher Börde und Braunkohlentagebau; Schrödel 81). Ein Großteil der 1500 Bewohner wird in Jülich-Möhnenwinkel wohnen, zwischen Gut Wilhelmswinkel und Haus Mariawald, im Nordosten liegend.

Die Förderung des *Tagebaus Hambach* ersetzt Fortuna Garsdorf. Über eine 22 km lange Kohlebahn wird der ›braune Schatz‹ den Kraftwerken bei Niederaußem zugeleitet und verstromt. Die Förderung wurde 1984 aufgenommen. Die Flöze sind 20-70 m mächtig, liegen in 200-300 m Tiefe. Acht Schaufelradbagger und 8 Absetzer zur Verfüllung haben Tageskapazitäten von 240 000 m^3 (Schaufelraddurchmesser 21,6 m); mitverfüllt werden auch die anderen, ausgekohlten Tagebaue (Fortuna, Frechen, später Bergheim), eine 180 m hohe Außenkippe Sophienhöhe entsteht in Jülich-Stetternich

(Niederzier. Neubürgerbroschüre; Jülicher Börde . . . S. 62-64: Ein neuer Tagebau entsteht: Hambach/Prospekte von Rheinbraun).

Merzenich grenzt an Düren nordöstlich an (Südwestgrenze von Merzenich) und erstreckt sich südöstlich von Hambach, als dessen Anrainer. Auf 37,9 km² leben heute 7 300 Bürger, 1200 finden ihre Arbeit in Düren, rd. 500 arbeiten in Gewerbe und Landwirtschaft am Platze. Otto Graf von Neuenar verpfändete den Ort 1225 an Jülich, 1382 kam der Ort an Köln, die Rechte auf Haus Merzenich blieben erhalten, schon 1395 ging Merzenich an Jülich. Die alte spätgotische Kirche ›Alt-Laurentius‹ mit Westturm ist nach Zerstörung im Zweiten Weltkrieg nur noch als ›Kriegergedächtniskapelle‹ in Ruinenform erhalten. Die heutige St.-Laurentius-Kirche, eine neugotische Halle von 1885 ist hauptsächlich ihrer übernommenen Ausstattung wegen interessant, wozu ein hölzernes Triumphkreuz (Korpus um 1410), ein flandrischer Schnitzaltar (Anfang 16. Jahrhundert) und ein Memorienaltar (2. Hälfte 17. Jahrhundert) zählen; im Pfarrhaus wird eine Apostel-Schnitzgruppe verwahrt, dem ›Weichen Kölner Stil‹ zugerechnet, wie auch das Triumphkreuz (Dehio/Histor. Stätten NRW/Ortsbuch BR Deutschland/NRW-Lexikon, Amt f. Datv.).

Jülich: Von der Römerstadt zur Residenz

Ein Teil der Börde trägt ihren Namen: Der rund zweitausendjährige Ort an der Rur (niederländisch Roer), nördliches Zentrum des Kreises Düren, liegt inmitten von 1082 km² akkerbaulich genutzten, wenig reliefierten Flachlandes (60-220 m) der *Jülicher Börde;* die Bürgewälder grenzen sie (noch) gegen die südöstlich anschließende Zülpicher Börde ab (siehe Die Bördenlandschaft der Niederrheinischen Bucht). Das moderne Jülich (30 500 Einwohner, 1984) ist eine Stadt der Forschung (Kernforschungsanlage), der Industrie und der Sendeanlagen der Deutschen Welle. Beschäftigt die *Industrie* rund 1600 Menschen, so gibt die Kernforschung derer 3700 Arbeit und Brot. Gewisse Bedeutung haben die landwirtschaftliche Verarbeitungsindustrie (Zuckerfabrik, Kornbrennerei), Papierverarbeitung (Wellpappenwerk Rheinland) und die Kleinindustrie. Jülich sieht sich als wirtschaftlich-kultureller Mittelpunkt (›Mittelzentrum‹) eines Gebietes von rd. 100 000 Einwohnern (ehemaliges Kreisgebiet Jülich). Der 1. 1. 1972 brachte einen erheblichen Zuwachs des Stadtgebiets um 11 ehemalige Gemeinden: Bourheim, Broich, Güsten, Kirchberg, Koslar, Mersch, Merzenhausen, Pattern, Stetternich und Welldorf, die zu den Ämtern Koslar und Stetternich gehörten, 61 km² 105 000 Neubürger.

Siedelten früher hier bereits die Kelten, so wurde Jülich hauptsächlich als *römisches Juliacum* bekannt, an der Bündelung der Römerstraßen Neuss-Aachen/Eschweiler, Köln-Heerlen-Tongeren-Bavai und zur Maas am Rurübergang gelegen. Noch um 350 zum Römerkastell gegen die *Franken* ausgebaut, fiel der Ort 450 den Franken schließlich doch anheim. Als Kastell, Münz- und Hauptort des Jülichgaus behielt Jülich seine Bedeutung. 881 zerstörten es die Normannen; 945 schenkt der Kölner *Erzbischof* die Pfarrkirche zu Jülich (fränkisches Martinspatrozinium) dem Kölner Stift St. Ursula. Verwalter der kölnischen Vogtei waren die *Grafen des Jülichgaus;* ihren Sitz hatten sie auf der Altenburg bei Jülich. Wahrscheinlich nannte sich Graf Gottfried von Jülich auch Pfalzgraf. Die Heimbacher erbten 1207 den Jülicher Besitz. Graf Wilhelm IV. erhob den Burgflecken 1238 aus eigener Machtvollkommenheit zur Stadt; der Erzbischof rächte sich daraufhin durch die Zerstörung Jülichs. Doch in der Schlacht von Worringen 1288 konnte sich Jülich endgültig gegen ›Erzköln‹ behaupten und befestigte zudem die Stadt (Hexen-, Kölner, Dürener Tore, Ringmauer). Der Aufstieg Jülichs ist nun ›vorprogrammiert‹. Wilhelm V. kommt 1336 zur Markgrafen- und gar 1356 als Wilhelm I. zur reichsfürstlichen Herzogswürde und war mit dem Kaiser Ludwig dem Bayern und dem englischen König verschwägert. Schließlich wurde Wilhelms Stiefbruder Walram Erzbischof von Köln. Wilhelms Stiefbruder Walram Erzbischof von Köln. Wilhelms Sohn Gerhard erheiratete 1346 Ravensberg, 1348 kam Jülich an Berg (das bis zur Vereinigung durch Erbschaft 1423 schon einer Jülicher Nebenlinie unterstand). Das 14. Jahrhundert brachte die Erwerbungen von Monschau, Randerath, Euskirchen u. a. Zwar erbte 1393 Jülich auch Geldern, doch nach Aussterben der Jülicher im Mannesstamme machte sich Geldern unter Arnold von Egmont wieder selbständig und trotz jülichschem Sieg über Geldern bei Linnich 1444; der Anschluß mißlang. 1511 befanden sich Jülich-Berg in Personalunion mit Kleve, 1524 heirateten die Erben: ein mächtiges Territorium entstand: Jülich-Kleve-Berg (-Mark-Ravensberg), halbsogroß wie Nordrhein-Westfalen. Die Grafschaft Heinsberg war schon 1472 käuflich von Jülich-Berg erworben und 1483 als Amt eingegliedert worden. Als 1542/43 Kaiser Karl V. in der *Jülicher Fehde* eingreift, ist Geldern verloren. Der jülische Stammsitz Burg Nideggen ist irreparabel zerschossen (s. d.), wenngleich Jülich siegte. Die Stadt Jülich war 1547 durch einen Großbrand bis auf die Gegend der Kleinen Rurstraße, Grünstraße-Nebenstraßen und Bongardstraße niedergebrannt. Für eine Neugestaltung bot sich nun die Möglichkeit. Noch unter Wilhelm V., dem Reichen, gestaltete 1549-55 der italienische Festungsbaumeister Alexander Pasqualini aus Bologna die Zitadelle mit Renaissanceschloß aus, wie er auch die ganze Stadt zur bastionierten Festung ausbaute. Im *Jülich-Klevischen Erbschaftsstreit* (1609-14) der vier Herzogstöchter (Brandenburg, Pfalz-Neuburg, Burgau und Pfalz-Zweibrücken) wie der Wettiner und der Kleve-Nevers kam es zum vertraglichen *Vergleich von Xanten:* das zum Katholizismus konvertierte Pfalz-Neuburg erhielt Jülich-Berg, während Brandenburg Kleve-Mark zugesprochen wurde. Karl-Theodor von Pfalz-Sulzbach regierte 1742, ein Wittelsbacher (1777 Kurfürst von Bayern), der 1716-77 in Mannheim, dann in München residierte (Statist. Berichte, Kr. Düren). 1621/22 und 1772-78 schon *französisch besetzt*, rückten 1794 die Franzosen für einige Dauer ›endgültig‹ ein, Jülich nannten sie französisiert Juliers (Département de la Roer) und befestigten das linke Rurufer zusätzlich.

1815 dann preußisch geworden, wurde 1860 die Festung geschleift. Verhinderte zunächst der militärische Charakter der Stadt den Bahnanschluß an die Strecke Aachen-Lüttich, so wurde der Anschluß schließlich mit Verzögerung 1873 an die Strecke Düren-Jülich und Odenkirchen-Jülich vollzogen; 1914/16 wurde das Eisenbahnausbesserungswerk errichtet, 1961 in ein Bundeswehr-Reparaturwerk umgewandelt. Wie die Nachbarstadt Düren, so wurde auch Jülich am 16. Juni 1944 durch Bombardierung (zu 97 %) zerstört; es dauerte bis 1956, bis der Aufbau zum Abschluß kam (Prospekte/Histor.

Stätten/Rhein. Städtebuch/Kurzführer Burg Nideggen/Jülicher Börde und Braun . . .).

Der einst befestigte *Altstadtkern* liegt zwischen Schirmer-, Schloß-, Post-, Bauhofstraße, Am Aachener Tor und jenseits der Schützenstraße. Die nach Kriegszerstörung 1952/53 wiederaufgebaute *Propsteikirche* am Markt (ehemaliges Nidegger Stift) weist im Westteil des oben weiß verblendeten Turms romanische Teile (12. Jahrhundert) auf; innen sind das Grab der sel. Christina, wie die Klostergewölbe mit Michaelskapelle von Interesse; ihr heutiger Name lautet St. Mariä Heimsuchung. Das *Alte Rathaus,* ebenfalls am Markt beherbergt neben dem Sitzungssaal das Stadtarchiv und das *Römisch-Germanische Museum:* hier finden sich Grabbeigaben der Stein-, Römer- und Frankenzeit (Lapidarium), Zeugnisse der römischen Zivilisation und des Handwerks (Raum 2), der Keramik, des Glaskunsthandwerks sowie römische Münzen aus dem Jülicher Land (Raum 3; Broschüre: Röm.-German. Museum Jülich, Stadtverwaltung 1967, 22 S.). Gänzlich erhalten ist der *Hexenturm,* auch Rurtor genannt, ein walmbedachter Torturm (Spitztor), von zwei seit dem 17. Jahrhundert schweifbebauten Rundtürmen flankiert; es liegt am Ausgang der Kleinen Rurstraße im Westen und wurde um 1280 von Graf Walram errichtet; 1954 wiederaufgebaut. Am *Aachener Tor* (gleichnamige Straße), von Herzog Wilhelm V. erbaut, findet sich ein Mauerrest mit der einzigen erhaltenen Bastion St. Jakob (aus dem 16. Jahrhundert; Bongardstraße). Die Große Rurstraße führt zum *Schwanenteich* mit dem *Neuen Rathaus.* Die *Zitadelle* liegt wenig nordwestlich davon; sie ist von Eckbastionen flankiert. Im Innern des Backsteingemäuers erhob sich das noch in Resten vorhandene herzogliche/gräfliche Hochrenaissance-*Schloß,* von Architekten Alessandro/Alexander Pasqualini aus Bologna und seinem Sohn Maximilian 1549-56/59 erbaut, eines der bedeutendsten Werke dieses Stils am Niederrhein. Nach Zerstörung im Zweiten Weltkrieg ist lediglich der östliche oder *Kapellenflügel* erhalten. Die darin integrierte *Schloßkapelle* ist eine der ältesten evangelischen Kirchbauten in Deutschland, die a priori als solche erstellt wurden. Sie, die Christuskirche, nimmt baugeschichtlich den Typ der ›Predigtkirchen‹ vorweg. Gegen die Mitte des 16. Jahrhunderts entstanden, manifestiert sich in ihr die Raffaelsche Bauschule. Die Rustika zeigt eine Verbindung mit ionischen Pilastern und ›unverkröpften‹ Triglyphenbalken; die Chorinnenwand kennzeichnen Halbkreise und Tondi (Dehio). Zeitweilig diente das Schloß als Kaserne, heute beherbergt es ein Gymnasium (mit Neubauteilen) und ist in Landesbesitz; die Kirche wird als Aula genutzt. Westlich der Altstadt liegt am westlichen Rurufer die *Brückenkopfbastion* (Napoleon, 1798-1806), hier findet sich ein kleiner Naturpark mit dem *Brückenkopfzoo* (Wolf, Luchs, Ponys, Zwergziegen und -esel, Uhu) und ein Kahnweiher.

In den Außenbezirken der Stadt sind viele Adelssitze zu nennen; im Nordwesten in *Barmen* die Martinuskirche (romanisch-spätgotisch; Schnitzaltar um 1250, gotische Kreuzigungsgruppe und Apostelbalken). Die Wasserburg *Haus Overbach* datiert mit ihrem Herrenhaus um 1800, ältere Teile gehen auf das 15. Jahrhundert zurück; heute ist es Missionshaus mit Jungeninternat. Besitzer waren der kaiserliche Oberst Reuschenberg (1610), die Hatzfeld-Wildenburg, Overschie, Hompesch-Rurich (1828) und Wege-Wulffen (1864). Im Norden Barmens liegt *Wasserschloß Kellenberg*, wohl um 1345 von einem Overbach ›gegründet‹ (Wohnturm und zentraler Bau), Vorburg und Torturm entstanden im 15./16. Jahrhundert (barocke Umbauten), Besitzer waren bis 1616 die Scheiffardt von Merode, 1638 schenkte der Reitergeneral Jan van Werth seiner Tochter das Gut zur Hochzeit; schließlich heirateten die von Honsproech ein. Haus *Broich* im Nordwesten ist ein Wasserschloß des 17. Jahrhunderts. Hinter Bahnhof Kirchberg liegt im Südwesten die *Wasserburg* (Gut) *Linzenich*, 1255 erstgenannt, hatte viele Besitzer (zuerst die Linsenich). Landdrost Daem von Harff erbaute in der ersten Hälfte des 16. Jahrhunderts das Schloß. Vom Umbau 1752 blieb der Turm verschont. *Burg Bourheim* ist teils Ruine, die jüngere Vorburg aus dem 17./18. Jahrhundert überdauerte. Im Osten liegt Stetternich, durch die Außenkippe Sophienhöhe uns bekannt, ist aber auch ein historischer Platz. *Haus Lindenberg* am südwestlichen Ortsrand (alter Rundturm) erhielt 1743 ein neues Aussehen (Herrenhaus, Mühle). Die Palandt, Harff, Eynatten zählten zu den Besitzern. *Güsten* (im Nordwesten) hat eine schöne, dreischiffige gotische Kirche (14. Jahrhundert) mit romanischem Kruzifix und Antwerpener Schnitzaltar (16. Jahrhundert).

Im Norden Jülichs liegt auf der Merscher Höhe die 1955 vom WDR übernommene, (seit 1960) vom Fernmeldeamt Düren betriebene *Rundfunksendestelle Jülich* mit imposantem Antennenfeld. Die 9 Sender (60 m langer Saal des Sendegebäudes) der Deutschen Welle strahlen von hier ihre 4 Programme in 33 Sprachen über 3 Europa-Rundstrahler, 2 logarithrmisch-periodische und 30 sternförmige, 105 m hohe Richtantennenwände in 6 Senderichtungen computergesteuert in den Äther hinaus. Halb Jülich könnte dafür mit Strom versorgt werden; es sind 23 MW/h (Rundfunksendestelle Jülich, Vervielfältigung, 7 Bl.).

Bundesrepublik und Land Nordrhein-Westfalen tragen zusammen die *Kernforschungsanlage*, die sich seit 1960 im Staatsforst Hambach (im Südosten) über eine (gewachsene) Fläche von 4 km^2 ausdehnt. Es befassen sich 3 700 Mitarbeiter mit der Reaktortechnik, Festkörper-Plasmaphysik, Kern-/Neutronentechnik, Chemie, Biologie, Innerer und Nuklearmedizin (mit Poliklinik) in enger Zusammenarbeit mit einem Zweig (seit 1963) an der Fachhochschule Aachen. Die Nuklearmedizin wird inskünftig in der Lage sein, nicht nur Krankheiten zu orten, sondern ein genaues Bild von Bestand und Verlauf zu geben, daß selbst Psychologen überflüssig werden könnten.

In Jülich ist *altes Brauchtum* noch lebendig: Die 277 Jahre alte Historische Gesellschaft Lazarus Strohmanus veranstaltet jeweils am Karnevalsdienstag das *Lazarus-Strohmanus-Precken.* Precken steht für Prellen, und dies ist ein früherer Brauch, Personen, mittels gespannter Tücher in die Höhe zu werfen, zu ›Prellen‹, als Strafe. In Jülich gibt es diesen Brauch seit 1700, als sich eine diesbezügliche Gesellschaft bildete. Der Lazarus ist im Falle Jülichs eine bekleidete Strohpuppe. Dem Zug gehen Besenträger voraus, eine Musikkapelle gehört dazu und die Tuchgruppe, Besenträger schließen den Zug; an 24 Stellen wird Halt gemacht; vor wessen Haus geprellt wird, der ist mit einem Scherflein dran, dazwischen wird in Gasthäusern Einkehr gehalten und der Strohmanus vor dem Rathaus aufgestellt und bewacht. Zu guter letzt wird er in der Dunkelheit entkleidet und bei Feuerwerk in die Rur geworfen. Entsprechende alte Refrains und Liedverse begleiten die Zeremonie; demgemäße Sitzungen gehen ihr voraus

(Petzoldt. Volkstüml. Feste, Beck 1983). Eine (1982) 125 Jahre alte *Maigesellschaft* tritt jeweils in der Nacht vom 30. April zum 1. Mai mit einer ›öffentlichen Versteigerung‹ der Jungfrauen auf, die meistbietend an die schon wartenden Junggesellen versteigert werden; der Erlös wird wohltätigen Zwecken zugeleitet. Nicht selten aber gab die Versteigerung Anlaß zu Verlobung, Hochzeit oder Taufe. Nur das Datenschutzgesetz hat der Gesellschaft ihr Wirken neuerlich erschwert und es mußte sich diesbezüglich bereits der Petitionsausschuß des Landtags um die Angelegenheit bemühen. Amtliche Auskünfte über den Personenstand sind natürlich einfacher, als gesellschaftseigene Recherchen (Neue Westfälische 13. 8. 81). Natürlich gibt es in Jülich auch Schützenvereine und Kirmesumzüge.

Nördlich von Jülich: Titz und Linnich

Siedlungsspuren gibt es hier aus Stein-, Bronze-, Eisen-, Römerzeit. Hasselsweiler, wie Titz selbst am Malefinkbach (von links zur Rur) gelegen, ist der älteste Ortsteil (630) genannt. Von 1245-1380 sind die Ritter von Titz bekannt, ein Jülicher Ministerialengeschlecht, das jedoch in seiner Stammlinie ausstarb. Im 13./14. Jahrhundert ist die Abtei Altenberg größter Grundbesitzer im Titzer Land. 1651-53 wird der Ort zur ›Freiheit‹ erhoben und bildet 1798-1814 einen französischen Kantonalsitz (Canton du Titz), 1803 entsteht eine Mairie, 1814/15 kam Titz, wie das ganze Rheinland an Preußen. 1965 brachte die Neuordnung die Vereinigung der Gemeinden Gevelsdorf (im Westen, 320 Einwohner), Hasselsweiler (630) und Müntz (600 Einwohner, beide im Südwesten) mit Titz; Rödingen im Südosten (1200 Bewohner) und Jackerath im Nordosten (765 Menschen) kamen noch 1972 hinzu; insgesamt zählte Titz (1980) 7320 Einwohner, darunter der Ortsteil Titz mit 1550. Gewerbebetriebe umfassen den Leichtmetallbau, das Kunstschmiedehandwerk und die Schilderfabrikation.

St. Kosmas und Damian entstand 1899 als dreischiffige neugotische Hallenkirche. Ihre Ausstattungsgegenstände hat ihr der 1490 erweiterte Vorgängerbau überlassen: Antwerpener Schnitzaltar (1520), Flügel 19. Jahrhundert; Kruzifix 1530;

Turmmonstranz 1440/50. Diese Situation gilt auch für St. Peter in Müntz (1875/76) mit Schnitzaltar von 1520 und für St. Kornelius in Rödingen (1856-58, Turm 12.-15. Jahrhundert) und Schnitzaltar von 1520, Chorgestühl um 1500. St. Urban in Titz-*Mündt* ist hingegen aus der Erweiterung einer romanischen Kapelle zur spätgotischen Halle entstanden (1640 wiederaufgebaut); Kanzel und Seitenaltar sind gute ländliche Kunst. Mündt liegt im Nordosten, *Spiel* im Süden, wo wir St. Gereon finden. Auch dieses Gotteshaus ist romanischen Ursprungs (11. Jahrhundert), wurde im 12. Jahrhundert aufgestockt, Chor und Turm folgten 1661. Die Wände des Mittelschiffs stammen von einem Bau von 1029/30, im Westturm sind römische Ziegel verarbeitet; Turmobergeschoß und Pyramidenspitze im 17. Jahrhundert erneuert. Der Chor und das Gewölbe des Mittelschiffs von St. Pankratius in Rödingen-*Bettenhoven* entstanden im 15. Jahrhundert, ansonsten 1834-65 erweitert, 1955/56 wiederhergestellt (einige ältere Arbeiten im Innern). Die Rödingen-*Höllen*er Katharinenkapelle, um 1500 erbaut (innen Rankenornamente), ist 1583 als Gasthauskapelle benannt, ihren Dachreiter erhielt sie 1773; Altarblatt 17. Jahrhundert. Sehenswert ist auch die Höllener Bockwindmühle (steht nicht im DuMont-Windmühlenbuch). Um Titz herum bestehen auch einige Adels- und Klosterhöfe: Schunkenhof (ehemaliges jülisches Lehen); Krichelshof Klosterrather, Kaspershof Altenberger Besitz. Zahlreiche weitere Gutshöfe finden sich im Nordwesten des Gemeindegebiets (Dehio/Neubürgerbroschüre/Histor. Stätten NRW).

Titz (Winkenberg; 119 m im Nordosten) und Linnich in der Jülicher Börde sind die nördlichsten/nordwestlichsten Gemeinden des Kreises Düren. Die 13220 Bewohner zählende Stadt *Linnich,* inmitten der fruchtbaren Lößbörde ist Standort der Klebstoffherstellung, des Herd- und Ofenbaus und einer Glasmalerei. Im Prümer Urbar 893 erstmals erwähnt, war Linnich Prümer Lehen; die Vögte (Herren von Randerath) kauften 1368 sämtliche Rechte, 1392 ging Linnich käuflich an Jülich über. Nach Zerstörung durch Brabant wurde der Ort 1414 befestigt, 1446 das Rurtor, 1446-67 das Weilertor erbaut. In der *Schlacht zu Linnich* siegte Gerhard II. von Jülich über Arnold von Egmond; das steinerne *Hubertuskreuz* erinnert noch heute daran (auch der höchste Orden von Jülich wie von Bayern heißen Hubertuskreuz). Schon im 14. Jahrhundert gab es hier Fernkaufleute, im 16. Jahrhundert blühte der Vieh- und Landhandel. Ab 1570 gab es Reformierte und Lutheraner. Erstes reformiertes Gotteshaus war der ›*Rote Lew*‹ (1611), die reformierte Kirche entstand 1717. Beim Ansturm der Franzosen 1794 wurde die Stadt in Brand geschossen; nach dem Einrücken wurde der Kanton Linnich (Arrondissement Aachen) errichtet. Einige Orte im Norden (Rurdorf, Welz) gehörten zum Arrondissement Maastricht (Niedermaas-Departement). 1969 wurden Linnich 10 Gemeinden zugeschlagen, seine Bevölkerung stieg von 3950 auf 11985, 1972 kam lediglich Floßdorf (365 Einwohner) noch hinzu (Stat. Rundschau, Kr. Düren). Die Kirche *St. Martin* ist die ursprüngliche. Die Untergeschosse des Turms stocken auf Bruchstein-Kiesel-Mauerwerk des 12./13. Jahrhunderts, während die gotische Backsteinhalle in der 2. Hälfte des 15. Jahrhunderts entstand. Steinerne Emporen gehen auf das Jahr 1586 zurück, das Sakramentshaus (Türmchen) entstand 1520. Die zwei Seitenaltäre und das Flügelgemälde des Hochaltars sind Antwerpener (Serien-)Arbeiten (1. Hälfte des 16. Jahrhunderts). Der Hochaltar mit Passionsszenen wurde aus zahlreichen Antwerpener Altären zusammengebaut; Schreinplastik und Flügelgemälde stammen vom *Meister von Linnich*. Zu den weiteren wertvollen Stücken zählen der spätromanische Taufstein, ein Holzkruzifix (14. Jahrhundert, ein Vesperbild um 1500). An der Südseite finden sich Backstein-Bauteile des ehemaligen Klosters. 1954 wurde die Kirche wiederhergestellt. Bei der *evangelischen* (ursprünglich reformierten) *Kirche* handelt es sich um einen Backsteinsaal von 1793 mit Dachreiter; sie gruppiert sich mit Pfarrhaus (1793) zu einer schmucken Baugruppe um den Markt. Die *alte evangel. Schule* ist ein klassizistischer Bau (um 1850 gebaut).

Boslar (im Osten) ist als Reichsgut 867 erstmals genannt, gehörte seit 1400 zu Jülich. Seine dreischiffige Backsteinhallenkirche St. Gereon weist zwei querschiffähnliche Räume des romanischen Baus auf (Ende 12. Jahrhundert), der Turm wurde 1750 erneuert, Umbauten erfolgten durch H. Wiethase im 19. Jahrhundert. Im Innern dekorative Fresken, Antwerpener Altar (1520, Kruzifix im Grupello-Stil 18. Jahrhundert; nazarenisches Ölgemälde Degeners der Muttergottes). St. Agatha in *Glimbach* (Ort einst jülichsches Lehen, wenig nordöstlich des Kernortes) ist 1790 erbaut, bemerkenswert das romanische Portal und ein Gabelkruzifix; St. Margaretha, kriegszerstört, zeigt ein museal einbezogenes romanisches Mauerwerk (Römerziegel, Rurkiesel). Auch St. Peter in *Körrenzig* (im Norden, einst zum jülichschen Amt Boslar) verlohnt einen Blick. Die Kirche entstand durch Umbau einer romanischen im 15. Jahrhundert; das Mauerwerk ist ebenfalls von römischen Ziegeln durchsetzt; im südlichen Seitenschiff drinnen ein Christophorus-Fresko.

Burg Breitenbend (rechtes Rurufer) war im 14. Jahrhundert brabantisches Lehen, die Vorburgen gehörten den Herren von Randerath und im 15. Jahrhundert den Jülichern; 1648 von kaiserlichen Truppen eingenommen, wurde die Festung geschleift. 1747 verkauften die Palandt (1610 nachgewiesen) die Burg; Kurfürst Karl Theodor schenkte sie seinem Sohn Karl August von Bretzenheim.

Nördliche Börde: Das einst geldrische Erkelenz

Die Landschaft hat etwas Attraktives an sich: ein weiter Himmel, reifes Getreide, Rübenfelder, wogendes Gelb von Rapsfeldern, Tulpen-, Rosenzuchten, grüne Wiesen, Baumkulturen, versteckte Burgen, Herrensitze hinter alten Bäumen, Dörfer, Gärten, Obstwiesen, genießbare Kulturlandschaft abseits der ›Rheinschiene‹; 97 m liegt die Stadt noch über dem Meeresniveau.

Römische und fränkische Funde gibt es auch hier; urkundlich wird die (heutige) Stadt zuerst in einer Schenkungsurkunde Kaiser Ottos des Großen an das *Aachener Marienstift* als Herklenze bezeichnet; 1024 wird das Klostergut von einem Vogt verwaltet. Um 1200 entstand für den Leinenumschlag ein Gewandhaus (späteres Rathaus), im 12. Jahrhundert erhielt Erkelenz Marktrecht. Ein mittelalterlicher Kern zeichnet sich rund um die Lambertikirche herum ab. Die Straßen Köln-Roermond und Krefeld-Aachen begründeten die Verkehrsbedeutung von Erkelenz. Graf Reinald II. von Geldern verlieh 1326 dem Ort das Stadtrecht und baute ihn 1335 als Exklave inmitten jülischen Territoriums festungsmäßig aus. Die Landesburg (heute gesicherte Teile) wird 1377 erwähnt.

Der Handel mit Flachs, Leinen, Getreide, Öl, Wein florierte. Im geldrischen Erbfolgekrieg fällt die Stadt 1543 an die *Spanischen Niederlande* (Burgund), 1540 hatte schon ein Stadtbrand gewütet. Nach dem Spanischen Erbfolgekrieg gelangte es 1713/15-19 an *Jülich*. In der *preußischen Ära* (nach französischer Okkupation) profitierte das verarmte Landstädtchen 1852 vom Anschluß an die Bahnlinie Düsseldorf-Mönchengladbach-Aachen und der vom Niederrhein her vordringenden *Industrie:* 1895 gründete der Bohrgerätepionier Raky die heutige Bohrgeräte- und Maschinenfabrik Wirth, die Einwohnerzahl stieg um 2000 auf damals 6000 an. Nach dem Zweiten Weltkrieg und dem Wiederaufbau (Flächenbombardement 1944/45 und Evakuierung) wiederholte sich der wirtschaftliche Aufschwung von damals. Heute sind in Erkelenz ferner Textil-, Schokoladen-, Werkzeugmaschinenindustrie, Ziegeleien und eine Kornbrennerei vertreten. Dienstleistungen (30,5 %), Handel und Verkehr (18,5 %) sind neben dem produzierenden Gewerbe (46 %) die wirtschaftlichen Säulen. Mit 5 % ist die Landwirtschaft auffallend gering repräsentiert; besonders zu nennen die über hundertjährige Blumenzucht und Baumschulen. Den Kreissitz mußte Erkelenz 1975 unter gleichzeitiger erheblicher Vergrößerung seines Stadtgebietes auf 117 km^2 abgeben, es ist nun die flächengrößte Gemeinde im Kreis Heinsberg. Mit dem Kreissitz ging es ihm ähnlich wie Jülich. Durch *Neugliederung* holte Erkelenz von 12 000 auf 30 000 Einwohner auf. Dem Zentrum Erkelenz waren die unmittelbar umgebenden Orte Golkrath, Granterath, Kückhoven, Lövenich, Schwanenberg und Venrath ohnehin zugehörig, in schwächerem Maß auch Gerderath. Das Amt Holzweiler wies gewisse Eigenständigkeiten auf, doch keinen eindeutigen Trend: Borschemich, Holzweiler, Immerath und Keyenberg hätten eine zu kleine Gebietseinheit ergeben und wurden Erkelenz zugeordnet.

Von den 4 Toren, 14 Türmen und Mauer, welche das Altstadt-Oval einst umgaben, 1918 weitgehend niedergelegt, ist lediglich noch ein *Mauerrest* an der Wallstraße im Norden erhalten. Spazierwege und Straßen nehmen ihre Stelle ein; der Wallgraben wurde im Nordbereich wieder kenntlich gemacht. Die *Burg*, ehemalige wasserumwehrte geldrische Landesburg, wurde in die Stadtbefestigung einbezogen (älteste Teile um 1370). Die heutige Backsteinanlage des 15. Jahrhunderts (Restaurierung bis 1960) besteht aus dem trapezförmig ummauerten Burghof, mit Wehrturm zur Stadtseite hin und Eckrundturm-Resten sowie dem markanten, massig-kubischen vierstöckigen Bergfried (Mauerstärke 3,50, Höhe 23 m). Der stadtseitige Wolfsturm war Gefängnis. Die Burg ist heute Schauplatz besonderer Burgkonzerte, zumeist auf alten Instrumenten. Über die Burgstraße gelangt man nun zum Stadtzentrum. Das 1950/51 wiederaufgebaute *Alte Rathaus* von 1541/46 ist einer der vorzüglichsten spätgotischen Profanbauten am Niederrhein in Art des Amsterdamer Rathauses und wurde daher zu Recht wiedererstellt. Der weißgetünchte, freistehende Backsteinbau ist als offene Laubenhalle im Erdgeschoß (Markthalle und Gerichtsort) und im Obergeschoß mit bogenüberblendeten Rechteckfenstern und Walmdach konzipiert; runde Eckobertürmchen (in Ansätzen erkennbar) wurden im 18. Jahrhundert entfernt. Das Rokokoportal führt ins Innere. Zur Innenausstattung zählen einige gerettete wertvolle Gobelins aus dem 17. Jahrhundert. Die Stadt bietet eine Reihe malerischer Plätze: Alter Markt, Johannismarkt, Franziskanerplatz.

Von der alten *Lambertuskirche* überstand lediglich der 1458-82 erbaute Turm im wesentlichen die Kriegszerstörungen des 23. 2. 1945. Er weist eine ›smarte‹ (waagerechte) maasländische Wechsellagerung (Materialstil) von hellen Blau- und Tuffsteinblenden mit roten Ziegelsteinbändern auf, letztere sich nach oben hin verbreiternd; bei sich verringernden Blausteinabständen entsteht optisch der Eindruck großer Höhe (Statist. Rundschau, Kr. Heinsberg). Die einstige spätgotische Halle wurde 1949-54 durch einen Neubau ersetzt; der 83 m hohe Turm war 1958 wiederhergestellt. Von der alten Ausstattung blieben ein Adlerpult aus maasländischem Gelbguß (15. Jahrhundert), ein prächtiger, schmiedeeiserner Marienleuchter von 1517, eine hölzerne Doppelmadonna, eine Kreuzigungsgruppe von 1486, Holzskulpturen (16. Jahrhundert) und ein Epitaph der Familie Scholl (1500-1510) erhalten. Ausgrabungen erwiesen 1949 eine Saalkirche des 12./13. Jahrhunderts.

Die Geschichte *Schwanenbergs* (im Nordwesten) unterscheidet sich von der anderer Erkelenzer Ortsteile besonders dadurch, daß der Ort eine Exklave der Reichsherrschaft Wickrath (Mönchengladbach-Rheydt) inmitten jülischen Besitzes war. Wohl aus einem romanischen Bau entstanden, waren Pfarrhof (heutiger Bau 1711) und Kirche (1547) eine Wasseranlage, vielleicht ein Fronhof gewesen; 1557 wurden Wickrath und mithin Schwanenberg reformiert. Weit nach Westen hin liegt an der Stadtgrenze *Gerderath*. Das 1170 hier begüterte Heinsberger Gangolfstift gründete wahrscheinlich die 1317 genannte (1452 ›eingestiftete‹) Christuskapelle. 1789 ist der jülische Besitz dokumentiert; Gerderath gehörte zu dessen Amt Wassenberg. Die heutige Kirche aus dem 18./19. Jahrhundert enthält einzelne ältere Ausstattungsstücke (Kruzifix um 1500). In *Golkrath* im Westen gehörte 1118 ein Allod dem Stift Wassenberg; im Kloster (im Norden) ist heute ein Altersheim etabliert.

Auch im Waldhufen-Straßendorf *Granterrath* (im Südwesten) hatten 1118 das Wasserberger Stift und die Grafen von Wassenberg Besitz. Mit Wassenberg-Geldern kam der Ort an Limburg und gehörte 1789 zum jülichschen Amt Wassenberg. *Hof Hohenbusch*, einsam zwischen Houverath und Granterath (nördlich von Hetzerath), an der Kreisstraße 29 (südlich der Autobahn) gelegen, kam 1147 an das Aachener Marienstift. 1302 entstand hier ein Kreuzherrenkloster. Die Kirche *St. Paulus* des südlichen Ortsteils *Lövenich* ist 1233 Besitz des St.-Gereons-Stiftes in Köln. Der heutige Bau ist eine neugotische Backsteinhalle (1868/69); der Turm ist älter (1777), seine Ecken sind abgerundet, der Turmhelm ist gebrochen; vom Vorgängerbau sind innen erhalten: Marmoraltäre (17.), Chorstühle und Taufstein (18.), Altarblatt (17.), Skulpturen (17./18. Jahrhundert). In der Krypta findet sich der Grabstein des Orientreisenden (1496-99) und geldernschen Erzkammersängers Arnold von Harff (1515), der eine der bedeutendsten deutschsprachigen Reisebeschreibungen hinterließ. Die *evangelische Kirche* (um einen Binnenhof) ist 1683, das Pfarrhaus 1688 entstanden; die Weißgoldkanzel entstammt der ehemals reformierten Kirche von Köln-Mülheim. Im Nordosten des südöstlich von Lövenich liegenden Ortes Kleinbouslar. *Haus Bouslar:* Das Herrenhaus ist eine Dreiflügelanlage mit Walmdach (Umbau und Torbau 18. Jahrhundert) sowie Polygonerker (Schweifdach). Der Südöstliche Rundturm gehört der alten spätgotischen Anlage (um 1500) zu. Der teilweise umwehrten Anlage um einen

Binnenhof sind Wirtschaftsbauten (18./20. Jahrhundert) vorgelagert. Ursprünglich Besitz der Vögte von Lövenich, kam das ursprünglich wasserumwehrte Gut (neue Gestalt des Hausteintorbaus mit wuchtiger Durchfahrt) 1697 von Adam von Kesselstadt an dessen Schwiegersohn Stael von Holstein (weiterer Ausbau) und über andere Eigentümer im 19. Jahrhundert an die Pelser-Berenberg. Weitere Güter im Westen des Ortes (Nierhoven, Haberg/Habergerhof) im Lövenicher Busch; spätestens seit 1632 war Kleinbouslar ein Hort der Evangelischen; der Posaunenengel (›Geusendaniel‹) war das Symbol hierfür (Von Burg zu Burg am Niederrhein. 2/Burgenfahrt zum Niederrhein u. a.).

Am Südweststrang, der Landstraße 19, liegen die Orte Kückhoven, Holzweiler und Immerath-Pesch aufgereiht. St. Servatius *Kückhoven* entstand aus einer Schenkung 966 an das Aachener Marienstift, 1340 darin inkorporierte Pfarre. Der Ort gehörte 1789 zur Herrschaft Erkelenz im Herzogtum Geldern. Die Servatiuskirche ist ein Backsteinsaal (18. Jahrhundert) mit Resten barocker Ausstattung; der Turm geht auf das Jahr 1460 zurück. *Holzweiler*, wohl ein kleiner Königshof, kam in den Besitz des Stiftes Essen, seine frühneugotische Backsteinbasilika St. Kosmas und Damian 1857-59 (Turm 1878) trägt die Handschrift von Vinzenz Statz, der auch die Kevelaerer Wallfahrtsbasilika u. a. Kirchen erbaute. Neben dem Südportal wurde ein römischer Weihestein (Matronenstein) eingelassen; er rührt von einer römischen Handelsvilla in Ortsmitte her. Bemerkenswert ist auch das Hagelhochkreuz an der Kreuzung der L 117/K 7, ein 7 m hohes Siebengebirgs-Trachyt-Kreuz von 1450 (Sockel 19. Jahrhundert) mit Kreuzigungsgruppe. Der alte Rodeort *Immerath* (Emundrode 1144) unterstand 1361 dem Pescher Patronat, gehörte 1789 zum jülichschen Amt Kaster (Bedburg). Der Pescher Besitz der Schoenrode fiel nach Erbstreit 1729 den Bongart zu. Die Reichsfreiherren von Loë zu Bergerhausen ließen das Herrenhaus *Pesch* (1616-63) renovieren.

Borschemich im Osten ist eine fränkische Gründung. In St. Martin sind Reste des romanischen Saalbaus (12. Jahrhundert) erhalten. Der myllendonckschen Vasall von ›Birsemich‹ wird 1296 genannt, andere Herrschaften folgten. Durch Heirat der Harff (Besitzer seit 1571) ging der Besitz 1584 an die

Palandt zu Breitenbend. 1586 brannten kurkölnische Truppen die totalheruntergekommene Wasserburg nieder; der heutige Bau von *Haus Palandt* bei der Pfarrkirche entstand nach 1600 (Kamin mit Wappen 1624), 1837 starb der letzte adelige Besitzer Raitz von Frentz zu Kellenberg (Krämer. Burgenfahrt zum Niederrhein, Schwarze-Verlag 1978). 1789 gehörte Borschemich zum jülischen Amt Grevenbroich. Unmittelbar westlich von Borschemich liegt der Ort *Keyenberg*. Eine erste Kirche soll 716 von Plektrudis (Gemahlin Pippins II.) an das Kölner Stift St. Maria im Kapitol geschenkt worden sein. Ein romanischer Neubau der *Kreuzkirche* wird für 1089/99 genannt; 1285 Pfarre. Über die Straße ›An St. Kreuz‹ gelangt man nordwärts auch zur Wasseranlage *Haus Keyenburg* am Wallrand der besagten Plektrudisburg. Im Ortsteil Kuckum (über Keyenberger Markt/Westricher Straße) gelangt man direkt zum Kuckumer Quellenweg *(Niersquelle)* und beim Zourshof zur Burgmotte der Plektrudisburg, palisadenbewehrt und von einem Wasserring umgeben (Holzbrücke zur Insel). Nördlich der L 354 liegt nun der Ort *Venrath* (im Nordosten der Stadt): 1197 war er Knechtstedener Allod; 1494 kam der Ort mit dem Brüggener Land von der Grafschaft Moers an das Herzogtum Jülich. Die Valentinuskapelle ist 1515 bereits genannt.

Jüchen und seine Ortsteile

Vor allem einer erstrangigen Sehenswürdigkeit verdankt die Gemeinde Jüchen im SW des Kreises Neuss, östlich an Erkelenz anschließend und an den SO von Mönchengladbach-Rheydt grenzend, seine Bekanntheit: dem Wasserschloß Dyk der Herren von Salm-Reifferscheidt, seinem botanischen Park und dem Schloßmuseum mit Waffensammlung. Demgegenüber ist selbst das Niklaskloster (beide finden sich bei den Orten Aldenhoven-Damm, ehemalige Gemeinde Bedburdyck, im Nordosten Jüchens) zweitrangig, ganz zu schweigen vom Katzenhof in Jüchen (im Zentrum der neuen Kommune) oder von Haus Neuenhoven u. a. Noch ein paar Worte zu Jüchen, der 72 km^2 großen Bördengemeinde; ihre Höhenlage schwankt zwischen 52 m in Damm und 100 m ›Am Stöckelchen‹. Die Geburtsstunde des neuen Jüchen schlug am 1. 1. 1975 mit der Vereinigung von Bedburdyck

(Nordosten), Garzweiler (Südwesten), Hochneukirch (Westen) und Jüchen (im Zentrum) selbst; in diesem Gebiet leben 20 500 Menschen. In der überwiegenden Agrargemeinde sind dennoch einige Industriebetriebe ansässig: Textil-/Kleiderfabriken und Metallverarbeitung sind die Branchen. Außerdem ist der Erwerbsgartenbau verbreitet. Über Autobahnen (A 46 und 44; Kreuz Holz; die unfertige A 540 zweigt in Jüchen/Ost in Richtung Köln ab) mit 3 Abfahrten sind die Orte mit PKW leicht zu erreichen; auch mehrere Bahnhöfe bestehen.

Die Jüchener Ortsteile haben eine bemerkenswerte Vergangenheit; erste Ansiedlungen reichen in die Vorgeschichte zurück (Bandkeramiker) und aus römischer Zeit ist die ›Villa Jacunda‹ (im Westen von Alt-Jüchen) bekannt. In Jüchen und Garzweiler wurden um 1303, in Otzenrath (zu Hochneukirch) 1556 Schöffensiegel geführt (Gemeindeplan/Neubürgerbroschüre Jüchen).

Sowohl *Otzenrath*, wie auch *Garzweiler*, die beiden südwestlich-südlichen Dörfer von Jüchen entstanden in der Zeit des ersten mittelalterlichen Ausbaus (Namensendungen -rath und -weiler; 8./9. Jahrhundert). Beide gehörten zu Jülich: Otzenrath 1302; Garzweiler im 14. Jahrhundert zum jülischen Amt Kaster, wie auch Belmen und Priesterrath (sollen dem Braunkohlentagebau weichen). Otzenrath war um 1560 ein Zentrum der Reformation (Johann Borschemich); die evangelische Pfarrkirche stammt aus dem Jahre 1706.

Bis zum Bahnanschluß 1873 Neukirchen, hieß der westlich des Kernortes Jüchen gelegene Ort fortan *Hochneukirch*. Im 13. Jahrhundert genannt, wurde er teilweise reformiert, gehörte 1794 zum jülischen Amt Grevenbroich. Durch die Textilindustrie erfuhr er seit 1853 einen sozialen Wandel (Weberei, Spinnerei an der Peter-Busch-Straße/Bahn, ferner Asphaltwerk). Die Spinnerei-Zwirnerei-Schlichterei Lindgrens (1853) liegt an der Hochstraße.

Jüchen selbst (keltisch-römisch Iucundiacum; 866) war Prümer Besitz, dann an Sayn, Myllendonk verlehnt, 1274 kurkölnisch und 1330 für Jülich bestätigt (Amt ›Caster‹/Bedburg-Kaster). Im Ortszentrum liegt die alte jülische Vogtei, das *Katzenhaus.* Noch im Jahr 1700 gab es zwei Rittersitze, den der Freifrau von Wachtendonk und jenen des Junkers Klutt. Auf Abbruch verkauft, erwarb diesen Julius Katz, 1708 vom Kurfürsten Johann Wilhelm, Herzog von Jülich und Berg bestätigt, 1784 kauften die Vögte von Katz den Wachtendonker Besitz (Reste in Privathäusern). Das Katzenhaus ist eine efeuumrankte Dreiseitanlage mit mehreren Toreinfahrten und Herrenhaus. 1870 setzte auch hier die Textilfabrikation ein. Die St.-Jakobus-Kirche ist im 13. Jahrhundert bereits Pfarre; seit 1550 gibt es hier Reformierte (evangelische Kirche 1676; 1787 Pfarrei). Stützpunkt der Reformierten war der Adelssitz von *Bontenbroich* (heutiger Bau 1599; nordöstlich von Kelzenberg-Mürmeln). Ein Eckrundturm und Treppengiebel kennzeichnen den Bau. Die von Klaitz zu Bontenbroich übernahmen 1602 den Schutz der im ›Neuenhovener Quartier‹ zusammengeschlossenen evangelischen Gemeinden, die besonders nach 1614 in der spanischen Periode wieder verboten waren. Die *Kelzenberger Kirche* ist ein klassizistischer Backsteinsaal (1835-38; Kanzel und Orgel aus der Bauzeit), der Westturm findet sich am Giebel.

Aus der Spaltung der Salm-Reifferscheidt'schen Besitzungen gingen zwei »Bedbur« hervor; das alte erhielt 1567 den Zusatz -dyk (Bedburdyk) im Gegensatz zum heutigen Bedburg (-Reifferscheid). Außer dem Dykschen Besitz gehören auch die einst jülichschen Orte Gierath und Gubberath (südwestlich) zu Bedburdyk. In Bedburdyk und Gierath (alte) St.-Martins-Kirchen. Die ursprünglich zum Dyker Hof gehörende *Kapelle Bedburdyk* ist 1282 Pfarrkirche. Ihr Westturm geht noch auf die alte Kapelle (12. Jahrhundert) zurück, der Backsteinsaal entstand 1775 neu; Rokokoausstattung, Orgel 1837, Ecce-Homo-Bild (16. Jahrhundert). In *Neuenhoven* im Nordwesten Haus Neuenhoven (Rundturm der von Hundt; 15./18. Jahrhundert) und die Wallfahrtskapelle von 1856 (Nothelfer seit 1383 hier verehrt) von Interesse. *Haus Märken* oder *Burg Mülsfort* im nahen Gierath besteht noch aus einem mittelalterlichen Wohnturm. Versteckt, nahe dem Bach und zwischen Treibhäusern liegend, ist sie 1106 zuerst erwähnt; 1206 gehörte sie dem Kölner ›Chorbischof‹ von Mülsfort, 1319 war sie jülisch.

Jüchens Juwel: Das Renaissance-Hochschloß Dyck

Ältester Teil des *Schlosses Dyk* ist die Burg, die Hermann von Dyk um 1094 am abgedeichten (gestauten; dyk = Deich) Kelzenberger Bach anlegte; auch wurden römische Spuren gefunden. Doch kaum etwas von Hermanns Bau ist heute noch vorhanden. Der einstige Basaltsteinbau ist im ›Kapellenflügel‹ noch erkennbar, auch das ungewöhnlich starke Mauerwerk dieses gesamten Westflügels ist ein Kennzeichen dieses ältesten Teils: Gerhard von Dyk wurde von seinen Gegnern (Erzbistum Köln, Jülich-Geldern, Städte Köln und Aachen) als Raubritter eingestuft: 1340 hatte Konrad V. von Dyk den Ritterbund der ›Gesellschaft von den fahlen Pferden‹ gegründet (zusammen mit Berg und Jülich). Seine Gegner legten 1383 die Burg nieder; der zügige Wiederaufbau erfolgte ab 1393. Nach dem Aussterben der Dyk im Mannesstamm erhielt 1394 Johann von Reifferscheidt (-Dyk; siehe weiter vorn unter Hellenthal) Burg und Land, bald um Hakkenbroich, Schechtelhausen, 1455 um die Grafschaft Alt- und Niedersalm (heute belgisches Ösling) erweitert und von da ab Salm-Reifferscheidt-Dyck genannt. Durch Heirat kam die Herrschaft Alfter 1435/1455 hinzu. Schließlich wurden die Dyk 1804 in den Reichsgrafenstand erhoben; Dyk war reichsunmittelbar. 1570 wurde ein Sommerhaus nach Brühler Muster (der Landesburg) geplant. Nach dem Brand von 1636 erbaut der Burgherr und kurkölnische Oberst Graf Ernst Salentin von Salm-Reifferscheidt-Dyck (1621-84) ab 1647 das neue, heutige Schloß: zuerst 1647 eine Scheune, dann Reitstall, Wachstube und Brauhaus (1653) und schließlich das großzügige Renaissance-Hochschloß. Der Kapellenflügel im Westen wurde um drei weitere Flügel zu einer Vierseitanlage ausgebaut (Ost- und Südflügel 1658 ff., Nordflügel 1663). Polygonaltürmchen mit mehrfach geschweifter Dachhaube flankieren den prächtigen Bau; übrigens weist das Schloß schiefergedeckte Walmdächer auf. Den Sandstein hatte man vom nahen Liedberg (Korschenbroich), Blaustein dagegen aus Kornelimünster (Aachen), Grauwacke aus der Eifel, Trachyt aus Königswinter und Eisen aus dem Aggertal. Der Schloßbau wirkt trotz seiner wehrhaften Geschlossenheit imposant und großzügig. Nicht weniger als drei Vorburgen umgeben das auf geschütteter Erhöhung erbaute Hochschloß, die innere hufeisenförmig zum Schloß hin geöffnet

(Dreiseitanlage), die zweite ein Winkelbau, die äußerste ein dreiseitiger Wirtschaftsbau (1761 erneuert). Die reiche *Barockausstattung* stammt vorwiegend aus dem 18. Jahrhundert. Die 1763 ausgestattete Kapelle mit Kuppel zeigt reichen Schmuck in Stukkaturen, Deckenfresken (Spiegelgemälde: Hl. Dreifaltigkeit), geschnitzter Madonna des Gabriel de Grupello. Die Ahnengalerie des Schlosses ist nicht zuletzt auch deshalb bemerkenswert, weil sie Darstellungen aller salmschen Schlösser nach damaligem Stand enthält. Eine komplette Empire-Einrichtung sucht ihresgleichen. Die wertvolle chinesische Seidentapete, ein Erbstück, für Maria-Theresia gearbeitet, entstammt einem burgenländischen Schloß, 1961 wurde sie von Schloß Alfter (siehe Landeskunde Kölner Bucht in selber Reihe, bzw. Goldstadt-Reiseführer 2307, S. 40 vom selben Autor) nach hierher ›transplantiert‹ und findet sich in einem Raum des Ostflügels. Hinzuweisen ist auch auf den großen Gobelinsaal, einen Salon mit Ledertapete (18. Jahrhundert) und den Rousseau-Saal. Noch heute bewohnt die Fürstin Cäcilie zu Salm-Reifferscheid das Schloß. Altgraf Ernst-Salentin hatte bereits eine ›Gewehrkammer‹ begründet, so ist die heutige *Waffensammlung* eng mit der Geschichte des Hauses Salm-Reifferscheidt-Dyk und mit Schloß Dyk verknüpft. Zum ältesten Bestand zählen rund 60 Gewehre und Pistolen; diese ›altfränkisch‹ anmutenden Waffen dürften bereits bei Sammlungsgründung zum ererbten Bestand gehört haben. Über den praktischen Wert, das nötige ›Schießzeug‹ bereitzuhalten, kam und kommt der Kammer die Funktion der Sammlung zu. Man findet die verschiedensten Schloßtypen, künstlerische Reliefs (Maucherbüchse, 1680), Intarsien usf. Ein 1906 eigens aufgelegter Katalog unterrichtet hierüber; weitere Auskünfte gibt auch der Führer ›Schloß Dyk‹ in der Reihe ›Rhein. Kunststätten‹, H. 25.

Den weitläufigen *Botanischen Park* ließ Fürst Joseph ab 1809 anlegen. In der Schloßbibliothek findet sich noch der von ihm verfaßte ›Hortus Dyckensis‹ von 1843, der genaue Auskunft über Bäume und Sträucher von damals gibt. Die Kriege haben den Bestand in der Artenzahl dezimiert; heute sind es vorwiegend Erlen und Buchen, eine dendrochronologische Sammlung gibt jedoch über viele ausländische Baumarten hier Auskunft. Der französische Heckengarten wurde in einen englischen Park verwandelt und mit Lichtungen in ästhetischer Konzeption, mit Wasservögeln und mit Wildpark (Viehweide) verwandelt. Blakey, Weyhe und Lenné sind berühmte, mit dem Park verbundene Namen, der sich gegen geringes Eintrittsgeld genießen läßt. Rhododendren, Azaleenzüchtungen, Primel-, Narzissenfluren, Anemonen geben ihm immer wieder von neuem sehenswertes Fluidum. Die Barockbrücke mit Pavillon stammt aus dem Jahre 1769. Wer zu ›friedliebend‹ ist, um sich an der Kulturgeschichte der Waffen ergötzen zu können, kann sich das museale Schloßinnere besehen (Frühjahr-Spätherbst), den Park genießen oder ein paar Fläschchen Weines von den gräflichen Weingütern (anderenorts befindlich) oder gräfliches Obst erwerben. Vom riesigen Parkplatz aus gelangt man über eine eßkastaniengesäumte Feldwegallee zum *Kloster St. Nikolas,* nördlich Damm.

Das Kloster war ursprünglich von den Tertiariern errichtet worden. Nach der Säkularisierung 1802 war es langezeit verwaist; seit 1905 haben die Oblatenpatres ›der Unbefleckten Jungfrau Maria‹ hier ihr Domizil. Das gut erhaltene Kloster wurde 1627 (Westflügel) – 1723 (übrige Teile) errichtet; die Barockausstattung ist teilweise erhalten (Deckenfresken).

Einen Hinweis verdienen auch eine Reihe von *Wind- und Wassermühlen:* Bockwindmühle ›im Holz zu Aldenhoven‹ (1756), Wassermühle (Getreide, Öl) in Dyck-Büttgen, Gilverather Mühle (an der Erft, 17. Jahrhundert) und Hochneukirch (Turmstumpf; Gaststätte).

Grevenbroich ›Des Greven Bruch‹; Stätte der Energie

Die Industrie prägt sie heute, die 58 640-Einwohner-Mittelstadt an der Erft. Aber nicht nur Textilien, Nahrungs- und Genußmittel (Zuckerfabrik, Gurkenkonserven), Aluminiumfolien, Eisen und Maschinen sind die Produkte. Auffälligstes Merkmal sind gewiß die *Braunkohlentagebaue* im Süden der Stadt: *Frimmersdorf*-West und -Süd. Der derzeitige Kohleninhalt der beiden Abbaufelder beträgt cirka 1 Mrd. t. Hierfür müssen 3,4 Mrd. m^3 an Abraum bewegt werden. Die Jahresförderung beträgt rd. 30 Mio. t in einer Abbautiefe von 200 m. die Gewinnungsseite im Südfeld besteht aus 5, im

Westfeld aus 4 Sohlen, die mit je 1 Schaufelradbagger besetzt sind (Tagesleistung 100 000 m^3) und auf der Verkippungsseite operieren eine entsprechende Zahl von Absetzern. Der Transport erfolgt über 74 km Bahn- und 41 km Bandverbindungen. Von jährlich über 6,9 Mio. m^3 gewonnenem Löß werden 4,9 Mio m^3 für Rekultivierung im Betriebsbereich Frimmersdorf verwendet. Welch ›umwälzende‹ Funktion der Tagebau hat, zeigt die Zahl von 36,4 km^2 beanspruchter Landfläche, davon sind 20,5 bereits rekultiviert (Rheinbraun, Wegweiser zu den Tagebau-Aussichtspunkten).

Die Frimmersdorfer Braunkohle speist besonders die RWE-Großkraftwerke Frimmersdorf (2,6 GW, bei Vollausbau 3,2) und Neurath (2,1 GW), weitere Turbineneinheiten von 600 MW kommt bei Neurath hinzu (ältere Kraftwerkseinheiten werden stillgelegt). Bereits 1926 entstand in Frimmersdorf das erste Kraftwerk, 1950 ausgebaut, wurde es 1965 stillgelegt; 1966, '70 gingen die Blöcke P und Q in Betrieb (doppelte Leistung der anderen: je 300 MW); so daß sich mit den nach 1954 entstandenen eine imposante ›Batterie‹ von 16 Blöcken mit Kühltürmen bietet. Täglich fallen bei Vollastbetrieb 6000 t Asche an. Das Maschinenhaus (Blöcke A-O) ist allein 32 m lang. *Neurath* entstand 1969-72, weitere 300-MW-Blöcke wurden 1972 und 1973 in Betrieb genommen. Zwei 600-MW-Blöcke mit einer Gesamtkapazität von 2,1 GW wurden 1975 fertiggestellt. Block E erreicht als höchster 125 m. Neben Niederaußem (2,7 GW) gehören Frimmersdorf und Neurath zu den *größten Wärmekraftwerken Europas.* Die RWE verfügen insgesamt über 6 Braunkohlen-Großkraftwerke im Bereich des Rheinischen Reviers (11,5 GW). Erwähnenswert ist auch das *Brikettierwerk* der Rheinischen Braunkohlenwerke in Neurath.

Doch auch technisch weniger Interessierte kommen in der ehemaligen Kreisstadt (bis 1975, dann Kr. Neuss, Reg.-Bz. Düsseldorf) auf ihre Kosten. Am Erftübergang der alten Römerstraße Köln-Venlo entstanden, wir im 11. Jahrhundert ein Dorf Broich erwähnt, 1148 die Herren von Bruke. Im Erftbruch wurde ein Schloß errichtet. Die maasländischen Grafen Kessel erwarben Dorf und Burg (des ›Greven Bruch‹; den Namensbestandteil broich spreche man tunlichst als brooch aus). 1273 war Grevenbroich kurkölnisches Lehen,

1307 dann an Jülich gelangt (1319-28 sogar Residenz), mit diesem 1742 an Pfalz-Neuburg; französisch (1794-1815), dann preußisch, ab 1886 (-1975) Kreisstadt. Die Befestigungen wurden 1836 und 96 geschleift. Der Stadtkern zählt nun 26000 Bewohner. Elsen wurde 1937, Elfen 1963 eingemeindet. Die Stadt Wevelinghoven im Nordosten (7560 Einwohner) kam wie auch Kapellen-Hemmerden (6100 Einwohner) im N und Nordosten, Neukirchen (3360) im Nordosten; Gustorf (7300), Frimmersdorf (5340), Neurath 1975 zu Grevenbroich. Stadt ist Grevenbroich seit 1349; bis 1816-86 war Wevelinghoven sogar Kreisstadt.

Der in Grevenbroich erhaltene dreistöckige *Schloßpalas* des 15. Jahrhunderts ist ein Backsteinbau mit umlaufendem Spitzbogenfries und Satteldach; 1955 instandgesetzt, 1958 zur Dreiflügelanlage erweitert. Vom einstigen Wirtschaftshof sind der Backsteintrakt von 1724 und ein schmucker Torbau mit weißgekaltem Fachwerkaufsatz erhalten. Im Schloß finden sich Dienststellen der Stadtverwaltung, das sehenswerte *Geologische Museum* und das Restaurant ›Altes Schloß‹. Die Altstadt auf dem rechten Erftufer war vermutlich eine Zweitoranlage mit Markt und Rathaus im Zentrum. Walram von Kessel stiftete 1296 das Wilhelmitenstift, 1628 bis 1802 Zisterzienserkloster, an Kamp angeschlossen; die Klosterbauten des 17./18. Jahrhunderts enthalten das *Bernardusheim,* sein Rundturm ist teilweise noch aus dem 14. Jahrhundert überkommen. Vom Ostwall hin zum Zehnthof schließt sich die ehemalige Klosterkirche, heute *Peter- und Paul-Kirche* an. In ihren neogotischen Bau (1900-02) wurde der Chor des 15./16. Jahrhunderts als nördliches Seitenschiff integriert. Außer der Grabstätte der Grafen von Kessel gilt ein hölzernes Vesperbild von 1430 als sehenswerter Bestandteil des Interieurs.

Das *Ständehaus* mit zwei Kuppeltürmen, im Materialstil gearbeitet, beherbergt neben neueren Bauten noch hier befindliche Teile der Kreisverwaltung; das relativ markante Gebäude liegt ›Am Ständehaus‹. Hier beginnt auch im Zuge Kölner Straße-Ölgasse die Fußgänger-Einkaufsstraße.

Im westlichen Stadtteil *Elsen* zeugen die Pfarrkrche *St. Stephan,* ein Backsteinsaal von 1714/15, neobarocken Zubauten und romanischem Tuffsteinturm (12. Jahrhundert) sowie Reste der Burg von der Vergangenheit. Das Kirchenportal wird noch vom Deutschordenswappen geziert; die Ausstattung gehört der Zeit der Erstellung des Gotteshauses an. Von der Burg *Haus Elsen,* einem Deutschordenshaus (bis 1800) beim Friedhof, sind ein zweistöckiger Backsteinbau, Zehntscheune und Ummauerung erhalten (Zugang über Deutschritterallee). In Elsen hat auch eine NATO-Schule ihren Standort.

Ein bereits auf die Frankenzeit zurückgehender Ort, weist *Wevelinghoven* (im Nordosten) auch ein Martinspatrozinium auf. Auf einer Erftinsel fand sich die Burg der Herren von Wevelinghoven, ein kurkölnisches Lehen. Erben waren Ende des 14. Jahrhunderts die Grafen von Bentheim-Tecklenburg; die von ihnen eingeführte Reformation (evangelische Kirche 1670, an der Oberstraße) konnte sich gegen den kurkölnischen Landesherren nur teilweise behaupten. Ab 1816 Kreissitz, wurde die Stadterhebung 1839 nachgeliefert. 1872 kam es zur Ansiedlung der heute noch bestehenden Zuckerfabrik. Über die Langwadener Straße (L 142) gelangt man weiter nach Langwaden und Hülchrath. *Langwaden* ist seines vor 1150 gegründeten Nonnenklosters, ab 1156 von Prämonstratenserinnen belegt, wegen erwähnenswert, gestiftet von den Edelherren von Wevelinghoven. Teils auf romanischen und gotischen Fundamenten fußend, entstand der *Klosterbau* 1743. Ab 1802 war es partiell dem Verfall preisgegeben, teilweise wurde es vom französischen Marschall Maison zum *Schloß* ausgebaut. Mit Einzug der Zisterzienser 1962 setzte die Wiederinstandsetzung ein. Von Kloster Langwaden kann der Wanderer über Feldwege (nördlich der Langwadener Straße) zum Schloß *Hülchrath* kommen.

Hülchrath war ein Zentrum einer schon frühmittelalterlichen Grafschaft, die bis vor Köln reichte; die Saffenberg, Sayn (1175), Sponheim (1247) und Kleve (Dietrich VI., 1255) waren ihre Herren, ehe die gotische Bilderbuchburg (heute sinnigerweise Sitz des namhaften Postkartenverlags Krapohl) 1314 Sitz eines kurkölnischen Amtes wurde. Erzbischof Friedrich von Saarwerden war Bauherr. Vorposten gegen Jülich, wurden Burg und Ort 1583 im Truchsessischen Krieg (Zuflucht des reformierten Erzbischofs Gothard Truchseß) stark beschädigt. 1608 wurde der Ort planmäßig neu angelegt, die Festungswälle 1688 geschleift. Das kreisförmige Hochschloß des 14. Jahrhunderts auf einer ›Motte‹ ist weitgehend erhalten, bzw. instandgesetz: Reste des Palas, fünfstöckiger Viereckturm (Basalt und Tuff) mit Wehrgang, Ecktürmchen und Schieferpyramide sind seine Kennzeichen. Die dreiflügelige Vorburg mit staffelgiebligem Torbau und Brükke wurde im 17. Jahrhundert umgestaltet; im Süden besteht noch der vermauerte gotische Torbau. Neuere Teile stammen aus dem 18. und 20. Jahrhundert. Der Zugang erfolgt über die Straße ›Am Zolltor‹. 1803 erwarb der letzte Vogt die Burg. Im Süden von Neukircherheide findet sich das Barockschlößchen *Haus Horr* (1783 erbaut von M. Leveilly unter den von Francken) mit hohem Mansarddach; Horr war bereits 1322 Hülchrather Burglehen; zugehörig eine Nepomukkapelle.

Die heutige Gemeinde *Rommerskirchen* am Gillbach umfaßt die Ortsteile Hoeningen (im Norden), Oekoven (im Westen), Frixheim-Anstel und Nettesheim-Butzheim im ›Mittelwesten‹ sowie Rommerskirchen selbst im Süden. Wie Grevenbroich (Ende der Nordsüdbahn) Bahnknoten, zählt der Ort rund 11 020 Bewohner, die teils als Pendler in die Großstädte fahren und teils von der Landwirtschaft leben. Die *Rommerskircher Lößplatte* führte zur frühen Besiedlung (3000 v. Chr.; römische Götterbilder). Auf dem Boden eines Gutsherrn Romarus entstand im 9. Jahrhundert eine Eigenkirche. Reste eines spätfränkischen Gräberfeldes (7./8. Jahrhundert) wurden unter der Kirche *St. Peter* gefunden, ferner stammen die Turmuntergeschosse vom romanischen Bau (um 1200; Ausgrabungen 1950), das Schiff entstand nach Kriegszerstörung 1952 neu; einige Kunstwerke 15./16. Jahrhundert. Die ›mittleren‹ und südlichen Orte gehörten bis 1794 zum kurkölnischen Amt Hülchrath, später preußisches Amt Nettesheim. Die nördlichen Orte gehörten 1790 zur Bürgermeisterei Evinghoven, ebenfalls Amt Hülchrath. In *Oekoven* ist die romanische Kirche St. Brictus erhalten (Tuffsteinbau 1160, Mittelschiff und Chor), der Turm 13. Jahrhundert; Restaurierung 1877-80, Fresken 1882. Auch *Hoeningen* kann einen romanischen Kirchenbau aufweisen: die Lambertuskapelle des Ramrather Hofs an der Kölner Straße (römische Ziegel), der einen jülichscher Besitz inmitten kurkölnischen Gebietes darstellte. St. Pantaleon Hoeningen ist im Kern ein basilikaler Tuffsteinbau (12. Jahrhundert), 1524 und im 17./18. Jahrhundert erweitert. Unweit von Frixheim liegt auf Dormagener Gebiet Kloster Knechtsteden (siehe wohl Band Kölner Bucht).

Übach-Palenberg: Doppelort karolinigischen Ursprungs

Übach-Palenberg, die südlichste Gemeinde des Kreises Heinsberg, 23 000 Einwohner, liegt an der Mündung des Übachs (von rechts) in die Wurm und an der niederländischen Grenze. Von der begrünten ehemaligen Bergehalde aus überblickt man die Stadt und wirft einen Blick ins nahe Nachbarland hinüber. Der Ostteil Übach-Palenenbergs, östlich der Wurm, zählt landschaftlich noch zur Börde, der Westteil mit der *Teverner oder Scherpenseeler Heide* zum Selfkant. Das Flüßchen Wurm durchzieht das Ortsgebiet etwa südnördlich und wird rechtsufrig von der Bundesbahnstrecke Mönchengladbach-Aachen begleitet. Nach Stillegung der Zeche Carolus Magnus (1911-62) wurden hier neue *Industriezweige* angesiedelt, so der Maschinenbau, die Textil- und Bekleidungsindustrie; ferner werden in der Heide Sand und Kies gewonnen und Kalksandsteine gebrannt. Ein ausgedienter Förderwagen der EBV-Schachtanlage Carl-Alexander ziert als Denkmal nun seit Zechen-Stillegung 1975 in der Nikolaus-Becker-Straße die Siedlung Boscheln. Die ehemalige Schachtanlage Carolus Magnus gehört nicht zum Konzessionsgebiet des Eschweiler Bergwerksvereins (EBV), sondern zu den Domanialgruben von Kerkrade (nahe Niederlande). Obwohl seit 1816 gebietsmäßig in Deutschland gelegen, behielten die Niederländer ihre Rechte auf dieses Bergwerk. Das Siedlungsbild ist beiderseits der Grenze daher einheitlich und es bestehen vielerlei familäre und arbeitsmäßige Bindungen im Grenzgebiet (›Aachen und benachbarte Gebiete‹).

Übach gehörte von seiner ersten Nennung 1172 an bis 1815 der nordlimburgischen Abtei Thorn; die Herren von Übach (Burgwinkel) waren deren Amtsleute. Der Wiener Kongreß durchtrennte das Territorium: Übach over Worms und Übachsberg im Westen kamen zu den Niederlanden. Einzig war Übach nicht jülisch. Palmenbach aber war 867 Reichsgut und gehörte zu Geilenkirchen, das später dann an Jülich kam.

Zweibrüggen und Scherpenseel (1320 erstgenannt) waren heinsbergisch, späterhin kamen sie ebenfalls an Geilenkirchen-Jülich. 1935 wurden Übach, Palenberg und Scherpenseel zusammengeschlossen. Seine Stadtwerdung konnte Übach-Palenberg 1967 feiern, Rimberg kam 1972 als letzter Ort noch zu der neuen Stadt.

Bedeutendstes Baudenkmal ist die *Palenberger Petruskapelle.* 867 tauschte König Lothar II. den hiesigen Besitz von einem Jülicher Vasallen ein. Zum Reichsbesitz gehörte eine 1957 nachgewiesene (karolingische) Holzkirche, über einem Gräberfeld des 7./8. Jahrhunderts errichtet; man nannte sie scherzhaft ›Kaiser Karls kleinste Kirche‹ (Volkssage). Die achteckige, freigelegte Taufanlage der Karlskapelle ist für unser Land einmalig. Um 1060 löste ein romanischer Steinsaal in leicht südlicher Verschiebung den Holzbau ab; er ist noch heutiger Kern der Peterskirche. Den rechteckigen Chor erweiterte man schon bald zu einer Halbrundapsis (unter Verwendung römischer Konsolen, das Chorsüdfenster stammt aus dem Spätmittelalter. Noch im 12. Jahrhundert folgte auf die Rundapsis das südliche Seitenschiff, das 1653 bei Renovierung als Wachraum mit Schießscharten ausgebaut wurde. Dieser Zeit sind auch der Vierungsturm, eine Holzkonstruktion und der Vorraum mit offenem Kamin zuzuschreiben. Auch die Chorfresken bedürfen der Erwähnung. Mehr oder weniger gut erhaltene Grabkreuze umgeben das Umfeld (besser erhaltene aus Namurer Blaustein, 17./18. Jahrhundert. / Die Petruskapelle in Übach-Palenberg, 4. S.). Sportsleute werden das großzügige Hallenbad und die anderen nicht minder dimensionierten Sportanlagen reizen.

Die Scherpenseeler Heide birgt mittelsteinzeitliche Funde (8000-4500 v. Chr.). Es wurde 1975/76 eine Feuerstelle mit Artefakten (Messerchen, Klingen, Kratzer und dergl. aus Feuerstein) gefunden. Auf der Maas-Hauptterrasse lebten hier Jäger und Sammler der *Palenberger Kultur.* Ein Besuch der Sammlung Riedinger (Schloß Rimburg) ist an dieser Stelle zu empfehlen (s. u.). Die Feuerstelle gibt es heute im Rheinischen Landesmuseum in Bonn zu bewundern. Nach Rekultivierung ausgekiester Flächen (Aufforstung mit Erlen, Birken, Eichen und Heidesträuchern, wie Ginster, Wacholder, Vogelbeere) sollte hier und im anschließenden Wurmtal die

Landesgartenschau 1984 stattfinden. Auf 650 m Länge findet man auch noch Sprengreste des Westwalls, u. a. von 22 Bunkern.

Kloster Marienberg im gleichnamigen Ortsteil erreicht man von der Marienstraße (L 225) aus, die zu dem 300 Köpfe zählenden Reihendorf *Scherpenseel* führt. Im Bereich beider genannter Orte gibt es zwei Grenzübergänge nach Südwesten in die Niederlande mit Zöllämtern an der L 364/Grenzweg und an der L 42/ Heerlener Straße.

Der Ort *Rimburg* liegt auf niederländischer Seite. Die Wurm bildet hier zwischen Marienberg und Kerkrade die Grenze. Das Schloß und einige zugehörige Bauteile rechts der Wurm, im erholsamen Rimburger Wäldchen plaziert, befinden sich seit 1819 auf deutscher Seite. Der kleine Ortsteil Rimburg kam 1929 zu Merkstein; er stand mit Teilen Merksteins 1949-63 unter niederländischer Auftragsverwaltung. Mit der kommunalen Neuordung kam schließlich 1972 dieses Rimburg zu Übach-Palenberg. Es ist vor allem die im 12. Jahrhundert erbaute starke mittelalterliche *Wasserburg*, die das Interesse erheischt. Mit viel Humor und ein wenig Berechtigung wird ihr Ursprung ins 1. Jahrhundert n. Chr. datiert, stammen doch ihre Fundamente wohl noch aus der Römerzeit, und die Römerstraße Köln-Maastricht soll hier die Wurm gequert haben. Auch der Bau aus dem 12. Jahrhundert wurde später stark verändert (Goldstadt-Reiseführer. 2317, Kölner Bucht vom selben Autor). Im 12. Jahrhundert war die Burg Besitz der herzoglich-limburgischen Drosten, den Herren von Mulrepas (Mülrepas). Nach Zerstörung im 13. Jahrhundert bauten ihre Erben die Burg als starke, verschachtelt wirkende Festung aus mit vier Flankiertürmen, dicken Mauern, Kasematten und Schießkammern. Erbe durch Heirat wurde 1323 Gerard von Merode, danach hatten (1382) die Familien von Gronsfeld und (1444) Bronckhorst die Herrschaft inne. Unter Dietrich von Bronckhorst und Batenberg wurde Rimburg 1498 freie Reichsherrschaft. Doch als der Nachfolger Johann I. von Bronckhorst, weil er Jülich verpflichtet, nach der Niederlage von Jülich und Düren dem Kaiser Treue gelobt und dennoch nicht von der Bindung an Jülich ließ, kam es zur Schleifung der Außenmauern und zur Besetzung Rimbergs für fast hundert Jahre. Die Bronckhorst verkauften an die

Freiherren von Broemer (Broeijmer). 1673 und 78 verursachten die Spanier erhebliche Schäden, und 1726 folgte eine Erbteilung. Wesentliche Neubauten sind für 1728 bezeugt. Als damalige Besitzerin ließ dann wieder Johanna von Brauchitsch 1899 das Schloß renovieren; Berg- und Wasserschäden blieben auch danach nicht aus (Von Burg zu Burg zw. Aachen und Köln /Unterlagen Übach-Palenberg). In seinem heutigen Baubestand umfaßt das Wasserschloß eine Zweiflügelanlage mit Treppenblendgiebel, Eckrundturm mit Schweifhaube und einen vierkantigen Bergfried. Im gepflegten Park liegend, ist das Schloß heute im Besitz der Freiherren von Negri. Außer einer kleinen »Sammlung niederländischer Meister« beherbergt es mit der *Sammlung Riedinger* die größte mittelsteinzeitliche Privatsammlung der Bundesrepublik: Besichtigungszeit ist sonntags von 10.00 bis 12.00 Uhr.

Zwischen Palenberg und Frelenberg, wo sich das Tal der Wurm zu einer Mulde weitet, findet sich auf dem rechten Wurmufer *Schloß Zweibrüggen* (Straße ›Zweibrüggen‹, zwischen L 364 und Wurmtalstraße). Erstmals mit Leynart von Zweibrüggen, Widersacher der Stadt Köln, genannt, war es wohl heinsbergisches Lehen und kam mit Frelenberg zum jülischen Amt Geilenkirchen. Das Besitzung ging jeweils durch Heirat 1513 an Wilhelm von Mirbach, von Voss (1617), Wilhelm Adolf von Eyss (1706). Seit 1786 ist die schöne, zweiteilige Wasseranlage nunmehr Eigentum der Freiherren von Negri, denen auch Schloß Rimberg gehört. Das Herrenhaus aus dem Jahre 1788 ist ein dreiflügeliger Barockbau mit Mansardendach, Hofterrasse und erkerturmartigem Mittelrisalit zur Gartenseite hin und entspricht dem Typ des ›maison de plaisance‹, speziell dem Brühler ›Falkenlust‹. Der wasserumwehrte Garten jedoch ist typisch für die rheinischen Wasserburgen. Die Bauten des dreiflügeligen Wirtschaftshofes aus dem 17./18. Jahrhundert wurden späterhin mehrfach verändert (Von Burg zu Burg zw. Köln und Aachen/ Dehio, Rhld.). Leider fiel durch Begradigung der Wurm 1973 die *Zweibrügger Wassermühle* trocken und die Wurm fließt wenige Meter neben dem Mühlrad dahin; schade: wieder ein Stück Romantik weniger!

LITERATURHINWEISE

AACHEN UND SEINE ›REGION‹

Aachen. Hamburg: Hoffmann & Campe 1977. (Merian 30, 1977, 1)

Aquae Granni. Beiträ. z. Archäologie von Aachen, Pulheim: Rheinland-Verl. 1982.

Breuer, H. Der Aachener Raum im Luftbild. I. Aachen: Maas-Rhein-Inst. 1976.

Bruckner, CL. Zur Wirtschaftsgeschichte des Reg.-Bz. Aachen. Köln: Rhein.-Westfäl. Wirtschaftsarch. zu Köln 1967.

Corr, Elfriede, Richter, Wolfgang., Aachener Brunnen u. Denkmäler, Aachen: J. A. Mayer 1975.

Crous, Helmut A. Aachen so wie es war. Düsseldorf. Droste. 1: 5. Aufl. (1975?) 2: (Städte so wie sie waren)

Crous, Helmut A. Alte Aachener Stadtansichten 16.-19. Jahrh. 4 Lfg. Aachen: J. A. Mayer 1976 ff.

Grimme, Ernst Günther (Text)/Münchow, Ann (Fotos). Das Evangeliar Ottos III. im Domschatz zu Aachen. Freiburg im Breisgau.

Kellenbenz, H. Die Wirtschaft des Aachener Bereichs im Gang der Jahrhunderte. In: Bruckner, C. Zur Wirtschaftsgesch. d. Reg.-Bz. Aachen 1967; (Schrn. z. Rhein.-Westf. Wirtschaftsgesch. 16)

Kreis Aachen. Düsseldorf: Landesamt für Datenverarbeitung u. Statistik Nordrh.-Westf. (1977). Kartogr., 1 (Stat. Rdsch. f. d. Kr. Nordrh.-Westf. s)

Monheim, Ingeborg. Aachen. Ein Stadtführer. Neuaufl. Aachen

Richter, Dieter. Aachen und Umgebung. Nordeifel u. Nordardennen mit Vorland. 2., verb. Aufl. Stuttgart: Borntraeger 1975. (Slg. Geolog. Führer. 48)

Schunder, Friedrich. Die Geschichte des Aachener Steinkohlenbergbaus. Essen 1968.

Stephany, Erich (Text)/ *Jeiter, Michael* (Fotos)., Aachen. 3., unveränd. Aufl. München: St. Kunstverl. 1983. (R. Dt. Lande, dt. Kunst)

(Strache, Wolf.), Aachen. Stadt Karls des Großen und der heilenden Quellen. 6. Aufl. Stuttgart: Die Schönen Bücher 1972.

Trees, Wolfgang. 50 x (mal) durch das Dreiländereck. Aachen: Zeitungsverl. Aachen 1978.

Voppel, Götz. Die Aachener Bergbau- und Industrielandschaft. Eine wirtschaftsgeograph. Studie. Wiesbaden: Steiner, 1965. (Köln. Forschn. z. Wirtschafts- u. Sozialgeogr. 3)

Weisweiler, Hermann (Fotos)/ *Richter, Wolfgang* (Text). Kunststadt Aachen. Köln: Greven

EIFEL, NORDEIFEL, Teile davon und Hohes Venn

Ahrens, Wilhelm/Schmidt, Wolfgang., Erläuterungen zur Geolog. Übersichtskarte der Eifel 1: Bonn: Stollfuß o. J.
Birkenhauer, Josef. Die Eifel in ihrer Individualität und Gliederung. Köln 1960. Kölner Geogr. Arbn. 14)
Dahmen, F. W., Naturpark Nordeifel. Landschafts- u. Einrichtungsplan. Hg. v. Landschaftsverband Rhld. Pulheim 1970
Eifelführer. Hg. v. Eifelverein. 35. Aufl. Düren: Eifelverein 1973/74.
Eifeljahrbuch. Hg. v. Eifelverein, Düren.
Kamp, C., Das Hohe Venn. Gesicht einer Landschaft. Düren 1966
Naturpark Nordeifel in Wort u. Bild. Hg. v. Ver. Naturpark N., Monschau 1968
Pfefferkorn, Nora., Leben in der Eifel, hg. v. M. Michels. Neuss: bey de Kerk Verl. 1980.,
Pippke, Walter/Pallhuber, Ida., Die Eifel. Köln: Du Mont 1984.
Sauer, Frieder., Die Eitel in Farbe. E. Führer f. Naturfreunde. Stuttgart: Kosmos/Franckh (1975).
Schmitz, Heinz-Josef/,Murk, Wilfried (Fotos)/ *Pippke, Walter* (Text)., Die Eifel. Köln: DuMont (C 1983). Unpag.
Theisen, Sigrid., Der Eifeler Eisenkunstguß im 15. u. 16. Jahrh. 3. Aufl. Unv. Nachdr. d. Ausg. 1962 m neuem Vorw. Pulheim: Rheinland-Ver). 1978/Habelt i. K. (Werken u. Wohnen. 4)
Thiel, Eckhard. Eifel. 2. Aufl. Pforzheim: Goldstadt (1976) (Boldstadt-Reiseführer. 308)
Touristik im Monschauer Land-Rurseegebiet. Aachen: Grüttner 1979.
Weisweiler, Hermann/, Bodensiek, K.H. Eifel. 2., veränd. Aufl. Köln: Greven (1. Aufl. 1971)
Weisweiler, Hermann (Fotos)/ *Crous, Helmut A./Colinon, Maurice* (Texte). Eifel, Ardennen. Ein Garten Europas. 2., erw. Aufl. Köln 1961.
Weitershagen, Paul., Eifel u. Mosel erzählen. Sagen u. Legenden a. d. Eifel u. d. Land um die Mosel. Köln: Greven
Wrede, Adam. Eifeler Volkskunde. 3., völl. neubearb. Aufl. Bonn 1960. 416 S (Volkskde. Rhein. Landschn. 1)

NIEDERRHEINISCHE BUCHT (BÖRDEN)

Archäologie in den rhein. Lößbörden. Beiträ. z. Siedlungsgesch. im Rheinld. Bonn: Haubelt 1983. VI, (Rhein. Ausgrn. 24)
Bartel, J., Baum u. Strauch in der rhein. Agrarlandschaft. Hecken, Windschutzanlagen u. Flurholzanbau am Hohen Venn, in der Nordeifel und in der Jülicher Börde. Wiesbaden: Steiner 1966.
Blick in das rhein. Braunkohlenrevier. Wegweiser d. das Informationszentrum der Rhein. Braunkohlenwerke Akt.ges. Köln im Schloß Paffendorf b. Bergheim/Erft. Köln: Rhein. Braunkohlenw. Akt. ges. 1972.

Braunkohle, Energie für heute u. morgen. Eine Diareihe des rhein. Braunkohlenbergbaus. 3. Aufl. Köln: Rhein. Braunkohlenw. Akt. ges. 1975.

Breuer, T., Die mittlere u. nördl. Braunkohlenville. In: Exkursionsführer 15. DGT Düsseldorf 1976. Kiel: Hirt 1976;

Brinken, Bernd. Kölner Bucht (mit Berg. Land u. Wuppertal). Heroldsberg/Mittelfr.: Glock & Lutz 1976/77. (Dt. Landeskunde.)

Fenner, Burkhard. Verwandtschaftsbeziehungen in einem Dorf des Rhein. Braunkohlengebietes. Berlin: Reimer (1984). (Kölner Ethnolog. St. 5)

Flecke, Bernd/Grabert, Hellmut/Schwede, Dieter., Jülicher Börde und Braunkohlentagebau. Strukturanalyse eines Raumes im Umbruch. Hannover: GVG Velhagen & Klasing/Schroedel (C 1981). (Matn. f. d. Sek. II: Geogr.)

Gärtner, Erwin. Braunkohlenbergbau und Landschaftsgestaltung im Rhein. Braunkohlenrevier. Sdr. aus: Europ. Hefte d. Stiftg. FVS 75, 4 Hamburg: Christians o.J.

Gatzen, Karl, Die Ackerbaulandschaften d. nördl. Rur-Erft-Platte. Remagen: Banst. f. Landeskde., SV 1957.

Glässer, E./Arndt, Struktur u. Entwicklung d. linksniederrhein. Siedlungen im Tagebaubereich Hambach unt. bes. Ber. d. Ortschaft Lich-Steinstraß. Wiesbaden 1978 (Köln. Forschn. z. Wirtschafts- u. Soz. geogr. 25)

Haberey, W., Die röm. Wasserleitungen nach Köln. 2. Aufl. Pulheim: Rheinland-Verl. 1972. (Kunst u. Altertum am Rh. 37)

Höppner-Preuß. Flora des Westfäl.-Rhein. Industriegebiets unt. Einschluß der Rhein. Bucht. Unveränd. Nachdr. v. 1926. Duisburg: Braun

Jansen, H., Die sozial- u. siedlungsgeograph. Entwicklung im westl. Jülicher Land. Köln: Geogr. Inst. 1957 (Köln. Geogr. Arbn. 11)

Kölner Bucht und angrenzende Gebiete. Bearb. u. zus. gest. v. Angeh. d. Geogr. u. des Wirtschafts- u. Sozialgeogr. Inst. d. Univ. Köln. Stuttgart: Borntraeger 1972. (Slg. geogr. Führer. 6)

Krämer, Karl. Emerich, (Text)/ *Umscheid, Eva* (Fotos), Von Burg zu Burg zw. Köln u. Aachen. Duisburg: Mercator (C 1979).

Moll, Wilfried/Roosen, Helmut/Schwarthoff, Heribert., Die Burgewälder bei Jülichen. Rheinischer Wald versinkt im Tagebau. Köln: RVDL/Neuss: Ges. f. Buchdruckerei 1976. (Rhein. Landschn. 8)

Neues Ackerland folgte dem Tagebau. Landwirtschaftl. Rekultivierung im Rhein. Revier. 7., Aufl. Köln: Rhein. Braunkohlenw. Akt. ges. 1976.

Pantenburg, Vitalis. Landschaft aus Menschenhand. Sachbuch üb. d. rhein. Braunkohlenbergbau u. die Rekultivierung des Anbaugebietes. Köln: Greven.

Reimers, Herbert., Agrarstruktur und Korbweidenwirtschaft in der Rur-Wurm-Niederung. Bonn-Bad Godesberg: BFA f. Ldeskde. u. Raumf. 1961. XIX, 291 (F. z. dt. Lkde. 129)

Rheinisches Braunkohlengebiet. Wirtschafts- u. Sozialstruktur, bearb. v. Joh. Demmer. Düsseldorf 1962.
Riemann, F./Grießbach, H., Strukturveränderungen durch den Braunkohlenanbau in der niederrhein. Bucht. Unters. i. A. d. Ministers f. Ern., Landw. u. Forsten d. Landes Nordrh.-Westf. Göttingen: Agrarsoz. Ges. 1979 (Materialsammlung der AS, 79)
van (oder von) *Schwerz, Johann Nepomuk (Hubert).* Bäuerl. Verhältnisse u. Zustand der Landw. im Herzogthume Jülich. Stuttgart 1936. Neu hg. v. K. Gatzen. Jülich: Jos. Fischer 1960 (Heimatkdl. Schriftenr. d. Jülicher Landes. 4)
Sporbeck, Otto. Bergbaubedingte Veränderungen des phys. Nutzungspotentials dargest. am Bsp. des linksniederrhein. Braunkohlenreviers. Paderborn: Schöningh 1979. XIV, (Boch. Geogr. Arbn. 37)
Umsiedlungen im Rhein. Braunkohlenrevier. Köln: Rhein. Braunkohlenw. Akt.ges. 1978
Veit, Manfred. Kölner Bucht: Niederrheinische Bucht mit Börden, Vennvorland, Selfkant u. Köln-Bonner Niederrheinebene. Pforzheim: Goldstadt (C 1981). 251 (Goldstadt-Ferienreiseführer. 2317)
Wo neue Wälder wachsen. Köln: Rhein. Braunkohlenw. Akt.ges. 1974.
Zepp, Josef/Schreiber, Theo/Kurowski, Ewald., Die Köln-Bonner Bucht u. ihre Randgebiete. Eine spez. Umweltkunde. Bonn: Dummler 1970.
Zippelius, A. Kurzführer Rhein. Freilichtmus. Kommern. Pulheim: Rheinland-Verl. 1975/76 (Früher u. Schrn. d. Rhein. Freilichtmus. u. Landesmus. f. Volkskde. im Komm. 2)
Oft genug wird heutzutage die Qualität eines Textes allein am Umfang des Literaturverzeichnisses gemessen. Da sich diese ›Landeskunde‹ vornehmlich an Heimatfreunde wendet, bleibt ihre Bibliographie begrenzt.
Für weitergehende Bedürfnisse sei insbesondere auf die umfassendere Literaturliste des Autors hinzuweisen, die gegen geringe Gebühr von seinem Verlag beziehbar ist sowie eine Folge im ›wla‹:
Veit, Manfred. Niederrhein. Landeskundl. Literatur über Eifel/Nordeifel, Börden (ohne die Köln-Bonner Niederrheinebene), Rheinland, Nordrhein-Westf. u. d. Niederrh. Harsewinkel: Veit (1984)
Veit, Manfred. Neuerscheinungen auf dem Büchertisch zum Thema Nordrhein-Westfalen. In: wla 21, 1982,2/22, 1983, 1; 90-93 (Harsewinkel: Veit)

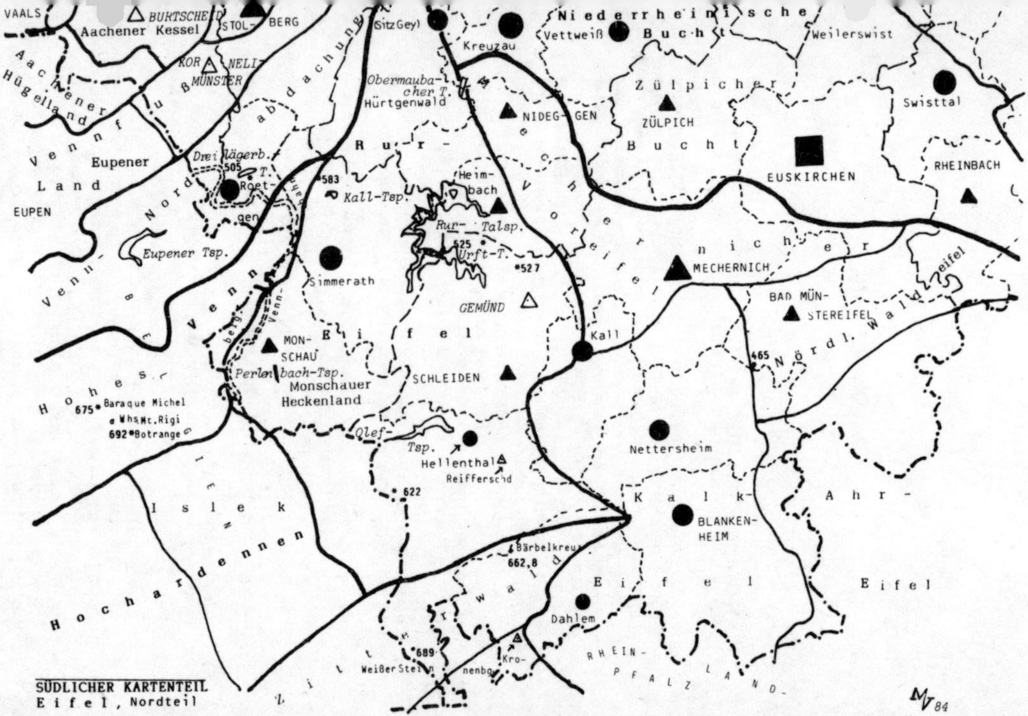

SÜDLICHER KARTENTEIL
Eifel, Nordteil

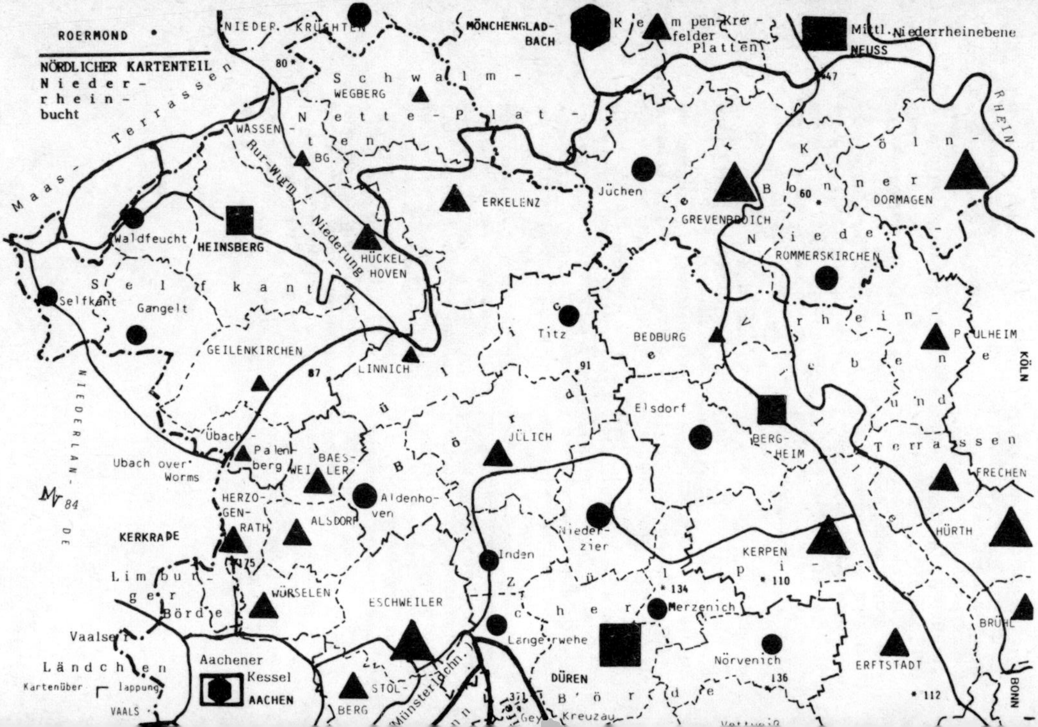

ROERMOND
NÖRDLICHER KARTENTEIL
Nieder-rhein-bucht
Maas-Terrassen
NIEDER. KRÜCHTEN
MÖNCHENGLADBACH
Kempen-Krefelder Platten
Mittl. Niederrheinebene
NEUSS
RHEIN
Schwalm-Nette-Platten
WEGBERG
WASSENBERG
Rur-Wurm-Niederung
ERKELENZ
Jüchen
GREVENBROICH
Köln-Bonner Niederrhein-ebene und Terrassen
DORMAGEN
ROMMERSKIRCHEN
Waldfeucht
HEINSBERG
HÜCKELHOVEN
Selfkant
Gangelt
GEILENKIRCHEN
LINNICH
Titz
BEDBURG
PULHEIM
KÖLN
NIEDERLANDE
Übach-Palenberg
BAESWEILER
Ubach over Worms
Jülicher Börde
JÜLICH
Elsdorf
BERGHEIM
FRECHEN
HERZOGENRATH
ALSDORF
Aldenhoven
KERKRADE
Niederzier
KERPEN
HÜRTH
Inden
Limburger Börde
WÜRSELEN
ESCHWEILER
Zülpicher Börde
Merzenich
BRÜHL
Vaalser Ländchen
Aachener Kessel
AACHEN
Langerwehe
Nörvenich
ERFTSTADT
Kartenüberlappung
VAALS
STOLBERG
Münsterländchn.
DÜREN
Kreuzau
BONN
80
47
60
87
91
175
134
110
136
112
Mv 84

ORTSREGISTER